Algoritmos Para leigos

Algoritmos não precisam ser chatos e nem difíceis de usar. Na verdade, os algoritmos nos cercam de tantas maneiras que você nem imagina, e são usados todos os dias para executar tarefas importantes. No entanto, você precisa ser capaz de usar algoritmos sem ter que se tornar um matemático.

Linguagens de programação permitem descrever os passos  Algumas linguagens são melhores que outras para executar que não são cientistas da computação possam entender. Py mais fácil, pois vem com suporte estendido e integrado (através do uso de pacotes, bases de dados e outros recursos). Esta Folha de Cola ajudará você a ter acesso às dicas mais comumente necessárias para tornar o seu uso de algoritmos rápido e fácil.

LOCALIZANDO O ALGORITMO QUE VOCÊ PRECISA

A tabela a seguir descreve algoritmos e tipos de algoritmos que podem ser úteis para vários tipos de análises de dados.

Algoritmo	Descrição	Links úteis
A * (estrela)	O algoritmo rastreia o custo dos nós enquanto explora-os usando a equação: $f(n) = g(n) + h(n)$, na qual: *n* é o nó identificador; *g(n)* é o custo de alcançar o nó até então; *h(n)* é o custo estimado para alcançar o objetivo a partir do nó; *f(n)* é o custo estimado do caminho de n até o objetivo. A ideia é buscar os caminhos mais promissores e evitar caminhos caros.	Stanford.edu (em inglês)
Árvore Balanceada (AVL)	É um tipo de árvore que mantém uma estrutura balanceada através de uma reorganização que permita tempos de acesso reduzidos. O número de elementos do lado direito difere do número do lado esquerdo em um, no máximo.	Webdocs

Algoritmos Para leigos

Busca Bidirecional	Esta técnica faz uma busca simultânea a partir do nó raiz até o nó objetivo, até que os dois caminhos de busca se encontrem. Uma vantagem desta abordagem é que ela é eficiente do ponto de vista do tempo, pois encontra a solução mais rápido que muitas outras soluções de força bruta. Além disso, usa a memória de maneira mais eficiente que outras abordagens, e sempre encontra uma solução. A principal desvantagem é a complexidade de implementação.	Planning.cs (em inglês)
Árvore Binária	Este é um tipo de árvore que contém nós que se conectam a zero (nós folha), um ou dois (nós galhos) outros nós. Cada nó define os três elementos que devem ser incluídos para fornecer conectividade e armazenar dados: armazenamento de dados, conexão esquerda e conexão direita.	Cs.cmu.edu (em inglês)
Busca em Largura	Esta técnica começa no nó raiz, explora cada um dos nós filhos no início, e só então desce ao próximo nível, avançando nível a nível até encontrar uma solução. A desvantagem deste algoritmo é que ele precisa armazenar cada nó na memória, o que significa que consome uma quantidade considerável de memória para um grande número de nós. Esta técnica pode verificar nós duplicados, o que economiza tempo, e sempre surge com uma solução.	Khan Academy
Força Bruta	Esta é uma técnica de resolução de problemas na qual são testadas todas as soluções possíveis, buscando a melhor para o problema. Técnicas de força bruta consomem tanto tempo para serem implementadas que a maioria das pessoas as evitam.	Igm.univ (em inglês)
Busca em Profundidade	Esta técnica começa no nó raiz e explora um conjunto de nós filhos conectados até encontrar uma solução. A desvantagem deste algoritmo é que ele não consegue verificar nós duplicados, o que significa que pode percorrer os mesmos caminhos mais de uma vez. Na verdade, este algoritmo pode não encontrar solução nenhuma, portanto, você deve definir um ponto de corte para evitar que o algoritmo faça a busca infinitamente. Uma vantagem desta abordagem é que ela é eficiente do ponto de vista de memória.	Hacker Earth (em inglês)

Algoritmos

Para **leigos**

Algoritmos
Para leigos

John Paul Mueller
Luca Massaron

ALTA BOOKS
EDITORA
Rio de Janeiro, 2018

Algoritmos Para Leigos®
Copyright © 2018 da Starlin Alta Editora e Consultoria Eireli. ISBN: 978-85-508-0357-9

Translated from original Algorithms For Dummies®. Copyright © 2017 by John Wiley & Sons, Inc. ISBN 978-1-119-33049-. This translation is published and sold by permission of John Wiley & Sons, Inc., the owner of all rights to publish and sell the same. PORTUGUESE language edition published by Starlin Alta Editora e Consultoria Eireli, Copyright © 2018 by Starlin Alta Editor e Consultoria Eireli.

Todos os direitos estão reservados e protegidos por Lei. Nenhuma parte deste livro, sem autorização prévia por escrito da editora, poderá ser reproduzida ou transmitida. A violação dos Direitos Autorais é crime estabelecido na Lei nº 9.610/98 e com punição de acordo com o artigo 184 do Código Penal.

A editora não se responsabiliza pelo conteúdo da obra, formulada exclusivamente pelo(s) autor(es).

Marcas Registradas: Todos os termos mencionados e reconhecidos como Marca Registrada e/ou Comercial são de responsabilidade de seus proprietários. A editora informa não estar associada a nenhum produto e/ou fornecedor apresentado no livro.

Impresso no Brasil — 2018 — Edição revisada conforme o Acordo Ortográfico da Língua Portuguesa de 2009.

Publique seu livro com a Alta Books. Para mais informações envie um e-mail para autoria@altabooks.com.br

Obra disponível para venda corporativa e/ou personalizada. Para mais informações, fale com projetos@altabooks.com.br

Produção Editorial Editora Alta Books **Gerência Editorial** Anderson Vieira	Produtor Editorial Thiê Alves	Produtor Editorial (Design) Aurélio Corrêa	Marketing Editorial Silas Amaro marketing@altabooks.com.br **Ouvidoria** ouvidoria@altabooks.com.br	Vendas Atacado e Varejo Daniele Fonseca Viviane Paiva comercial@altabooks.com.br
Equipe Editorial	Aline Vieira Adriano Barros Bianca Teodoro	Ian Verçosa Illysabelle Trajano Juliana de Oliveira	Kelry Oliveira Paulo Gomes Thales Silva	Viviane Rodrigues
Tradução Jana Araujo	**Copidesque** Wendy Campos	**Revisão Gramatical** Samantha Batista	**Revisão Técnica** Ronaldo Roenick Graduado em Engenharia Eletrônica pelo IME e MSc em Ciência da Computação pela PUC/RJ	**Diagramação** Luisa Maria Gomes

Erratas e arquivos de apoio: No site da editora relatamos, com a devida correção, qualquer erro encontrado em nossos livros, bem como disponibilizamos arquivos de apoio se aplicáveis à obra em questão.

Acesse o site www.altabooks.com.br e procure pelo título do livro desejado para ter acesso às erratas, aos arquivos de apoio e/ou a outros conteúdos aplicáveis à obra.

Suporte Técnico: A obra é comercializada na forma em que está, sem direito a suporte técnico ou orientação pessoal/exclusiva ao leitor.

A editora não se responsabiliza pela manutenção, atualização e idioma dos sites referidos pelos autores nesta obra.

Dados Internacionais de Catalogação na Publicação (CIP) de acordo com ISBD

M946a   Mueller, John Paul
           Algoritmos para leigos / John Paul Mueller, Luca Massaron ; traduzido por Jana Araujo. - Rio de Janeiro : Alta Books, 2018.
           432 p. ; il. ; 17cm x 24cm.

           Tradução de: Algorithms For Dummies
           Inclui índice.
           ISBN: 978-85-508-0357-9

           1. Matemática. 2. Algoritmo. I. Massaron, Luca. II. Melo, Jana, III. Título.

2018-877   CDD 512
                                                           CDU 512

Elaborado por Vagner Rodolfo da Silva - CRB-8/9410

Rua Viúva Cláudio, 291 — Bairro Industrial do Jacaré
CEP: 20.970-031 — Rio de Janeiro (RJ)
Tels.: (21) 3278-8069 / 3278-8419
www.altabooks.com.br — altabooks@altabooks.com.br
www.facebook.com/altabooks — www.instagram.com/altabooks

Sobre os Autores

John Mueller é autor e editor técnico freelancer. Ele tem a escrita correndo nas veias, tendo produzido 102 livros e mais de 600 artigos até hoje. Os tópicos variam de *networking* a inteligência artificial e de gerenciamento de bases de dados a programação pura. Alguns dos seus livros atuais incluem um livro sobre Python para iniciantes, Python para data science e um livro sobre MATLAB. Ele também escreveu livros sobre a Amazon Web Services para Administradores, segurança de aplicativos web, desenvolvimento de HTML5 com JavaScript e CSS3. Suas habilidades de revisor técnico ajudaram mais de 63 autores a refinarem o conteúdo de seus manuscritos. John também ofereceu seus serviços de editoria técnica a várias revistas especializadas. Foi durante o período na revista *Data Based Advisor* que John teve o primeiro contato com o MATLAB, e continuou acompanhando sua evolução desde então. Durante o período na *Cubic Corporation*, John teve contato com a engenharia de confiabilidade e seguiu com seu interesse em probabilidade.

Quando não está trabalhando no computador, é possível encontrar John no jardim, cortando lenha ou, geralmente, curtindo a natureza. Ele também gosta de produzir vinho, assar biscoitos e tricotar.

Luca Massaron é cientista de dados e diretor de pesquisa de marketing especializado em análise estatística multivariada, *machine learning* e visão do cliente. Tem mais de uma década de experiência em resolver problemas reais e gerar valor para grupos interessados aplicando raciocínio lógico, estatística, mineração de dados e algoritmos. Apaixonado por tudo que diz respeito a dados e análises e por demonstrar a potencialidade da descoberta de conhecimento orientado a dados, tanto para especialistas quanto para leigos, Luca é coautor de *Python for Data Science For Dummies* e *Machine Learning Para Leigos*. Preferindo simplicidade à sofisticação desnecessária, ele acredita que muito pode ser conquistado pela compreensão simples e pela prática do essencial de qualquer disciplina.

Dedicatória de John

Este livro é dedicado a Julie Thrond, uma amiga fiel e amável. Que ela possa sempre vencer frente às dificuldades da vida.

Dedicatória de Luca

Dedico este livro a minha esposa, Yukiko, a quem sempre encontro curiosa e pronta para se admirar com as maravilhas deste mundo incrível e desconcertante. Continue curiosa. Aproveite igualmente as surpresas das pequenas e grandes coisas. Não tenha medo de nada nem deixe detalhes bobos lhe incomodarem. Mantenha seu coração sempre jovem. Com amor.

Agradecimentos de John

Agradeço a minha esposa, Rebecca. Embora ela não esteja mais aqui agora, seu espírito está em cada livro que escrevo, em cada palavra que aparece na página. Ela acreditava em mim quando ninguém mais acreditava.

Russ Mullen merece um agradecimento pela revisão técnica deste livro. Ele acrescentou muito à precisão e à profundidade do material que você vê aqui. Russ trabalhou de maneira excepcionalmente árdua colaborando com a pesquisa para este livro, localizando URLs difíceis de encontrar e também oferecendo muitas sugestões.

Matt Wagner, meu agente, merece crédito primeiramente por me ajudar a conseguir meu contrato, e por cuidar de todos os detalhes que muitos autores geralmente não levam em conta. Serei sempre grato pela sua assistência. É muito bom saber que alguém quer ajudar.

Várias pessoas leram todo ou parte deste livro para me ajudar a refinar a abordagem, testar a escrita e, muitas vezes, oferecer colaborações que todos os leitores gostariam de poder dar. Sou grato especialmente pelos esforços de Eva Beattie, Glenn A. Russell, Alberto Boschetti, Cristian Mastrofrancesco, Diego Paladini, Dimitris Papadopoulos, Matteo Malosetti, Sebastiano Di Paola, Warren B e Zacharias Voulgaris, que ofereceram colaborações gerais, leram o livro inteiro e, generosamente, se devotaram a este projeto.

Finalmente, gostaria de agradecer a Katie Mohr, Susan Christophersen e ao restante da equipe editorial e de produção da Wiley por seu apoio incomparável neste esforço de escrita.

Agradecimentos de Luca

Meu primeiro grande agradecimento vai para minha família, Yukiko e Amelia, pelo seu apoio, seus sacrifícios e sua amável paciência durante os longos dias e noites, semanas e meses em que estive envolvido no trabalho deste livro.

Agradeço toda a equipe editorial e de produção da Wiley, em particular Katie Mohr e Susan Christophersen, por seu enorme profissionalismo e apoio em todas as fases da escrita deste livro da série *Para Leigos*.

Sumário Resumido

Introdução 1

Parte 1: Começando. 7
CAPÍTULO 1: Introduzindo Algoritmos. 9
CAPÍTULO 2: Considerando o Design de Algoritmos 25
CAPÍTULO 3: Usando Python para Trabalhar com Algoritmos 45
CAPÍTULO 4: Introduzindo Python para a Programação de Algoritmos. 69
CAPÍTULO 5: Executando Manipulações Essenciais de Dados Usando Python . . . 93

Parte 2: Entendendo a Necessidade de Ordenar e Buscar 115
CAPÍTULO 6: Estruturando Dados 117
CAPÍTULO 7: Organizando e Buscando Dados 133

Parte 3: Explorando o Mundo dos Grafos. 153
CAPÍTULO 8: Entendendo o Básico de Grafos 155
CAPÍTULO 9: Reconectando os Pontos 173
CAPÍTULO 10: Descobrindo os Segredos dos Grafos. 197
CAPÍTULO 11: Chegando na Página Web Certa 207

Parte 4: Lutando com o Big Data 225
CAPÍTULO 12: Lidando com o Big Data 227
CAPÍTULO 13: Paralelizando Operações 251
CAPÍTULO 14: Comprimindo Dados 267

Parte 5: Desafiando Problemas Difíceis 283
CAPÍTULO 15: Trabalhando com Algoritmos Gulosos 285
CAPÍTULO 16: Recorrendo à Programação Dinâmica. 301
CAPÍTULO 17: Usando Algoritmos Randomizados 323
CAPÍTULO 18: Executando uma Busca Local 341
CAPÍTULO 19: Empregando a Programação Linear 359
CAPÍTULO 20: Considerando Heurísticas 373

Parte 6: A Parte dos Dez 391
CAPÍTULO 21: Dez Algoritmos que Estão Mudando o Mundo 393
CAPÍTULO 22: Dez Problemas Envolvendo Algorítmicos Ainda por Resolver 401

Índice. 407

Sumário

INTRODUÇÃO. 1
Sobre Este Livro. 1
Penso que... 3
Ícones Usados Neste Livro 3
Além Deste Livro 4
De Lá para Cá, Daqui para Lá 4

PARTE 1: COMEÇANDO. 7

CAPÍTULO 1: Introduzindo Algoritmos **9**
Descrevendo Algoritmos 10
Definindo os usos dos algoritmos 12
Encontrando algoritmos em todo lugar 14
Usando Computadores para Resolver Problemas 15
Alavancando CPUs e GPUs modernas 16
Trabalhando com chips de propósito especial 17
Alavancando redes 18
Alavancando dados disponíveis 19
Distinguindo Questões de Soluções 20
Sendo correto e eficiente 20
Descobrindo que não há almoço grátis 21
Adaptando a estratégia ao problema 21
Descrevendo algoritmos em uma língua franca 21
Enfrentando problemas difíceis 22
Estruturando Dados para Obter uma Solução 22
Entendendo o ponto de vista do computador 22
Organizar dados faz a diferença 23

CAPÍTULO 2: Considerando o Design de Algoritmos **25**
Começando a Resolver um Problema 26
Modelando problemas reais. 27
Encontrando soluções e contraexemplos 28
Subindo nos ombros de gigantes 29
Dividindo e Conquistando 30
Evitando soluções de força bruta. 31
Começando por tornar as coisas mais simples. 31
Fragmentar um problema geralmente é melhor 32
Aprendendo que a Gula Pode Ser Boa 33
Aplicando raciocínio guloso. 33
Chegando a uma boa solução 34
Calculando Custos e Seguindo Heurísticas 35
Representando o problema como um espaço 35
Indo ao acaso e sendo abençoado pela sorte. 36

Usando heurística e uma função de custo. 37
Avaliando Algoritmos 38
Simulando com o uso de máquinas abstratas 39
Ficando ainda mais abstrato. 40
Trabalhando com funções. 41

CAPÍTULO 3: **Usando Python para Trabalhar com Algoritmos. 45**

Considerando os Benefícios de Python. 47
Entendendo por que este livro usa Python 47
Trabalhando com MATLAB 49
Considerando outros ambientes de testes de algoritmos 50
Examinando as Distribuições Python 50
Obtendo o Analytics Anaconda 51
Considerando o Enthought Canopy Express. 52
Considerando o pythonxy. 52
Considerando o WinPython 53
Instalando Python no Linux. 53
Instalando o Python no MacOS 54
Instalando Python no Windows 56
Baixando as Bases de Dados e Código de Exemplo. 60
Usando o Jupyter Notebook 60
Definindo o repositório de código. 61
Entendendo as bases de dados usadas neste livro 67

CAPÍTULO 4: **Introduzindo Python para a Programação de Algoritmos 69**

Trabalhando com Números e Lógica. 70
Executando atribuições de variáveis 71
Fazendo a aritmética 72
Comparando dados usando expressões booleanas 74
Criando e Usando Strings 76
Interagindo com Datas. 78
Criando e Usando Funções 79
Criando funções reutilizáveis 79
Chamando funções. 80
Usando Expressões Condicionais e de Loop 83
Tomando decisões usando a expressão 'if' 83
Escolhendo entre várias opções usando decisões aninhadas . . 84
Executando tarefas repetitivas usando o ciclo repetitivo for . . . 85
Usando a instrução while 86
Armazenando Dados em Conjuntos, Listas e Tuplas 87
Criando conjuntos. 87
Criando listas 88
Criando e usando tuplas 90
Definindo Iteradores Úteis. 91
Indexando Dados Usando Dicionários 92

xiv **Algoritmos Para Leigos**

CAPÍTULO 5: Executando Manipulações Essenciais de Dados Usando Python **93**

Executando Cálculos Usando Vetores e Matrizes 94
    Entendendo operações escalares e vetoriais 95
    Executando a multiplicação vetorial 97
    Criar uma matriz é o jeito certo de começar 97
    Multiplicando matrizes. 99
    Definindo operações matriciais avançadas 100
Criando Combinações do Jeito Certo. 102
    Distinguindo permutações 103
    Reorganizando combinações 104
    Encarando repetições 105
Obtendo o Resultado Desejado Usando Recursividade 105
    Explicando a recursividade 106
    Eliminando a recursão de cauda 108
Executando Tarefas Mais Rápido 110
    Considerando dividir e conquistar. 110
    Distinguindo entre diferentes soluções possíveis. 113

PARTE 2: ENTENDENDO A NECESSIDADE DE ORDENAR E BUSCAR 115

CAPÍTULO 6: Estruturando Dados **117**

Determinando a Necessidade de Estrutura. 118
    Facilitando a visualização do conteúdo. 118
    Combinando dados de várias fontes. 119
    Considerando a necessidade de ajustes 120
Empilhando Dados em Ordem. 123
    Ordenando em pilhas 123
    Usando filas 125
    Encontrando dados usando dicionários. 126
Trabalhando com Árvores 127
    Entendendo o básico de árvores 127
    Construindo uma árvore 128
Representando Relações em um Grafo 130
    Indo além das árvores 130
    Construindo grafos. 131

CAPÍTULO 7: Organizando e Buscando Dados. 133

Ordenando Dados com Mergesort e Quicksort 134
    Definindo a importância de ordenar dados. 134
    Ordenando dados ingenuamente 136
    Empregando melhores técnicas de ordenação. 138
Usando Árvores de Busca e o Heap 142
    Considerando a necessidade de buscar com eficácia 143
    Construindo uma árvore de busca binária. 145
    Executando buscas especializadas usando um heap binário. . 146

Sumário   XV

Contando com Hashing 147
   Colocando tudo em cestos (buckets) .147
   Evitando colisões. 149
   Criando sua própria função hash. 151

PARTE 3: EXPLORANDO O MUNDO DOS GRAFOS . . . 153

CAPÍTULO 8: **Entendendo o Básico de Grafos** **155**

Explicando a Importância de Redes. 156
   Considerando a essência de um grafo .156
   Encontrando grafos em todo lugar 159
   Mostrando o lado social dos grafos. 159
   Entendendo subgrafos. 160
Definindo Como Desenhar um Grafo 161
   Distinguindo os atributos chave. 162
   Desenhando o grafo. 163
Medindo a Funcionalidade do Grafo 164
   Contando arestas e vértices 165
   Calculando a centralidade. 167
Transformando um Grafo em Formato Numérico 169
   Adicionando um grafo a uma matriz 170
   Usando representações esparsas 171
   Usando uma lista para manter um grafo 171

CAPÍTULO 9: **Reconectando os Pontos** **173**

Atravessando um Grafo com Eficiência. 174
   Criando o grafo 175
   Aplicando a busca em largura 176
   Aplicando a busca em profundidade. 177
   Determinando qual aplicação usar 179
Ordenando os Elementos de Grafos. 180
   Trabalhando em grafos acíclicos dirigidos (DAGs) 181
   Contando com a ordenação topológica 182
Reduzindo a uma Árvore de Extensão Mínima 183
   Descobrindo o algoritmo certo a se usar 186
   Introduzindo filas de prioridade. 186
   Alavancando o algoritmo de Prim 188
   Testando o algoritmo de Kruskal 189
   Determinando qual algoritmo funciona melhor 191
Encontrando a Rota Mais Curta 192
   Definindo o que significa encontrar o caminho mais curto . . .192
   Explicando o algoritmo de Dijkstra 194

CAPÍTULO 10: **Descobrindo os Segredos dos Grafos** **197**

Visualizando Redes Sociais como Grafos .198
   Agrupando redes 198
   Descobrindo comunidades. 201

xvi   **Algoritmos Para Leigos**

Navegando um Grafo 203
   Contando os graus de separação 203
   Percorrendo um grafo aleatoriamente. 206

CAPÍTULO 11: Chegando na Página Web Certa 207

Encontrando o Mundo em um Mecanismo de Busca 208
   Buscando dados na internet. 208
   Considerando como encontrar os dados certos 208
Explicando o Algoritmo PageRank 210
   Entendendo o raciocínio por trás do algoritmo PageRank 210
   Explicando o bê-á-bá do PageRank 212
Implementando o PageRank. 213
   Implementando um script Python. 213
   Lutando com uma implementação ingênua 217
   Introduzindo o tédio e o teletransporte. 220
   Observando a vida de um mecanismo de busca 221
   Considerando outros usos do PageRank. 222
Indo Além do Paradigma do PageRank. 222
   Introduzindo pesquisas semânticas 222
   Usando IA para classificar resultados de busca 223

PARTE 4: LUTANDO COM O BIG DATA 225

CAPÍTULO 12: Lidando com o Big Data 227

Transformando Potência em Dados 228
   Entendendo as implicações de Moore 229
   Encontrando dados em todo lugar 231
   Pondo os algoritmos para trabalhar 233
Fluxos de Dados 234
   Analisando transmissões com a receita certa 236
   Reservando os dados certos. 237
Rascunhando uma Resposta a partir do Fluxo de Dados 241
   Filtrando elementos de fluxo sem pensar 242
   Demonstrando o filtro de Bloom. 244
   Encontrando o número de elementos distintos 247
   Aprendendo a contar elementos em um fluxo 249

CAPÍTULO 13: Paralelizando Operações 251

Lidando com Imensas Quantidades de Dados 252
   Entendendo o paradigma paralelo 252
   Distribuindo arquivos e operações 255
   Empregando a solução MapReduce 257
Resolvendo Algoritmos para o MapReduce 260
   Configurando uma simulação MapReduce 261
   Investigando por mapeamento 263

Sumário   xvii

CAPÍTULO 14: **Comprimindo Dados** **267**

Tornando os Dados Menores 268
  Entendendo a codificação 268
  Considerando os efeitos da compressão 270
  Escolhendo um tipo particular de compressão 271
  Escolhendo sua codificação sabiamente 273
  Codificando usando a compressão de Huffman 276
  Lembrando sequências com LZW 278

PARTE 5: DESAFIANDO PROBLEMAS DIFÍCEIS 283

CAPÍTULO 15: **Trabalhando com Algoritmos Gulosos** **285**

Decidindo Quando É Melhor Ser Guloso 286
  Entendendo por que a gula é boa 288
  Mantendo algoritmos gulosos sob controle 289
  Considerando problemas NP-completos 291
Descobrindo Como a Gula Pode Ser Útil 292
  Organizando dados em cache 293
  Competindo por recursos 294
  Revisitando a codificação de Huffman 296

CAPÍTULO 16: **Recorrendo à Programação Dinâmica** **301**

Explicando a Programação Dinâmica 302
  Uma base histórica 302
  Dinamizando problemas 303
  Moldando a recursão dinamicamente 305
  Alavancando o memoization 308
Descobrindo as Melhores Receitas Dinâmicas 310
  Olhando dentro da mochila 310
  Viajando pelas cidades 314
  Aproximando a busca de strings 319

CAPÍTULO 17: **Usando Algoritmos Randomizados** **323**

Definindo Como a Randomização Funciona 324
  Considerando por que a randomização é necessária 325
  Entendendo como a probabilidade funciona 326
  Entendendo distribuições 327
  Simulando com o uso do método de Monte Carlo 330
Inserindo Aleatoriedade na Sua Lógica 332
  Calculando uma mediana usando Quickselect 333
  Fazendo simulações usando Monte Carlo 336
  Ordenando mais rápido com Quicksort 338

CAPÍTULO 18: **Executando uma Busca Local** **341**

Entendendo a Busca Local 342
  Conhecendo a vizinhança 342
Apresentando Truques de Busca Local 344
  Explicando a escalada com n-rainhas 345

Descobrindo o simulated annealing 348
Evitando repetições usando a busca tabu 349
Solucionando a Satisfatibilidade de Circuitos Booleanos 350
Solucionando a 2-SAT usando randomização 351
Implementando o código em Python 352
Percebendo que um ponto de partida é importante 355

CAPÍTULO 19: Empregando a Programação Linear 359

Usando Funções Lineares como Ferramenta 360
Compreendendo a matemática básica necessária 361
Aprendendo a simplificar quando planejar 363
Trabalhando com geometria usando o simplex 364
Entendendo as limitações 366
Usando a Programação Linear na Prática 366
Configurando PuLP em casa 367
Otimizando a produção e a receita 367

CAPÍTULO 20: Considerando Heurísticas 373

Diferenciando Heurísticas 374
Considerando os objetivos das heurísticas 374
Da genética à IA 375
Robôs de Roteamento que Usam Heurísticas 376
Buscando em territórios desconhecidos 377
Usando medidas de distância como heurísticas 378
Explicando Algoritmos Desbravadores 380
Criando um labirinto 380
Procurando uma rota best-first rápida 382
Percorrendo o A* heuristicamente 386

PARTE 6: A PARTE DOS DEZ 391

CAPÍTULO 21: Dez Algoritmos que Estão Mudando o Mundo 393

Usando Rotinas de Ordenação 394
Procurando Coisas com Rotinas de Busca 395
Sacudindo as Coisas com Números Aleatórios 395
Executando a Compressão de Dados 396
Mantendo Dados Secretos 396
Mudando o Domínio de Dados 397
Analisando Links 397
Encontrando Padrões de Dados 398
Lidando com Automação e Respostas Automáticas 399
Criando Identificadores Únicos 399

CAPÍTULO 22: Dez Problemas Envolvendo Algorítmicos Ainda por Resolver 401

Lidando com Buscas de Texto 402
Diferenciando Palavras 402

Sumário xix

Determinando Se uma Aplicação Vai Terminar 403
Criando e Usando Funções Unidirecionais. 403
Multiplicando Números Realmente Grandes. 404
Dividindo um Recurso Igualmente 404
Reduzindo o Tempo de Cálculo da Distância de Edição 405
Solucionando Problemas Rapidamente 405
O Jogo da Paridade 406
Entendendo Questões Espaciais 406

ÍNDICE 407

Introdução

Você precisa aprender sobre algoritmos, seja para a faculdade ou para o trabalho. Mas todos os livros que tentou sobre o assunto acabam sendo mais uma bela ajuda para cair no sono do que lições que realmente ensinam alguma coisa. Supondo que consiga passar dos símbolos misteriosos obviamente desenhados por uma criança de dois anos com uma queda por garranchos, você termina sem saber nem por que queria aprender sobre algoritmos. A maioria dos livros de matemática são chatos! Porém, *Algoritmos Para Leigos* é diferente. A primeira coisa que vai notar é que, neste livro, aqueles símbolos esquisitos (principalmente os do tipo garrancho) desapareceram. Sim, você verá alguns (é um livro de matemática, afinal de contas), mas o que encontrará mesmo são instruções claras sobre o uso de algoritmos, que realmente têm nomes e uma história por trás, para executar tarefas úteis. Você encontrará técnicas simples de codificação que fazem coisas maravilhosas, que vão intrigar seus amigos e certamente deixá-los com inveja enquanto você realiza façanhas matemáticas incríveis que eles não sabem nem por onde começam. Você conseguirá tudo isso sem derreter o cérebro e não vai nem cochilar (bem, a menos que realmente queira).

Sobre Este Livro

Algoritmos Para Leigos é o livro de matemática que você queria na faculdade, mas não teve. Descobrirá, por exemplo, que algoritmos não são uma novidade. Afinal de contas, os babilônios usavam algoritmos para executar tarefas simples desde 1600 A.C. Se os babilônios conseguiam decifrar esse negócio, com certeza você também consegue! Este livro, na verdade, tem três coisas que não são encontradas na maioria dos livros de matemática:

» Algoritmos que realmente têm um nome e uma base histórica, de modo que seja possível lembrar do algoritmo e saber porque alguém gastou seu tempo criando-o.

» Explicações simples sobre como o algoritmo realiza façanhas incríveis de manipulação e análise de dados e previsão de probabilidade.

» Códigos que mostram como usar o algoritmo sem realmente lidar com símbolos misteriosos que ninguém sem uma graduação em matemática consegue entender.

Parte do foco deste livro está em usar as ferramentas certas. Este livro usa Python para executar diversas tarefas. Python tem recursos especiais que tornam o trabalho com algoritmos significativamente mais fácil. Por exemplo, ele oferece acesso a uma enorme variedade de pacotes que permitem fazer tudo o que puder imaginar, além de coisas que nem passam pela sua cabeça. No entanto, diferente de vários livros que usam Python, este aqui não soterra você em pacotes. Usamos um grupo seleto de pacotes que oferecem bastante flexibilidade com muitas funcionalidades, mas não exigem que você pague por nada. É possível percorrer este livro inteiro sem gastar um centavo do seu suado dinheiro.

Você também descobrirá algumas técnicas interessantes neste livro. O mais importante é que não apenas verá como os algoritmos executam tarefas, também terá uma explicação sobre como funcionam. Diferente de outros livros, *Algoritmos Para Leigos* permite que você compreenda completamente o que está fazendo, mas sem exigir que ninguém tenha um doutorado em Matemática. Cada um dos exemplos mostra o resultado esperado e explica porque aquele resultado é importante. Você não fica com a sensação de que está faltando alguma coisa.

É claro, você ainda pode se preocupar com toda a questão do ambiente de programação, e este livro também não o deixará no escuro quanto a isto. No início, você encontra instruções completas sobre a instalação do Anaconda, que é o Ambiente Integrado de Desenvolvimento (IDE) da linguagem Python usada neste livro. Além disso, guias rápidos (com referências) ajudam a entender o básico da programação em Python, que será preciso executar. O foco é fazer você pôr a mão na massa o mais rápido possível, e tornar os exemplos objetivos e simples, de modo que o código não se transforme em um obstáculo ao aprendizado.

Para ajudá-lo a absorver os conceitos, este livro usará as seguintes convenções:

» Os textos que deverão ser digitados como aparecem neste livro estarão em **negrito**. A exceção é quando estiver seguindo um passo a passo: como cada passo aparecerá em negrito, os textos para digitar não estarão.

» Palavras que desejamos que digite que também estiverem em *itálico* serão usadas para reservar espaço, o que significa que precisará substituí-las por algo que funcione para você. Por exemplo, se vir "Digite *Seu Nome* e pressione Enter", você precisará substituir *Seu Nome* pelo seu nome mesmo.

» Também usaremos *itálico* para termos definidos por nós. Isso significa que não precisará confiar em outras fontes para fornecer as definições necessárias.

» Endereços web e códigos de programação aparecerão em `monofont`.

» Quando precisar clicar comandos em sequência, eles estarão separados por uma seta especial, assim: *File ⇨ New File*, o que significa que precisa clicar em *File*, e depois em *New File*.

2   Introdução

Penso que...

Você deve achar difícil acreditar que supomos alguma coisa sobre você — afinal de contas, não nos conhecemos ainda! Embora a maioria das suposições sejam tolas, fizemos algumas que ajudaram a estabelecer um ponto de partida para o livro.

A primeira suposição é que você está familiarizado com a plataforma que deseja usar, pois este livro não fornece nenhuma orientação quanto a isso (no entanto, o Capítulo 3 explica como instalar o Anaconda; o Capítulo 4 traz um panorama básico da linguagem Python e o Capítulo 5 ajuda a entender como executar manipulações de dados essenciais usando Python). Para apresentar o máximo de informação sobre Python em relação aos algoritmos, este livro não discutirá nenhuma questão específica sobre plataformas. Você realmente precisa saber instalar e utilizar aplicações e trabalhar basicamente com a plataforma escolhida antes de começar a trabalhar com este livro.

Este material não é um guia matemático. Sim, você verá vários exemplos de matemática complexa, mas o foco está em ajudá-lo a utilizar Python para executar tarefas comuns usando algoritmos, em vez de aprender teoria matemática. Entretanto, você terá explicações sobre muitos dos algoritmos utilizados neste livro para que possa entender como eles funcionam. Os Capítulos 1 e 2 o guiarão para uma melhor compreensão do que é necessário saber exatamente para utilizar este livro com sucesso.

A obra também parte do princípio que você pode acessar itens na internet. Várias referências a materiais online que melhorarão sua experiência de aprendizado estarão espalhadas por aí. Porém, esses recursos adicionais só serão úteis se você realmente encontrá-los e utilizá-los.

Ícones Usados Neste Livro

Durante esta leitura, você encontrará ícones nas margens que indicarão materiais de interesse (ou não, conforme o caso). Aqui estão os significados dos ícones:

DICA

Dicas são ótimas, pois ajudam a economizar tempo ou executar tarefas sem muito trabalho extra. As dicas neste livro são técnicas para economizar tempo, ou indicações de recursos que deve testar para se beneficiar ao máximo de Python, ou quando executar tarefas relacionadas a algoritmos ou análise de dados.

CUIDADO

Não queremos soar como pais severos ou algum tipo de maníaco, mas você deve evitar fazer qualquer coisa que esteja marcada com o ícone Cuidado. Caso contrário, sua aplicação pode não funcionar como o esperado, você pode obter respostas incorretas de algoritmos aparentemente à prova de erros ou (no pior dos cenários), pode perder dados.

PAPO DE ESPECIALISTA

Sempre que ver este ícone, pense em alguma dica ou técnica avançada. Você pode achar estas informações úteis muito chatas, ou elas podem conter a solução necessária para fazer um programa funcionar. Pule estas informações sempre que desejar.

LEMBRE-SE

Se não entender alguma coisa de um capítulo ou seção em particular, lembre-se do material marcado com este ícone. Estes textos geralmente contêm algum processo essencial ou alguma informação que deve conhecer para trabalhar com Python, ou para executar com sucesso alguma tarefa relacionada a algoritmos ou análise de dados.

Além Deste Livro

Este livro não é o fim da sua experiência de aprendizado sobre Python ou algoritmos — na verdade, é só o começo. Na internet, você pode encontrar ainda alguns conteúdos online para que este livro atenda às suas necessidades de maneira mais flexível e melhor, como alguns códigos, por exemplo. Você terá acesso a esse adicional maneiro no site da Para Leigos em `www.altabooks.com.br/para-leigos`, procure pelo título/ISBN do livro.

» **Folha de Cola:** Você se lembra de colar na escola para ter um resultado melhor em uma prova, não se lembra? Lembra? Bem, uma folha de cola é mais ou menos isso. Ela apresenta algumas notas especiais sobre tarefas que pode executar com Python e Anaconda, e algoritmos que nem todo mundo conhece. Você pode acessar a Folha de Cola Online, através do endereço `www.altabooks.com.br`. Procure pelo título do livro/ISBN. Na página da obra, em nosso site, faça o download completo da Folha de Cola (nela, você poderá encontrar informações muito legais, por exemplo, como encontrar algoritmos que normalmente precisa para executar tarefas específicas), bem como de erratas e possíveis arquivos de apoio.

De Lá para Cá, Daqui para Lá

É hora de começar a sua aventura no aprendizado de algoritmos! Se algoritmos forem algo completamente novo para você, comece pelo Capítulo 1 e avance pelo livro em um ritmo que permita absorver o máximo de informação possível.

Certifique-se de ler sobre Python, pois o livro utiliza esta linguagem sempre que necessário para os exemplos.

Se for um iniciante que está com pressa para começar a trabalhar com algoritmos, pode pular para o Capítulo 3, compreendendo que pode achar alguns tópicos um pouco confusos depois. Se já tiver o Anaconda instalado, pode apenas passar os olhos pelo Capítulo 3. Para usar este livro, você deve instalar Python na versão 3.4. Os exemplos não funcionarão com a versão 2.x de Python porque essa versão não suporta alguns pacotes que utilizaremos.

Leitores que já têm alguma familiaridade com o Python e têm as linguagens apropriadas instaladas podem economizar tempo de leitura indo direto para o Capítulo 6. É sempre possível voltar aos capítulos anteriores quando for necessário ou surgirem dúvidas. No entanto, é necessário entender como cada técnica funciona antes de partir para a próxima. Cada técnica, exemplo de código e procedimento oferece importantes lições, e você pode perder conteúdos vitais se começar a pular informações demais.

6   Introdução

1
Começando

NESTA PARTE...

Descubra como usar algoritmos para executar tarefas práticas.

Entenda como os algoritmos são criados.

Instale e configure Python para manipular algoritmos.

Use Python para trabalhar com algoritmos.

Execute manipulações algorítmicas básicas com Python.

NESTE CAPÍTULO

» **Definindo o que é algoritmo**

» **Recorrendo a computadores para usar algoritmos para fornecer soluções**

» **Determinando como questões diferem de soluções**

» **Executando a manipulação de dados para encontrar uma solução**

Capítulo **1**

Introduzindo Algoritmos

Se você faz parte da maioria das pessoas, muito provavelmente está confuso ao abrir este livro e iniciar sua aventura com os algoritmos, pois a maior parte dos textos não explica o que é um algoritmo, muito menos porque você iria querer usar um. Eles supõem que já saiba alguma coisa sobre algoritmos e está lendo sobre eles para refinar e elevar seus conhecimentos. Curiosamente, alguns livros, na verdade, trazem uma definição confusa de *algoritmo* que, no final das contas, não define nada e, às vezes, até equipara-o a alguma outra forma de expressão abstrata, numérica ou simbólica.

A primeira seção deste capítulo dedica-se a ajudar a entender precisamente o que o termo *algoritmo* significa e por que você se beneficiaria em saber usá-lo. Longe de serem misteriosos, na verdade, os algoritmos são usados em todo lugar, e provavelmente você já os utilizou ou foi ajudado por eles sem ter consciência disso. De fato, os algoritmos estão se tornando a espinha dorsal que sustenta e regula o que é importante em uma sociedade crescentemente complexa e tecnológica como a nossa.

Neste capítulo também se discute como utilizar computadores para solucionar problemas usando algoritmos, como distinguir questões e soluções, e o que é necessário fazer para manipular dados para descobrir uma solução. O objetivo deste capítulo é ajudá-lo a diferenciar algoritmos de outras tarefas que as pessoas executam e confundem com algoritmos. Em resumo, você descobre por que realmente quer aprender sobre algoritmos e como aplicá-los a dados.

Descrevendo Algoritmos

Embora as pessoas tenham resolvido algoritmos manualmente por, literalmente, milhares de anos, fazer isso pode consumir uma enorme quantidade de tempo e requer muitos cálculos numéricos, dependendo da complexidade do problema que precisa ser resolvido. Algoritmos dizem respeito a encontrar soluções, e quanto mais rápido e fácil, melhor. Existe uma grande distância entre os algoritmos matemáticos historicamente criados por gênios de seu tempo, como Euclides, Newton ou Gauss, e os algoritmos modernos criados em universidades ou em laboratórios privados de pesquisa e desenvolvimento. A principal razão para essa distância é o uso de computadores. Usar computadores para resolver problemas empregando o algoritmo apropriado acelera a tarefa significativamente, e é a razão pela qual o desenvolvimento de novos algoritmos progrediu tão rapidamente desde o aparecimento de sistemas computacionais potentes. Na verdade, você pode ter notado que soluções para problemas aparecem cada vez mais rapidamente hoje, em parte, porque o poder computacional é barato e evolui constantemente. Dada sua habilidade de resolver problemas usando algoritmos, computadores (às vezes, sob a forma de hardwares especiais) estão tornando-se onipresentes.

Quando trabalha com algoritmos, você considera a entrada de dados, os resultados desejados e o processo (uma sequência de ações) utilizado para obter o resultado pretendido de uma determinada entrada de dados. No entanto, você pode entender mal a terminologia e ver os algoritmos de maneira errada porque não considerou realmente como eles funcionam em um cenário real. A terceira seção do capítulo discute algoritmos de modo realista, ou seja, considerando as terminologias usadas para entender os algoritmos e apresentá-los de maneira que mostre que o mundo real geralmente está longe de ser perfeito. Entender como descrever um algoritmo de maneira efetiva também possibilita ajustar as expectativas para refletir as realidades do que um algoritmo pode mesmo fazer.

Este livro considera os algoritmos de várias maneiras. Porém, por oferecer um panorama que mostra como eles estão mudando e enriquecendo as vidas das pessoas, o foco aqui está nos algoritmos utilizados para manipular dados com um computador fornecendo o processamento exigido. Com isto em mente, os algoritmos com os quais se trabalha neste livro exigem a entrada de dados de uma forma específica, o que às vezes significa modificar os dados para adequá-los aos

10   PARTE 1 **Começando**

requisitos do algoritmo. A manipulação de dados não modifica o seu conteúdo. O que ela faz é mudar a apresentação e a forma dos dados para que o algoritmo possa ajudá-lo a ver novos padrões que não estavam aparentes antes (mas estavam presentes nos dados o tempo todo).

As fontes de informações sobre algoritmos geralmente os apresentam de maneira confusa, pois são muito sofisticados ou nitidamente incorretos. Embora seja possível encontrar outras, este livro usa as seguintes definições para os termos que as pessoas geralmente confundem com algoritmos (mas não são):

» **Equação:** Números e símbolos que, quando considerados como um todo, são iguais a um valor específico. Uma equação sempre contém um sinal de igualdade para que você saiba que os números e símbolos representam um valor específico do outro lado do sinal de igualdade. Equações geralmente contêm informações variáveis apresentadas com um símbolo, mas não é obrigatório que utilizem variáveis.

» **Fórmula:** Uma combinação de números e símbolos usada para expressar informações ou ideias. Uma fórmula apresenta conceitos lógicos ou matemáticos, como para definir o Máximo Divisor Comum (MDC) de dois inteiros. Geralmente, uma fórmula mostra a relação entre duas ou mais variáveis. A maioria das pessoas vê as fórmulas como um tipo especial de equação.

LEMBRE-SE

» **Algoritmo:** Uma sequência de passos usada para solucionar um problema. A sequência apresenta um método único de resolver uma questão fornecendo uma solução em particular. Um algoritmo não precisa representar conceitos matemáticos ou lógicos, embora as apresentações neste livro frequentemente caiam nessa categoria porque as pessoas, mais comumente, usam os algoritmos dessa maneira. Algumas fórmulas especiais também são algoritmos, como a fórmula quadrática. Para um processo representar um algoritmo, ele deve ser:

- **Finito:** O algoritmo deve, em algum momento, solucionar o problema. Este livro discute problemas com explicações conhecidas, para que você possa avaliar se um algoritmo soluciona a questão corretamente.
- **Bem definido:** As séries de passos devem ser precisas e apresentar sequências compreensíveis. Especialmente por computadores estarem envolvidos no uso de algoritmos, eles devem ser capazes de entender os passos para criar um algoritmo utilizável.
- **Eficaz:** Um algoritmo deve solucionar todos os casos do problema para o qual foi definido. Deve sempre solucionar o problema ao qual se destina. Embora você deva antecipar algumas falhas, a incidência de falhas é rara e ocorre somente em situações que são aceitáveis para o uso pretendido do algoritmo.

Com essas definições em mente, as seções seguintes ajudam a esclarecer a exata natureza dos algoritmos. O objetivo não é trazer uma definição precisa para algoritmos, mas sim ajudar a entender como eles se encaixam no grande esquema das coisas para que possa desenvolver sua compreensão do que são algoritmos e porque eles são tão importantes.

Definindo os usos dos algoritmos

Um algoritmo sempre apresenta uma série de passos, e não necessariamente segue esses passos, para resolver um problema matemático. O escopo dos algoritmos é incrivelmente grande. É possível encontrar algoritmos que resolvem problemas em Ciência, Medicina, Finanças, Produção Industrial e de Abastecimento e Comunicação. Algoritmos fornecem suporte para todas as partes do cotidiano de uma pessoa. Sempre que uma sequência de ações que resolva algo em nossa vida for finita, bem definida e efetiva, você pode enxergá-la como um algoritmo. Por exemplo, é possível transformar até uma coisa simples e trivial, como fazer torradas, em um algoritmo. De fato, o procedimento para fazer torradas frequentemente aparece nas aulas de Ciência da Computação, como discutido em `http://brianaspinall.com/now-thats-how-you-make-toast-using-computer-algorithms/` (conteúdo em inglês).

DICA

Infelizmente, o algoritmo no site é falho. O instrutor nunca remove a torrada da embalagem e nunca liga a torradeira na tomada, então o resultado é pão puro estragado ainda na embalagem enfiado em uma torradeira que não funciona (veja a discussão em `http://blog.johnmuellerbooks.com/2013/03/04/procedures-in-technical-writing/` [conteúdo em inglês] para detalhes). Mesmo assim, a ideia está correta, ainda que necessite de ajustes pequenos, porém essenciais, para tornar o algoritmo finito e efetivo.

Um dos usos mais comuns de algoritmos é como um meio para resolver fórmulas. Por exemplo, quando trabalhar com o MDC de dois valores inteiros, é possível executar a tarefa manualmente listando cada um dos fatores para os dois inteiros, e então selecionando o maior fator que for comum para ambos. Por exemplo, o MDC (20, 25) é 5 porque 5 é o maior número que divide tanto 20 quanto 25. No entanto, processar cada MDC manualmente (que, na verdade, é um tipo de algoritmo) consome muito tempo e é suscetível a erros, então o matemático grego Euclides (`https://pt.wikipedia.org/wiki/Euclides`) criou um algoritmo para executar a tarefa. Você pode ver o método euclidiano demonstrado em `https://pt.khanacademy.org/computing/computer-science/cryptography/modarithmetic/a/the-euclidean-algorithm`.

No entanto, uma única fórmula, que é a apresentação de símbolos e números usada para expressar informações ou ideias, pode ter múltiplas soluções, cada uma sendo um algoritmo. No caso do MDC, outro algoritmo comum é o criado por Lehmer (veja `https://www.imsc.res.in/~kapil/crypto/notes/node11.html` e `https://en.wikipedia.org/wiki/Lehmer%27s_GCD_algorithm` [conteúdos em inglês] para detalhes). Pela possibilidade de resolver qualquer fórmula de múltiplas maneiras, as pessoas frequentemente gastam bastante tempo comparando algoritmos para determinar qual funciona melhor em uma determinada situação (veja uma comparação entre Euclides e Lehmer em `http://citeseerx.ist.psu.edu/viewdoc/download?doi=10.1.1.31.693&rep=rep1&type=pdf` [conteúdo em inglês]).

LEMBRE-SE

Como nossa sociedade e a tecnologia que nos acompanha estão ganhando dinamismo, correndo cada vez mais rápido, precisamos de algoritmos que possam acompanhar o ritmo. Realizações científicas, como sequenciar o genoma humano, foram possíveis em nossa era porque cientistas encontraram algoritmos que rodam rápido o suficiente para concluir a tarefa. Determinar qual algoritmo é o melhor em determinada situação, ou em uma situação média de uso, é coisa séria, e tópico de discussão entre cientistas da computação.

Quando se trata de Ciência da Computação, o mesmo algoritmo pode ter várias apresentações. Por exemplo, você pode demonstrar o algoritmo euclidiano tanto de forma recursiva quanto iterativa, como explicado em `http://cs.stackexchange.com/questions/1447/what-is-most-efficient-for-gcd` (conteúdo em inglês). Em resumo, os algoritmos apresentam um método de resolver fórmulas, mas seria um erro dizer que há apenas um algoritmo aceitável para determinada fórmula, ou que existe apenas uma apresentação aceitável de um algoritmo. Usar algoritmos para resolver problemas de diversos tipos tem uma longa história — não é algo que acabou de acontecer.

Mesmo se você limitar seu olhar à ciência da computação, ciência de dados, inteligência artificial e outras áreas técnicas, encontrará vários tipos de algoritmos — algoritmos demais para um livro só. Por exemplo, *The Art of Computer Programming*, de Donald E. Knuth ["A Arte da Programação de Computador", em tradução livre], compreende 3.168 páginas em quatro volumes, e ainda assim não consegue cobrir o tópico (o autor tem intenção de escrever mais volumes). No entanto, aqui estão alguns usos interessantes para considerar:

» **Busca:** Localizar informações ou verificar se a informação que encontra é a que deseja é uma tarefa essencial. Sem esta capacidade, muitas tarefas executadas online não seriam possíveis, como encontrar o site que vende a cafeteira perfeita para o seu escritório.

» **Classificação:** Determinar a ordem de apresentação de informações é importante, porque a maioria das pessoas hoje sofre com a sobrecarga de informação, e é necessário reduzir a avalanche de dados. Você provavelmente aprendeu, quando criança, que quando põe seus brinquedos em ordem é mais fácil encontrar e brincar com aquele que interessa, em comparação a ter seus brinquedos espalhados aleatoriamente por todo lugar. Imagine ir ao site do Submarino, descobrir mais de mil cafeteiras em liquidação, e não conseguir classificá-las de acordo com o preço ou mais resenhas positivas. Além disso, muitos algoritmos complexos exigem dados na ordem correta para funcionar de maneira confiável, então classificar é um requisito importante para solucionar mais problemas.

» **Transformação:** Converter um tipo de dado em outro tipo é crucial para entender e usar os dados efetivamente. Por exemplo, você pode entender de medidas imperiais super bem, mas todas as suas fontes usarem o sistema métrico. Fazer a conversão entre os dois sistemas ajuda a entender os dados. Da mesma maneira, a Transformada Rápida de Fourier (FFT) converte sinais entre o domínio do tempo e o domínio da frequência, permitindo que coisas, como o seu roteador Wifi, funcionem.

» **Programação:** Tornar o uso de recursos justo para todos os envolvidos é outra maneira na qual os algoritmos se fazem notar. Por exemplo, semáforos temporizados em cruzamentos não são mais dispositivos simples que fazem a contagem regressiva dos segundos entre as mudanças de sinal. Dispositivos modernos consideram todo tipo de questões, como a hora do dia, condições climáticas e fluxo de tráfego. A programação vem em várias formas, no entanto. Considere como o seu computador executa diversas tarefas ao mesmo tempo. Sem um algoritmo de programação, o sistema operacional pode puxar todos os recursos disponíveis e impedir sua aplicação de fazer qualquer trabalho útil.

» **Análise de Grafos:** A capacidade de decidir pela linha mais curta entre dois pontos encontra todo tipo de uso. Por exemplo, em um problema com rotas, o seu GPS não poderia funcionar sem este algoritmo em particular, pois nunca poderia direcioná-lo pela cidade usando a rota mais curta do ponto A ao ponto B.

» **Criptografia:** Manter dados seguros é uma batalha contínua com hackers constantemente atacando as fontes de dados. Os algoritmos permitem analisar dados, colocá-los em outro formato, e então retorná-los ao seu formato original depois.

» **Geração de números pseudoaleatória:** Imagine jogar jogos que nunca variassem. Você começa no mesmo lugar e segue os mesmo passos do mesmo jeito toda vez que joga. Sem a capacidade de gerar números aparentemente aleatórios, muitas tarefas de computador se tornariam impossíveis.

LEMBRE-SE

Essa lista apresenta um panorama incrivelmente pequeno. As pessoas usam algoritmos para muitas tarefas diferentes e de muitas maneiras diferentes, e constantemente criam novos algoritmos para resolver tanto problemas existentes quanto novos. A questão mais importante a ser considerada quando trabalhar com algoritmos é que, dada uma entrada de dados em particular, você deve esperar um resultado específico. Questões secundárias incluem quantas fontes o algoritmo requer para executar suas tarefas e quanto tempo ele leva para completar a tarefa. Dependendo do tipo de questão e do tipo de algoritmo utilizado, é possível também ser necessário considerar questões de precisão e consistência.

Encontrando algoritmos em todo lugar

A seção anterior menciona o algoritmo da torrada por uma razão específica. Por algum motivo, esse é o algoritmo mais popular já criado. Muitas crianças da escola primária escrevem o seu equivalente ao algoritmo da torrada muito antes de serem capazes de resolver a matemática mais básica. Não é difícil imaginar quantas variações do algoritmo da torrada existem e qual o resultado preciso para cada uma delas. Os resultados provavelmente variam de acordo com o indivíduo e o nível de criatividade empregado. Em resumo, os algoritmos aparecem em uma enorme variedade de lugares, geralmente, inesperados.

Toda tarefa executada em um computador envolve algoritmos. Alguns algoritmos aparecem como parte do hardware do computador (eles são embarcados, daí os microprocessadores embarcados). O próprio ato de inicializar um computador envolve o uso de um algoritmo. Você também encontra algoritmos em sistemas operacionais, aplicativos e em todos os outros softwares. Até mesmo os usuários dependem de algoritmos. Scripts ajudam a direcionar usuários a executar tarefas de uma maneira específica, mas esses mesmos passos podem aparecer como instruções escritas ou como parte de uma declaração de política organizacional.

Rotinas diárias frequentemente se tornam algoritmos. Pense em como você passa o dia. Se for como a maioria das pessoas, você executa essencialmente as mesmas tarefas todos os dias na mesma ordem, transformando o seu dia em um algoritmo que resolve o problema de como viver satisfatoriamente gastando o mínimo de energia possível. Afinal de contas, é isso que uma rotina faz: nos torna eficientes.

Procedimentos de emergência frequentemente dependem de algoritmos. Pegue o cartão de segurança à sua frente no avião. Nele, há uma série de pictogramas mostrando como abrir a porta de emergência e acionar o escorregador. Em alguns casos, você pode até não ver palavras, mas as imagens expressam os procedimentos necessários para executar a tarefa e resolver o problema de sair do avião em um momento de pressa. Ao longo deste livro, você verá os mesmos três elementos para todos os algoritmos:

1. **Descrever o problema.**

2. **Criar uma série de passos para solucionar o problema (bem definido).**

3. **Executar os passos para obter o resultado desejado (finito e efetivo).**

Usando Computadores para Resolver Problemas

O termo *computador* soa bastante técnico e, possivelmente, é um pouco assustador para alguns, mas as pessoas hoje em dia estão mergulhadas em computadores até o pescoço (talvez até mais fundo). Você carrega pelo menos um computador, o seu smartphone, a maior parte do tempo. Se tiver algum tipo de dispositivo especial, como um marcapasso, ele também inclui um computador.

A sua TV smart contém pelo menos um computador, assim como os seus eletrodomésticos smart. Um carro contém pelo menos 30 computadores sob a forma de microprocessadores embarcados, que regulam o consumo de combustível, a combustão do motor, a transmissão, a condução e a estabilidade, e mais linhas de código que um caça. Os carros automáticos que estão aparecendo no mercado automobilístico exigirão ainda mais microprocessadores embarcados e algoritmos de maior complexidade. Um computador existe para resolver problemas rapidamente e com menos esforço do que resolvê-los manualmente. Como consequência, não deve ser surpresa para você que este livro utilize ainda mais computadores para ajudá-lo a compreender melhor os algoritmos.

Computadores variam de diversas maneiras. O computador em seu relógio de pulso é bem pequeno; aquele na sua mesa de trabalho, bem grande. Supercomputadores são imensos e contêm muitos computadores menores, todos encarregados de trabalhar juntos para resolver questões complexas, como a previsão climática de amanhã. Os algoritmos mais complexos dependem de uma funcionalidade computacional especial para obter soluções às questões que foram criados para resolver. Sim, você poderia usar menos recursos para executar a tarefa, mas a decisão teria que esperar muito mais tempo ou você obteria uma resposta que não seria suficientemente precisa para fornecer uma solução útil. Em alguns casos, a espera é tanta que a resposta não importará mais. Com a necessidade tanto de velocidade quanto de precisão em mente, as seções seguintes discutem alguns recursos computacionais singulares que podem afetar os algoritmos.

Alavancando CPUs e GPUs modernas

Processadores de propósito geral, CPUs, começaram como um meio para resolver problemas usando algoritmos. No entanto, sua natureza de "propósito geral" também significa que uma CPU pode executar muitas outras tarefas, como fazer dados circularem ou interagir com dispositivos externos. Um processador de propósito geral faz muitas coisas bem, o que significa que ele pode seguir os passos exigidos para completar um algoritmo, mas não necessariamente rápido. Na verdade, os donos dos primeiros processadores de propósito geral podiam adicionar coprocessadores matemáticos (chips especiais específicos de matemática) aos seus sistemas para ganhar vantagem de velocidade (veja http://www.computerhope.com/jargon/m/mathcopr.htm [conteúdo em inglês] para detalhes). Hoje, processadores de propósito geral têm os coprocessadores incorporados, então quando você compra um processador Intel i7, na verdade, está levando múltiplos processadores em um único pacote.

DICA

Curiosamente, a Intel ainda comercializa processadores com complementos especializados, como o processador Xeon Phi utilizado com os chips Xeon (veja http://www.intel.com/content/www/us/en/processors/xeon/xeon-phi-detail.html e https://en.wiki2.org/wiki/Intel_Xeon_Phi [conteúdos em inglês] para detalhes). Você pode utilizar o chip Xeon Phi junto com um chip Xeon para executar tarefas de cálculos intensivos, como em aprendizado de máquina.

Você deve estar se perguntando porque esta seção menciona Unidades de Processamento Gráfico (GPUs). Afinal de contas, supõe-se que GPUs peguem os dados, os manipulem de maneira especial e aí mostrem uma bela imagem na tela. Qualquer hardware de computador pode servir para mais de um propósito. Acontece que as GPUs são particularmente capacitadas a executar transformações de dados, que é uma tarefa-chave para resolver algoritmos em vários casos. Uma GPU é um processador de propósito especial, mas com capacidades que os habilitam a executar algoritmos mais rápido. Não deve ser surpresa descobrir que pessoas que criam algoritmos gastam muito tempo pensando fora da caixa, o que significa que elas geralmente enxergam métodos de soluções de questões em abordagens não tradicionais.

O ponto é que CPUs e GPUs formam os chips mais comumente usados para executar tarefas relacionadas a algoritmos. A primeira executa tarefas de propósito geral muito bem, e a segunda especializa-se em dar suporte a tarefas matemáticas intensivas, especialmente aquelas que envolvam transformações de dados. Utilizar múltiplos núcleos torna o processamento paralelo (executar mais de um passo algorítmico por vez) possível. Adicionar múltiplos chips aumenta o número de núcleos disponíveis. Ter muitos núcleos acrescenta velocidade, mas um número de fatores mantém o aumento de velocidade ao mínimo. Usar dois chips i7 não vai produzir o dobro de velocidade que apenas um chip i7.

Trabalhando com chips de propósito especial

Um coprocessador matemático e uma GPU são dois exemplos de chips de propósito especial comuns, na medida em que não os vemos sendo usados para executar tarefas como inicializar o sistema. No entanto, algoritmos geralmente precisam usar chips de propósito especial incomuns para resolver problemas. Este não é um livro sobre hardware, mas dedicar algum tempo dando uma olhada nisso pode mostrar todos os tipos de chips interessantes, como os novos neurônios artificiais nos quais a IBM está trabalhando. Imagine executar processamentos algorítmicos utilizando uma memória que simule o cérebro humano. Isso criaria um ambiente interessante para executar tarefas que podem não ser possíveis de outro modo hoje em dia.

Redes neurais, uma tecnologia que é utilizada para estimular o pensamento humano e tornar técnicas de *deep learning* possíveis em cenários de aprendizado de máquina, estão agora se beneficiando do uso de chips especializados, como o Tesla P100 da NVidia. Esses tipos de chips não apenas executam o processamento algorítmico extremamente rápido, mas aprendem enquanto executam as tarefas, tornando-as ainda mais rápidas a cada iteração. Computadores inteligentes vão, em algum momento, potencializar robôs que podem se mover (de certo modo) sozinhos, semelhantes aos vistos no filme *Eu, Robô*. Há, também, chips especiais que executam tarefas como reconhecimento visual (veja `https://www.technologyreview.com/s/537211/a-better-way-to-build-brain-inspired-chips/` [conteúdo em inglês] para detalhes).

LEMBRE-SE

Não importa como funcionam, processadores especializados eventualmente potencializarão todos os tipos de algoritmos que terão consequências no mundo real. Você já pode encontrar muitas dessas aplicações reais em uma forma relativamente simples. Por exemplo, imagine as tarefas que um robô-pizzaiolo teria que executar — as variáveis que ele precisaria considerar em tempo real. Esse tipo de robô já existe (este é só um exemplo dos muitos robôs industriais utilizados para produzir bens materiais empregando algoritmos), e pode apostar que ele conta com algoritmos para descrever o que fazer, assim como com chips especiais para garantir que essas tarefas sejam executadas rapidamente (veja a história em `http://www.bloomberg.com/news/articles/2016-06-24/inside-silicon-valley-s-robot-pizzeria` [conteúdo em inglês]).

PAPO DE ESPECIALISTA

Em algum momento, pode até ser possível utilizar a mente humana como um processador e transmitir a informação através de uma interface especial. Algumas empresas estão agora testando implantar processadores diretamente no cérebro humano para aprimorar sua habilidade de processar informações (veja a história em `https://www.washingtonpost.com/news/the-switch/wp/2016/08/15/putting-a-computer-in-your-brain-is-no-longer-science-fiction/` [conteúdo em inglês] para mais detalhes). Imagine um sistema no qual humanos podem resolver algoritmos na velocidade de um computador, mas com o potencial criativo do "e se" humano.

Alavancando redes

A menos que tenha fundos ilimitados, utilizar alguns algoritmos efetivamente pode não ser possível, mesmo com chips especializados. Nesse caso, é possível usar computadores juntos em rede. Utilizando um software especial, um computador, o mestre, pode usar os processadores de todos os computadores escravos executando um *agente* (um tipo de aplicativo de segundo plano em memória que torna o processador disponível). Utilizando esta abordagem, é possível resolver problemas incrivelmente complexos descarregando partes do problema em vários computadores escravos. Enquanto cada computador resolve sua parte do problema, ele envia os resultados de volta ao mestre, que junta as peças para criar uma resposta sólida, uma técnica chamada *computação em cluster*.

Não pense que isso é coisa de ficção científica, as pessoas já estão usando técnicas de computação em cluster de maneiras bem interessantes. Por exemplo, o artigo em `http://www.zdnet.com/article/build-your-own-supercomputer-out-of-raspberry-pi-boards/` (conteúdo em inglês) explica detalhadamente como construir seu próprio supercomputador combinando várias placas Raspberry Pi (`https://www.raspberrypi.org/` — conteúdo em inglês) em um único cluster.

Sistemas distribuídos, outra versão da computação em cluster (mas com uma organização mais flexível) também são populares. De fato, é possível encontrar uma lista de projetos de sistemas distribuídos em `http://www.distributed-computing.info/projects.html` [conteúdo em inglês]. Esta lista inclui alguns esforços maiores, como a Busca por Inteligência Extraterrestre (SETI). Também é possível doar o poder extra de processamento do seu computador para trabalhar na cura do câncer. A lista de projetos em potencial é incrível.

As redes também permitem acessar o poder de processamento de outras pessoas de modo livre. Por exemplo, a Amazon Web Services (AWS) e outros fornecedores oferecem os meios para utilizar seus computadores para executar o seu trabalho. O ponto é que é possível usar redes de todas as maneiras para criar conexões entre computadores para resolver uma variedade de algoritmos que seriam muito complicados de resolver usando apenas o seu sistema.

Alavancando dados disponíveis

Parte da solução de um algoritmo não tem nada a ver com poder de processamento, pensamento criativo fora da caixa ou qualquer coisa de natureza física. Para criar uma solução para a maioria dos problemas, também são necessários dados nos quais se possa basear uma conclusão. Por exemplo, para o algoritmo da torrada, é essencial saber sobre a disponibilidade de pão, de uma torradeira, de eletricidade para ligar a torradeira, e assim por diante, antes de poder solucionar o problema de realmente fazer a torrada. Os dados se tornam importantes porque não é possível terminar o algoritmo enquanto estiver faltando um único elemento para a solução necessária. É claro, você pode também precisar introduzir dados adicionais. Por exemplo, a pessoa que quer a torrada pode não gostar de centeio. Se esse for o caso e tudo o que tiver for pão de centeio para usar, a presença do pão ainda assim não resultará em um desfecho satisfatório.

Os dados vêm de todos os tipos de fontes e em todos os tipos de formatos. Você pode transferir dados de uma fonte como um monitor de tempo real, acessar uma fonte de dados pública, contar com dados privados em uma base de dados, minerar dados de sites, consegui-los de muitas outras formas numerosas demais para mencionar aqui. Os dados podem ser estáticos (invariáveis) ou dinâmicos (constantemente variando). Você pode descobrir que os dados estão completos ou faltam elementos. Os dados talvez não apareçam na forma correta (como quando tem unidades imperiais e precisa de unidades métricas para resolver um problema com peso). Os dados também podem aparecer em formato tabular quando você precisa deles em algum outro formato. Eles podem encontrar-se de forma não estruturada (por exemplo, em uma base de dados NoSQL ou apenas em um monte de arquivos de dados diferentes) quando precisa do formato convencional de uma base de dados relacional. Em resumo, é necessário conhecer todo tipo de coisas sobre os dados usados com seu algoritmo para resolver problemas com ele.

LEMBRE-SE

Porque os dados vêm em tantos formatos e é preciso trabalhar com eles de tantas maneiras, este livro dedica bastante atenção a eles. Começando no Capítulo 6, você descobre como a estrutura dos dados entra em cena. Passando ao Capítulo 7, começa a ver como buscar nos dados para encontrar o que precisa. Os Capítulos 12 ao 14 ajudam a trabalhar com *big data*. No entanto, é possível encontrar informações específicas sobre dados em quase todos os capítulos do livro pois, sem dados, um algoritmo não consegue solucionar problema algum.

Distinguindo Questões de Soluções

Este livro discute duas partes da visão algorítmica do mundo real. De um lado, você tem as *questões*, que são problemas a serem resolvidos. Uma questão pode descrever o resultado desejado de um algoritmo ou pode descrever um obstáculo que deve ser superado para obter o resultado desejado. *Soluções* são os métodos, os passos, utilizados para tratar as questões. Uma solução pode relacionar apenas um ou vários passos dentro do algoritmo. Na verdade, o resultado de um algoritmo, a resposta ao último passo, é a solução. As seções seguintes ajudam a entender alguns dos aspectos importantes das questões e soluções.

Sendo correto e eficiente

Usar algoritmos trata-se de conseguir uma resposta aceitável. A razão pela qual você busca por uma resposta aceitável é que alguns algoritmos geram mais de uma saída em resposta a dados confusos inseridos. A vida frequentemente torna impossível conseguir respostas precisas. Claro, obter uma resposta exata é sempre o objetivo, mas geralmente, em vez disso, acaba-se com uma resposta aceitável.

Conseguir a resposta mais precisa possível pode tomar tempo demais. Quando você consegue uma resposta certeira, mas ela chega tarde demais para ser utilizada, a informação se torna inútil e desperdiçou o seu tempo. Escolher entre dois algoritmos que tratam da mesma questão pode se tornar uma escolha entre velocidade e precisão. Um algoritmo rápido pode não gerar uma resposta precisa, mas a resposta ainda pode funcionar bem o suficiente para gerar um resultado útil.

Respostas erradas podem ser um problema. Criar várias respostas erradas rápido é tão ruim quanto criar várias respostas corretas e precisas devagar. Parte do foco deste livro é ajudar você a encontrar o meio termo entre rápido e devagar demais, e entre impreciso e preciso demais. Embora o seu professor de matemática tenha enfatizado a necessidade de gerar a resposta correta da maneira expressa no livro que usava na época, a matemática do mundo real frequentemente envolve pesar escolhas e tomar decisões no meio termo, que o afetarão de maneiras que você não poderia imaginar serem possíveis.

Descobrindo que não há almoço grátis

Você pode ter ouvido falar sobre o mito comum de que é possível ter tudo pelo caminho dos resultados computacionais sem por muito esforço em derivar uma solução. Infelizmente, não existe solução absoluta para nenhum problema, e respostas melhores são, frequentemente, custosas. Trabalhando com algoritmos, você rapidamente descobre a necessidade de fornecer recursos adicionais quando for necessário respostas precisas rapidamente. O tamanho e a complexidade das fontes de dados utilizadas também afetam consideravelmente a resolução da resposta. Conforme tamanho e complexidade aumentam, você descobrirá que a necessidade de adicionar recursos aumenta também.

Adaptando a estratégia ao problema

A Parte 5 deste livro examina estratégias que podem ser utilizadas para diminuir o custo de trabalhar com algoritmos. Os melhores matemáticos usam truques para conseguir mais resultado com menos cálculos. Por exemplo, é possível criar um algoritmo definitivo para resolver uma questão, ou usar um grupo de algoritmos mais simples para resolver a mesma questão, mas utilizando múltiplos processadores. O grupo de algoritmos simples geralmente funcionará mais rápido e melhor que um único algoritmo complexo, embora essa abordagem pareça contraintuitiva.

Descrevendo algoritmos em uma língua franca

Algoritmos fornecem uma base para comunicação entre pessoas, mesmo quando esses indivíduos têm perspectivas e falam línguas diferentes. Por exemplo, o Teorema de Baye (a probabilidade de um evento ocorrer segundo certas premissas; veja `https://betterexplained.com/articles/an-intuitive-and-short-explanation-of-bayes-theorem/` [conteúdo em inglês] para uma explicação rápida sobre esse teorema incrível)

```
P(B|E) = P(E|B)*P(B)/P(E)
```

aparece da mesma forma quer você fale inglês, espanhol, chinês, alemão, francês ou qualquer outra língua. Independentemente da língua falada, o algoritmo será o mesmo e agirá da mesma maneira, considerados os mesmo dados. Os algoritmos ajudam a cruzar todo tipo de barreira que serve para separar os humanos uns dos outros, expressando ideias em um formato que qualquer um pode provar. Ao longo deste livro, você descobre a beleza e a mágica que os algoritmos podem trazer ao comunicar mesmo pensamentos sutis aos outros.

DICA

Para além das notações matemáticas universais, algoritmos tiram vantagem das linguagens de programação como um meio de explicar e comunicar as fórmulas que resolvem. É possível encontrar todo tipo de algoritmo em C, C++, Java, Fortran, Python (como neste livro) e outras linguagens. Alguns autores confiam em pseudocódigos para superar o fato de que um algoritmo pode ser proposto em uma linguagem de programação que você não conhece. *Pseudocódigo* é uma maneira de descrever operações computacionais utilizando linguagem comum.

Enfrentando problemas difíceis

Uma consideração importante quando estiver trabalhando com algoritmos é que é possível utilizá-los para resolver questões de qualquer complexidade. Algoritmos não pensam, não têm sentimentos ou ligam para como você os usa (ou mesmo abusa). Você pode usá-los de qualquer maneira necessária para resolver uma questão. Por exemplo, o mesmo grupo de algoritmos usado para executar o reconhecimento facial para funcionar como uma alternativa às senhas de computadores (por razões de segurança) pode encontrar terroristas se escondendo em um aeroporto ou reconhecer uma criança perdida vagando pelas ruas. O mesmo algoritmo tem usos diferentes; como usá-lo depende dos interesses do usuário. Parte da razão pela qual você deseja ler este livro cuidadosamente é para ajudá-lo a resolver aqueles problemas difíceis que podem precisar de apenas um algoritmo simples para tratá-los.

Estruturando Dados para Obter uma Solução

As pessoas pensam sobre dados de maneiras não específicas, e aplicam várias regras para os mesmos dados para entendê-los de maneiras que computadores nunca poderão. A visão de um computador sobre os dados é estruturada, simples, inflexível e, definitivamente, não criativa. Quando pessoas preparam dados para um computador utilizar, os dados frequentemente interagem com os algoritmos de formas inesperadas e produzem resultados indesejáveis. O problema é que as pessoas não conseguem compreender a visão limitada dos dados que um computador tem. As seções seguintes descreverão dois aspectos dos dados que estarão ilustrados em muitos dos capítulos que seguem.

Entendendo o ponto de vista do computador

Um computador tem uma visão simples dos dados, mas também é uma visão que as pessoas tipicamente não entendem. Por um lado, tudo são números para os computadores, pois eles não foram criados para trabalhar com qualquer outro tipo de dado. As pessoas veem caracteres na tela do computador e assumem que ele interage com os dados dessa maneira, mas o computador não entende os dados ou suas implicações. A letra A é simplesmente o número 65 para ele. Na verdade, não é nem realmente o número 65. O computador enxerga uma série de impulsos elétricos que se equiparam com o valor binário de 0100 0001.

Computadores também não entendem todo o conceito de caixa alta e caixa baixa. Para uma pessoa, a caixa baixa *a* é simplesmente uma outra forma da caixa alta *A*, mas, para o computador, elas são duas letras diferentes. A caixa baixa *a* aparece como o número 97 para o computador (um valor binário de 0110 0001).

Se esses casos simples de comparação de letras podem causar tantos problemas entre humanos e computadores, não é difícil imaginar o que acontece quando as pessoas começam a assumir coisas demais sobre outros tipos de dados. Por exemplo, um computador não pode ouvir ou apreciar música. Ainda assim, a música sai de suas caixas de som. O mesmo ocorre com as imagens. Um computador enxerga uma série de zeros e uns, não uma foto contendo uma bela cena interiorana.

LEMBRE-SE

É importante considerar os dados da perspectiva de um computador quando estiver usando algoritmos. O computador enxerga apenas zeros e uns, nada mais. Consequentemente, quando começa a trabalhar com as necessidades do algoritmo, você deve enxergar os dados desta maneira. Na verdade, pode ser benéfico saber que a visão de dados do computador torna algumas soluções mais fáceis, e não mais difíceis. Você descobre mais sobre essa esquisitice quando considerar dados durante a leitura do livro.

Organizar dados faz a diferença

Os computadores também têm uma ideia estrita sobre a forma e a estrutura dos dados. Ao começar a trabalhar com algoritmos, você descobre que grande parte do trabalho envolve fazer os dados aparecerem em uma forma que o computador possa utilizar quando usar o algoritmo para encontrar uma solução para uma questão. Embora uma pessoa possa mentalmente ver padrões em dados que não estão arranjados precisamente de maneira correta, os computadores realmente necessitam de precisão para encontrar o mesmo padrão. A vantagem dessa precisão é que os computadores podem, frequentemente, tornar novos padrões visíveis. Na verdade, essa é uma das maiores razões para usarmos algoritmos com computadores — ajudar a localizar novos padrões e, então, utilizar esses padrões para executar outras tarefas. Por exemplo, um computador pode reconhecer o padrão de gastos de um consumidor para que a informação possa ser usada para gerar mais vendas automaticamente.

CAPÍTULO 1 **Introduzindo Algoritmos** 23

24   PARTE 1 **Começando**

> **NESTE CAPÍTULO**
>
> » **Estudando como resolver um problema**
>
> » **Usando a abordagem "dividir e conquistar" para resolver um problema**
>
> » **Entendendo a abordagem gulosa para resolver problemas**
>
> » **Determinando os custos das soluções de problemas**
>
> » **Executando medições de algoritmos**

Capítulo **2**

Considerando o Design de Algoritmos

Como discutido no Capítulo 1, um algoritmo consiste em uma série de passos usados para resolver um problema. Na maioria dos casos, a entrada de dados fornece a base para solucionar o problema e, às vezes, apresenta os entraves que qualquer solução deve considerar antes de alguma pessoa ver o algoritmo como sendo eficaz. A primeira seção deste capítulo ajuda a considerar a *solução do problema* (a solução para o problema que está tentando resolver). Ela ajuda a entender a necessidade de criar algoritmos que sejam flexíveis (no sentido de suportar uma grande gama de entrada de dados) e efetivos (no sentido de produzir o resultado desejado).

Alguns problemas são bastante complexos. De fato, às vezes você olha para eles no primeiro momento e pode decidir que são complicados demais para resolver. Sentir-se sobrecarregado por um problema é comum. A maneira mais recorrente de resolver uma questão é dividi-la em partes menores, sendo cada uma manejável por si só. A abordagem "dividir e conquistar" para a resolução de um problema, discutida na segunda seção deste capítulo, originalmente referia-se à guerra (veja `http://classroom.synonym.com/civilization-invented-divide-conquer-strategy-12746.html` [conteúdo em inglês] para saber mais). No entanto, as pessoas utilizam as mesmas ideias para reduzir o tamanho de todo tipo de problema.

LEMBRE-SE

A terceira seção deste capítulo refere-se à abordagem gulosa para a solução de um problema. A gula geralmente tem uma conotação negativa, mas não neste caso. Um *algoritmo guloso* faz uma escolha otimizada para cada estágio da solução do problema. Ao fazê-la, ele espera obter uma solução otimizada geral para o problema. Infelizmente, essa estratégia nem sempre funciona, mas sempre vale a tentativa. Ela frequentemente gera uma solução *suficientemente boa*, tornando-a um bom parâmetro.

Não importa qual abordagem escolha para resolver um problema, todo algoritmo vem com custos. Sendo boas compradoras, as pessoas que dependem muito de algoritmos querem o melhor negócio possível, o que significa fazer a melhor análise de custo-benefício. Claro, conseguir o melhor negócio também supõe que a pessoa usando o algoritmo tenha alguma ideia de que tipo de solução é suficientemente boa. Chegar a uma solução precisa demais, ou que ofereça demais como resultado, é quase sempre um desperdício, então parte de manter os custos sob controle é conseguir o que precisa como resultado e nada mais.

Para saber o que você tem com um algoritmo, precisa saber como medi-lo de várias maneiras. Medições criam uma imagem de usabilidade, tamanho, uso de recursos e custo na sua cabeça. Mais importante, medições oferecem os meios para fazer comparações. Você não pode comparar algoritmos sem medições. Enquanto não conseguir comparar os algoritmos, não conseguirá escolher o melhor para uma tarefa.

Começando a Resolver um Problema

Antes de poder resolver qualquer problema, você precisa entendê-lo. Mas também não é apenas uma questão de avaliar o problema. Saber que tem determinadas entradas de dados e que requer determinados resultados é um começo, mas não é realmente o suficiente para criar uma solução. Parte do processo de solução envolve:

- » Descobrir como outras pessoas criaram novas soluções de problema.
- » Saber quais recursos você tem em mãos.
- » Determinar os tipos de soluções que funcionaram para questões similares no passado.
- » Considerar que tipos de soluções não produziram um resultado desejável.

A seções seguintes ajudam a entender essas fases de resolução de um problema. Tenha consciência de que você não necessariamente passará por essas fases na ordem, e que, às vezes, revisitará uma fase após conseguir mais informações. O processo de iniciar a solução de uma questão é repetitivo; você continuará nisso até ter uma boa compreensão do problema estudado.

Modelando problemas reais

Problemas reais são diferentes daqueles encontrados nos livros didáticos. Durante a criação de um livro didático, o autor geralmente cria um exemplo simples para ajudar o leitor a entender os princípios básicos em questão. O exemplo modela apenas um aspecto de um problema mais complexo. Um problema real pode exigir que você combine várias técnicas para criar uma solução completa. Por exemplo, para identificar a melhor resposta para a sua questão, você pode:

1. **Precisar ordenar a resposta definida por um critério específico.**

2. **Executar algum tipo de filtragem e transformação.**

3. **Buscar o resultado.**

Sem essa sequência de passos, comparar cada uma das respostas adequadamente pode se provar impossível, e você acabará com um resultado não muito ideal. Uma série de algoritmos usados em conjunto para criar o resultado desejado é uma combinação (ensemble). O artigo em `https://www.toptal.com/ machine-learning/ensemble-methods-machine-learning` [conteúdo em inglês] apresenta um breve panorama de como combinações funcionam.

No entanto, problemas reais são ainda mais complexos do que simplesmente observar dados estáticos ou interagir com eles apenas uma vez. Por exemplo, qualquer coisa que se mova, como um carro, avião ou robô, recebe dados constantemente. Cada atualização de dados inclui informação de erro que uma solução real terá que incorporar ao resultado para manter essas máquinas funcionando apropriadamente. Além dos outros algoritmos, cálculos constantes exigem o algoritmo proporcional integral derivativo (PID) (veja em `http:// www.ni.com/white-paper/3782/en/` [conteúdo em inglês] uma explicação detalhada sobre esse algoritmo) para controlar a máquina usando um circuito de retorno. Cada cálculo apresenta a solução utilizada para controlar a máquina para um foco melhor, que é a razão pela qual as máquinas passam por um estágio de estabilização quando você as liga (se trabalhar com computadores regularmente, já deve estar acostumado com a ideia de iterações. PIDs são para sistemas contínuos, portanto, não há iterações). Encontrar a solução correta chama-se *tempo de estabilização* — tempo durante o qual o algoritmo controlando a máquina ainda não encontrou a resposta correta.

Ao modelar um problema real, é necessário considerar também questões não óbvias que surgem. Uma solução óbvia, até mesmo uma baseada em dados matemáticos significativos e teoria sólida, pode não funcionar. Por exemplo, durante

CAPÍTULO 2 **Considerando o Design de Algoritmos** 27

a Segunda Guerra Mundial, os aliados tiveram um problema sério com perdas em bombardeios. Logo, os engenheiros analisaram cada buraco de bala em cada avião que voltava. Depois da análise, eles usavam a solução encontrada para blindar mais ainda os aviões aliados para assegurar que mais deles voltassem. Isso não funcionou. Entra Abraham Wald. Este matemático sugeriu uma solução não óbvia: blindar todas as partes que não tinham buracos de bala (pois as áreas afetadas já eram resistentes o suficiente, caso contrário, o avião não teria retornado). A solução funcionou e é usada como base para o *viés do sobrevivente* (o fato de que os sobreviventes de um incidente não mostram o que realmente causou a perda) no trabalho com algoritmos. O ponto é que os vieses e outras questões na modelagem de problemas podem criar soluções que não funcionam.

A modelagem real também pode incluir o acréscimo do que os cientistas normalmente consideram traços indesejáveis. Por exemplo, os cientistas geralmente consideram ruídos indesejáveis, pois escondem dados encobertos. Considere um aparelho auditivo, que remove o ruído para permitir que alguém ouça melhor. Existem muitos métodos para remover ruídos, alguns dos quais você pode encontrar neste livro, começando com o Capítulo 9 como parte de outras discussões de tópicos. No entanto, por mais contraintuitivo que possa parecer, adicionar ruídos também requer um algoritmo que forneça um resultado útil. Por exemplo, Ken Perlin queria se livrar da aparência robótica de gráficos gerados por computadores em 1983 e criou um algoritmo para isso. O resultado é o ruído de Perlin. O efeito é tão eficaz que ele ganhou um Oscar por seu trabalho. Outras pessoas, como Steven Worley, criaram outros tipos de ruídos que afetam gráficos de outras maneiras. O ponto é que a necessidade de remover ou adicionar ruídos depende do domínio do problema que precisa resolver. Um cenário real frequentemente exige escolhas que podem não ser óbvias ao trabalhar em laboratório ou durante o processo de aprendizado.

LEMBRE-SE

A ideia geral desta seção é que soluções geralmente exigem várias repetições para serem criadas; você pode ter que gastar muito tempo refinando-as, e soluções óbvias podem não funcionar de jeito nenhum. Ao modelar um problema real, você começa com as soluções encontradas em livros didáticos, mas depois tem que ultrapassar a teoria para encontrar a solução real para o seu problema. À medida em que este livro avança, você será exposto a uma grande variedade de algoritmos — e todos o ajudarão a encontrar soluções. O que é importante lembrar é que você pode precisar combinar esses exemplos de várias maneiras e descobrir métodos para interagir com dados para que eles levem a descobrir novos padrões que correspondam ao resultado que deseja.

Encontrando soluções e contraexemplos

A seção anterior apresenta os caprichos de descobrir soluções reais que consideram questões que respostas encontradas em laboratório não são capazes de considerar. No entanto, apenas descobrir uma solução — mesmo uma boa solução — não é suficiente, porque até boas respostas às vezes falham. Fazer o papel do advogado do diabo identificando contraexemplos é uma parte importante de começar a resolver um problema. O propósito dos contraexemplos é:

- » Potencialmente refutar a solução.
- » Determinar limites que definam melhor a solução.
- » Considerar situações em que a hipótese usada como base para a solução permaneça não testada.
- » Ajudá-lo a entender os limites da solução.

Um cenário comum que ilustra uma solução e um contraexemplo é a afirmação de que todos os números primos são ímpares (*números primos* são inteiros que só podem ser divididos por si mesmos e por 1 para produzir um resultado inteiro). Claro, o número 2 é primo, mas é par, o que torna falsa a afirmação original. Alguém fazendo essa afirmação poderia então modificá-la dizendo que todos os números primos são ímpares, exceto o 2. A solução parcial ao problema de encontrar todos os números primos é que você precisa encontrar números ímpares, exceto no caso do 2, que é par. Nesse segundo caso, refutar a solução não é mais possível, mas acrescentar informação à afirmação original define um limite.

Lançando dúvida sobre a afirmação original, você pode considerar situações em que a hipótese "todos os números primos são ímpares com exceção do 2" pode não ser verdadeira. Por exemplo, 1 é um número ímpar, mas não é considerado primo (veja a discussão em `https://primes.utm.edu/notes/faq/one.html` ([conteúdo em inglês] para detalhes). Então, a afirmação original tem dois limites, e você deve reformulá-la da seguinte maneira: números primos são maiores que 1 e normalmente ímpares, com exceção do 2, que é par. Os limites para números primos são melhor definidos pela identificação e definição de contraexemplos. Apenas no caso de você estar imaginando, o zero também não é considerado um número primo.

DICA

À medida em que a complexidade de um problema aumenta, o potencial de encontrar contraexemplos também aumenta. Uma regra essencial a ser considerada é que, assim como a confiabilidade, ter mais pontos falhos significa maior propensão de falhas acontecerem. Pensar em algoritmos dessa maneira é importante. Conjuntos de algoritmos simples podem produzir resultados melhores com menos contraexemplos em potencial que um único algoritmo complexo.

Subindo nos ombros de gigantes

Um mito que desafia explicações é o de que as técnicas atualmente utilizadas para processar enormes quantidades de dados são, de alguma maneira, novas. Sim, novos algoritmos aparecem o tempo todo, mas a base para esses algoritmos são todos os algoritmos que existiram antes. Na verdade, quando você imagina o Sir Isaac Newton, deve pensar em alguém que inventou alguma coisa nova, mesmo que ele mesmo tenha declarado: "Se vi mais longe, foi por estar de pé sobre ombros de gigantes" (veja `https://pt.wikiquote.org/wiki/Isaac_Newton` para mais citações e pensamentos).

O fato é que os algoritmos que você utiliza hoje não eram novos nem no tempo de Aristóteles e Platão. As origens dos algoritmos usados hoje estão tão escondidas na história que o melhor que se pode dizer é que a matemática depende da adaptação de conhecimentos de tempos antigos. O uso de algoritmos desde a antiguidade deve lhe dar uma certa sensação de conforto, pois os algoritmos em uso hoje em dia tem base em conhecimentos testados por milhares de anos.

Isso não quer dizer que alguns matemáticos não tenham mudado o jogo ao longo dos anos. Por exemplo, a teoria de John Nash, o Equilíbrio de Nash, mudou significativamente como a economia é concebida hoje. É claro, o reconhecimento de tal trabalho vem devagar (e, às vezes, nem chega). Nash teve que esperar muito tempo antes de receber algum reconhecimento profissional, embora tenha ganhado um prêmio Nobel de Economia por suas contribuições. A título de interesse, a história de John Nash foi retratada no filme *Uma Mente Brilhante*, que contém algumas cenas bastante debatidas, incluindo uma que alega que o Equilíbrio de Nash, de alguma forma, derruba o trabalho de Adam Smith, outro colaborador das teorias econômicas (veja uma discussão sobre em `https://www.quora.com/Was-Adam-Smith-wrong-as-claimed-by-John-Nash-in-the-movie-A-Beautiful-Mind` [conteúdo em inglês]).

Dividindo e Conquistando

Se resolver problemas fosse fácil, todo mundo resolveria. Porém, o mundo ainda está repleto de problemas não solucionados, e esta condição não parece que vai mudar tão cedo, por uma razão simples: os problemas frequentemente parecem tão grandes que nenhuma solução é imaginável. Guerreiros da antiguidade enfrentavam uma questão parecida. Um exército oponente parecia tão grande, e o próprio exército tão pequeno, que tornava o problema de ganhar a guerra inimaginavelmente difícil, talvez impossível. Contudo, ao dividir o exército oposto em pequenas partes e atacar um pouco de cada vez, um exército pequeno poderia potencialmente derrotar um oponente muito maior (os gregos antigos, romanos e Napoleão Bonaparte eram todos grandes adeptos da estratégia de dividir e conquistar).

Você enfrenta o mesmo problema que esses guerreiros da antiguidade. Com frequência, os recursos à sua disposição parecem muito escassos e inadequados. No entanto, dividindo um problema enorme em pequenas partes para que possa entender cada pedaço, você pode, em algum momento, criar uma solução que funcione para o problema como um todo. Os algoritmos têm essa premissa em sua essência: utilizar passos para resolver problemas, uma pequena parte de cada vez. As seções seguintes ajudam a entender a abordagem de dividir e conquistar para resolver problemas com mais detalhes.

Evitando soluções de força bruta

Uma *solução de força bruta* é aquela em que você tenta todas as respostas possíveis, uma de cada vez, para localizar a melhor. É meticulosa, é verdade, mas também desperdiça tempo e recursos na maior parte dos casos. Testar cada resposta, mesmo quando é fácil provar que uma resposta em particular não tem chances de sucesso, desperdiça tempo que um algoritmo poderia usar em respostas que tivessem maior chance de sucesso. Além disso, testar várias respostas usando esta abordagem geralmente desperdiça recursos, como memória. Pense dessa maneira: você quer descobrir a combinação de um cadeado, então começa com 0, 0, 0, mesmo sabendo que essa combinação em particular não tem chance de sucesso dadas as características físicas das combinações de cadeados. Uma solução de força bruta seguiria testando 0, 0, 0 de qualquer forma, e depois passando à combinação igualmente ridícula de 0, 0, 1.

LEMBRE-SE

É importante entender que todo tipo de solução, às vezes, vem com vantagens muito pequenas. Uma solução de força bruta é assim. Porque você testa todas as respostas, de qualquer forma, não precisa executar nenhum tipo de pré-processamento ao trabalhar com uma solução de força bruta. No entanto, é pouco provável que o tempo economizado pulando o pré-processamento compense o tempo perdido tentando todas as respostas. Mas pode haver oportunidade para usar uma solução de força bruta quando:

» Encontrar uma solução, se existir, for essencial.
» O tamanho do problema for limitado.
» Você puder usar heurística para reduzir o tamanho do conjunto de soluções.
» A simplicidade de implementação for mais importante que a velocidade.

Começando por tornar as coisas mais simples

A solução de força bruta tem um sério inconveniente: ela examina o problema todo de uma vez. É como abrir um pacote e sair caçando livro por livro pelas prateleiras sem nem considerar nenhum método para tornar sua busca mais simples. A abordagem dividir e conquistar para a busca de pacotes é diferente. Neste caso, você começa dividindo o pacote em seções infantil e adulta. Depois, divide a seção adulta em categorias. Por fim, faz a busca apenas na parte da categoria que tem o livro de interesse. Essa é a finalidade dos sistemas de classificação com a Classificação Decimal de Dewey (veja `https://pt.wikipedia.org/wiki/Classificação_decimal_de_Dewey` para uma lista de classes, divisões hierárquicas e seções). O ponto é que dividir e conquistar simplifica o problema. Você pode tornar as coisas mais rápidas e fáceis reduzindo o número de livros candidatos.

A parte "dividir" dessa estratégia também é um caminho essencial para entender melhor o problema. Tentar entender a disposição de um pacote inteiro pode se provar difícil. No entanto, saber que o livro de psicologia comparativa que você quer encontrar aparece como parte da Classe 100 na Divisão 150 da Seção 156 torna o seu trabalho mais fácil. Você consegue entender esse problema menor porque sabe que todos os livros da Seção 156 terão alguma coisa sobre o tópico que deseja conhecer. Os algoritmos funcionam do mesmo jeito. Tornando o problema mais simples, você pode criar um conjunto de passos mais simples para resolvê-lo, o que reduz o tempo para encontrar a solução, reduz o número de recursos utilizados e aumenta suas chances de encontrar precisamente a solução necessária.

Fragmentar um problema geralmente é melhor

Depois de dividir o problema em partes manejáveis, é necessário conquistar a parte em questão. Isto significa criar uma definição precisa do problema. Você não quer qualquer livro sobre psicologia comparativa, quer aquele escrito por George Romanes. Saber que o livro que deseja aparece na Seção 156 da Classificação decimal de Dewey é um bom começo, mas não resolve o problema. Agora você precisa de um processo para verificar cada livro na Seção 156 para achar especificamente o que precisa. O método pode ir ainda mais longe e procurar por livros com conteúdo específico. Para tornar este processo viável, você deve fragmentar completamente o problema, definir rigorosamente o que precisa, e aí, depois de entender o problema minuciosamente, usar o conjunto de passos correto (algoritmo) para encontrar o que procura.

NÃO EXISTE ABSOLUTO NOS ALGORITMOS

Você talvez ache que pode criar um cenário no qual sempre se utiliza um tipo particular de algoritmo para resolver um tipo particular de problema. Porém, este não é o caso. Por exemplo, você pode encontrar discussões sobre os méritos relativos de utilizar técnicas de força bruta em certos problemas em comparação a dividir e conquistar. Não deve ser surpresa descobrir que dividir e conquistar não ganha em todas as situações. Por exemplo, ao procurar pelo valor máximo em um conjunto, uma abordagem de força bruta pode salvar o dia se o conjunto não for ordenado. Você pode ler uma discussão em `http://stackoverflow.com/questions/11043226/why-do-divide-and-conquer-algorithms-often-run-faster-than-brute-force` (conteúdo em inglês). O interessante disso é que a abordagem de força bruta também utiliza menos recursos neste caso em particular. Lembre-se de que regras têm exceções e conhecê-las pode economizar tempo e esforço mais tarde.

Aprendendo que a Gula Pode Ser Boa

Em alguns casos, você não consegue ver o fim do processo de solução, ou mesmo saber se está vencendo a guerra. A única coisa que pode realmente fazer é garantir que vença as batalhas individuais para criar uma solução para o problema na esperança de também vencer a guerra. O método guloso de resolução de problemas utiliza essa abordagem. Ele procura por uma solução global de modo que escolha o melhor resultado possível a cada estágio da solução do problema.

LEMBRE-SE

Pode parecer que vencer cada batalha necessariamente significaria também vencer a guerra, mas, às vezes, o mundo real não funciona assim. Uma *vitória pírrica* é uma vitória em que alguém vence todas as batalhas, mas acaba perdendo a guerra pois o custo da vitória excede seus ganhos por uma grande margem. Você pode ler sobre cinco vitórias pírricas em http://www.history.com/news/history-lists/5-famous-Pyrrhic-victories (conteúdo em inglês). A lição importante dessas histórias é que um algoritmo guloso geralmente funciona, mas nem sempre, então você precisa considerar a melhor solução global para um problema ao invés de ficar cego com vitórias efêmeras. As seções seguintes detalharão como evitar vitórias pírricas quando trabalhar com algoritmos.

Aplicando raciocínio guloso

A estratégia do raciocínio guloso geralmente é usada como parte de um processo de otimização. O algoritmo visualiza o problema um passo de cada vez e foca apenas no passo em questão. Todo algoritmo guloso faz duas suposições:

» Você pode fazer uma única escolha ideal em um determinado passo.
» Escolhendo a seleção ideal a cada passo, você pode encontrar a solução ideal para o problema em geral.

Você pode encontrar muitos algoritmos gulosos, cada um otimizado para executar tarefas em particular. Aqui estão alguns exemplos comuns de algoritmos gulosos utilizados na análise de grafos (veja o Capítulo 9 sobre grafos) e compressão de dados (veja o Capítulo 14 para mais detalhes sobre compressão de dados) e o motivo pelo qual você pode querer usá-los:

» **Árvore de Extensão Mínima (MST) de Kruskal:** Este algoritmo, na verdade, demonstra um dos princípios dos algoritmos gulosos que as pessoas podem não considerar imediatamente. Neste caso, o algoritmo escolhe a ligação entre dois nós com o menor valor, não o maior, como a palavra *guloso* pode inicialmente indicar. Este tipo de algoritmo pode ajudar você a encontrar o caminho mais curto entre duas localidades em um mapa ou a executar outras tarefas relacionadas a grafos.

» **Algoritmo de Prim:** Este algoritmo divide um grafo não direcionado (um em que a direção não seja considerada) ao meio. Depois, seleciona a ligação que conecta as duas metades de maneira que o peso total das duas metades seja o menor possível. Você pode encontrar esse algoritmo sendo utilizado em jogos de labirinto para encontrar a menor distância entre o início e o final do labirinto.

» **Codificação de Huffman:** Este algoritmo é bastante famoso nos computadores pois forma a base para muitas técnicas de compressão de dados. O algoritmo atribui um código para cada entrada única de dados em um fluxo de entradas, de maneira que a entrada de dados mais comumente usada receba o menor código. Por exemplo, a letra *E* normalmente receberia o menor código na compressão de um texto em inglês, porque é a letra mais usada que qualquer outra do alfabeto. Modificando a técnica de codificação, você pode comprimir o texto e torná-lo consideravelmente menor, reduzindo o tempo de transferência.

Chegando a uma boa solução

Cientistas e matemáticos utilizam algoritmos gulosos com tanta frequência que o Capítulo 15 é inteiramente dedicado a eles. No entanto, é importante perceber que o que você realmente almeja é uma boa solução, não apenas uma solução em particular. Na maioria dos casos, ela oferece ótimos resultados mensuráveis, mas a palavra *boa* pode incluir muitos significados, dependendo do domínio do problema. Você deve se perguntar que tipo de problema deseja resolver e que solução resolve o problema da maneira que melhor atenda às suas necessidades. Por exemplo, se trabalhar com engenharia, pode precisar ponderar soluções que considerem peso, tamanho, custo ou outras considerações ou, talvez, alguma combinação de todos esses resultados que atendam a uma exigência específica.

Para contextualizar essa questão, digamos que construiu uma máquina de moedas que cria troco para valores monetários em particular, utilizando a menor quantidade de moedas possível (talvez como parte de um caixa automático em uma loja). A razão para utilizar a menor quantidade de moedas possível é reduzir o desgaste da máquina, o peso das moedas necessárias e o tempo exigido para arrumar o troco (seus clientes estão sempre com pressa, afinal de contas). Uma solução de estratégia gulosa resolve o problema utilizando as moedas de maior valor possível. Por exemplo, para emitir R$0,16 de troco, você utiliza uma moeda de R$0,10, uma de R$0,05 e uma de R$0,01.

LEMBRE-SE

Um problema ocorre quando não é possível utilizar todos os tipos de moeda para criar uma solução. A máquina de troco pode estar sem moedas de R$0,05, por exemplo. Para fornecer R$0,40 de troco, uma solução gulosa começaria com uma moeda de R$0,25 e uma de R$0,10. Infelizmente, ela não tem moedas de R$0,05, então entregaria cinco moedas de R$0,01, usando um total de sete moedas. A solução ideal nesse caso seria utilizar 4 moedas (4 x R$0,10).

Como resultado, o algoritmo guloso fornece uma solução em particular, mas não uma boa solução (ideal). O problema de gerar troco recebe uma atenção considerável porque é muito difícil de resolver. Você pode encontrar informações adicionais em discussões como *Combinatorics of the Change-Making Problem* ("Combinações para o Problema de Criação de Troco", em tradução livre), por Anna Adamaszek e Michal Adamaszek (veja `http://www.sciencedirect.com/science/article/pii/S0195669809001292` [conteúdo em inglês] para detalhes).

Calculando Custos e Seguindo Heurísticas

Mesmo quando encontra uma boa solução, que seja tanto eficiente quanto efetiva, ainda é necessário saber exatamente o custo da solução. Você pode achar que o custo de utilizar uma solução em particular ainda é muito alto, mesmo quando todo o resto é considerado. Talvez a resposta venha quase, mas não exatamente, na hora, ou utilize muitos recursos computacionais. A busca pela boa resposta envolve criar um ambiente no qual se possa testar completamente o algoritmo, os estados que cria, os operadores que utiliza para mudar esses estados e o tempo necessário para calcular uma solução.

Com frequência, você descobrirá que uma *abordagem heurística*, que recorre à autodescoberta e produz resultados suficientemente úteis (não necessariamente ideais, mas bons o suficiente), é o método que realmente precisa para resolver um problema. Fazer o algoritmo executar por você uma parte do trabalho exigido economiza tempo e esforço, pois pode criar algoritmos que enxergam padrões melhor que pessoas. Assim, a autodescoberta é o processo de permitir que o algoritmo mostre um caminho potencialmente útil para uma solução (mas deve ainda contar com a intuição e entendimento humanos para saber se uma solução é a correta). As seções seguintes descrevem técnicas que podem ser utilizadas para calcular o custo de um algoritmo utilizando a heurística como método para descobrir a verdadeira utilidade de uma determinada solução.

Representando o problema como um espaço

O *espaço problema* é um ambiente no qual a busca por uma solução acontece. Um conjunto de estados e os operadores usados para modificar aqueles estados representam o espaço problema. Por exemplo, considere um jogo de peças que tenha oito peças em um quadro 3 x 3. Cada peça mostra uma parte de uma figura, e as peças começam em uma ordem aleatória, de modo que a figura esteja embaralhada. O objetivo é mover uma peça de cada vez para posicionar

CAPÍTULO 2 **Considerando o Design de Algoritmos** 35

todas as peças no lugar correto e revelar a figura. Você pode ver um exemplo deste tipo de jogo em `http://mypuzzle.org/sliding` (conteúdo em inglês).

A combinação do estado inicial, as peças aleatórias e o estado objetivo — as peças em uma ordem particular — são a *instância do problema*. Você pode representar o jogo graficamente utilizando um *grafo do espaço problema*. Cada nó do grafo do espaço problema apresenta um estado (as oito peças em uma posição em particular). As ligações (arestas) representam operações, como mover a peça número oito para cima. Quando você move a peça oito para cima, a figura muda — para outro estado.

Vencer o jogo mudando do estado inicial para o estado objetivo não é a única coisa a ser considerada. Para resolver o jogo eficientemente, você precisa executar a tarefa com o menor número de jogadas possível, o que significa utilizar o menor número de operadores. O número mínimo de jogadas utilizadas para resolver o jogo é a *profundidade do problema*.

Vários fatores devem ser considerados na representação de um problema como um espaço. Por exemplo, deve considerar o número máximo de nós que vão se encaixar na memória, o que representa a *complexidade do espaço*. Quando não conseguir encaixar todos os nós na memória de uma vez, o computador deve armazenar alguns em outros locais, como o disco rígido, o que pode tornar o algoritmo consideravelmente mais lento. Para determinar se os nós se encaixarão na sua memória, você deve considerar a *complexidade do tempo*, que é o número máximo de nós criados para resolver o problema. Além disso, é importante considerar o *fator de ramificação*, que é o número médio de nós criados no grafo do espaço problema para resolver uma questão.

Indo ao acaso e sendo abençoado pela sorte

Resolver um problema de busca usando técnicas de força bruta (descritas em "Evitando soluções de força bruta", anteriormente neste capítulo) é possível. A vantagem dessa abordagem é que você não precisa de nenhum conhecimento específico do domínio para usar algum desses algoritmos. Um algoritmo de força bruta tende a utilizar a abordagem mais simples possível para solucionar o problema. A desvantagem é que uma abordagem de força bruta funciona bem apenas para um número pequeno de nós. Aqui estão alguns dos algoritmos de busca por força bruta mais comuns:

» **Busca em largura:** Esta técnica começa no nó raiz, explora cada um dos nós filhos primeiro, e só então desce ao próximo nível, avançando cada nível até encontrar uma solução. A desvantagem deste algoritmo é que ele precisa armazenar cada nó na memória, o que significa que consome uma quantidade considerável de memória para um grande número de nós. Esta técnica pode verificar nós duplicados, o que economiza tempo, e sempre surge com uma solução.

» **Busca em profundidade:** Esta técnica começa no nó raiz e explora um conjunto de nós filhos conectados até encontrar uma solução. A desvantagem deste algoritmo é que ele não consegue verificar nós duplicados, portanto, pode percorrer os mesmos caminhos mais de uma vez. Na verdade, este algoritmo pode não encontrar solução nenhuma, o que significa que você deve definir um ponto de corte para evitar que o algoritmo faça a busca infinitamente. Uma vantagem desta abordagem é que ela é eficiente do ponto de vista de memória.

» **Busca bidirecional:** Esta técnica faz uma busca simultânea a partir do nó raiz e do nó objetivo, até que os dois caminhos de busca se encontrem. Uma vantagem desta abordagem é que ela é eficiente do ponto de vista de tempo, pois encontra a solução mais rápido que muitas outras soluções de força bruta. Além disso, usa a memória de maneira mais eficiente que outras abordagens, e sempre encontra uma solução. A principal desvantagem é a complexidade de implementação.

Usando heurística e uma função de custo

Para algumas pessoas, a palavra *heurística* soa apenas complicada. Seria mais fácil dizer que o algoritmo dá um palpite e aí tenta de novo se falhar. Diferente dos métodos de força bruta, os algoritmos heurísticos aprendem. Eles também usam funções de custo para fazer escolhas melhores. Consequentemente, os algoritmos heurísticos são mais complexos, mas têm uma vantagem distinta ao solucionar problemas complexos. Assim como os algoritmos de força bruta, há muitos algoritmos heurísticos e cada um vem com seu próprio conjunto de vantagens, desvantagens e exigências especiais. A lista seguinte descreve alguns dos algoritmos heurísticos mais comuns:

» **Busca heurística pura:** Este algoritmo expande os nós na ordem de seu custo. Ele mantém duas listas: a lista fechada contém os nós que já foram explorados; a lista aberta contém os nós que ainda devem ser explorados. A cada iteração, o algoritmo expande o nó com o menor custo possível. Todos os seus nós filhos são colocados na lista fechada e os custos de cada nó filho são calculados. O algoritmo envia os nós filhos com baixo custo de volta para a lista aberta e deleta os nós filhos com alto custo. Consequentemente, o algoritmo executa uma busca pela solução inteligente e baseada no custo.

» **Busca A * (estrela):** O algoritmo rastreia o custo dos nós enquanto os explora usando a equação: $f(n) = g(n) + h(n)$, na qual

- n é o nó identificador;
- g(n) é o custo de alcançar o nó até então;
- h(n) é o custo estimado para alcançar o objetivo a partir do nó;
- f(n) é o custo estimado do caminho de n até o objetivo.

A ideia é buscar os caminhos mais promissores e evitar caminhos caros.

» **Busca gulosa best-first (BFS):** O algoritmo sempre escolhe o caminho que está mais próximo ao objetivo usando a equação: $f(n) = h(n)$. Este algoritmo, em particular, pode encontrar soluções bem rápido, mas também pode ficar preso em um laço, então muitas pessoas não o consideram como uma abordagem ideal para encontrar uma solução.

Avaliando Algoritmos

Adquirir conhecimentos sobre como os algoritmos precisamente funcionam é importante porque, de outra maneira, você não consegue determinar se um algoritmo realmente atua como precisa que ele atue. Além disso, sem uma boa avaliação, você não pode fazer comparações exatas para saber se realmente precisa descobrir um novo método para solucionar um problema quando uma solução antiga funcionar muito devagar ou utilizar muitos recursos. A realidade é que você usará algoritmos feitos por outros na maior parte do tempo, potencialmente criando alguns por si próprio. Conhecer que base usar para comparar diferentes soluções e decidir entre elas é uma habilidade essencial ao lidar com algoritmos.

A questão da eficiência tem sido parte da descoberta e concepção de novos algoritmos desde que o conceito de algoritmo surgiu no mundo, e é por isso que você vê tantos algoritmos diferentes competindo para solucionar o mesmo problema (às vezes, uma verdadeira abundância de opções). O conceito de medir o tamanho das funções dentro de um algoritmo e analisar como ele funciona não é novo; Ada Lovelace e Charles Babbage levaram em conta os problemas da eficiência do algoritmo em referência a computadores em 1843 (veja uma curta história da máquina de Babbage em `http://www.computerhistory.org/babbage/adalovelace/` [conteúdo em inglês]).

Donald Knuth, cientista da computação, matemático, professor emérito da Universidade de Stanford e autor do livro-marco em diversos volumes *The Art of Computer Programming* ("A Arte da Programação de Computador", em tradução livre), dedicou muito de sua pesquisa e estudo à comparação de algoritmos. Ele empenhou-se em formalizar como estimar as necessidades de recursos de algoritmos de maneira matemática e permitir a comparação correta entre soluções alternativas. Ele cunhou o termo *análise de algoritmos*, que é o ramo da ciência da computação dedicado a entender como os algoritmos funcionam de maneira formal. A análise mede os recursos necessários em termos do número de operações que um algoritmo requer para atingir uma solução, ou por seu espaço ocupado (como o armazenamento que um algoritmo requer na memória do computador).

A análise de algoritmos requer algum entendimento matemático e alguns cálculos, mas é extremamente benéfico para a sua jornada descobrir, apreciar e,

38   PARTE 1 **Começando**

efetivamente, usar algoritmos. Este tópico é consideravelmente mais abstrato que os outros tópicos neste livro. Para tornar a discussão menos teórica, capítulos posteriores apresentarão mais questões práticas de tal medida, examinando algoritmos juntos em detalhe. As seções seguintes apresentam o básico para você.

Simulando com o uso de máquinas abstratas

Quanto mais operações o algoritmo necessita, mais complexo ele é. Complexidade é a medida da eficiência do algoritmo em termos de uso de tempo, pois cada operação leva algum tempo. Dado o mesmo problema, algoritmos complexos são, geralmente, menos favoráveis que algoritmos simples, pois os complexos exigem mais tempo. Pense nas vezes em que a velocidade de execução faz diferença, como nos setores médico e financeiro, ou voar no piloto automático em uma aeronave ou foguete espacial. Medir a complexidade de um algoritmo é uma tarefa desafiadora, embora necessária, se quiser empregar a solução correta. A primeira técnica de medição utiliza máquinas abstratas, como a *Random-Access Machine* (RAM).

LEMBRE-SE

RAM também significa *Random-Access Memory*, que é a memória interna que o seu computador utiliza quando roda programas. Embora o acrônimo seja o mesmo, uma *Random-Access Machine* é algo completamente diferente.

Máquinas abstratas não são computadores reais, e sim hipotéticos; computadores que têm seu funcionamento imaginado. Você utiliza máquinas abstratas para julgar o quanto um algoritmo funcionaria bem sem testá-lo em um computador real, mas ainda vinculado pelo tipo de hardware que utilizaria. Um computador RAM executa operações aritméticas básicas e interage com a informação na memória, e só. Toda vez que um computador RAM faz alguma coisa, ele leva um *time step* (uma unidade de tempo). Quando você avalia um algoritmo em uma simulação RAM, conta os time steps usando o seguinte procedimento:

1. **Conte cada operação simples (as aritméticas) como um time step.**

2. **Divida as operações complexas em operações aritméticas simples e conte os time steps como definido no Passo 1.**

3. **Conte cada acesso aos dados a partir da memória como um time step.**

Para executar esse cálculo, escreva uma versão em pseudocódigo do seu algoritmo (como mencionado no Capítulo 1) e execute esses passos utilizando lápis e papel. No final, é uma abordagem simples baseada na ideia básica de como os computadores funcionam, uma aproximação útil que pode usar para comparar soluções independentemente do poder e da velocidade do seu hardware ou a linguagem de programação que usa.

LEMBRE-SE

Usar uma simulação é diferente de rodar o algoritmo em um computador, pois você utiliza uma entrada de dados padrão e predefinida. Cálculos de computadores reais exigem que você rode o código e verifique o tempo necessário para rodá-lo. Rodar um código em um computador é, na verdade, um *padrão*, outra forma de medir a eficiência, na qual você também leva em conta o ambiente da aplicação (como o tipo de hardware utilizado e a implementação do software). Um padrão é útil, mas lhe falta generalização. Considere, por exemplo, como hardwares mais novos podem rapidamente executar um algoritmo que levava eras no seu computador antigo.

Ficando ainda mais abstrato

Avaliar uma série de passos elaborados para alcançar a solução para um problema implica alguns desafios. A seção anterior aborda a contagem de time steps (número de operações), mas, às vezes, também é necessário calcular o espaço (como a memória que um algoritmo consome). O espaço é considerado quando o seu problema estiver com gula por recursos. Dependendo do problema, você pode considerar um algoritmo melhor quando ele funcionar eficientemente em relação a um desses aspectos de consumo de recursos:

- » Tempo de duração.
- » Requisitos de memória do computador.
- » Uso do disco rígido.
- » Consumo de energia.
- » Velocidade da transmissão de dados em uma rede.

Alguns desses aspectos se relacionam com outros de maneira inversa, então se, por exemplo, você quiser um tempo de execução mais rápido, pode aumentar a memória ou o consumo de energia. Não apenas pode haver configurações de eficiência diferentes quando rodar um algoritmo, mas também pode mudar as características do hardware e a implementação do software para atingir seus objetivos. Em termos de hardware, utilizar um supercomputador ou um computador de propósito geral importa sim, e o software, ou a linguagem usada para escrever o algoritmo, é definitivamente decisivo. Além disso, a quantidade e tipo de dados com os quais você alimenta o algoritmo poderiam resultar em cálculos de performance melhores ou piores.

Simulações RAM contam o tempo porque é possível empregar uma solução em tantos ambientes, e seu uso de recursos depende de tantos fatores, que é necessário encontrar uma maneira de simplificar as comparações, para que elas se tornem padrão. De outro modo, você não consegue comparar possíveis alternativas. A solução é, como acontece com outros problemas com muita frequência, utilizar uma única medida e dizer que é tamanho único. Nesse caso, a medida é o tempo, que você iguala ao número de operações, isso é, a complexidade do algoritmo.

Uma simulação RAM põe o algoritmo em uma situação que é agnóstica tanto do ponto de vista da linguagem quanto da máquina (é independente da linguagem de programação e do tipo de computador). No entanto, explicar como uma simulação RAM funciona para os outros requer bastante esforço. A análise de algoritmos propõe usar o número de operações obtidas de uma simulação RAM e transformá-las em uma função matemática que expresse como o algoritmo se comporta em termos de tempo, que é a quantificação dos passos ou operações exigidas quando o número de entradas de dados aumenta. Por exemplo, se o seu algoritmo classifica objetos, você pode expressar sua complexidade utilizando uma função que informe quantas operações ele precisa, dependendo do número de objetos que recebe.

Trabalhando com funções

Na matemática, uma função é simplesmente um caminho para mapear algumas entradas de dados em uma resposta. Dito de outra forma, uma *função* é uma transformação (baseada em operações matemáticas) que transforma (mapeia) seus dados em uma resposta. Para alguns valores de entradas (geralmente simbolizados pelas letras x ou n), você tem uma resposta correspondente utilizando a matemática que define a função. Por exemplo, uma função como `f(n) = 2n` diz que quando sua entrada for um número n, a sua resposta será o número n multiplicado por 2.

Usar o tamanho da entrada de dados faz sentido, considerando que essa é uma era crítica e as vidas das pessoas estão abarrotadas com uma crescente quantidade de dados. Transformar tudo em funções matemáticas é um pouco menos intuitivo, mas uma função descrevendo como um algoritmo relaciona sua solução à quantidade de dados que recebe é algo que pode ser analisado sem nenhum hardware ou suporte de software específico. Também é fácil comparar com outras soluções, dado o tamanho do seu problema. A análise de algoritmos é realmente um conceito maravilhoso, pois reduz uma complexa série de passos a uma fórmula matemática.

Além disso, na maior parte do tempo, uma análise de algoritmos não está nem interessada em definir exatamente a função. O que realmente se quer fazer é comparar uma função alvo com outra função. Essas funções de comparação aparecem dentro de um conjunto de funções propostas que funcionam mal quando comparadas ao algoritmo alvo. Desse modo, você não precisa conectar números em funções de maior ou menor complexidade; ao invés disso, lida com funções simples, pré-prontas e bem conhecidas. Pode parecer difícil, mas é mais efetivo, e similar a classificar a performance de algoritmos em categorias, em vez de obter um cálculo exato de performance.

O conjunto de funções gerais é chamado notação *Big O* e, neste livro, você encontra, com frequência, este pequeno conjunto de funções (entre parênteses e precedidos por um *O* maiúsculo) utilizado para representar a performance dos algoritmos. A Figura 2-1 mostra a análise de um algoritmo. Um sistema de

CAPÍTULO 2 **Considerando o Design de Algoritmos** 41

coordenadas cartesiano pode representar sua função como calculada por uma simulação RAM, na qual a *abscissa* (a coordenada x) é o tamanho da entrada de dados e *ordenada* (a coordenada y) é o número de operações resultantes. O tamanho da entrada de dados importa. No entanto, a qualidade também é importante (por exemplo, ao ordenar problemas, é mais rápido ordenar uma entrada de dados, que já é quase ordenada). Consequentemente, a análise mostra um caso pior, $f_1(n)$, um caso médio, $f_2(n)$, e um caso melhor $f_3(n)$. Embora o caso médio possa lhe dar uma ideia geral, o que realmente importa é o pior caso, pois problemas podem aparecer quando o seu algoritmo tiver dificuldades para chegar a uma solução. A função Big O é uma função que, depois de um certo valor n_0 (o limite para considerar uma entrada grande), sempre resulta em um grande número de operações, dada a mesma entrada de dados que a função do pior caso f_1. Assim, a função Big O é ainda mais pessimista do que a que representa o seu algoritmo, para que, não importando a qualidade da entrada de dados, você possa ter certeza de que as coisas não podem ficar piores que isso.

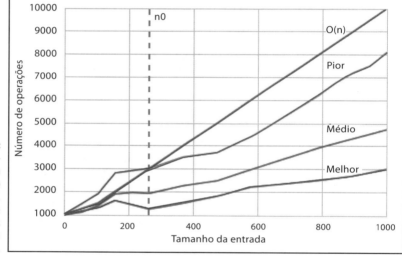

FIGURA 2-1: A complexidade de um algoritmo em melhor, médio e pior casos de entrada de dados.

Muitas funções possíveis podem acabar em resultados piores, mas a escolha das funções oferecidas pela notação Big O que pode utilizar é restrita porque seu propósito é simplificar o cálculo de complexidade sugerindo um padrão. Consequentemente, esta seção contém apenas algumas das funções que são parte da notação Big O. A lista seguinte as descreve em ordem crescente de complexidade:

» **Complexidade constante O(1):** O mesmo tempo, não importa quantos dados você forneça. No fim, é um número constante de operações, não importa quanto a entrada de dados seja longa. Este nível de complexidade é bastante raro na prática.

» **Complexidade logarítmica O(log n):** O número de operações cresce em uma velocidade menor do que a entrada de dados, tornando o algoritmo menos eficiente com pequenas entradas de dados e mais eficiente com entradas maiores. Um algoritmo típico dessa classe é a busca binária, como descrito no Capítulo 7, sobre organizar e buscar dados.

» **Complexidade linear O(n):** As operações aumentam com a entrada de dados em uma razão 1:1. Um algoritmo típico é a iteração, que é quando você analisa a entrada de dados uma vez e aplica uma operação para cada elemento dela. O Capítulo 5 discute iterações.

» **Complexidade linearítmica O(n log n):** A complexidade aqui é uma mistura entre a complexidade logarítmica e a linear. É típica de alguns algoritmos inteligentes usados para ordenar dados, como o *Mergesort, Heapsort e Quicksort*. O Capítulo 7 fala sobre a maior parte deles.

» **Complexidade quadrática O(n²):** As operações crescem ao quadrado do número de entradas. Quando há uma iteração dentro de outra iteração (iterações aninhadas, em ciência da computação), você tem a complexidade quadrática. Por exemplo, você tem uma lista de nomes e, para encontrar os mais parecidos, compara cada nome com todos os outros. Alguns algoritmos de ordenação menos eficientes apresentam tal complexidade: *bubble sort* (ordenação por flutuação), *selection sort* (ordenação por seleção) e *insertion sort* (ordenação por inserção). Este nível de complexidade significa que seus algoritmos podem rodar por horas, ou até dias, antes de encontrar uma solução.

» **Complexidade cúbica O(n³):** As operações crescem ainda mais rápido do que na complexidade quadrática pois, agora, há múltiplas iterações aninhadas. Quando um algoritmo tem essa ordem de complexidade e você precisa processar um número modesto de dados (100.000 elementos), seu algoritmo pode rodar por anos. Quando você tiver um número de operações que é uma potência da entrada de dados, é comum se referir ao algoritmo como *rodando em tempo polinomial*.

» **Complexidade exponencial O(2ⁿ):** A algoritmo leva duas vezes o número de operações prévias para cada novo elemento adicionado. Quando um algoritmo tem essa complexidade, até pequenos problemas podem demorar para sempre para serem solucionados. Muitos algoritmos que fazem buscas exaustivas têm complexidade exponencial. No entanto, o exemplo clássico desse nível de complexidade é o cálculo da sequência de Fibonacci (que, sendo um algoritmo recorrente, é tratado no Capítulo 5).

» **Complexidade fatorial O(n!):** Um verdadeiro pesadelo da complexidade, por causa do grande número de combinações possíveis entre os elementos. Apenas imagine: se a sua entrada de dados for de 100 objetos e uma operação em seu computador leva 10^{-6} segundos (uma velocidade razoável para qualquer computador, hoje em dia), seriam necessários, mais ou menos, 10^{140} anos para completar a tarefa com sucesso (uma quantidade de tempo impossível, já que a idade do universo é estimada em 10^{14} anos). Um problema de complexidade fatorial famoso é o problema do caixeiro-viajante, no qual um caixeiro-viajante precisa encontrar a rota mais curta para visitar várias cidades e voltar à cidade inicial (apresentado no Capítulo 18).

NESTE CAPÍTULO

» **Usando Python para descobrir como algoritmos funcionam**

» **Considerando as várias distribuições Python**

» **Executando uma instalação Python no Linux, no OS X e no Windows**

» **Obtendo e instalando as bases de dados usadas neste livro**

Capítulo **3**

Usando Python para Trabalhar com Algoritmos

Existem várias boas escolhas quando se trata de utilizar o auxílio da informática para descobrir as maravilhas dos algoritmos. Por exemplo, além do Python, muitas pessoas recorrem ao MATLAB, e muitas outras usam R. Na verdade, algumas pessoas usam todas as três e aí comparam os tipos de resultados obtidos. Se você tivesse as três escolhas, ainda precisaria pensar um pouco sobre elas, e poderia escolher aprender mais de uma linguagem. Mas, na verdade, há mais de três escolhas, e este livro não consegue cobrir todas elas. Se for fundo no mundo dos algoritmos, descobrirá que pode usar todas as linguagens de programação para escrever algoritmos, e que algumas são apreciadas pois resumem tudo a operações simples, como a simulação RAM descrita no Capítulo 2. Donald Knuth, vencedor do Prêmio Turing, por exemplo, escreveu modelos em linguagem Assembly em seu livro *The Art of Computer Programming*. Assembly é uma linguagem de programação que se assemelha ao código de máquina, linguagem utilizada nativamente pelos computadores (mas não compreensível para a maioria dos humanos).

Este livro utiliza Python por várias boas razões, incluindo a comunidade de suporte que ela dispõe e o fato de que tem todos os recursos, e ainda assim é fácil de aprender. Python também é uma linguagem prolixa, assemelhando-se ao jeito humano de criar instruções, em vez de como um computador a interpreta. A primeira seção deste capítulo exporá em detalhes o porquê deste livro utilizar Python para os exemplos, mas também por que outras opções são úteis e por que você deve considerá-las à medida em que sua jornada continua.

Quando você fala uma língua, incorpora nuances de significados empregando combinações específicas de palavras que outras pessoas da sua comunidade entenderão. O uso de significados sutis ocorre naturalmente e representa um dialeto. Em alguns casos, dialetos também se formam porque um grupo deseja demonstrar ser diferente de outro grupo. Por exemplo, Noah Webster escreveu e publicou *A Grammatical Institute of the English Language,* ("Um Instituto Gramatical da Língua Inglesa", em tradução livre, sem publicação no Brasil), em parte para remover a influência da aristocracia britânica sobre o público americano. Da mesma forma, linguagens de computador frequentemente vêm com nuances, e os fornecedores propositalmente incluem extensões que tornam o seu produto único para dar uma razão para que o público compre o seu produto em vez de outro.

A segunda seção do capítulo introduzirá várias distribuições Python, cada uma apresentando um dialeto Python. Este livro usa o *Analytics Anaconda*, que é o produto que você deve usar para obter os melhores resultados de sua experiência de aprendizado. Usar outro produto e, principalmente, outro dialeto, pode causar problemas no funcionamento dos exemplos — o mesmo tipo de coisa que acontece quando alguém que fala português europeu conversa com alguém que fala português brasileiro. No entanto, conhecer outras distribuições pode ser útil quando for necessário ter acesso a recursos que o Anaconda pode não oferecer.

As próximas três seções deste capítulo ajudam a instalar o Anaconda em sua plataforma. Os exemplos neste livro são testados em plataformas Linux, Mac OS X e Windows. Eles podem também funcionar em outras, mas não foram testados nessas plataformas, então não há garantia de que funcionem. Ao instalar o Anaconda usando os procedimentos encontrados neste capítulo, você reduzirá as chances de usar uma instalação que não funcionará com o código exemplo. Para usar os exemplos neste livro, você deve instalar o Anaconda 4.2.0 com suporte para Python 3.5. Outras versões do Anaconda e do Python podem não funcionar com o código exemplo, pois, como os dialetos das línguas humanas, elas podem interpretar mal as instruções que o código fornece.

Os algoritmos trabalham com os dados de uma maneira específica. Para ver resultados específicos de um algoritmo, você precisa de dados consistentes. Felizmente, a comunidade Python está ocupada criando bases de dados que qualquer pessoa pode usar para fins de teste. Isso permite à comunidade repetir resultados alcançados por outras sem ter que baixar bases de dados personalizadas de fontes desconhecidas. A seção final deste capítulo ajuda você a conseguir e instalar as bases de dados necessárias para os exemplos.

Considerando os Benefícios de Python

Para trabalhar com algoritmos em um computador, são necessários alguns meios de comunicação com ele. Se fosse em *Star Trek*, você provavelmente poderia apenas dizer ao computador o que deseja e ele obedientemente executaria a tarefa. De fato, Scotty parece bastante confuso com a falta de uma interface de voz no computador em *Star Trek IV*. O ponto é que ainda é necessário usar o mouse e o teclado, junto com uma linguagem especial, para comunicar suas ideias ao computador, porque ele não vai fazer nenhum esforço para se comunicar com você. Python é uma das várias linguagens que é especialmente adaptada para tornar fácil para não desenvolvedores comunicarem suas ideias ao computador, mas não é a única escolha. Os parágrafos seguintes ajudam a entender por que este livro usa Python e quais são as suas outras opções.

Entendendo por que este livro usa Python

Todas as linguagens de computação disponíveis hoje traduzem algoritmos em alguma forma que o computador possa processar. De fato, linguagens como ALGOL (*ALGOrithm Language* — Linguagem Algorítmica) e FORTRAN (*FORmula TRANslation* — Tradução de Fórmula) tornam este objetivo claro. Lembre-se da definição de algoritmo do Capítulo 1 como sendo uma sequência de passos usada para solucionar um problema. O método usado para executar essa tradução se diferencia pela linguagem, e as técnicas usadas por algumas linguagens são bastante misteriosas, exigindo conhecimento especializado até para tentar entender.

Os computadores falam apenas uma língua, o *código de máquina* (os zeros e uns que um computador interpreta para executar tarefas), que é tão incrivelmente difícil para humanos que os primeiros desenvolvedores criaram uma vasta gama de alternativas. Linguagens de computação existem para tornar a comunicação entre humanos e computadores mais fácil. Consequentemente, se você se vir se debatendo para fazer alguma coisa funcionar, talvez esteja usando a linguagem errada. É sempre melhor ter mais de uma linguagem ao seu alcance para que possa se comunicar com o computador com facilidade. Python é uma das linguagens que funciona excepcionalmente bem para pessoas que trabalham em áreas fora do desenvolvimento de aplicações.

CAPÍTULO 3 **Usando Python para Trabalhar com Algoritmos** 47

Python é a visão de uma única pessoa, Guido van Rossum. Você pode ficar surpreso ao saber que Python está por aí há um bom tempo — Guido começou essa linguagem em dezembro de 1989 como uma substituta para a linguagem ABC. Não há muita informação disponível sobre os objetivos exatos de Python, mas ela mantém a capacidade de ABC de criar aplicações usando menos códigos. No entanto, supera de longe sua capacidade de criar aplicações de todos os tipos e, em contraste com ABC, ostenta quatro estilos de programação. Em resumo, Guido pegou a linguagem ABC como um ponto inicial, achou limitada, e criou uma nova, sem nenhuma dessas limitações. É um exemplo de como criar uma nova linguagem que é realmente melhor que sua antecessora.

Python passou por várias iterações e, atualmente, segue dois caminhos de desenvolvimento. O caminho 2.*x* é retrocompatível com as versões anteriores de Python; o caminho 3.*x*, não. A questão da compatibilidade influencia em como você vai usar Python para executar tarefas relacionadas a algoritmos, pois pelo menos alguns dos pacotes não funcionarão com 3.*x*. Além disso, algumas versões usam licenciamentos diferentes porque Guido estava trabalhando com várias companhias durante o desenvolvimento de Python. Você pode ver uma lista das versões e suas respectivas licenças em https://docs.python.org/3/license.html (conteúdo em inglês). A *Python Software Foundation* (PSF) possui todas as versões atuais de Python, então, a menos que utilize uma versão mais antiga, não precisa se preocupar com essa questão de licenciamento.

PAPO DE ESPECIALISTA

Na verdade, Guido começou Python como um *projeto skunkworks* (um projeto desenvolvido por um grupo de pessoas pequeno e vagamente estruturado). O conceito central era criar Python o mais rapidamente possível, mas ainda criar uma linguagem que fosse flexível, rodasse em qualquer plataforma e fornecesse um potencial significativo de extensão. Python fornece todos esses recursos e muitos mais. É claro, sempre há solavancos na estrada, como descobrir quanto do sistema subjacente expor.

Os objetivos de desenvolvimento (ou design) originais de Python não correspondem exatamente ao que aconteceu com a linguagem desde então. Guido originalmente pretendia que Python fosse uma segunda língua para desenvolvedores que precisavam criar códigos únicos, mas não conseguiam atingir seus objetivos usando uma linguagem de *script*. O público alvo original para Python eram os desenvolvedores C.

É possível encontrar inúmeras aplicações escritas em Python hoje em dia, então a ideia de utilizá-lo apenas para *scripts* não se concretizou.

Naturalmente, com todas essas histórias de sucesso por aí, as pessoas estão animadas para somar ao Python. Você pode encontrar listas de *Python Enhancement Proposals* (PEPs) em http://legacy.python.org/dev/peps/ (conteúdo em inglês). Estas PEPs podem ou não ver a luz do dia, mas provam que Python é uma linguagem viva e em crescimento, que continuará fornecendo recursos que os desenvolvedores realmente precisam para criar ótimas aplicações de todos os tipos.

Trabalhando com MATLAB

Python tem vantagens sobre muitas outras linguagens por oferecer múltiplos estilos de códigos, flexibilidade fantástica e enorme extensibilidade, mas ainda é uma linguagem de programação. Se você honestamente não quiser usar uma linguagem de programação, existem outras opções, como MATLAB, que foca mais em algoritmos. MATLAB ainda é um tipo de linguagem de *script* e, para executar tarefas significativas com ele, você ainda precisa entender um pouco de codificação, mas não tanto quanto com Python.

Uma das maiores questões ao usar MATLAB é o preço. Diferente de Python, MATLAB requer um investimento monetário da sua parte. O ambiente, de fato, é mais fácil de utilizar, mas, como para a maioria das coisas, não existe almoço grátis, e o custo diferencial deve ser considerado como parte importante quando determinar qual produto usar.

Muitas pessoas são curiosas sobre MATLAB, isto é, seus pontos fortes e fracos em comparação a Python. Este livro não tem espaço para oferecer uma comparação completa, mas você pode encontrar um bom panorama em `http://www.pyzo.org/python_vs_matlab.html` (conteúdo em inglês). Além disso, você pode convocar pacotes Python a partir do MATLAB usando as técnicas encontradas em `https://www.mathworks.com/help/matlab/call-python-libraries.html` (conteúdo em inglês). Na verdade, o MATLAB também funciona com as seguintes linguagens (os sites são todos em inglês):

» MEX (`https://www.mathworks.com/help/matlab/call-mex-file-functions.html`)

» C (`https://www.mathworks.com/help/matlab/using-c-shared-library-functions-in-matlab-.html`)

» Java (`https://www.mathworks.com/help/matlab/using-java-libraries-in-matlab.html`)

» .NET (`https://www.mathworks.com/help/matlab/using-net-libraries-in-matlab.html`)

» COM (`https://www.mathworks.com/help/matlab/using-com-objects-in-matlab.html`)

Portanto, você não necessariamente precisa escolher entre MATLAB e Python (ou outra linguagem), mas quanto mais recursos de Python utilizar, mais fácil se torna simplesmente trabalhar com o Python e ignorar o MATLAB. Você pode descobrir mais sobre o MATLAB em *MATLAB Para Leigos*, de Jim Sizemore e John Paul Mueller (Alta Books).

Considerando outros ambientes de testes de algoritmos

A terceira maior concorrente para trabalhos relacionados a algoritmos é R. A linguagem de programação R, como Python, é gratuita. Ela também suporta um grande número de pacotes e oferece grande flexibilidade. No entanto, alguns conceitos de programação são diferentes, e algumas pessoas acham R mais difícil de usar que Python. A maioria das pessoas vê R como superior quando se trata de executar estatística, mas enxergam a natureza de propósito geral de Python como sendo mais vantajosa. A comunidade de suporte mais forte de Python também é uma enorme vantagem.

Como dito anteriormente, é possível utilizar qualquer linguagem de programação computacional para executar trabalhos relacionados a algoritmos, mas a maioria das linguagens tem um objetivo específico em mente. Por exemplo, você pode executar tarefas relacionadas a algoritmos utilizando uma linguagem como a *Structured Query Language* (SQL), mas seu foco é em gerenciamento de dados, então algumas das tarefas relacionadas a algoritmos podem se tornar complicadas e difíceis de executar. Uma falta significante em SQL é a habilidade de representar dados com facilidade e executar algumas das traduções e transformações que trabalhos relacionados a algoritmos exigem. Em resumo, é necessário considerar o que planeja fazer quando escolher uma linguagem. Este livro utiliza Python porque é realmente a melhor linguagem geral para executar as tarefas em questão, mas é importante entender que você pode precisar de outras linguagens em algum ponto.

Examinando as Distribuições Python

É possível obter uma cópia genérica de Python e adicionar a ela os pacotes necessários para trabalhar com algoritmos. O processo pode ser difícil, pois é preciso certificar-se de que todos os pacotes necessários nas versões corretas estão presentes para garantir o sucesso. Além disso, é fundamental executar a configuração exigida para garantir que os pacotes estejam acessíveis quando precisar deles. Felizmente, fazer todo o trabalho exigido não é necessário porque vários produtos Python que funcionam bem com algoritmos estão disponíveis. Esses produtos oferecem tudo que é fundamental para começar seus projetos relacionados a algoritmos.

LEMBRE-SE

Você pode utilizar qualquer um dos pacotes mencionados nas seções seguintes para trabalhar com os exemplos deste livro. No entanto, o código fonte do livro e o código fonte para download baseiam-se no Continuum Analytics Anaconda 4.2.0 porque este pacote em particular funciona em todas as plataformas que este livro usa: Linux, Mac OS X e Windows. O livro não menciona um pacote específico nos capítulos seguintes, mas algumas capturas de tela mostram

CJIDADO

como as coisas funcionam na utilização do Anaconda no Windows. Pode ser necessário ajustar o código para usar outro pacote, e as telas serão um pouco diferentes se você usar o Anaconda em alguma outra plataforma.

O Windows 10 apresenta algumas questões sérias de instalação ao trabalhar com Python. Você pode ler sobre essas questões no blog de John em `http://blog.johnmuellerbooks.com/2015/10/30/python-and-windows-10/` (conteúdo em inglês). Tendo em conta que tantos leitores dos outros livros sobre Python do autor enviaram comentários dizendo que o Windows 10 não fornece um bom ambiente, não podemos recomendá-lo como uma plataforma Python para este livro. Se estiver trabalhando com Windows 10, esteja ciente de que seu caminho na instalação de Python será árduo.

Obtendo o Analytics Anaconda

O pacote Anaconda básico está disponível gratuitamente no endereço `https://store.continuum.io/cshop/anaconda/` (conteúdo em inglês). Clique em *Download Anaconda* para ter acesso ao produto gratuitamente. É necessário fornecer seu endereço de e-mail para conseguir uma cópia do Anaconda. Depois de fornecer seu endereço de e-mail, você será redirecionado para outra página, na qual poderá escolher sua plataforma e o instalador para ela. O Anaconda suporta as seguintes plataformas:

» Windows 32-bit e 64-bit (o instalador pode oferecer apenas a versão 64-bit ou 32-bit, dependendo da versão que for detectada).

» Linux 32-bit e 64-bit.

» Mac OS X 64-bit.

Como o suporte ao pacote para o Python 3.5 ficou melhor do que as versões 3.x anteriores, você verá que tanto a versão de Python 3.x quanto a 2.x são igualmente suportadas no site do Analytics. Este livro utiliza Python 3.5 porque o suporte ao pacote agora é substancial e estável o suficiente para suportar todos os exemplos de programação, e porque Python 3.x representa o futuro de Python.

DICA

Você pode obter o Anaconda com versões mais antigas de Python. Se quiser utilizar uma versão mais antiga, clique no arquivo de instalação próximo ao fim da página. Você só deve utilizar uma versão mais antiga de Python quando houver real necessidade para tal.

O instalador Miniconda pode potencialmente economizar tempo limitando o número de recursos instalados. Porém, tentar descobrir precisamente de quais pacotes precisará mesmo é um processo sujeito a erros e que consome tempo. Em geral, é melhor fazer uma instalação completa para garantir que tenha tudo o que precisa para os seus projetos. Mesmo uma instalação completa não exige muito tempo ou esforço para fazer download e instalação na maioria dos sistemas.

A versão gratuita é tudo o que necessita para este livro. Porém, ao olhar no site, verá que há muitos outros complementos disponíveis, que podem ajudar a criar aplicações robustas. Por exemplo, adicionando o *Accelerate* à mistura, você obterá a capacidade de executar operações multicore e habilitadas para GPU. A utilização desses complementos está fora do alcance deste livro, mas o site do Anaconda fornece detalhes sobre a sua utilização.

Considerando o Enthought Canopy Express

O Enthought Canopy Express é um produto gratuito para produzir aplicações tanto técnicas quanto científicas usando Python. Você pode obtê-lo em `https://www.enthought.com/canopy-express/` (conteúdo em inglês). Clique em *Download Free* na página inicial para ver uma lista das versões para download. Apenas o Canopy Express é gratuito; o produto Canopy completo tem um preço. No entanto, você pode usar o Canopy Express para trabalhar com os exemplos deste livro. O Canopy Express suporta as seguintes plataformas:

- » Windows 32-bit e 64-bit.
- » Linux 32-bit e 64-bit.
- » Mac OS X 32-bit e 64-bit.

Escolha a plataforma e a versão que deseja baixar. Clicando em *Download Canopy Express,* aparecerá um formulário opcional para fornecer informações sobre você. O download começará automaticamente, mesmo se não fornecer informações pessoais à empresa.

Uma das vantagens do Canopy Express é que a Enthought é fortemente preocupada em fornecer suporte tanto para estudantes quanto para professores. As pessoas podem também ter aulas, incluindo aulas online, que ensinam como usar o Canopy Express de várias maneiras (veja em `https://training.enthought.com/courses` [conteúdo em inglês]).

Considerando o pythonxy

O Ambiente de Desenvolvimento Integrado (do inglês *Integrated Development Environment* – IDE) pythonxy é um projeto comunitário hospedado no Google `http://python-xy.github.io/` (conteúdo em inglês). É um produto exclusivo para Windows, então você não conseguirá utilizá-lo facilmente com multiplataformas (na verdade, apenas Windows Vista, Windows 7 e Windows 8 são suportados). No entanto, ele vem com um conjunto completo de pacotes e você pode facilmente usá-lo com este livro se quiser.

Como o pythonxy usa *GNU General Public License* (GPL) v3 (veja em `http://www.gnu.org/licenses/gpl.html` [conteúdo em inglês]), não será necessário se preocupar com extensões, treinamento ou recursos pagos. Ninguém virá bater na sua porta querendo vender nada. Além disso, você terá acesso a todo o código fonte para pythonxy, então poderá fazer modificações, se quiser.

Considerando o WinPython

Como o nome já diz, o WinPython é um produto exclusivo para Windows que pode ser encontrado em `http://winpython.sourceforge.net/` (conteúdo em inglês). Este produto, na verdade, é um subproduto do pythonxy, e não seu substituto. Muito pelo contrário: o WinPython é simplesmente uma maneira mais flexível de trabalhar com pythonxy.

O ponto principal deste produto é que você ganha flexibilidade ao custo de facilidade de utilização e um pouco de integração de plataformas. No entanto, para desenvolvedores que precisam manter várias versões de um IDE, o WinPython pode fazer uma diferença significativa. Quando usar o WinPython com este livro, certifique-se de prestar muita atenção nas questões de configuração, ou descobrirá que mesmo o código para download tem poucas chances de funcionar.

Instalando Python no Linux

Você utiliza linhas de comando para instalar o Anaconda no Linux — não há opção de instalação gráfica. Antes de executar a instalação, você deve baixar uma cópia do software Linux no site do Continuum Analytics. Mais informações sobre o download na seção "Obtendo o Analytics Anaconda", anteriormente neste capítulo. Os procedimentos seguintes devem funcionar bem em qualquer sistema Linux, usando a versão 32-bit ou 64-bit do Anaconda:

1. **Abra uma cópia do Terminal.**

A janela Terminal aparecerá.

2. **Mude os diretórios para a cópia baixada do Anaconda no seu sistema.**

O nome deste arquivo varia, mas normalmente aparecerá como `Anaconda3-4.2.0-Linux-x86.sh` para sistemas 32-bit e `Anaconda3-4.2.0-Linux-x86_64.sh` para sistemas 64-bit. O número da versão está embutido como parte do nome do arquivo. Nesse caso, ele se refere à versão 4.2.0, que é a versão utilizada neste livro. Se usar alguma outra versão, você poderá ter alguns problemas com o código fonte e precisar fazer alguns ajustes quando trabalhar com ele.

3. **Digite** bash Anaconda3-4.2.0-Linux-x86.sh **(para a versão 32-bit) ou** bash Anaconda3-4.2.0-Linux-x86_64.sh **(para a versão 64-bit) e aperte Enter.**

Um assistente de instalação abrirá e perguntará se você aceita os termos de licenciamento para a utilização do Anaconda.

4. **Leia o contrato de licença e aceite os termos utilizando o método exigido pela sua versão do Linux.**

O assistente pedirá para você determinar o local de instalação do Anaconda. Este livro presume que você utilizará o local padrão de ~/anaconda. Se escolher algum outro local, pode ter que modificar alguns procedimentos depois para trabalhar com as suas definições.

5. **Determine um local de instalação (se necessário) e aperte Enter (ou clique em Next).**

O processo de extração da aplicação começará. Depois de completar a extração, aparecerá uma mensagem de conclusão.

6. **Adicione o caminho de instalação à sua definição** PATH **utilizando o método exigido pela sua versão de Linux.**

O Anaconda está pronto para ser utilizado.

Instalando o Python no MacOS

A instalação no Mac OS vem em apenas um formato: 64-bit. Antes de iniciar a instalação, baixe uma cópia do software Mac no site do Continuum Analytics. Você encontra informações sobre o download na seção "Obtendo o Analytics Anaconda", anteriormente neste capítulo.

Os arquivos de instalação vêm em duas formas. A primeira depende de um instalador gráfico; a segunda, de linhas de comando. A versão para linhas de comando funciona de maneira parecida com a versão Linux descrita na seção "Instalando Python no Linux" deste capítulo. Os passos seguintes ajudarão a instalar o Anaconda 64-bit em um sistema Mac usando o instalador gráfico:

1. **Localize a cópia baixada do Anaconda no seu sistema.**

O nome deste arquivo varia, mas normalmente aparecerá como Anaconda3-4.2.0-MacOSX-x86_64.pkg. O número da versão está embutido como parte do nome do arquivo. Nesse caso, ele se refere à versão 4.2.0, que é a versão utilizada neste livro. Se usar alguma outra versão, você poderá ter alguns problemas com o código fonte e precisar fazer alguns ajustes quando trabalhar com ele.

54 PARTE 1 **Começando**

2. **Clique duas vezes no arquivo de instalação.**

   Uma caixa de diálogo de introdução aparecerá.

3. **Clique em Continue.**

   O assistente perguntará se você deseja examinar os materiais de *Read Me*. Você pode ler esses materiais depois. Por enquanto, pode ignorar essa informação com segurança.

4. **Clique em Continue.**

   O assistente mostrará um contrato de licença. Certifique-se de ler tudo para conhecer os termos de uso.

5. **Clique em *I Agree* se concordar com o contrato de licença.**

   O assistente de instalação pedirá para você definir um destino para a instalação. O destino controla se a instalação é para um usuário individual ou um grupo.

CUIDADO

   Você pode ver uma mensagem de erro dizendo que não é possível instalar o Anaconda no sistema. A mensagem de erro ocorre por causa de um bug no instalador, e não tem nada a ver com o seu sistema. Para se livrar da mensagem de erro, escolha a opção *Install Only for Me*. Não é possível instalar o Anaconda para um grupo de usuários em um sistema Mac.

6. **Clique em Continue.**

   O instalador mostrará uma caixa de diálogo com opções para mudar o tipo de instalação. Clique em *Change Install Location* se desejar modificar onde o Anaconda será instalado no seu sistema (este livro presume que você utilize o caminho padrão de ~/anaconda). Clique em *Customize* se quiser modificar como o instalador funciona. Por exemplo, pode escolher não adicionar o Anaconda à sua definição PATH. No entanto, este livro presume que escolheu as opções de instalação padrão, e não há razão para mudá-las, a menos que tenha outra cópia de Python 3.5 em algum outro lugar.

7. **Clique em Install.**

   A instalação começará. Uma barra de progresso mostrará como o processo de instalação está progredindo. Quando a instalação estiver completa, você verá um caixa de diálogo de conclusão.

8. **Clique em Continue.**

   O Anaconda está pronto para ser utilizado.

Instalando Python no Windows

O Anaconda vem com uma aplicação de instalação gráfica para Windows, então ter uma boa instalação significa usar um assistente, como seria com qualquer outra. Claro, é necessário ter uma cópia do arquivo de instalação antes de começar, e você encontra informações sobre o download na seção "Obtendo o Analytics Anaconda", anteriormente neste capítulo. Os procedimentos seguintes devem funcionar bem em qualquer sistema Windows, utilizando tanto a versão 32-bit quanto a 64-bit do Anaconda:

1. Localize a cópia baixada no Anaconda no seu sistema.

O nome desse arquivo varia, mas normalmente aparecerá como `Anaconda3-4.2.0-Windows-x86.exe` para sistemas 32-bit e `Anaconda3-4.2.0-Windows-x86_64.exe` para sistemas 64-bits. O número da versão está embutido como parte do nome do arquivo. Nesse caso, ele se refere à versão 4.2.0, que é a versão utilizada neste livro. Se usar alguma outra versão, você pode ter alguns problemas com o código fonte e precisar fazer alguns ajustes quando trabalhar com ele.

2. Clique duas vezes no arquivo de instalação.

(Pode aparecer uma caixa de diálogo *Open File – Security Warning* perguntando se você deseja executar este arquivo. Clique em *Run* se essa caixa de diálogo aparecer). Você verá uma caixa de diálogo *Anaconda 4.2.0 Setup* similar à mostrada na Figura 3-1. A caixa de diálogo exata que aparecerá depende de qual versão do programa de instalação do Anaconda você baixou. Se o seu sistema operacional for 64-bit, é sempre melhor utilizar a versão 64-bit do Anaconda para obter a melhor performance possível. Essa primeira caixa de diálogo avisará quando tiver a versão 64-bit do produto.

3. Clique em Next.

O assistente mostrará o contrato de licença. Certifique-se de ler tudo para conhecer os termos de uso.

4. Clique em *I Agree* se você concordar com o contrato de licença.

O assistente perguntará que tipo de instalação executar, como mostrado na Figura 3-2. Na maior parte dos casos, você deseja instalar o produto apenas para si mesmo. A exceção é se houver várias pessoas usando o seu sistema e todas precisarem acessar o Anaconda.

5. Escolha um dos tipos de instalação e clique em Next.

O assistente perguntará onde instalar o Anaconda no disco, como mostrado na Figura 3-3. Este livro presume que você utilize o local padrão. Se escolher algum outro local, você pode precisar modificar alguns procedimentos depois para trabalhar com suas definições.

56   PARTE 1 **Começando**

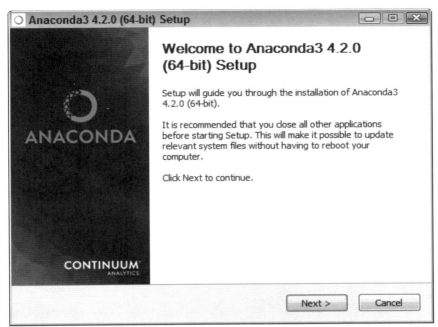

FIGURA 3-1:
O processo de configuração começa avisando se você tem a versão 64-bit.

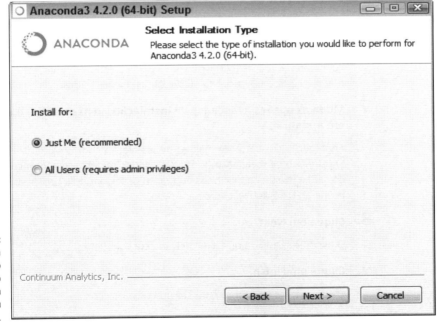

FIGURA 3-2:
Decida como instalar o Anaconda em seu sistema.

CAPÍTULO 3 **Usando Python para Trabalhar com Algoritmos** 57

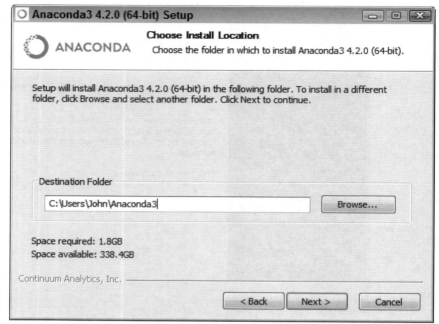

FIGURA 3-3: Especifique o local de instalação.

6. **Escolha um local de instalação (se necessário) e clique em Next.**

   Você verá as *Advanced Installation Options*, como mostrado na Figura 3-4. Essas opções são pré-definidas e não há razão para mudá-las na maior parte dos casos. Pode ser necessário modificá-las se o Anaconda não fornecer a configuração padrão de Python 3.5 (ou Python 2.7). No entanto, este livro presume que configurou o Anaconda utilizando as opções padrão.

7. **Mude as opções avançadas de instalação (se necessário) e então clique em Install.**

   Aparecerá uma caixa de diálogo de instalação com uma barra de progresso. O processo de instalação pode levar alguns minutos, então pegue uma xícara de café e leia uns quadrinhos enquanto isso. Quando o processo de instalação terminar, o botão *Next* será habilitado.

8. **Clique em Next.**

   O assistente avisará que a instalação está completa.

9. **Clique em Finish.**

   O Anaconda está pronto para ser utilizado.

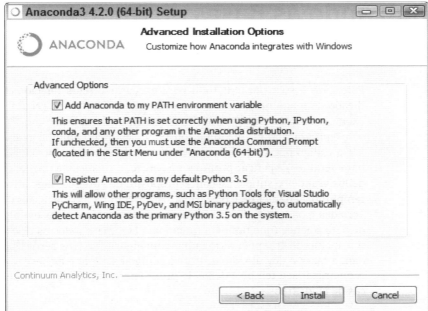

FIGURA 3-4:
Configure as opções avançadas de instalação.

SOBRE AS CAPTURAS DE TELA...

Ao longo do livro, você utilizará um IDE de sua escolha para abrir os arquivos de Python e Jupyter Notebook que contêm os códigos fonte do livro. Toda captura de tela que apresenta informações específicas de IDE se baseia no Anaconda, pois ele roda em todas as três plataformas sugeridas aqui. Seu uso não significa que este é o melhor IDE ou que os autores estão fazendo algum tipo de recomendação quanto a isso; ele simplesmente funciona bem como um produto de demonstração.

Quando trabalhar com o Anaconda, o nome do ambiente gráfico (GUI), Jupyter Notebook, é exatamente o mesmo em todas as três plataformas, e você não verá nenhuma diferença significativa na apresentação (Jupyter Notebook é uma evolução de IPython, então é possível encontrar alguns recursos online que fazem referência a IPython Notebook). As diferenças que verá são mínimas, e você deve ignorá-las à medida em que trabalha com o livro. Com isso em mente, este livro baseia-se intensamente em capturas de tela do Windows 7. Quando trabalhar com Linux, Mac OS ou outra versão do Windows, são esperadas algumas diferenças na apresentação, mas essas diferenças não atrapalham o uso dos exemplos.

Baixando as Bases de Dados e Código de Exemplo

Este livro é sobre usar Python para executar tarefas relacionadas a aprendizado de máquina. É claro, você pode gastar seu tempo criando o código de exemplo do zero, corrigindo falhas, e só então descobrir como ele se relaciona com aprendizado de máquina, ou pode seguir o caminho mais fácil e baixar o código pré-escrito do site da Para Leigos (veja a Introdução deste livro para detalhes) e já ficar pronto para começar. Da mesma forma, criar bases de dados grandes o suficiente com o propósito de aprender algoritmo levaria um tempinho. Felizmente, é possível acessar, com facilidade, bases de dados pré-criadas e padronizadas utilizando os recursos fornecidos em alguns pacotes de data science (que também funcionam bem para todos os tipos de propósitos, incluindo aprender a trabalhar com algoritmos). As seções seguintes ajudam a fazer o download e utilizar o código exemplo e as bases de dados para economizar seu tempo e deixá-lo pronto para trabalhar com tarefas específicas de algoritmos.

Usando o Jupyter Notebook

Para facilitar o trabalho com o código relativamente complexo neste livro, você utilizará o Jupyter Notebook. Esta interface permite criar, com facilidade, arquivos Notebook Python que podem conter qualquer número de exemplos, cada um dos quais podendo ser executado individualmente. O programa roda no seu navegador, então não importa qual a plataforma para desenvolvimento utilizada; desde que ela tenha um navegador, tudo ficará bem.

Iniciando o Jupyter Notebook

A maioria das plataformas oferece um ícone para acessar o Jupyter Notebook. Clique nesse ícone para acessá-lo. Por exemplo, em um sistema Windows, clique em Iniciar➪Todos os Programas ➪Anaconda 3➪Jupyter Notebook. A Figura 3-5 mostra como a interface aparece quando visualizada no navegador Firefox. A aparência exata no seu sistema depende do navegador que utiliza e o tipo de plataforma instalada.

Se a sua plataforma não oferece acesso fácil através de um ícone, siga estes passos para acessar o Jupyter Notebook:

1. **Abra uma Linha de Comando ou Janela Terminal no seu sistema.**

A janela abrirá para você digitar os comandos.

60   PARTE 1 **Começando**

2. **Mude os diretórios para o diretório** \Anaconda3\Scripts **na sua máquina.**

   A maioria dos sistemas permite utilizar o comando CD para esta tarefa.

3. **Digite** python jupyter-notebook-script.py **e pressione Enter.**

   A página do Jupyter Notebook abrirá no seu navegador.

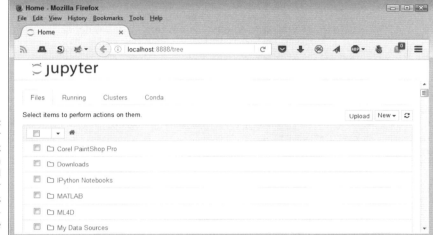

FIGURA 3-5: O Jupyter Notebook oferece um método fácil para criar exemplos de aprendizado de máquina.

Parando o servidor do Jupyter Notebook

Não importa como você inicia o Jupyter Notebook (ou apenas Notebook, como aparecerá no restante do livro), o sistema geralmente abre uma linha de comando ou janela terminal para hospedá-lo. Esta janela contém um servidor que faz a aplicação funcionar. Depois de fechar a janela do navegador, quando a sessão estiver completa, selecione a janela do servidor e pressione Ctrl+C ou Ctrl+Break para pará-lo.

Definindo o repositório de código

O código que criará e usará neste livro vai morar em um repositório no seu disco rígido. Pense em um *repositório* como um tipo de armário de arquivo no qual põe o seu código. O Notebook abre uma gaveta, pega a pasta e mostra o código para você. É possível mudar isso, executar exemplos individuais dentro da pasta, adicionar novos exemplos e simplesmente interagir com o seu código de maneira natural. As seções seguintes apresentarão o Notebook para que seja possível ver como todo esse conceito de repositório funciona.

Definindo a pasta do livro

É bom organizar os seus arquivos para poder acessá-los facilmente depois. Este livro mantém seus arquivos na pasta APL (*Algoritmos Para Leigos*). Siga estes passos dentro do Notebook para criar uma nova pasta.

1. Escolha New ⇨ Folder.

O Notebook cria uma nova pasta chamada *Untitled Folder*, como mostrado na Figura 3-6. O arquivo aparece em ordem alfanumérica, então você pode não vê-lo inicialmente. Role a barra para baixo até o local correto.

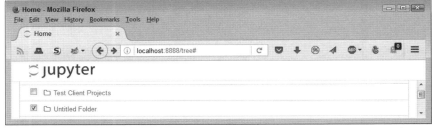

FIGURA 3-6: Novas pastas aparecem com o nome de *Untitled Folder*.

2. Selecione a caixa próxima à entrada *Untitled Folder*.

3. Clique em *Rename* no topo da página.

Aparecerá uma caixa de diálogo *Rename Directory*, como a mostra a Figura 3-7.

FIGURA 3-7: Renomeie a pasta para lembrar que tipo de entradas ela contém.

4. Digite APL e clique em OK.

O Notebook mudará o nome da pasta para você.

5. Clique na nova entrada APL na lista.

O Notebook mudará o local para a pasta APL, na qual executará tarefas relacionadas aos exercícios deste livro.

Criando um novo notebook

Cada novo notebook é como uma pasta de arquivos. Você pode colocar exemplos individuais dentro da pasta de arquivos, assim como colocaria papéis em uma pasta física. Cada exemplo aparece em uma célula. Também é possível colocar outros tipos de coisas em uma pasta, mas verá como essas coisas funcionam à medida em que progredir no livro. Siga estes passos para criar um novo notebook:

1. **Clique em New ⇨ Python (default).**

   Uma nova aba abrirá no navegador com o novo notebook, como mostrado na Figura 3-8. Note que o notebook contém uma célula e que o Notebook destacará a célula para que possa começar a digitar o código nela. O nome do notebook será *Untitled* agora. Este não é um nome particularmente útil, então será necessário mudá-lo.

FIGURA 3-8: Um notebook contém células que você utiliza para hospedar códigos.

2. **Clique em *Untitled* na página.**

   O Notebook perguntará qual você deseja que seja o novo nome, como mostrado na Figura 3-9.

3. **Digite** APL; 03; Amostra **e pressione Enter.**

   O novo nome indica que esse é um arquivo para o *Algoritmos Para Leigos*, Capítulo 3, Amostra.ipynb. Utilizar essa convenção de nomenclatura permite diferenciar com facilidade esses arquivos de outros no seu repositório.

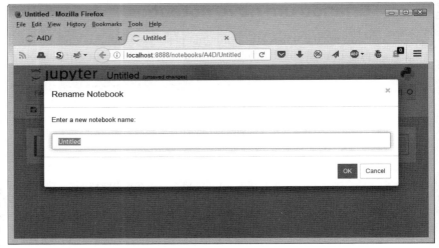

FIGURA 3-9:
Forneça um novo nome para o seu notebook.

É claro, o notebook Amostra ainda não contém nada. Posicione o cursor sobre a célula, digite **print('Python is really cool!')**, e depois clique no botão *Run* (o botão com a seta apontando para a direita na barra de ferramentas). Você verá o resultado mostrado na Figura 3-10. O resultado é parte da mesma célula que o código (o código fica em uma caixa quadrada, e o resultado, fora dessa caixa quadrada, mas ambos estão dentro da célula). No entanto, o Notebook visualmente separa o resultado do código, para que seja possível visualizá-los em particular. Ele automaticamente cria uma nova célula para você.

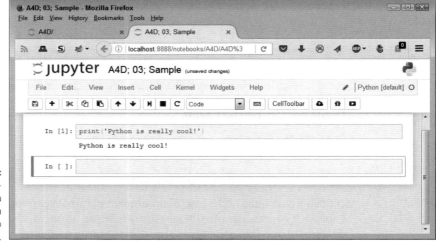

FIGURA 3-10:
O Notebook utiliza células para armazenar o seu código.

Quando terminar de trabalhar com um notebook, é importante encerrá-lo. Para fechar, selecione File ➪ Close and Halt. Você retornará para a página inicial, na qual poderá ver que o notebook que acabou de criar foi adicionado à lista, como mostrado na Figura 3-11.

FIGURA 3-11:
Todos os notebooks criados aparecerão na lista de repositório.

Exportando um notebook

Criar notebooks e mantê-los todos para você não é muito legal. Em algum ponto, vai querer dividi-los com outras pessoas. Para executar esta tarefa, o seu notebook deve ser exportado do repositório para um arquivo. Você pode, então, enviar o arquivo para outra pessoa, que vai importá-lo para seu próprio repositório.

A seção anterior mostrou como criar um notebook chamado APL; 03; Amostra. Você pode abrir este notebook clicando na sua entrada na lista de repositório. O arquivo reabrirá para que você possa ver seu código novamente. Para exportar esse código, selecione File ➪ Download As ➪ Notebook (.ipynb). O que aparecerá depois depende do seu navegador, mas geralmente aparece algum tipo de caixa de diálogo para salvar o notebook como um arquivo. Utilize o mesmo método para salvar o arquivo IPython Notebook que você utiliza para qualquer outro arquivo salvo usando o seu navegador.

Removendo um notebook

Às vezes, os notebooks ficam ultrapassados ou você simplesmente não precisa mais trabalhar com eles. Ao invés de deixar seu repositório entupido de arquivos que não precisa, é possível remover esses notebooks indesejáveis da lista. Siga estes passos para remover o arquivo:

1. **Selecione a caixa próxima à entrada APL; 03; Amostra.**

   Clique no ícone da lixeira (*Delete*) no topo da página.

2. Você verá uma mensagem de aviso como a apresentada na Figura 3-12.

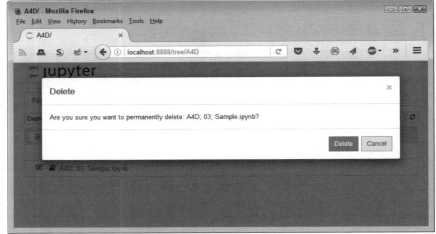

FIGURA 3-12:
O Notebook avisa antes de remover qualquer arquivo do repositório.

3. Clique em *Delete*.

   O arquivo é removido da lista.

Importando um notebook

Para usar o código fonte deste livro, é necessário importar os arquivos baixados para dentro do seu repositório. O código fonte vem em uma pasta de arquivo que é extraída para algum local no seu disco rígido. A pasta contém uma lista de arquivos .ipynb (IPython Notebook) com o código fonte para este livro (veja a Introdução para detalhes sobre como fazer o download do código fonte). Os próximos passos mostram como importar esses arquivos para o seu repositório:

1. Clique em *Upload* no topo da página.

   O que verá depende do seu navegador. Na maior parte dos casos, você verá algum tipo de caixa do diálogo de *File Upload* que dá acesso aos arquivos no seu disco rígido.

2. Navegue até o diretório que contém os arquivos que deseja importar para o Notebook.

3. Selecione um ou mais arquivos para importar e clique no botão *Open* (ou outro similar) para iniciar o processo de upload.

   Você verá o arquivo adicionado à uma lista de upload, como mostrado na Figura 3-13. Ele ainda não é parte do repositório — apenas foi selecionado para upload.

FIGURA 3-13: Os arquivos que deseja adicionar ao repositório aparecem como parte de uma lista de upload composta por um ou mais arquivos.

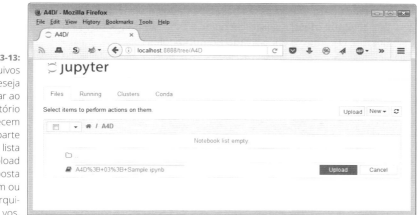

DICA

Quando você exporta um arquivo, o Notebook converte quaisquer tipos de caracteres especiais para um formato que o seu sistema aceitará melhor. A Figura 3-13 mostra essa conversão em ação. Os ponto e vírgula aparecerão como %3B e os espaços como + (sinal de mais). Você deve mudar esses caracteres para seu formato Notebook para ver os nomes como o esperado.

4. **Clique em Upload.**

   O Notebook salva o arquivo no repositório para que possa começar a usá-lo.

Entendendo as bases de dados usadas neste livro

Este livro usa várias bases de dados, e todas aparecem no pacote *scikit-learn*. Essas bases de dados demonstram diversas maneiras nas quais você pode interagir com dados, e são utilizadas nos exemplos para executar uma variedade de tarefas. A lista seguinte fornece um rápido panorama das funções usadas para importar cada uma das bases de dados para o seu código Python:

» `load_boston()`: Análise de regressão com a base de dados de preços de imóveis em Boston.
» `load_iris()`: Classificação com a base de dados de íris.
» `load_diabetes()`: Regressão com a base de dados diabetes.
» `load_digits([n_class])`: Classificação com a base de dados dígitos.
» `fetch_20newsgroups(subset='train')` : Dados de 20 grupos de discussão.
» `fetch_olivetti_faces()`: Base de dados dos rostos Olivetti da AT&T.

A técnica para baixar essas bases de dados é a mesma dos exemplos. O exemplo a seguir mostra como carregar a base de dados dos preços de imóveis em Boston. O código é encontrado no notebook A4D; 03; Dataset Load.ipynb.

```
from sklearn.datasets import load_boston
Boston = load_boston()
print(Boston.data.shape)

(506, 13)
```

Para ver como o código funciona, clique em Run Cell. O resultado da chamada print() é (506, 13). O resultado é mostrado na Figura 3-14.

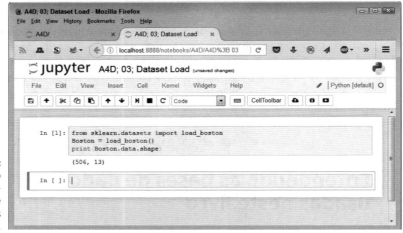

FIGURA 3-14: O objeto Boston contém a base de dados baixada.

NESTE CAPÍTULO

» **Executando tarefas numéricas e lógicas**

» **Trabalhando com strings**

» **Executando tarefas com datas**

» **Empacotando código usando funções**

» **Gerenciando dados na memória**

» **Lendo dados em objetos de armazenamento**

» **Encontrando dados com dicionários**

Capítulo **4**

Introduzindo Python para a Programação de Algoritmos

Uma receita é um tipo de algoritmo, porque ajuda a cozinhar comidas gostosas utilizando uma série de passos (e, assim, livrando você da sua fome). É possível elaborar vários jeitos de criar uma sequência de passos que solucionem um problema. Procedimentos de toda variedade e descrição fervilham, todos descrevendo uma sequência de passos usada para solucionar um problema. Nem toda sequência de passos é concreta. Notações matemáticas apresentam uma série de passos para solucionar um problema numérico, mas muita gente as enxerga como muitos símbolos estranhos em uma linguagem misteriosa que poucos entendem. Uma linguagem computacional pode transformar a linguagem misteriosa em uma forma concreta em bom português, que soluciona o problema de maneira que funciona para a maioria das pessoas.

O Capítulo 3 ajuda a instalar uma cópia do Python para trabalhar com os exemplos deste livro. Você usará o Python ao longo de todo o material para solucionar problemas numéricos usando algoritmos que também podem ser expressos em notações matemáticas. A razão pela qual este livro usa uma linguagem de programação é para transformar aqueles símbolos estranhos e abstratos em algo que a maioria das pessoas possa entender e usar para resolver problemas reais.

Antes de usar o Python para executar tarefas com algoritmos, você precisa ter, pelo menos, um conhecimento mínimo sobre como ele funciona. Este capítulo não foi concebido para transformá-lo em um especialista em Python. No entanto, ele fornece informações suficientes para fazer com que o código exemplo faça sentido com os comentários apresentados. As várias seções ajudam a entender como Python executa tarefas de maneira concreta. Por exemplo, é preciso saber como o Python funciona com vários tipos de dados para determinar o que o código de exemplo está fazendo com aqueles dados. Você encontra o essencial para o trabalho com dados numéricos, lógicos, em strings e datas nas primeiras três seções.

Imagine um livro de receitas, ou qualquer livro com essa finalidade, que apresentasse os passos para executar cada tarefa que o livro diz para executar como uma longa narrativa sem nenhuma pausa. Tentar encontrar uma receita específica (ou outro procedimento) se tornaria impossível, e o livro seria inútil. Na verdade, ninguém escreveria um livro assim. A quarta seção do capítulo discute funções, que são semelhantes a receitas individuais em um livro de receitas. Você pode combinar funções para criar um programa inteiro, assim como poderia combinar receitas para criar um jantar inteiro.

As próximas quatro seções discutem várias maneiras de gerenciar dados, o que significa ler, escrever, modificar e apagar dados conforme for necessário. Também é necessário saber como tomar decisões e o que fazer quando precisar executar a mesma série de passos mais de uma vez. Dados são um recurso, assim como farinha, açúcar e outros ingredientes são recursos usados quando se trabalha com uma receita. Os diferentes tipos de dados exigem diferentes técnicas para transformá-los em uma aplicação que solucione o problema proposto por um algoritmo. Estas seções falam sobre os vários jeitos de manipular dados e trabalhar com eles para solucionar problemas.

Trabalhando com Números e Lógica

Interagir com algoritmos envolve trabalhar com dados de vários tipos, mas muito do trabalho envolve números. Além disso, você usa valores lógicos para tomar decisões sobre os dados que utiliza. Por exemplo, pode ser necessário saber se dois valores são iguais ou se um valor é maior que outro. Python suporta estes tipos de valores numéricos e lógicos:

>> Qualquer número inteiro é um *inteiro*. Por exemplo, o valor 1 é um número inteiro, então ele é um inteiro. Por outro lado, 1.0 não é; ele tem uma parte

70   PARTE 1 **Começando**

decimal, então não é um inteiro. Inteiros são representados pelo tipo de dado `int`. Na maioria das plataformas, você pode armazenar números entre –9,223,372,036,854,775,808 e 9,223,372,036,854,775,807 dentro de um `int` (que é o valor máximo que cabe em uma variável 64-bit).

» Qualquer número que inclua uma porção decimal é um valor de *ponto flutuante*. Por exemplo, 1.0 tem uma parte decimal, então é um valor de ponto flutuante. Muitas pessoas ficam confusas com números inteiros e números de pontos flutuantes, mas a diferença é fácil de lembrar. Se você vir uma casa decimal no número, é um valor de ponto flutuante. Python armazena valores de ponto flutuante no tipo de dado `float`. O valor máximo que uma variável de ponto flutuante pode conter é $\pm 1.7976931348623157 \times 10^{308}$ e o valor mínimo é $\pm 2.2250738585072014 \times 10^{-308}$, na maioria das plataformas.

» Um *número complexo* consiste em um número real e um imaginário que são pareados juntos. No caso de ter esquecido dos números complexos, você pode ler sobre eles em `http://www.mathsisfun.com/numbers/complex-numbers.html` (conteúdo em inglês). A parte imaginária de um número complexo sempre aparece com um *j* depois. Então, se quer criar um número complexo com 3 como a parte real e 4 como a parte imaginária, a colocação ficará assim: `myComplex = 3 + 4j`.

» Argumentos lógicos exigem valores booleanos, que foram nomeados a partir de George Boole. Quando usar um valor booleano no Python, você recorrerá ao tipo `bool`. Uma variável deste tipo pode conter dois valores: `True` (verdadeiro) ou `False` (falso). Você pode atribuir um valor usando as palavras-chave `True` ou `False` ou pode criar uma expressão que defina uma ideia lógica que seja igual a verdadeiro ou falso. Por exemplo, pode dizer que `myBool = 1 > 2`, o que seria falso, pois 1 definitivamente não é maior que 2.

Agora que sabe o básico, é hora de ver os tipos de dados em ação. Os parágrafos a seguir fornecem um rápido panorama de como você pode trabalhar com dados tanto numéricos quanto lógicos no Python.

Executando atribuições de variáveis

Ao trabalhar com aplicações, você armazena a informação em *variáveis*. Uma variável é um tipo de caixa de armazenamento. Quando você quer trabalhar com uma informação, ela é acessada usando a variável. Se tiver novas informações que deseja armazenar, elas são colocadas em uma variável. Mudar a informação significa acessar a variável primeiro e depois armazenar o novo valor nela. Assim como armazena coisas em caixas na vida real, você armazena coisas em variáveis (um tipo de caixa de armazenamento) quando trabalha com aplicações. Para armazenar dados em uma variável, você *atribui* os dados a ela usando algum dos números de *operadores de atribuição* (símbolos especiais que

CAPÍTULO 4 **Introduzindo Python para a Programação de Algoritmos** 71

mostram como armazenar os dados). A Tabela 4-1 apresenta os operadores de atribuição que o Python suporta.

TABELA 4-1   Operadores de Atribuição de Python

Operador	Descrição	Exemplo
=	Atribui o valor encontrado no operando direito ao operando esquerdo.	MyVar = 5 resulta em MyVar contendo 5
+=	Soma o valor encontrado no operando direito ao valor encontrado no operando esquerdo e põe o resultado no operando esquerdo.	MyVar += 2 resulta em MyVar contendo 7
-=	Subtrai o valor encontrado no operando direito do valor encontrado no operando esquerdo e põe o resultado no operando esquerdo.	MyVar -= 2 resulta em MyVar contendo 3
*=	Multiplica o valor encontrado no operando direito pelo valor encontrado no operando esquerdo e põe o resultado no operando esquerdo.	MyVar *= 2 resulta em MyVar contendo 10
/=	Divide o valor encontrado no operando esquerdo pelo valor encontrado no operando direito e põe o resultado no operando esquerdo.	MyVar /= 2 resulta em MyVar contendo 2.5
%=	Divide o valor encontrado no operando esquerdo pelo valor encontrado no operando direito e põe o resto no operando esquerdo.	MyVar %= 2 resulta em MyVar contendo 1
**=	Determina o valor exponencial encontrado no operando esquerdo quando elevado à potência do valor encontrado no operando direito e põe o resultado no operando esquerdo.	MyVar ** 2 resulta em MyVar contendo 25
//=	Divide o valor encontrado no operando esquerdo pelo valor encontrado no operando direito e põe o resultado inteiro (número inteiro) no operando esquerdo.	MyVar //= 2 resulta em MyVar contendo 2

Fazendo a aritmética

Armazenar informações em variáveis as torna facilmente acessíveis. No entanto, para executar qualquer trabalho útil com a variável, você geralmente executa algum tipo de operação aritmética nela. Python suporta os operadores aritméticos comuns usados para executar tarefas à mão. Eles aparecem na Tabela 4-2.

TABELA 4-2   Operadores Aritméticos de Python

Operador	Descrição	Exemplo
+	Soma dois valores.	5 + 2 = 7
-	Subtrai o operando direito do operando esquerdo.	5 – 2 = 3
*	Multiplica o operando direito pelo operando esquerdo.	5 * 2 = 10

72   PARTE 1 **Começando**

Operador	Descrição	Exemplo
/	Divide o operando esquerdo pelo operando direito.	5 / 2 = 2.5
%	Divide o operando esquerdo pelo operando direito e retorna o resto.	5 % 2 = 1
**	Calcula o valor exponencial do operando direito pelo operando esquerdo.	5 ** 2 = 25
//	Executa a divisão do inteiro, na qual o operando esquerdo é dividido pelo operando direito e apenas o número inteiro é retornado (também chamada divisão módulo n — *floor division*).	5 // 2 = 2

Às vezes, é necessário interagir com apenas uma variável. Python suporta um número de *operadores unários,* que funcionam com apenas uma variável, como mostrado na Tabela 4-3.

TABELA 4-3   ## Operadores Unários de Python

Operador	Descrição	Exemplo
~	Inverte os bits em um número para que todos os bits 0 se tornem bits 1 e vice versa.	~4 resulta em um valor de –5
-	Negativa o valor original para que o positivo se torne negativo e vice versa.	–(–4) resulta em 4 e –4 resulta em –4
+	É fornecido puramente por causa da integridade; retorna o mesmo valor que você fornece como entrada.	+4 resulta em um valor de 4

Computadores podem executar outros tipos de tarefas matemáticas por causa da maneira que o processador funciona. É importante lembrar que computadores armazenam dados como uma série de bits individuais. Python permite acessar estes bits individuais usando os *operadores bitwise,* como mostrado na Tabela 4-4.

TABELA 4-4   ## Operadores Bitwise de Python

Operador	Descrição	Exemplo
& (E)	Determina se ambos bits individuais dentro de dois operadores é verdadeiro e define o resultado como verdadeiro quando eles o são.	0b1100 & 0b0110 = 0b0100
| (Ou)	Determina se algum dos bits individuais dentro de dois operadores são verdadeiros e define o bit resultante como verdadeiro quando ele o é.	0b1100 | 0b0110 = 0b1110
^ (Ou exclusivo)	Determina se apenas um dos bits individuais dentro de dois operadores é verdadeiro e define o bit resultante como verdadeiro quando um o for. Quando ambos os bits forem verdadeiros ou forem falsos, o resultado é falso.	0b1100 ^ 0b0110 = 0b1010

(continua)

CAPÍTULO 4 **Introduzindo Python para a Programação de Algoritmos**   73

(continuação)

Operador	Descrição	Exemplo
~ (Complemento do um)	Calcula o valor do complemento do um de um número.	~0b1100 = –0b1101 ~0b0110 = –0b0111
<< (Deslocamento esquerdo)	Desloca os bits no operando esquerdo para a esquerda pelo valor do operando direito. Todos os novos bits são definidos como 0 e todos os bits que escorrem na ponta são perdidos.	0b00110011 << 2 = 0b11001100
>> (Deslocamento direito)	Desloca os bits no operando esquerdo para a direita pelo valor do operando direito. Todos os novos bits são definidos como 0 e todos os bits que escorrem na ponta são perdidos.	0b00110011 >> 2 = 0b00001100

Comparando dados usando expressões booleanas

Usar a aritmética para modificar o conteúdo das variáveis é um tipo de manipulação de dados. Para determinar o efeito da manipulação de dados, um computador deve comparar o estado atual da variável com o seu estado original ou com o estado de um valor conhecido. Em alguns casos, detectar o status de uma entrada de dados em comparação à outra também é necessário. Todas essas operações verificam a relação entre duas variáveis, então os operadores resultantes são operadores relacionais, como mostrado na Tabela 4-5.

TABELA 4-5   Operadores Relacionais de Python

Operador	Descrição	Exemplo
==	Determina se dois valores são iguais. Note que o operador relacional usa dois sinais de igualdade. Um erro que muitos desenvolvedores cometem é usar apenas um sinal, o que resulta em um valor sendo atribuído a outro.	1 == 2 é Falso
!=	Determina se dois valores não são iguais. Algumas versões mais antigas de Python permitiam usar o operador <> no lugar de !=. Usar o operador <> resulta em erro em versões atuais de Python.	1 != 2 é Verdadeiro
>	Verifica que o valor do operando esquerdo é maior que o valor do operando direito.	1 > 2 é Falso
<	Verifica que o valor do operando esquerdo é menor que o valor do operando direito.	1 < 2 é Verdadeiro
>=	Verifica que o valor do operando esquerdo é maior ou igual ao valor do operando direito.	1 >= 2 é Falso
<=	Verifica que o valor do operando esquerdo é menor ou igual ao valor do operando direito.	1 <= 2 é Verdadeiro

Às vezes, um operador relacional não consegue contar a história completa na comparação de dois valores. Por exemplo, você pode precisar checar uma condição na qual duas comparações separadas são necessárias, como em `MyAge > 40` e `MyHeight < 74`. A necessidade de acrescentar condições à comparação exige um operador lógico do tipo mostrado na Tabela 4-6.

TABELA 4-6   ## Operadores Lógicos de Python

Operador	Descrição	Exemplo
and	Determina se ambos os operandos são verdadeiros.	Verdadeiro and Verdadeiro é Verdadeiro
		Verdadeiro and Falso é Falso
		Falso and Verdadeiro é Falso
		Falso and Falso é Falso
or	Determina quando um dos operandos é verdadeiro.	Verdadeiro or Verdadeiro é Verdadeiro
		Verdadeiro or Falso é Verdadeiro
		Falso or Verdadeiro é Verdadeiro
		Falso or Falso é Falso
not	Nega o valor de verdade de um único operando. Um valor verdadeiro torna-se falso e um valor falso torna-se verdadeiro.	not Verdadeiro é Falso
		not Falso é Verdadeiro

Os computadores fornecem uma ordem para as comparações tornando algumas operações mais significativas que outras. A ordenação de operadores é a *precedência do operador*. A Tabela 4-7 mostra a precedência do operador de todos os operadores comuns do Python, incluindo alguns que não apareceram como parte da discussão ainda. Quando fizer comparações, sempre considere a precedência do operador pois, de outra forma, as suposições feitas sobre o resultado de uma comparação provavelmente estarão erradas.

TABELA 4-7   ## Precedência do Operador de Python

Operador	Descrição
()	Utilize parênteses para agrupar expressões e para substituir a precedência padrão, para forçar uma operação de precedência menor (como uma adição) a passar acima de uma operação de precedência maior (como uma multiplicação).
**	A exponenciação eleva o valor do operando esquerdo à potência do operando direito.

(continua)

(continuação)

Operador	Descrição
~ + -	Operandos unários interagem com uma única variável ou expressão.
* / % //	Multiplica, divide, modula e calcula resto do módulo.
+ -	Adição e subtração.
>> <<	Deslocamento direito e esquerdo de cadeia de bits.
&	Bitwise E.
^ |	OU exclusivo de cadeia de bits e OU padrão.
<= < > >=	Operadores de comparação.
== !=	Operadores de igualdade.
= %= /= //= -= += *= **=	Operadores de atribuição.
is is not	Operadores de identidade.
in not in	Operadores de associação.
not or and	Operadores lógicos.

Criando e Usando Strings

De todos os tipos de dados, as strings são os mais facilmente compreendidos pelas pessoas e não tanto pelos computadores. Uma *string* é simplesmente qualquer agrupamento de caracteres que são colocados entre aspas. Por exemplo, `myString = "Python is a great language."` atribui uma string de caracteres a `myString`.

INICIALIZANDO IPYTHON

A maior parte do livro conta com o Jupyter Notebook (veja o Capítulo 3) porque ele fornece métodos para criar, gerenciar e interagir com exemplos complexos de codificação. Porém, às vezes, é necessário um ambiente simples e interativo para testes rápidos, que é a rota que este capítulo usa. Anaconda vem com dois ambientes assim, IPython e Jupyter QT Console. Dos dois, IPython é o mais simples de usar, mas ambos têm funcionalidades similares. Para inicializar IPython, clique em sua entrada na pasta Anaconda3 no seu sistema. Por exemplo, quando trabalhar com o Windows, clique em Iniciar ⇨ Todos os Programas ⇨ Anaconda3 ⇨ IPython. Você também pode inicializar IPython em uma janela de terminal digitando **IPython** e apertando Enter.

LEMBRE-SE

A principal razão para usar strings quando trabalhar com algoritmos é proporcionar interação com o usuário — seja como requisito para entrada de dados ou como meio de tornar o resultado mais fácil de entender. Você também pode executar a análise de dados de strings como parte do trabalho com algoritmos, mas o computador não exige strings como parte de sua sequência de passos para obter uma solução para um problema. Na verdade, o computador não enxerga letras. Toda letra que você usa é representada por um número na memória. Por exemplo, a letra *A* é, na verdade, o número 65. Para ver isso por si mesmo, digite **ord("A")** no prompt de comando Python e aperte Enter. Você verá 65 com resultado. É possível converter qualquer letra para seu equivalente numérico usando o comando ord().

Porque computadores não conseguem entender strings, mas strings são tão úteis para escrever aplicações, às vezes é necessário converter uma string em um número. Você pode usar os comandos int() e float() para executar esta conversão. Por exemplo, se digitar **myInt = int("123")** e apertar Enter no prompt de comando de Python, cria uma int chamada myInt contendo o valor 123.

LEMBRE-SE

Também é possível converter números em uma string usando o comando str(). Por exemplo, se você digitar **myStr = str(1234.56)** e apertar Enter, cria uma string contendo o valor "1234.56" e a atribui a myStr. O ponto é que você pode ir e voltar entre as strings com grande facilidade. Os capítulos seguintes demonstrarão como essas conversões tornam várias tarefas que pareciam impossíveis bastante viáveis.

Assim como com os números, você pode usar alguns operadores especiais com strings (e muitos objetos). Os *operadores de membresia* permitem determinar quando uma string envolve conteúdo específico. A Tabela 4-8 mostra esses operadores.

TABELA 4-8 Operadores de Associação de Python

Operador	Descrição	Exemplo
in	Determina se o valor no operando esquerdo aparece na sequência encontrada no operando direito.	"Hello" in "Hello Goodbye" é Verdadeiro
not in	Determina se o valor no operando esquerdo está faltando na sequência encontrada no operando direito.	"Hello" not in "Hello Goodbye" é Falso

A discussão nesta seção também torna óbvio que é necessário saber que tipo de dados as variáveis contêm. Você usa os *operadores de identidade* para executar esta tarefa, como mostrado na Tabela 4-9.

TABELA 4-9 Operadores de Identidade de Python

Operador	Descrição	Exemplo
is	Avalia como verdadeiro quando o tipo de valor ou expressão no operando direito aponta para o mesmo tipo no operando esquerdo.	type(2) is int é Verdadeiro
is not	Avalia como verdadeiro quando o tipo de valor ou expressão no operando direito aponta para um tipo diferente do valor ou expressão no operando esquerdo.	type(2) is not int é Falso

Interagindo com Datas

Data e hora são itens com os quais a maioria das pessoas lida bastante. A sociedade baseia quase tudo na data e na hora em que uma tarefa precisa ser ou foi completada. Marcamos compromissos e planejamos eventos para datas e horários específicos. A maior parte dos nossos dias gira em torno do relógio. Quando trabalhamos com algoritmos, a data ou a hora em que um passo específico em uma sequência ocorre pode ser tão importante quanto como o passo ocorre e o que acontece como resultado de sua execução. Os algoritmos recorrem à data e à hora para organizar os dados para que as pessoas possam entender melhor os dados e o resultado do algoritmo.

Por causa da natureza orientada ao tempo dos humanos, é uma boa ideia dar uma olhada em como o Python lida com a interação com data e hora (especialmente no armazenamento destes valores para uso posterior). Assim como com todo o resto, computadores entendem apenas números — data e hora não existem de verdade. O algoritmo, não o computador, recorre à data e à hora para ajudar a organizar as séries de passos executadas para solucionar um problema.

LEMBRE-SE

Para trabalhar com datas e horários, você deve gerar um comando especial, o `import datetime`. Tecnicamente, este ato é chamado *importação de módulo*. Não se preocupe com como o comando funciona agora — apenas use-o sempre que quiser fazer alguma coisa com data e hora.

Computadores têm relógios dentro de si, mas os relógios são para os humanos que usam o computador. Sim, alguns softwares também dependem do relógio, mas, de novo, a ênfase está nas necessidades da pessoa, e não em nada que o computador possa exigir. Para obter o horário atual, pode simplesmente digitar **datetime.datetime.now()** e apertar Enter. Você verá a informação completa sobre data e hora como se encontra no relógio de seu computador, como `datetime.datetime(2016, 12, 20, 10, 37, 24, 460099)`.

Você pode ter notado que a data e a hora são um pouco difíceis de ler no formato existente. Digamos que queira ver apenas a data atual, e em um formato legível. Para realizar esta tarefa, você acessa apenas a porção de data do resultado e converte-a em uma string. Digite **str(datetime.datetime.now().date())** e aperte Enter. Agora você terá algo um pouco mais útil, como `'2016-12-20'`.

Curiosamente, o Python também tem um comando `time()`, que pode ser usado para obter a hora atual. É possível obter valores separados para cada um dos componentes que formam data e hora usando valores de `day`, `month`, `year`, `hour`, `minute`, `second` e `microsecond`. Os capítulos seguintes ajudam a entender como usar esses vários recursos de data e hora para tornar o trabalho com algoritmos mais fácil.

Criando e Usando Funções

Cada passo em um algoritmo normalmente exige uma única linha de código de Python — uma instrução clara que diz ao computador como mover a solução do problema um passo mais próximo da conclusão. Você combina essas linhas de código para atingir o resultado desejado. Às vezes, é necessário repetir as instruções com dados diferentes e, em alguns casos, seu código se torna tão longo que é difícil monitorar o que cada parte faz. Funções servem como ferramentas de organização que mantêm o seu código limpo e organizado. Além disso, funções facilitam a reutilização das instruções criadas com dados diferentes, conforme necessário. Esta seção do capítulo fala tudo sobre funções. Mais importante, nesta seção, você começa a criar suas primeiras aplicações sérias da mesma maneira que desenvolvedores profissionais o fazem.

Criando funções reutilizáveis

Você vai até o seu guarda-roupa, pega uma calça e uma camisa, tira as etiquetas e veste. No fim do dia, tira tudo e joga no lixo. Hmmm... não é isso o que a maioria das pessoas faz. A maioria das pessoas tira a roupa, lava e depois põe de volta no guarda roupa para reutilizá-la. Funções são reutilizáveis também. Ninguém quer ficar repetindo a mesma tarefa; ela se torna monótona e chata. Quando você cria uma função, define um pacote de código que pode ser utilizado várias vezes para executar a mesma tarefa. Tudo o que precisa fazer é dizer ao computador para executar uma tarefa específica dizendo a ele qual função usar. O computador fielmente executará cada instrução na função absolutamente todas as vezes que você pedir.

LEMBRE-SE

Quando trabalhar com funções, o código que precisa dos serviços da função é denominado *chamador*, e chama a função para executar tarefas por ele. Muitas das informações que você vê sobre funções se referem ao chamador. Ele deve fornecer informação à função, e a função retorna informação ao chamador.

Houve um tempo em que os programas de computador não incluíam o conceito de reutilização de código. Como resultado, desenvolvedores tinham que continuar reinventando o mesmo código. No entanto, não demorou muito para alguém chegar com a ideia de funções, e o conceito evoluiu ao longo dos anos até elas se tornarem bastante flexíveis. Você pode fazer funções executarem qualquer coisa que quiser. Reutilização de código é uma parte necessária de aplicações para:

>> Reduzir o tempo de desenvolvimento.

>> Reduzir erros de programadores.

>> Aumentar a confiabilidade da aplicação.

>> Permitir a grupos inteiros se beneficiarem do trabalho de um programador.

>> Tornar o código mais fácil de entender.

>> Aumentar a eficiência da aplicação.

De fato, funções fazem uma lista completa de coisas para aplicações sob a forma de reutilização. Conforme trabalhar com os exemplos neste livro, verá o quanto a reutilização torna a sua vida significativamente mais fácil. Se não fosse por ela, você ainda estaria programando integrando zeros e uns ao computador à mão.

Criar uma função não exige muito trabalho. Para ver como as funções funcionam, abra uma cópia do IPython e digite o seguinte código (aperte Enter ao final de cada linha):

```
def SayHello():
    print('Hello There!')
```

Para finalizar uma função, aperte Enter duas vezes após a última linha. Uma função começa com a palavra-chave `def` (de *define*). Você fornece um nome para a função, parênteses que podem conter os *argumentos* (dados usados na função) da função e dois pontos. O editor automaticamente abre a próxima linha para você. Python se baseia em espaços em branco para definir os *blocos de códigos* (afirmações que são associadas umas às outras em uma função).

Agora você pode usar a função. Digite **SayHello()** e aperte Enter. Os parênteses depois do nome da função são importantes porque dizem ao Python para executar a função em vez de dizer que você está acessando a função como um objeto (para determinar o que ela é). Você verá `Hello There!` como resultado.

Chamando funções

Funções podem aceitar argumentos (dados adicionais) e retornar valores. A capacidade de transferir dados torna funções muito mais úteis do que elas seriam de outra forma. As seções seguintes descrevem como chamar funções em uma variedade de maneiras, tanto para enviar quando para receber dados.

Argumentos de requisição de envio

Uma função pode exigir que o chamador forneça argumentos para ela. Um argumento exigido é uma variável que deve conter dados para a função trabalhar. Abra uma cópia do IPython e digite o seguinte código:

```
def DoSum(Value1, Value2):
    return Value1 + Value2
```

Você tem uma nova função, DoSum(). Esta função exige que você forneça dois argumentos para usá-la. Pelo menos, foi isso que ouviu até aqui. Digite **DoSum()** e aperte Enter. Você verá uma mensagem de erro como esta:

```
TypeError
    Traceback (most recent call last)
<ipython-input-2-a37c1b30cd89> in <module>()
----> 1 DoSum()

TypeError: DoSum() missing 2 required positional
    arguments: 'Value1' and 'Value2'
```

Tentar DoSum() com apenas um argumento poderia resultar em outra mensagem de erro. Para usar DoSum(), você deve fornecer dois argumentos. Para ver como isso funciona, digite **DoSum(1, 2)** e aperte Enter. Você verá o resultado esperado de 3.

Note que DoSum() fornece um valor de resultado de 3 quando você oferece 1 e 2 como entradas. A afirmação return fornece o valor do resultado. Sempre que vir return em uma função, saberá que ela retorna um valor de resultado.

Enviando argumentos por palavra-chave

Conforme suas funções se tornam mais complexas, e os métodos para usá-las também, você pode querer ter um pouco mais de controle sobre como exatamente chama a função e fornece argumentos para ela. Até agora, você teve *argumentos posicionais,* o que significa que forneceu valores na ordem em que eles aparecem na lista de argumentos para a definição da função. No entanto, Python também tem um método para enviar argumentos por palavra-chave. Neste caso, você fornece o nome do argumento seguido de um sinal de igualdade (=) e o valor do argumento. Para ver como isso funciona, abra uma cópia do IPython e digite o seguinte código:

```
def DisplaySum(Value1, Value2):
    print(str(Value1) + ' + ' + str(Value2) + ' = ' +
    str((Value1 + Value2)))
```

LEMBRE-SE

Note que o argumento da função `print()` inclui uma lista dos itens para imprimir e que estes itens estão separados por sinais de adição (+). Além disso, os argumentos são de tipos diferentes, então devem ser convertidos usando a função `str()`. Python facilita misturar e combinar argumentos dessa maneira. Essa função também introduz o conceito de continuação automática de linha. A função `print()`, na verdade, aparece em duas linhas, e Python automaticamente continua a função da primeira linha na segunda.

Agora, é hora de testar `DisplaySum()`. Claro, você quer testar a função usando argumentos posicionais primeiro, então digite **DisplaySum(2, 3)** e aperte Enter. Aparecerá o resultado esperado de 2 + 3 = 5. Depois, digite **DisplaySum(Value2 = 3, Value1 = 2)** e aperte Enter. De novo, o resultado recebido será 2 + 3 = 5 embora a posição dos argumentos tenha sido invertida.

Dando um valor padrão a argumentos de funções

Tanto fazendo a chamada usando argumentos posicionais ou por palavra-chave, as funções, neste ponto, exigiram que você fornecesse um valor. Às vezes, uma função pode usar valores padrão quando um valor comum estiver disponível. Valores padrão tornam a função mais fácil de usar e menos propensa a causar erros quando o desenvolvedor não fornecer uma entrada. Para criar um valor padrão, é só seguir o nome do argumento de um sinal de igualdade e o valor padrão. Para ver como isso funciona, abra uma cópia do IPython e digite o código a seguir:

```
def SayHello(Greeting = "No Value Supplied"):
    print(Greeting)
```

A função `SayHello()` fornece um valor automático para Saudação quando o chamador não fornecer um. Quando alguém tenta chamar `SayHello()` sem um argumento, não é gerado um erro. Digite **SayHello()** e aperte Enter para conferir por si mesmo — você verá a mensagem padrão. Digite **SayHello("Howdy!")** para ver uma resposta normal.

Criando funções com um número variável de argumentos

Na maior parte dos casos, você sabe exatamente quantos argumentos fornecer com a função. Vale a pena trabalhar por este objetivo sempre que puder, pois funções com um número fixo de argumentos são mais fáceis para resolver depois. No entanto, às vezes não é possível determinar quantos argumentos a função vai receber no primeiro momento. Por exemplo, ao criar uma aplicação Python que funcione na linha de comando, o usuário pode não fornecer algum argumento, ou oferecer o número máximo de argumentos (assumindo que haja um) ou qualquer número de argumentos entre os dois.

Felizmente, Python fornece uma técnica para enviar um número variável de argumentos para uma função. É só criar um argumento com um asterisco na frente, como `*VarArgs`. A técnica usual é fornecer um segundo argumento que contenha o número de argumentos passados como uma entrada. Para ver como isso funciona, abra uma cópia do IPython e digite o código a seguir:

```
def DisplayMulti(ArgCount = 0, *VarArgs):
    print('You passed ' + str(ArgCount) + ' arguments.',
    VarArgs)
```

Note que a função `print()` exibe uma string e depois a lista de argumentos. Por causa do jeito que esta função foi desenhada, você pode digitar **DisplayMulti()** e apertar Enter para ver que pode passar zero argumentos. Para ver vários argumentos funcionando, digite **DisplayMulti(3, 'Hello', 1, True)** e aperte Enter. O resultado `('You passed 3 arguments.', ('Hello', 1, True))` mostra que você não precisa passar valores de nenhum tipo em particular.

Usando Expressões Condicionais e de Loop

Algoritmos frequentemente seguem passos que exigem tomar decisões ou executam passos mais de uma vez. Por exemplo, pode ser necessário jogar fora um valor que não se encaixa no restante dos dados, o que exige tomar uma decisão, ou pode ser preciso processar os dados mais de uma vez para obter um resultado desejado, como quando você filtra os dados. O Python acomoda essa necessidade fornecendo instruções especiais que tomam decisões ou permitem executar passos mais de uma vez, como descrito nas seções seguintes.

Tomando decisões usando a expressão 'if'

Expressões 'if' são usadas regularmente no nosso dia a dia. Por exemplo, você pode dizer para si mesmo: "Se hoje é quarta-feira, vou comer salada de atum no almoço". A expressão `if` (se, em inglês) de Python é um pouco mais sucinta, mas segue exatamente o mesmo padrão. Para ver como isso funciona, abra uma cópia do IPython e digite o seguinte código:

```
def TestValue(Value):
    if Value == 5:
        print('Value equals 5!')
    elif Value == 6:
        print('Value equals 6!')
    else:
        print('Value is something else.')
        print('It equals ' + str(Value))
```

Todas as expressões `if` começam, por incrível que pareça, com a palavra *if*. Quando o Python vê `if`, sabe que você quer que ele tome uma decisão. Depois da palavra *if* vem uma condição. Uma *condição* simplesmente indica que tipo de comparação você deseja que o Python faça. Neste caso, que Python determine se `Value` contém o valor 5.

CUIDADO

Note que a condição usa o operador de igualdade relacional, ==, e não o de atribuição, =. Um erro comum que desenvolvedores cometem é usar o operador de atribuição em vez do operador de igualdade. Usar um operador no lugar do outro fará com que o seu código funcione mal.

A condição sempre termina com dois pontos (:). Se não puser os dois pontos, Python não saberá que a condição terminou e continuará procurando por condições adicionais nas quais basear sua decisão. Depois dos dois pontos, vem quaisquer tarefas que deseja que o Python execute.

Você pode precisar executar várias tarefas usando uma única expressão 'se'. A cláusula `elif` torna possível acrescentar uma condição adicional e tarefas associadas. Uma *cláusula* é um adendo a uma condição prévia, que é uma expressão `if`, neste caso. A cláusula `elif` sempre fornece uma condição, assim como a expressão `if`, e ela tem seu próprio conjunto de tarefas associadas a executar.

Às vezes, você precisa fazer alguma coisa, não importa qual seja a condição. Neste caso, adicione a cláusula `else`, que diz ao Python para fazer algo em particular quando as condições da expressão `if` não forem atendidas.

LEMBRE-SE

Note o quanto abrir linhas está se tornando mais importante à medida em que as funções se tornam mais complexas. A função contém uma expressão `if`. A expressão `if` contém apenas uma expressão `print()`. A cláusula `else` contém duas expressões `print()`.

Para ver essa função em ação, digite **TestValue(1)** e aperte Enter. Você verá o resultado da cláusula `else`. Digite **TestValue(5)** e aperte Enter. O resultado agora reflete o resultado da expressão `if`. Digite **TestValue(6)** e aperte Enter. O resultado agora mostra os resultados da cláusula `elif`. O resultado é que essa função é mais flexível que funções anteriores neste capítulo, porque ela pode tomar decisões.

Escolhendo entre várias opções usando decisões aninhadas

Aninhar é o processo de posicionar uma expressão subordinada dentro de outra expressão. É possível aninhar qualquer expressão dentro de outra, na maioria dos casos. Para ver como isso funciona, abra uma cópia do IPython e digite o seguinte código:

```
def SecretNumber():
    One = int(input("Type a number between 1 and 10: "))
```

```
Two = int(input("Type a number between 1 and 10: "))

if (One >= 1) and (One <= 10):
    if (Two >= 1) and (Two <= 10):
        print('Your secret number is: ' + str(One * Two))
    else:
        print("Incorrect second value!")
else:
    print("Incorrect first value!")
```

Neste caso, o `SecretNumber()` pede duas entradas de dados. Sim, você pode conseguir entradas de um usuário quando necessário usando a função `input()`. A função `int()` converte as entradas em um número.

Há dois níveis da expressão `if` desta vez. O primeiro nível verifica a validade do número em `One`. O segundo nível verifica a validade do número em `Two`. Quando ambos os valores `One` e `Two` estão entre 1 e 10, `SecretNumber()` resulta em um número secreto para o usuário.

Para ver o `SecretNumber()` em ação, digite **SecretNumber()** e aperte Enter. Digite **20** e aperte Enter quando for pedido o primeiro valor de entrada, e digite `10` e aperte Enter quando for pedido o segundo. Aparecerá uma mensagem de erro dizendo que o primeiro valor está incorreto. Digite **SecretNumber()** e aperte Enter de novo. Desta vez, use os valores 10 e 20. A função vai dizer que a segunda entrada está incorreta. Tente a mesma sequência novamente usando os valores de entrada 10 e 10.

Executando tarefas repetitivas usando o ciclo repetitivo *for*

Às vezes, é necessário executar uma tarefa mais de uma vez. Use a expressão de repetição `for` (para, em inglês) quando precisar executar uma tarefa um tanto de vezes específico. O ciclo repetitivo (loop) for tem um início e um fim definidos. O número de vezes que este ciclo repetitivo é executado depende do número de elementos na variável que forneceu. Para ver como isso funciona, abra uma cópia do IPython e digite o seguinte código:

```
def DisplayMulti(*VarArgs):
    for Arg in VarArgs:
        if Arg.upper() == 'CONT':
            continue
            print('Continue Argument: ' + Arg)
        elif Arg.upper() == 'BREAK':
            break
            print('Break Argument: ' + Arg)
        print('Good Argument: ' + Arg)
```

CAPÍTULO 4 **Introduzindo Python para a Programação de Algoritmos** 85

Neste caso, o loop `for` tenta processar cada elemento em `VarArgs`. Note que há uma expressão aninhada `if` no loop, e que ela testa duas condições de desfecho. Na maioria dos casos, o código pula a expressão `if` e simplesmente imprime o argumento. No entanto, quando a expressão `if` encontra as palavras CONT ou BREAK nos valores de entrada, ela executa uma dessas duas tarefas:

» `continue`: Força o ciclo repetitivo a continuar do ponto de execução atual com a próxima entrada em VarArgs.
» `break`: Para de executar o ciclo repetitivo.

DICA

As palavras-chave podem aparecer usando qualquer combinação de letras maiúsculas e minúsculas, como em ConT, porque a função `upper()` as converte em maiúsculas. A função `DisplayMulti()` pode processar qualquer número de entrada de strings. Para vê-la em ação, digite **DisplayMulti('Hello', 'Goodbye', 'First', 'Last')** e aperte Enter. Você verá cada string de entrada apresentada em uma linha separada no resultado. Agora digite **DisplayMulti('Hello', 'Cont', 'Goodbye', 'Break', 'Last')** e aperte Enter. Note que as palavras `Cont` e `Break` não aparecem no resultado porque são palavras-chave. Além disso, a palavra `Last` não aparece no resultado pois o ciclo repetitivo for termina antes que esta palavra seja processada.

Usando a instrução *while*

A expressão de repetição while (enquanto, em inglês) continua executando tarefas até que uma condição não seja mais verdadeira. Assim como a instrução `for`, a instrução `while` suporta tanto `continue` quanto `break` como palavras-chave para encerrar o ciclo repetitivo prematuramente. Para ver como isso funciona, abra uma cópia do IPython e digite o seguinte código:

```
def SecretNumber():
   GotIt = False
   while GotIt == False:
      One = int(input("Type a number between 1 and 10: "))
      Two = int(input("Type a number between 1 and 10: "))

      if (One >= 1) and (One <= 10):
         if (Two >= 1) and (Two <= 10):
            print('Secret number is: ' + str(One * Two))
            GotIt = True
            continue
         else:
            print("Incorrect second value!")
      else:
         print("Incorrect first value!")
      print("Try again!")
```

Esta é uma expansão da função `SecretNumber()`, descrita na seção "Escolhendo entre várias opções usando decisões aninhadas", anteriormente neste capítulo. No entanto, neste caso, a inclusão da instrução de repetição while significa que a função continuará a pedir por entrada de dados até receber uma resposta válida.

Para ver como a instrução `while` funciona, digite **SecretNumber()** e aperte Enter. Digite **20** e aperte Enter para o primeiro prompt. Digite **10** e aperte Enter para o segundo prompt. O exemplo diz que o primeiro número está errado, e aí diz para tentar novamente. Tente uma segunda vez usando os valores 10 e 20. Desta vez, o segundo valor estará errado e você ainda precisará tentar de novo. Na terceira tentativa, use os valores 10 e 10. Desta vez, aparecerá um número secreto. Note que o uso da cláusula `continue` significa que a aplicação não dirá para tentar novamente.

Armazenando Dados em Conjuntos, Listas e Tuplas

Trabalhar com algoritmos é basicamente sobre dados. Python fornece alguns métodos para armazenar dados na memória. Cada método tem vantagens e desvantagens. Escolher o método mais apropriado para a sua necessidade particular é importante. As seções seguintes discutem três técnicas comuns usadas para armazenar dados para as necessidades de data science.

Criando conjuntos

Muitas pessoas usaram conjuntos vez ou outra na escola para criar listas de itens que estavam associados. Essas listas, então, se tornaram tópico de manipulação usando operações matemáticas, como interseção, união, diferença e diferença simétrica. Conjuntos são a melhor opção quando é necessário executar testes de associação e remover duplicações de uma lista. Não é possível executar tarefas relacionadas a sequências usando conjuntos, como indexação ou fatiamento. Para ver como você pode trabalhar com conjuntos, abra uma cópia do IPython e digite o seguinte código:

```
SetA = set(['Red', 'Blue', 'Green', 'Black'])
SetB = set(['Black', 'Green', 'Yellow', 'Orange'])
SetX = SetA.union(SetB)
SetY = SetA.intersection(SetB)
SetZ = SetA.difference(SetB)
```

Agora você tem cinco diferentes conjuntos para brincar, cada um dos quais tendo alguns elementos em comum. Para ver os resultados de cada operação

CAPÍTULO 4 **Introduzindo Python para a Programação de Algoritmos**   87

matemática, digite **print('{0}\n{1}\n{2}'.format(SetX, SetY, SetZ))** e aperte Enter. Você verá um conjunto impresso em cada linha, assim:

```
{'Blue', 'Orange', 'Red', 'Green', 'Black', 'Yellow'}
{'Green', 'Black'}
{'Blue', 'Red'}
```

DICA

Os resultados mostram os produtos das operações matemáticas: `union()`, `intersection()` e `difference()`. A formatação de impressão mais sofisticada pode ser útil para trabalhar com compilações, como conjuntos. A função `format()` diz ao Python quais objetos posicionar dentro de cada um dos marcadores na string. Um *marcador* é um conjunto de chaves ({}) com um número opcional dentro. O *caractere de escape* (basicamente, um tipo de caractere especial ou de controle), `/n`, fornece uma nova linha de caracteres entre as entradas. Você pode ler mais sobre formatação sofisticada em https://docs.python.org/3/tutorial/inputoutput.html (conteúdo em inglês).

Também é possível testar a relação entre vários conjuntos. Por exemplo, digite **SetA.issuperset(SetY)** e aperte Enter. O valor de resultado `True` diz que o `SetA` é um superconjunto de `SetY`. Da mesma forma, se digitar **SetA.issubset(SetX)** e apertar Enter, descobrirá que `SetA` é um subconjunto de `SetX`.

É importante entender que conjuntos são tanto mutáveis quanto imutáveis. Todos os conjuntos neste exemplo são mutáveis, o que significa que pode incluir ou remover elementos deles. Por exemplo, se digitar **SetA.add('Purple')** e apertar Enter, o `SetA` receberá um novo elemento. Se digitar **SetA.issubset(-SetX)** e apertar Enter agora, descobrirá que o `SetA` não é mais um subconjunto do `SetX` porque o `SetA` tem o elemento `'Purple'` em si.

Criando listas

A especificação de Python define lista como um tipo de sequência. *Sequências* simplesmente fornecem alguns meios para permitir a vários itens de dados existirem juntos em uma única unidade de armazenamento, mas como entidades separadas. Pense naquelas enormes caixas de correios que você vê em prédios de apartamentos. Uma única caixa de correios do prédio contém um número de pequenas caixas de correios, cada uma delas podendo conter correspondência. O Python também suporta outros tipos de sequências:

» **Tuplas:** Uma tupla é uma compilação usada para criar sequências complexas tipo listas. Uma vantagem das tuplas é que você pode aninhar o seu conteúdo. Este recurso permite criar estruturas que podem conter registros de empregados ou pares de coordenadas x-y.

» **Dicionários:** Assim como com dicionários reais, você cria pares chave/valor usando uma compilação de dicionário (pense em uma palavra e sua

88 PARTE 1 **Começando**

definição associada). Um dicionário fornece tempos de busca incrivelmente rápidos e torna a ordenação de dados significativamente mais fácil.

» **Pilhas:** A maioria das linguagens de programação suporta pilhas diretamente. No entanto, Python não as suporta, embora exista uma alternativa para elas. Uma pilha é uma sequência do tipo entra por último/sai primeiro (LIFO, em inglês). Pense em uma pilha de panquecas: é possível colocar novas panquecas no topo e também tirá-las do topo. Uma pilha é uma compilação importante que você pode simular no Python usando uma lista.

» **Filas:** Uma fila é uma compilação do tipo entra primeiro/sai primeiro (FIFO, em inglês). Use-a para monitorar itens que precisam ser processados de alguma maneira. Pense em uma fila como uma fila no banco. Você entra na fila, espera sua vez e, em algum momento, é chamado para ser atendido por um caixa.

» **Filas duplas:** Uma fila dupla é uma estrutura tipo fila que permite incluir ou remover itens dos dois lados, mas não do meio. Você pode usar uma fila dupla como uma fila ou uma pilha, ou qualquer outro tipo de compilação à qual inclui ou da qual remove itens de maneira ordenada (em contraste com listas, tuplas e dicionários, que permitem acesso e gerenciamento aleatórios).

De todas as sequências, listas são as mais fáceis de entender e as mais diretamente relacionáveis à vida real. Listas ajudam a tornar melhor o trabalho com outros tipos de sequências que fornecem enorme funcionalidade e flexibilidade aprimorada. O ponto é que dados são armazenados em uma lista assim como você os escreveria em um pedaço de papel: cada item vem depois do outro. A lista tem início, meio e fim. Python enumera os itens na lista (mesmo que normalmente você não os enumere na vida real, usar uma lista enumerada torna os itens mais fáceis de serem acessados). Para ver como é possível trabalhar com listas, inicie uma cópia do IPython e digite o seguinte código:

```
ListA = [0, 1, 2, 3]
ListB = [4, 5, 6, 7]
ListA.extend(ListB)
ListA
```

Quando digitar a última linha de código, verá o resultado [0, 1, 2, 3, 4, 5, 6, 7]. A função extend() adiciona membros da ListB à ListA. Além das listas estendidas, você também pode adicionar coisas a elas usando a função append(). Digite **ListA.append(-5)** e aperte Enter. Quando digitar **ListA** e apertar Enter de novo, verá que Python adicionou -5 ao fim da lista. Pode ser necessário remover itens novamente, e isso é feito usando a função remove(). Por exemplo, digite **ListA.remove(-5)** e aperte Enter. Quando acessar a ListA de novo, digitando **ListA** e apertando Enter, verá que a entrada adicionada se foi.

CAPÍTULO 4 **Introduzindo Python para a Programação de Algoritmos** 89

LEMBRE-SE Listas também suportam *concatenação* usando o sinal de soma (+) para adicionar uma lista à outra. Por exemplo, se digitar **ListX** = **ListA** + **ListB** e apertar Enter, descobrirá que a recém-criada `ListX` contém tanto a `ListA` quanto a `ListB`, com os elementos da `ListA` aparecendo primeiro.

Criando e usando tuplas

Uma tupla é uma compilação usada para criar listas complexas, nas quais você pode incorporar uma tupla dentro de outra. Esta incorporação permite criar hierarquias com tuplas. Uma hierarquia pode ser algo simples, como a lista de diretórios do seu disco rígido ou um diagrama organizacional para a sua empresa. A ideia é que é possível criar estruturas complexas de dados usando uma tupla.

LEMBRE-SE Tuplas são *imutáveis*, o que significa que não podem ser modificadas. É possível criar uma nova tupla com o mesmo nome e alterá-la de alguma forma, mas não é possível modificar uma já existente. Listas são mutáveis, o que significa que é possível alterá-las. Uma tupla pode parecer, à primeira vista, uma desvantagem, mas a imutabilidade tem várias vantagens, como mais segurança e rapidez. Para ver como pode trabalhar com tuplas, inicie uma cópia do IPython e digite o seguinte código:

```
MyTuple = (1, 2, 3, (4, 5, 6, (7, 8, 9)))
```

`MyTuple` está aninhada três níveis abaixo. O primeiro nível consiste nos valores 1, 2 e 3 e uma tupla. O segundo nível consiste nos valores 4, 5 e 6 e mais outra tupla. O terceiro nível consiste nos valores 7, 8 e 9. Para ver como isso funciona, digite o seguinte código no IPython:

```
for Value1 in MyTuple:
    if type(Value1) == int:
        print(Value1)
    else:
        for Value2 in Value1:
            if type(Value2) == int:
                print("\t", Value2)
            else:
                for Value3 in Value2:
                    print("\t\t", Value3)
```

Quando rodar esse código, descobrirá que os valores realmente estão em três níveis diferentes. Você pode ver as reentrâncias mostrando o nível:

```
1
2
3
```

```
        4
        5
        6
            7
            8
            9
```

DICA

É possível executar tarefas como adicionar novos valores, mas isso deve ser feito adicionando as entradas originais e os novos valores a uma nova tupla. Além disso, é possível adicionar tuplas somente a uma existente. Para ver como isso funciona, digite **MyNewTuple = MyTuple.__add__((10, 11, 12, (13, 14, 15)))** e aperte Enter. `MyNewTuple` contém novas entradas tanto no primeiro quanto no segundo nível, assim: `(1, 2, 3, (4, 5, 6, (7, 8, 9)), 10, 11, 12, (13, 14, 15))`.

Definindo Iteradores Úteis

O capítulo seguinte usa todos os tipos de técnicas para acessar valores individuais em vários tipos de estruturas de dados. Para esta seção, duas listas simples são usadas, definidas da seguinte maneira:

```
ListA = ['Orange', 'Yellow', 'Green', 'Brown']
ListB = [1, 2, 3, 4]
```

O método mais simples para acessar um valor em particular é usando um índice. Por exemplo, se digitar **ListA[1]** e apertar Enter, verá `'Yellow'` como resultado. Todos os índices no Python tem base em zero, o que significa que a primeira entrada é a 0, não a 1.

Faixas são outro método simples para acessar valores. Por exemplo, se digitar **ListB[1:3]** e apertar Enter, o resultado será `[2, 3]`. Você pode usar a faixa como entrada em loop `for`, como em:

```
for Value in ListB[1:3]:
    print(Value)
```

Em vez da lista inteira, você verá apenas `2` e `3` como resultados, impressos em linhas diferentes. A faixa tem dois valores separados por dois pontos. Porém, os valores são opcionais. Por exemplo, `ListB[:3]` resultaria em `[1, 2, 3]`. Quando você deixa um valor de fora, a faixa começa no início ou no fim da lista, como for apropriado.

Às vezes, é necessário processar duas listas em paralelo. O método mais simples para isto é usando a função `zip()`. Aqui está um exemplo da função `zip()` em ação:

```
for Value1, Value2 in zip(ListA, ListB):
    print(Value1, '\t', Value2)
```

Esse código processa tanto a `ListA` quanto a `ListB` ao mesmo tempo. O processamento termina quando o ciclo repetitivo for alcançar a mais curta das duas listas. Neste caso, você verá o seguinte:

```
Orange  1
Yellow  2
Green   3
Brown   4
```

LEMBRE-SE

Essa é a ponta do iceberg. Você verá um conjunto de tipos de iteradores usados ao longo do livro. A ideia é permitir listar apenas os itens que desejar, em vez de todos os itens em uma lista ou outra estrutura de dados. Alguns dos iteradores usados nos capítulos seguintes são um pouco mais complicados que os que foram vistos aqui, mas este é um começo importante.

Indexando Dados Usando Dicionários

Um dicionário é um tipo especial de sequência que usa o par nome e valor. O uso de um nome facilita acessar valores em particular com algo além de um índice numérico. Para criar um dicionário, envolva pares de nome e valor entre chaves. Crie um dicionário teste digitando **MyDict = {'Orange':1, 'Blue':2, 'Pink':3}** e apertando Enter.

Para acessar um valor em particular, use o nome como um índice. Por exemplo, digite **MyDict['Pink']** e aperte Enter para ver o valor resultante 3. O uso de dicionários como estruturas de dados facilita acessar bases de dados incrivelmente complexas usando termos que todo mundo pode entender. Em muitos outros aspectos, trabalhar com um dicionário é o mesmo que trabalhar com qualquer outra sequência.

Dicionários têm alguns recursos especiais. Por exemplo, digite **MyDict.keys()** e aperte Enter para ver uma lista das chaves. Você pode usar a função `values()` para ver a lista de valores no dicionário.

NESTE CAPÍTULO

» **Usando matrizes e vetores para executar cálculos**

» **Obtendo as combinações corretas**

» **Empregando técnicas recursivas para obter resultados específicos**

» **Considerando jeitos de acelerar cálculos**

Capítulo **5**

Executando Manipulações Essenciais de Dados Usando Python

O Capítulo 4 discute o uso de Python como um meio para expressar, em termos concretos, aqueles símbolos misteriosos frequentemente usados em representações matemáticas de algoritmos. Neste capítulo, você descobre vários conceitos de linguagens usadas para executar tarefas no Python. Porém, somente conhecer como controlar uma linguagem usando seus conceitos para executar tarefas não é o suficiente. O objetivo de algoritmos matemáticos é transformar um tipo de dados em outro. *Manipulação de dados* significa pegar entradas de dados cruas e fazer algo com elas para atingir um resultado desejado. Por exemplo, até que você faça algo com dados de tráfego, não é possível ver os padrões que emergem dizendo onde gastar fundos adicionais para melhorias. Os dados de tráfego em sua forma bruta não informam nada — eles devem ser manipulados para mostrar o padrão de maneira útil. Além disso, aqueles símbolos misteriosos são úteis no fim das contas. Você usa--os como um tipo de máquina para transformar dados brutos em algo útil, que é o que você descobre neste capítulo.

Em tempos passados, as pessoas realmente tinham que executar à mão as várias manipulações para tornar os dados úteis, o que exigia conhecimento matemático avançado. Felizmente, é possível encontrar pacotes de Python que executam a maioria dessas manipulações usando um pouco de código. Não é mais necessário memorizar manipulações misteriosas — apenas saber quais recursos de Python usar. É isso que este capítulo ajuda a fazer. Você descobre os meios para executar vários tipos de manipulações de dados usando pacotes facilmente acessíveis de Python criados especialmente para este propósito. O capítulo começa com manipulações de matrizes e vetores. Seções posteriores discutem técnicas, como a recursividade, que podem tornar as tarefas ainda mais simples e executar algumas que são quase impossíveis usando outros meios. Você também descobre como acelerar os cálculos para gastar menos tempo manipulando dados e mais tempo fazendo algo realmente interessante com eles, como descobrir uma maneira de evitar que tantos engarrafamentos ocorram.

Executando Cálculos Usando Vetores e Matrizes

Para executar um trabalho útil com Python, frequentemente é necessário trabalhar com quantidades maiores de dados, que vêm em formas específicas. Essas formas têm nomes esquisitos, mas os nomes são muito importantes. Os três termos que você precisa saber para este capítulo são os seguintes:

» **Escalar:** Um único elemento de dados básico. Por exemplo, o número 2, mostrado por si mesmo, é um escalar.

» **Vetor:** Um conjunto (essencialmente, uma lista) unidimensional de elementos de dados. Por exemplo, um conjunto contendo os números 2, 3, 4 e 5 seria um vetor. Você acessa elementos em um vetor usando um *índice* com base em zero, um indicador do elemento que deseja. O elemento no índice 0 é o primeiro elemento no vetor, que é 2, neste caso.

» **Matriz:** Um conjunto (essencialmente, uma tabela) de duas ou mais dimensões de elementos de dados. Por exemplo, um conjunto contendo os números 2, 3, 4 e 5 na primeira linha e 6, 7, 8 e 9 na segunda é uma matriz. Você acessa os elementos em uma matriz usando um índice de linhas e colunas com base em zero. O elemento na linha 0 e coluna 0 é o primeiro elemento da matriz, que é 2, neste caso.

94   PARTE 1 **Começando**

Python fornece uma variedade interessante de recursos por si só, como descrito no Capítulo 4, mas ainda seria necessário muito trabalho para executar algumas tarefas. Para reduzir a quantidade de trabalho necessário, você pode confiar em códigos escritos por outras pessoas e encontrados em pacotes. As seções seguintes descrevem como usar o pacote NumPy para executar várias tarefas em escalares, vetores e matrizes.

Entendendo operações escalares e vetoriais

O pacote NumPy fornece funcionalidades essenciais para cálculos científicos no Python. Para usar o `numpy`, é necessário importá-lo usando um comando como `import numpy as np`. Agora, você pode acessar `numpy` usando a abreviação comum de duas letras `np`.

LEMBRE-SE

Python proporciona acesso a apenas um tipo de dados em qualquer categoria específica. Por exemplo, se precisar criar uma variável que represente um número sem uma porção decimal, você usa o tipo de dados inteiro. Usar uma designação genérica como essa é útil, pois simplifica o código e dá ao desenvolvedor muito menos coisas com que se preocupar. No entanto, em cálculos científicos, geralmente é necessário ter um melhor controle sobre como os dados aparecem na memória, o que significa ter mais tipos de dados, algo que o `numpy` proporciona. Por exemplo, pode ser necessário definir uma escalar particular como um `short` (um valor com 16 bits de comprimento). Usando o `numpy`, é possível defini-la como `myShort = np.short(15)`. É possível definir uma variável com precisamente o mesmo tamanho usando a função `np.int16`. O pacote Numpy dá acesso a uma variedade complementar de tipos de dados, descrita em https://docs.scipy.org/doc/numpy/reference/arrays.scalars.html (conteúdo em inglês).

Use a função `numpy array` para criar um vetor. Por exemplo, `myVect = np.array([1, 2, 3, 4])` cria um vetor com quatro elementos. Neste caso, o vetor contém inteiros padrão de Python. Também é possível usar a função `arange` para produzir vetores, como `myVect = np.arange(1, 10, 2)`, que completa `myVect` com `array([1, 3, 5, 7, 9])`. A primeira entrada dita o ponto de partida; a segunda, o ponto de interrupção, e a terceira, o passo entre cada número. Um quarto argumento permite definir o tipo de dado para o vetor. Também é possível criar um vetor com um tipo específico de dado. Tudo o que precisa fazer é especificar o tipo de dado, assim: `myVect = np.array(np.int16([1, 2, 3, 4]))` para completar `myVect` com um vetor assim: `array([1, 2, 3, 4], dtype=int16)`.

Em alguns casos, são necessárias funções especiais `numpy` para criar um vetor (ou uma matriz) de um tipo específico. Por exemplo, alguns cálculos exigem que você complete o vetor com uns. Neste caso, use a função `ones` assim: `myVect = np.ones(4, dtype=np.int16)` para completar `myVect` com uns de tipos específicos de dados, desta forma: `array([1, 1, 1, 1], dtype=int16)`. Também é possível usar uma função `zeros` para preencher um vetor com zeros.

DICA

Você pode executar funções matemáticas básicas em vetores como um todo, o que os torna incrivelmente úteis e menos propensos a erros que podem ocorrer ao usar conceitos de programação, como ciclos repetitivos (loops), para executar a mesma tarefa. Por exemplo, `myVect + 1` produz um resultado de `array([2, 3, 4, 5])` quando trabalha com inteiros padrão de Python. Se escolher trabalhar com o tipo de dado `numpy int16`, `myVect + 1` produz `array([2, 3, 4, 5], dtype=int16)`. Note que o resultado mostra especificamente qual tipo de dado está em uso. Como é de se esperar, `myVect - 1` produz um resultado de `array([0, 1, 2, 3])`. É possível até usar vetores em cenários matemáticos mais complexos, como `2 ** myVect`, no qual o resultado é `array([ 2, 4, 8, 16], dtype=int32)`. Quando usado dessa maneira, no entanto, `numpy` frequentemente atribui um tipo específico ao resultado, mesmo quando um vetor é definido usando inteiros padrão de Python.

Como uma última reflexão sobre operações escalares e vetoriais, você pode executar tarefas tanto lógicas quanto comparativas. Por exemplo, o seguinte código executa operações comparativas em dois conjuntos:

```
a = np.array([1, 2, 3, 4])
b = np.array([2, 2, 4, 4])

a == b
array([False, True, False, True], dtype=bool)

a < b
array([ True, False, True, False], dtype=bool)
```

Começando com dois vetores, `a` e `b`, o código verifica se os elementos individuais em a são iguais àqueles em b. Neste caso, `a[0]` não é igual a `b[0]`. Porém, `a[1]` é igual a `b[1]`. O resultado é um vetor do tipo `bool` que contém valores verdadeiros ou falsos baseados em comparações individuais. Da mesma maneira, você pode verificar se há instância quando `a < b` e produzir outro vetor contendo valores verdadeiros nesta instância.

Operações lógicas dependem de funções especiais. Você verifica o resultado lógico dos operadores booleanos AND, OR, XOR e NOT. Aqui está um exemplo das funções lógicas:

```
a = np.array([True, False, True, False])
b = np.array([True, True, False, False])

np.logical_or(a, b)
array([ True, True, True, False], dtype=bool)

np.logical_and(a, b)
array([ True, False, False, False], dtype=bool)
```

```
np.logical_not(a)
array([False, True, False, True], dtype=bool)

np.logical_xor(a, b)
array([False, True, True, False], dtype=bool)
```

Você também pode usar entradas numéricas para essas funções. Quando usar entradas numéricas, 0 é falso e 1 é verdadeiro. Como com as comparações, as funções trabalham em uma base elemento por elemento, embora apenas uma chamada seja feita. É possível ler mais sobre as funções lógicas em `https://docs.scipy.org/doc/numpy-1.10.0/reference/routines.logic.html` (conteúdo em inglês).

Executando a multiplicação vetorial

Adicionar, subtrair ou dividir vetores ocorre em uma base elemento por elemento, como descrito na seção anterior. Porém, quando se trata de multiplicar, as coisas ficam um pouco estranhas. Na verdade, dependendo do que realmente quer fazer, as coisas podem ficar bem mais estranhas. Considere o tipo de multiplicação discutida na seção anterior. Tanto `myVect * myVect` quanto `np.multiply(myVect, myVect)` produzem um resultado elemento por elemento de `array([ 1, 4, 9, 16])`.

CUIDADO

Infelizmente, uma multiplicação elemento por elemento pode produzir resultados incorretos quando usada com algoritmos. Em muitos casos, o que você realmente precisa é de um *produto escalar,* que é a soma dos produtos de duas sequências numéricas. Ao trabalhar com vetores, o produto escalar é sempre a soma das multiplicações individuais elemento por elemento, e resulta em um único número. Por exemplo, `myVect.dot(myVect)` gera o resultado 30. Se somar os valores da multiplicação elemento por elemento, descobrirá que sua soma é, na verdade, 30. A discussão em `https://www.mathsisfun.com/algebra/vectors-dot-product.html` (conteúdo em inglês) fala sobre produtos escalares e ajuda a entender onde eles podem se encaixar nos algoritmos. Você pode aprender mais sobre funções de manipulação de álgebra linear para `numpy` em `https://docs.scipy.org/doc/numpy/reference/routines.linalg.html` (conteúdo em inglês).

Criar uma matriz é o jeito certo de começar

Muitas das mesmas técnicas que você usa com vetores também funcionam com matrizes. Para criar uma matriz básica, basta usar a função `array`, como faria com um vetor, mas você define dimensões adicionais. Uma *dimensão* é uma direção na matriz. Por exemplo, uma matriz bidimensional contém linhas (uma direção) e colunas (uma segunda direção). O conjunto chamado `myMatrix = np.array([[1,2,3], [4,5,6], [7,8,9]])` produz uma matriz que contém três linhas e três colunas, assim:

```
array([[1, 2, 3],
       [4, 5, 6],
       [7, 8, 9]])
```

Note como você incorporou listas dentro de uma lista contentora para criar as duas dimensões. Para acessar um elemento em particular no arranjo, basta fornecer um valor do índice de linha e coluna, como `myMatrix[0, 0]`, para acessar o primeiro valor 1. É possível produzir matrizes com qualquer número de dimensões usando uma técnica similar. Por exemplo, `myMatrix = np.array([[[1,2], [3,4]], [[5,6], [7,8]]])` produzirá uma matriz tridimensional com eixos x, y e z, que aparecerá assim:

```
array([[[1, 2],
        [3, 4]],

       [[5, 6],
        [7, 8]]])
```

Nesse caso, você incorporou duas listas, dentro de duas listas contentoras, dentro de uma única lista contentora que mantém tudo junto. Assim, um valor do índice x, y e z deve ser fornecido para acessar um valor em particular. Por exemplo, `myMatrix[0, 1, 1]` acessa o valor 4.

DICA

Em alguns casos, é necessário criar uma matriz que tenha certos valores iniciais. Por exemplo, se precisar de uma matriz preenchida por uns no primeiro momento, você pode usar a função `ones`. O chamado para `myMatrix = np.ones([4,4], dtype=np.int32)` produz uma matriz que contém quatro linhas e quatro colunas preenchida com valores `int32`, assim:

```
array([[1, 1, 1, 1],
       [1, 1, 1, 1],
       [1, 1, 1, 1],
       [1, 1, 1, 1]])
```

Da mesma forma, um chamado para `myMatrix = np.ones([4,4,4], dtype=np.bool)` criará um arranjo tridimensional. Desta vez, a matriz conterá valores booleanos `True`. Há também funções para criar uma matriz preenchida por zeros, a matriz identidade, e para atender outras necessidades. Você pode encontrar uma lista completa de funções de criação de arranjos de vetores e matrizes em https://docs.scipy.org/doc/numpy/reference/routines.array-creation.html (conteúdo em inglês).

LEMBRE-SE

O pacote NumPy suporta uma verdadeira classe `matrix`. A classe `matrix` suporta recursos especiais que tornam mais fácil executar tarefas relacionadas a matrizes. Você descobrirá esses recursos mais adiante neste capítulo. Por ora, tudo que precisa saber é como criar uma matriz do tipo de dado `matrix`. O método mais fácil é fazer um chamado similar ao usado para a função `array`, mas usando a função `mat`, como em `myMatrix = np.mat([[1,2,3], [4,5,6], [7,8,9]])`, que produz a seguinte matriz:

```
matrix([[1, 2, 3],
        [4, 5, 6],
        [7, 8, 9]])
```

Você também pode converter um arranjo existente em uma matriz usando a função `asmatrix`. Use a função `asarray` para converter um objeto `matrix` de volta para a forma `array`.

CUIDADO

O único problema com a classe `matrix` é que ela funciona apenas em matrizes bidimensionais. Se você tentar converter uma matriz tridimensional para uma classe `matrix`, aparecerá uma mensagem de erro dizendo que o formato é grande demais para ser uma matriz.

Multiplicando matrizes

Multiplicar duas matrizes envolve as mesmas questões que multiplicar dois vetores (como discutido na seção "Executando a multiplicação vetorial", anteriormente neste capítulo). O código seguinte produz uma multiplicação elemento por elemento de duas matrizes.

```
a = np.array([[1,2,3],[4,5,6]])
b = np.array([[1,2,3],[4,5,6]])

a*b
array([[ 1,  4,  9],
       [16, 25, 36]])
```

CUIDADO

Note que `a` e `b` estão no mesmo formato, com duas linhas e três colunas. Para executar uma multiplicação elemento por elemento, as duas matrizes devem estar no mesmo formato. De outra forma, aparecerá uma mensagem de erro dizendo que os formatos estão incorretos. Como com vetores, a função `multiply` também produz um resultado elemento por elemento.

Produtos escalares funcionam de maneira completamente diferente com matrizes. Neste caso, o número de colunas na matriz `a` deve corresponder ao número de linhas na matriz `b`. No entanto, o número de linhas na matriz `a` pode ser qualquer um, e o número de colunas na matriz `b` também, desde que você

CAPÍTULO 5 **Executando Manipulações Essenciais de Dados Usando Python** multiplique a por b. Por exemplo, o código seguinte produz um produto escalar correto:

```
a = np.array([[1,2,3],[4,5,6]])
b = np.array([[1,2,3],[3,4,5],[5,6,7]])

a.dot(b)
array([[22, 28, 34],
       [49, 64, 79]])
```

Note que o resultado contém o número de linhas encontrado na matriz a e o número de colunas encontrado na matriz b. Então, como isso tudo funciona? Para obter o valor 22, encontrado no arranjo resultante no índice [0,0], você soma os valores de a[0,0]*b[0,0] (que é 1), a[0,1]*b[1,0] (que é 6), e a[0,2]*b[2,0] (que é 15) para obter o valor 22. As outras entradas funcionam exatamente da mesma maneira.

DICA

Uma vantagem de usar a classe matrix NumPy é que algumas tarefas se tornam mais objetivas. Por exemplo, a multiplicação funciona exatamente como você espera que ela deva funcionar. O código seguinte produz um produto escalar usando a classe matrix:

```
a = np.mat([[1,2,3],[4,5,6]])
b = np.mat([[1,2,3],[3,4,5],[5,6,7]])

a*b
matrix([[22, 28, 34],
        [49, 64, 79]])
```

O resultado com o operador * é o mesmo que usar a função dot com uma array. Este exemplo também destaca que você deve saber se está usando um objeto vetor (array) ou matriz quando executar tarefas como multiplicar duas matrizes.

DICA

Para executar uma multiplicação elemento por elemento usando dois objetos matrix, você deve usar a função numpy multiply.

Definindo operações matriciais avançadas

Este livro mostra todo tipo de operações matriciais interessantes, mas algumas delas são usadas com mais frequência, e é por esta razão que elas aparecem neste capítulo. Ao trabalhar com vetores, às vezes aparecem dados em um formato que não funciona com o algoritmo. Felizmente, o numpy vem com uma função especial reshape, que permite transformar os dados em qualquer formato necessário. Na verdade, é possível usá-la para remodelar um vetor em uma matriz, como mostrado no seguinte código:

```
changeIt = np.array([1,2,3,4,5,6,7,8])

changeIt
array([1, 2, 3, 4, 5, 6, 7, 8])

changeIt.reshape(2,4)
array([[1, 2, 3, 4],
       [5, 6, 7, 8]])

changeIt.reshape(2,2,2)
array([[[1, 2],
        [3, 4]],

       [[5, 6],
        [7, 8]]])
```

LEMBRE-SE

O formato inicial de changeIt é um vetor, mas, usando a função reshape, ele pode ser transformado em uma matriz. Além disso, é possível moldar a matriz com qualquer número de dimensões que funcionar com os dados. Porém, deve ser disponibilizado um formato que se encaixe com o número exigido de elementos. Por exemplo, chamar changeIt.reshape(2,3,2) não vai funcionar, pois não há elementos suficientes para fornecer uma matriz deste tamanho.

É possível encontrar duas operações matriciais importantes em algumas formulações de algoritmos. São elas: a transposição e a inversão matriciais. A *transposição* ocorre quando uma matriz no formato n x m é transformada em uma matriz m x n, trocando as linhas e colunas. A maioria dos textos indica essa operação usando o sobrescrito *T*, como em A^T. Ela é mais frequentemente usada na multiplicação, para obter as dimensões corretas. Ao trabalhar com numpy, use a função transpose para executar o trabalho exigido. Por exemplo, quando começar com uma matriz que tenha duas linhas e quatro colunas, é possível transpô-la para conter quatro linhas com duas colunas cada, como mostrado no exemplo:

```
changeIt
array([[1, 2, 3, 4],
       [5, 6, 7, 8]])

np.transpose(changeIt)
array([[1, 5],
       [2, 6],
       [3, 7],
       [4, 8]])
```

A *inversão matricial* é aplicada a matrizes no formato m x m, que são matrizes quadradas que têm o mesmo número de linhas e colunas. Essa operação é bem importante, pois permite a resolução imediata de equações envolvendo a multiplicação de matrizes, como y=bX, na qual é necessário descobrir os valores no vetor b. Como a maioria dos números escalares (exceções incluem o zero) tem um número cuja multiplicação resulta no valor 1, a ideia é encontrar uma matriz inversa cuja multiplicação resultará em uma matriz especial, chamada *matriz identidade*. Para ver uma matriz identidade no `numpy`, use a função `identity`, assim:

```
np.identity(4)
array([[ 1.,  0.,  0.,  0.],
       [ 0.,  1.,  0.,  0.],
       [ 0.,  0.,  1.,  0.],
       [ 0.,  0.,  0.,  1.]])
```

Note que uma matriz identidade contém todos os 1 na diagonal. Encontrar o inverso de uma escalar é bem fácil (o número escalar n tem um inverso de n^{-1} que é 1/n). Com matrizes, a história é diferente. A inversão matricial envolve um bom número de cálculos. O inverso de uma matriz A é indicado como A^{-1}. Ao trabalhar com `numpy`, use a função `linalg.inv` para criar um inverso. O exemplo a seguir mostra como criar um inverso; use-o para obter um produto escalar, e então compare este produto escalar à matriz identidade usando a função `allclose`.

```
a = np.array([[1,2], [3,4]])
b = np.linalg.inv(a)

np.allclose(np.dot(a,b), np.identity(2))
True
```

Às vezes, encontrar o inverso de uma matriz é impossível. Quando uma matriz não pode ser invertida, ela é referida como *matriz singular* ou *matriz degenerada*. Matrizes singulares não são a norma; são bastante raras.

Criando Combinações do Jeito Certo

Moldar dados geralmente envolve visualizá-los de várias maneiras. Dados não são simplesmente uma sequência de números — eles apresentam uma sequência significativa que, quando ordenada do jeito certo, transmite informações ao leitor. Criar as combinações de dados corretas manipulando sequências de dados é uma parte essencial de fazer algoritmos trabalharem como você deseja. As seções seguintes examinarão três técnicas de modelagem de dados: permutações, combinações e repetições.

Distinguindo permutações

Quando você recebe dados brutos, eles aparecem em uma ordem específica. A ordem pode representar praticamente qualquer coisa, como o registro de ocorrências (log) de um dispositivo de entrada de dados que monitora algo, uma linha de produção, por exemplo. Talvez os dados sejam uma série de números representando o número de produtos feitos em algum momento em particular no tempo. A razão pela qual você recebe os dados em uma ordem específica é importante, mas talvez essa ordem não sirva para obter o resultado necessário de um algoritmo. Talvez criar uma *permutação* de dados, uma reorganização dos dados para que eles apresentem uma visualização diferente, ajude a atingir um resultado desejado.

É possível visualizar permutações de várias maneiras. Um método de visualizar uma permutação é como uma apresentação aleatória da ordem da sequência. Nesse caso, você pode usar a função `numpy random.permutation`, como mostrado aqui:

```
a = np.array([1,2,3])
np.random.permutation(a)
array([2, 3, 1])
```

O resultado no seu sistema provavelmente variará do resultado mostrado. Toda vez que rodar esse código, você receberá uma ordenação aleatória diferente da sequência de dados, que é bem útil com algoritmos que exigem a aleatorização da base de dados para obter os resultados desejados. Por exemplo, testagens são uma parte essencial das análises de dados, e a técnica mostrada é uma maneira eficiente de executar essa tarefa.

Outra forma de visualizar a questão é a necessidade de obter todas as permutações para uma base de dados, de modo que você possa testar uma de cada vez. Para executar essa tarefa, é necessário importar o pacote `itertools`. O código seguinte mostra uma técnica que pode ser usada para obter uma lista de todas as permutações de um vetor em particular:

```
from itertools import permutations

a = np.array([1,2,3])

for p in permutations(a):
    print(p)

(1, 2, 3)
(1, 3, 2)
(2, 1, 3)
(2, 3, 1)
(3, 1, 2)
(3, 2, 1)
```

CAPÍTULO 5 **Executando Manipulações Essenciais de Dados Usando Python**   103

DICA

Para salvar a lista de conjuntos, você sempre deve criar uma lista em branco e contar com a função `append` para adicionar cada conjunto à lista em vez de imprimir os itens um por vez, como mostrado no código. A lista resultante poderia servir como entrada para um algoritmo desenvolvido para trabalhar com vários conjuntos. Você pode ler mais sobre `itertools` em https://docs.python.org/3/library/itertools.html (conteúdo em inglês).

Reorganizando combinações

Em alguns casos, não é necessária uma base de dados inteira; tudo o que você realmente precisa são alguns dos membros nas combinações de um comprimento específico. Por exemplo, você pode ter uma base de dados contendo quatro números e querer apenas duas combinações deles (a habilidade de obter partes de bases de dados é uma função-chave para gerar um grafo completamente conectado, o que será discutido na Parte 3 deste livro). O seguinte código mostra como obter tais combinações:

```
from itertools import combinations

a = np.array([1,2,3,4])

for comb in combinations(a, 2):
    print(comb)

(1, 2)
(1, 3)
(1, 4)
(2, 3)
(2, 4)
(3, 4)
```

O resultado contém todas as combinações de `a` de dois números possíveis. Note que esse exemplo usa a função `itertools combinations` (a função `permutations` aparece na seção anterior). Claro, você pode não precisar de todas essas combinações; talvez um subconjunto aleatório delas funcionasse melhor. Nesse caso, é possível contar com a função `random.sample` para vir em sua ajuda, como mostrado aqui:

```
pool = []

for comb in combinations(a, 2):
    pool.append(comb)

random.sample(pool, 3)
[(1, 4), (3, 4), (1, 2)]
```

As combinações precisas que aparecem como resultado variam. No entanto, a ideia é que você limitou a sua base de dados de duas maneiras. Primeiro, não usando todos os elementos de dados o tempo todo e, segundo, não usando todas as combinações possíveis desses elementos de dados. O efeito é criar uma base de dados com aparência relativamente aleatória de elementos de dados que pode ser usada como entrada para um algoritmo.

DICA

Outra variação desse tema é criar uma lista completa, mas aleatorizar a ordem dos elementos. O ato de aleatorizar a ordem da lista é uma reorganização, e a função random.shuffle é usada para isto. Na verdade, Python fornece toda uma série de métodos para aleatorizar, que pode ser vista em https://docs.python.org/3/library/random.html (conteúdo em inglês). Muitos dos últimos exemplos neste livro também contam com a aleatorização para ajudar a obter o resultado correto dos algoritmos.

Encarando repetições

Dados repetidos podem injustamente pesar no resultado de um algoritmo, apresentando resultados imprecisos. Às vezes, você precisa de valores únicos para determinar o desfecho de uma manipulação de dados. Felizmente, Python torna fácil remover alguns tipos de dados repetidos. Considere este exemplo:

```
a = np.array([1,2,3,4,5,6,6,7,7,1,2,3])
b = np.array(list(set(a)))

b
array([1, 2, 3, 4, 5, 6, 7])
```

LEMBRE-SE

Neste caso, a começa com uma variedade de números sem nenhuma ordem em particular e com muitas repetições. No Python, uma base nunca contém dados repetidos. Consequentemente, convertendo a lista em a para um set, e aí de volta para uma list, e então colocando esta lista em um array, você obterá um vetor que não tem repetições.

Obtendo o Resultado Desejado Usando Recursividade

Recursividade é um método elegante de resolver muitos problemas computacionais, que conta com a capacidade de uma função de continuar a se invocar até satisfazer uma condição em particular. O termo *recursividade*, na verdade, vem do latim *recurrere*, que significa percorrer de novo.

Usando a recursividade, você resolve um problema invocando a mesma função várias vezes, mas modificando os termos sob os quais você a invoca. A principal razão para usar a recursividade é que ela fornece uma maneira mais fácil de resolver problemas ao trabalhar com alguns algoritmos, pois simula a maneira que uma pessoa os resolveria. Infelizmente, a recursividade não é uma ferramenta fácil, pois requer algum esforço para entender como construir uma rotina recursiva, e pode causar problemas de memória no seu computador se algumas configurações não forem ajustadas. As seções seguintes detalham como a recursividade funciona e oferecem exemplos de como ela funciona em Python.

Explicando a recursividade

Muitas pessoas têm problemas para usar a recursividade porque não conseguem visualizar facilmente como ela funciona. Na maioria dos casos, você invoca uma função Python, ela faz alguma coisa, e então continua a invocar a si mesma repetidamente até que a tarefa atinja uma condição específica — mas todas aquelas chamadas anteriores ainda estão ativas. As chamadas se desenrolam, uma de cada vez, até que a primeira chamada finalmente termine com a resposta correta, e é nesse processo de desenrolar que a maioria das pessoas encontra um problema. A Figura 5-1 mostra como a recursividade aparece quando se usa um fluxograma.

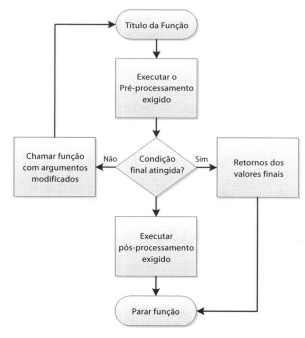

FIGURA 5-1: No processo de recursão, uma função invoca-se continuamente até encontrar uma condição.

Note o condicional no centro. Para fazer a recursão funcionar, a função deve ter tal condicional, ou pode tornar-se um ciclo sem fim. O condicional determina duas coisas:

» As condições para terminar a recursão não foram atendidas, então a função deve se invocar novamente.
» As condições para terminar a recursão foram atendidas, então a função retorna um valor final, que é usado para calcular o resultado final.

LEMBRE-SE

Quando uma função se invoca, não usa os mesmos argumentos que foram passados a ela. Se usasse os mesmos argumentos continuamente, a condição nunca mudaria e a recursão nunca terminaria. Consequentemente, a recursão exige que chamadas subsequentes à função devam mudar seus argumentos para trazer a função para mais perto de uma solução final.

Um dos exemplos mais comuns de recursão para todas as linguagens de programação é o cálculo do fatorial. Um *fatorial* é a multiplicação de uma série de números entre um ponto inicial e um ponto final, na qual cada número na série é um a menos que o número anterior a ele. Por exemplo, para calcular 5! (lê-se cinco fatorial), você multiplica 5 * 4 *3 * 2 * 1. O cálculo representa um exemplo simples e perfeito de recursão. Aqui está um código Python que pode ser usado para executar o cálculo (este código está no arquivo A4D; 05; Recursion.ipynb no site da Para Leigos como parte do código para download; veja a Introdução para detalhes).

```
def factorial(n):
    print("factorial called with n = ", str(n))
    if n == 1 or n == 0:
        print("Ending condition met.")
        return 1
    else:
        return n * factorial(n-1)

print(factorial(5))

factorial called with n =  5
factorial called with n =  4
factorial called with n =  3
factorial called with n =  2
factorial called with n =  1
Ending condition met.
120
```

O código encontra uma condição final quando n == 1. Cada chamada sucessiva para o factorial usa factorial(n-1), o que reduz o argumento inicial em 1. O

CAPÍTULO 5 **Executando Manipulações Essenciais de Dados Usando Python**   107 resultado mostra cada chamada sucessiva para o fatorial e o encontro da solução final. O resultado, 120, é igual a 5! (cinco fatorial).

É importante entender que não há apenas um método para usar a recursividade para solucionar um problema. Assim como com qualquer outra técnica de programação, há vários caminhos para fazer a mesma coisa. Por exemplo, aqui está outra versão da recursão fatorial, que usa menos linhas de código, mas executa efetivamente a mesma tarefa:

```
def factorial(n):
    print("factorial called with n = ", str(n))
    if n > 1:
        return n * factorial(n-1)
    print("Ending condition met.")
    return 1

print(factorial(5))

factorial called with n =  5
factorial called with n =  4
factorial called with n =  3
factorial called with n =  2
factorial called with n =  1
Ending condition met.
120
```

LEMBRE-SE

Note a diferença: em vez de verificar a condição final, essa versão verifica a condição de continuação. Desde que n seja maior que 1, o código continuará a fazer chamadas recursivas. Embora esse código seja mais curto que a versão anterior, ele também é menos claro, pois agora você deve pensar em qual condição terminará a recursão.

Eliminando a recursão de cauda

Muitas formas de recursividade contam com a recursão de cauda. Na verdade, o exemplo na seção anterior conta. Uma *recursão de cauda* ocorre a qualquer momento no qual a recursão faz uma chamada para a função como última coisa antes que retorne. Na seção anterior, a linha return n * factorial(n-1) é a recursão de cauda.

Recursões de cauda não são necessariamente ruins, e representam a maneira na qual a maioria das pessoas escrevem rotinas recursivas. Porém, usar uma recursão de cauda força Python a manter os registros dos valores individuais de chamada até que a recursão volte ao início. Cada chamada consome memória.

Em algum ponto, o sistema ficará sem memória e a chamada falhará, fazendo com que o seu algoritmo também falhe. Dadas a complexidade e as enormes bases de dados usadas por alguns algoritmos hoje, recursões de cauda podem causar muita dor de cabeça.

Com um pouco de programação sofisticada, é possível potencialmente eliminar recursões de cauda das suas rotinas recursivas. É possível encontrar online inúmeras técnicas realmente incríveis, como o uso do trampolim, como explicado em `http://blog.moertel.com/posts/2013-06-12-recursion-to-iteration-4-trampolines.html` (conteúdo em inglês). No entanto, a abordagem mais simples para usar quando quiser eliminar recursões é criar uma alternativa iterativa que execute a mesma tarefa. Por exemplo, aqui está uma função `factorial` que usa a iteração no lugar da recursão para eliminar as potenciais questões de memória:

```python
def factorial(n):
    print("factorial called with n = ", str(n))
    result = 1
    while n > 1:
        result = result * n
        n = n - 1
        print("Current value of n is ", str(n))
    print("Ending condition met.")
    return result

print(factorial(5))

factorial called with n =  5
Current value of n is  4
Current value of n is  3
Current value of n is  2
Current value of n is  1
Ending condition met.
120
```

O fluxo básico dessa função é o mesmo que o da função recursiva. Um loop `while` substitui a chamada recursiva, mas ainda é necessário verificar a mesma condição e continuar o loop até que os dados encontrem a condição. O resultado é o mesmo. Porém, substituir a recursão pela iteração não é trivial em alguns casos, como explorado no exemplo em `http://blog.moertel.com/posts/2013-06-03-recursion-to-iteration-3.html` (conteúdo em inglês).

Executando Tarefas Mais Rápido

Claro, executar tarefas o mais rápido possível é sempre o ideal. No entanto, é necessário pesar cuidadosamente as técnicas para alcançar isso. Barganhar um pouco de memória para executar uma tarefa mais rapidamente é ótimo, desde que haja memória de sobra. Os últimos capítulos do livro exploram vários modos de executar tarefas com mais rapidez, mas você pode tentar algumas técnicas essenciais, não importa com qual tipo de algoritmo esteja trabalhando, a qualquer momento. As seções seguintes exploram algumas dessas técnicas.

Considerando dividir e conquistar

Alguns problemas parecem assustadores quando você os começa. Considere, por exemplo, escrever um livro. Se pensar no livro inteiro, escrevê-lo é uma tarefa assustadora. Porém, ao dividi-lo em capítulos e considerar apenas um capítulo por vez, o problema parece um pouco mais viável. É claro, um capítulo inteiro pode parecer um pouco intimidador também, então divida a tarefa em títulos de primeiro nível, o que parece bem mais viável, mas ainda não o suficiente. Os títulos de primeiro nível poderiam conter títulos de segundo nível e daí em diante, até que tenha dividido o máximo possível o problema de escrever sobre um tópico em artigos curtos. Mesmo um artigo curto pode parecer muito difícil, então divida-o em parágrafos, depois em frases e, finalmente, em palavras avulsas. Escrever uma única palavra não é tão difícil. Assim, escrever um livro se reduz a escrever palavras avulsas — muitas delas. É assim que o dividir e conquistar funciona. Você divide um problema em problemas menores até encontrar um problema que possa resolver sem muita dificuldade.

Computadores também podem usar a abordagem dividir e conquistar. Tentar resolver um problema gigante com uma base de dados enorme pode levar dias — assumindo que a tarefa seja, ao menos, viável. No entanto, ao dividir o problema maior em pequenas partes, é possível solucioná-lo mais rápido e usando menos recursos. Por exemplo, ao buscar uma entrada em uma base de dados, procurar a base de dados inteira não é necessário, se usar uma ordenada. Digamos que esteja procurando pela palavra *Hello* na base de dados. Você pode começar dividindo-a no meio (letras *A* a *M* e letras *N* a *Z*). O valor numérico de *H* em *Hello* (de valor 72, usando a tabela ASCII padrão) é menor que *M* (de valor 77) no alfabeto, então você olha na primeira metade da base de dados, em vez de na segunda. Dividindo a metade remanescente de novo (letras *A* a *G* e letras *H* a *M*), você agora descobre que precisa da segunda parte do restante, que é, neste momento, apenas um quarto da base de dados. Futuras divisões vão, em algum momento, ajudar a encontrar precisamente o que você quer buscando apenas em uma pequena fração da base de dados inteira. Essa abordagem de busca é chamada busca (ou pesquisa) binária. O problema torna-se um dos seguintes passos:

1. **Dividir o conteúdo em questão ao meio.**
2. **Comparar as chaves para o conteúdo com o termo de busca.**
3. **Escolher a metade que contém a chave.**
4. **Repetir os Passos de 1 a 3 até encontrar a chave.**

LEMBRE-SE

A maioria dos problemas do tipo dividir e conquistar segue uma abordagem similar, embora algumas dessas abordagens se tornem bastante complicadas. Por exemplo, em vez de apenas dividir a base de dados na metade, você pode dividi-la em terços, em alguns casos. Porém, o objetivo é o mesmo em todos os casos: dividir o problema em uma parte menor e determinar se é possível solucioná-lo usando apenas aquela parte como caso generalizado. Depois de encontrar o caso generalizado que sabe como solucionar, é possível usar aquela parte para resolver qualquer outra parte também. O código seguinte mostra uma versão extremamente simples de uma busca binária que assume que haja uma lista ordenada (este código está no arquivo A4D; 05; Binary Search. ipynb no site da Para Leigos como parte do código para download; veja a Introdução para detalhes).

```
def search(searchList, key):
    mid = int(len(searchList) / 2)
    print("Searching midpoint at ", str(searchList[mid]))

    if mid == 0:
        print("Key Not Found!")
        return key

    elif key == searchList[mid]:
        print("Key Found!")
        return searchList[mid]

    elif key > searchList[mid]:
        print("searchList now contains ",
            searchList[mid:len(searchList)])
        search(searchList[mid:len(searchList)], key)

    else:
        print("searchList now contains ",
            searchList[0:mid])
        search(searchList[0:mid], key)

aList = list(range(1, 21))
```

```
search(aList, 5)

Searching midpoint at   11
searchList now contains  [1, 2, 3, 4, 5, 6, 7, 8, 9, 10]
Searching midpoint at   6
searchList now contains  [1, 2, 3, 4, 5]
Searching midpoint at   3
searchList now contains  [3, 4, 5]
Searching midpoint at   4
searchList now contains  [4, 5]
Searching midpoint at   5
Key Found!
```

Essa abordagem recursiva para a busca binária começa com `aList` contendo os números de 1 a 20. Ela busca pelo valor 5 em `aList`. Cada iteração da recursão começa buscando o ponto médio da lista, `mid`, e depois usando esse ponto médio para determinar o próximo passo. Quando `key` corresponde ao ponto médio, o valor é encontrado na lista e a recursão termina.

LEMBRE-SE

Note que esse exemplo faz uma de duas chamadas recursivas. Quando `key` for maior que o valor do ponto médio da lista existente, `searchList[mid]`, o código chama `search` novamente apenas com a metade direita da lista remanescente. Em outras palavras, cada chamada para `search` usa apenas metade da lista encontrada na chamada anterior. Quando `key` for menor ou igual a `searchList[mid]`, a busca recebe a metade esquerda da lista existente.

CUIDADO

A lista pode não conter um valor de busca, então um método de escape deve sempre ser oferecido para a recursão ou a pilha vai completá-lo, resultando em uma mensagem de erro. Nesse caso, o escape ocorre quando `mid == 0`, o que significa que não há mais `searchList` para buscar. Por exemplo, se você modificar `search(aList, 5)` para `search(aList, 22)`, obterá o seguinte resultado no lugar:

```
Searching midpoint at   11
searchList now contains  [11, 12, 13, 14, 15, 16, 17, 18,
 19, 20]
Searching midpoint at   16
searchList now contains  [16, 17, 18, 19, 20]
Searching midpoint at   18
searchList now contains  [18, 19, 20]
Searching midpoint at   19
searchList now contains  [19, 20]
Searching midpoint at   20
searchList now contains  [20]
Searching midpoint at   20
Key Not Found!
```

Note também que o código procura pela condição de escape antes de executar qualquer outro trabalho, para se certificar de não causar um erro acidentalmente por causa da falta de conteúdo de `searchList`. Quando trabalhar com recursão, você deve ser proativo ou enfrentar as consequências depois.

Distinguindo entre diferentes soluções possíveis

Recursividade é parte de várias soluções diferentes de programação algorítmica, como discutido nos próximos capítulos. Na verdade, é difícil fugir da recursividade em vários casos, pois uma abordagem iterativa se prova não intuitiva, incômoda e consome muito tempo. Porém, você pode criar várias versões diferentes da mesma solução, cada uma tendo suas próprias características, falhas e virtudes.

A solução que este capítulo não considera é a busca sequencial, pois ela geralmente leva mais tempo que qualquer outra solução que você possa empregar. No melhor cenário, uma busca sequencial exige apenas uma comparação para completar a busca, mas no pior cenário, você encontra o item que deseja na última verificação. No cenário médio, a busca sequencial exige `(n+1)/2` verificações, ou O(n) tempo para terminar.

A busca binária, na seção anterior, faz um trabalho muito melhor que uma busca sequencial. Ela funciona no tempo logarítmico, ou O(log n). No melhor cenário, leva apenas uma verificação, assim como na busca sequencial, mas o resultado do exemplo mostra que, mesmo no pior cenário, no qual o valor nem aparece na lista, ela leva apenas seis verificações, em vez das 21 que a busca sequencial exigiria.

DICA

Este livro cobre uma vasta gama de algoritmos de busca e ordenação, pois buscar e ordenar representam duas importantes categorias no processamento computacional. Pense em quanto tempo passou buscando dados no Google todos os dias. Na teoria, você pode gastar dias inteiros fazendo nada além de buscar dados. Rotinas de buscas funcionam melhor com dados ordenados, assim você vê a necessidade de rotinas eficientes de busca e ordenação. Felizmente, não é necessário gastar horas tentando descobrir quais rotinas de busca e ordenação funcionam melhor. Sites, como o *Big-O Cheat Sheet*, `http://bigocheatsheet.com/` (conteúdo em inglês), fornecem os dados necessários para determinar qual solução funciona melhor.

CUIDADO

Se olhar somente para os tempos de performance, os dados que recebe podem induzi-lo a pensar que uma solução particular funcionará incrivelmente bem para a sua aplicação, quando na verdade não vai. Você deve considerar também o tipo de dados com os quais trabalha, a complexidade de criar a solução e um tanto de outros fatores. É por isso que os próximos exemplos neste livro também consideram os prós e contras de cada abordagem — os perigos ocultos de escolher uma solução que parece ter potencial e, então, não produz o resultado desejado.

CAPÍTULO 5 **Executando Manipulações Essenciais de Dados Usando Python**

114   PARTE 1 **Começando**

2

Entendendo a Necessidade de Ordenar e Buscar

NESTA PARTE...

Use várias estruturas de dados Python.

Trabalhe com árvores e grafos.

Ordene dados para algoritmos trabalharem mais rápido.

Busque dados para localizar precisamente a informação certa mais rápido.

Empregue técnicas de hashing para criar índices de dados menores.

NESTE CAPÍTULO

» **Por que dados exigem estrutura?**

» **Trabalhando com pilhas, filas, listas e dicionários**

» **Usando árvores para organizar dados**

» **Usando grafos para representar dados relacionados**

Capítulo **6**

Estruturando Dados

Dados brutos são apenas isso: brutos. Não estão estruturados ou limpos. Pode ser que algumas partes deles estejam faltando ou danificadas de alguma maneira, ou simplesmente que eles não sirvam para o seu problema. Na verdade, você nem sabe direito o que contêm porque eles estão brutos.

Antes de poder fazer qualquer coisa com a maioria dos dados, é preciso estruturá-los de alguma maneira para poder começar a ver o que eles contêm (e, às vezes, o que não contêm). Estruturar dados implica organizá-los de algum jeito para que eles tenham os mesmos atributos, aparência e componentes. Por exemplo, é possível pegar dados de uma fonte que contém datas representadas em string e de outra fonte que usa objetos de datas. Para usar a informação, você deve fazer com que os tipos de dados combinem. Fontes de dados também podem estruturá-los de forma diferente. Uma fonte pode ter o último e o primeiro nomes em um único campo; outra, pode usar campos individuais para as mesmas informações. Uma parte importante da estruturação de dados é a organização. Você não está modificando os dados de maneira alguma — apenas está tornando-os mais úteis (estruturar dados difere de corrigi-los ou modelá-los, que é quando você, às vezes, muda valores para converter um tipo de dado em outro, ou experimenta uma perda de precisão, por exemplo, nas datas, ao passar de uma fonte de dados para outra).

CAPÍTULO 6 **Estruturando Dados** 117

Python fornece acesso a várias estruturas organizacionais para dados. Este livro usa essas estruturas, especialmente pilhas, filas e dicionários, para muitos dos exemplos. Cada estrutura de dados fornece meios diferentes para trabalhar com os dados e um conjunto diferente de ferramentas para executar tarefas, como ordenar os dados de uma maneira particular. Este capítulo apresenta os métodos organizacionais mais comuns, incluindo árvores e grafos (que são tão importantes que têm seções próprias).

Determinando a Necessidade de Estrutura

A estrutura é um elemento essencial para fazer algoritmos funcionarem. Implementar um algoritmo usando dados estruturados é mais fácil do que tentar descobrir como interpretar os dados no código. O exemplo de busca binária visto no Capítulo 5 depende de ter os dados em uma ordem estruturada. Tentar fazer as comparações exigidas com dados desordenados demandaria muito mais esforço e se mostraria potencialmente impossível de implementar. Com tudo isso em mente, é necessário considerar as exigências estruturais para os dados usados com seus algoritmos, como discutido nas seções seguintes.

Facilitando a visualização do conteúdo

Uma necessidade essencial a suprir ao trabalhar com dados é entender seu conteúdo. Um algoritmo de busca só funciona quando você entende a base de dados, para saber o que procurar usando o algoritmo. Buscar palavras quando a base de dados contém números é uma tarefa impossível, que sempre resulta em erro. Ainda assim, erros de busca devido à falta de compreensão do conteúdo da base de dados são uma ocorrência comum, mesmo com as melhores ferramentas de busca. Pessoas fazem suposições sobre o conteúdo de bases de dados que fazem com que os algoritmos falhem. Consequentemente, quanto melhor você puder ver e entender o conteúdo através da formatação estruturada, mais fácil será executar tarefas baseadas em algoritmos com sucesso.

Porém, mesmo examinar o conteúdo está, frequentemente, propenso a erros quando falamos de humanos e computadores. Por exemplo, se você tentar buscar um número formatado como uma string quando a base de dados contém números formatados como inteiros, a busca falhará. Computadores não traduzem automaticamente strings em inteiros, como as pessoas fazem. Na verdade, computadores enxergam tudo como números, e strings são apenas uma interpretação imposta aos números pelo programador. Portanto, ao buscar por "1" (a string), o computador vê isso como um pedido pelo número 49, usando os caracteres ASCII. Para encontrar o valor numérico 1, você deve buscar por 1 como valor inteiro.

LEMBRE-SE

Estruturas também permitem descobrir detalhes de dados sutis. Por exemplo, um número de telefone pode aparecer na forma (555)555-1212. Se você fizer uma busca ou outra tarefa algorítmica usando a forma 1(555)555-1212, a busca pode falhar por causa da inclusão do 1 no início do termo de busca. Esses tipos de questões causam problemas significativos, pois muitas pessoas veem as duas formas como iguais, mas o computador, não. Ele vê duas formas completamente diferentes, e até mesmo como sendo de comprimentos diferentes. Tentar impor formas às pessoas raramente funciona, e geralmente resulta em frustração, o que faz do uso de algoritmo ainda mais difícil, tornando a estrutura imposta através da manipulação de dados ainda mais importante.

Combinando dados de várias fontes

Interagir com dados de uma única fonte é um problema; interagir com dados de várias fontes é bem pior. No entanto, bases de dados, hoje, geralmente vêm de mais de uma fonte, então é necessário entender as complicações que usar várias fontes de dados pode causar. Ao trabalhar com diversas fontes de dados, você deve fazer o seguinte:

» Determinar se as bases de dados contêm todos os dados exigidos. É pouco provável que dois designers criem bases de dados que contenham exatamente os mesmo dados, no mesmo formato, do mesmo tipo e na mesma ordem. Consequentemente, é necessário considerar se as bases fornecem os dados necessários ou se é preciso alterá-los de alguma forma para obter o resultado desejado, como discutido na próxima seção.

» Verificar as bases de dados para questões relativas a tipos de dados. Uma base pode ter entradas de datas como strings, e outra, entradas de datas como objetos de datas. Inconsistências entre tipos de dados causarão problemas em um algoritmo que espera dados em um formato e recebe-os em outro.

» Assegurar que todas as bases de dados dão o mesmo significado aos elementos de dados. Os criados por uma fonte podem ter um significado diferente dos criados por outra. Por exemplo, o tamanho de um inteiro pode variar de acordo com as fontes, então é possível ver um inteiro em 16-bit de uma fonte e um inteiro em 32-bit de outra. Valores menores têm o mesmo significado, mas o inteiro de 32-bit pode conter valores maiores, o que pode causar problemas com o algoritmo. Datas também podem causar problemas, pois geralmente dependem de armazenar tantos milissegundos desde uma determinada data (como o JavaScript, que armazena o número de milissegundos desde 1º de janeiro de 1970 UTC). O computador vê apenas números; as pessoas dão significados a esses números para que as aplicações os interpretem de maneiras específicas.

» Verificar os atributos. Itens de dados têm atributos específicos. Para combinar dados de várias fontes, é necessário entender esses atributos para assegurar que os dados sejam interpretados corretamente.

LEMBRE-SE

Quanto mais tempo for gasto na verificação da compatibilidade dos dados de cada uma das fontes que deseja usar para a base de dados, menor a propensão a encontrar problemas quando trabalhar com algoritmos. Questões de incompatibilidade nem sempre aparecem como erros claros. Em alguns casos, uma incompatibilidade pode causar outras questões, como resultados instáveis que parecem corretos, mas fornecem informações enganosas.

Combinar dados de várias fontes pode nem sempre significar a criação de uma nova base de dados que se pareça exatamente com as bases de dados fonte. Em alguns casos, você cria agregados de dados, ou executa outras formas de manipulação para criar novos a partir de dados existentes. A análise toma todo tipo de forma, e algumas das formas mais exóticas podem produzir erros terríveis quando usadas incorretamente. Por exemplo, uma fonte de dados pode fornecer informações gerais de clientes, e uma segunda pode fornecer os seus hábitos de compras. Incompatibilidades entre as duas pode combinar clientes com informações de hábitos de compras incorretas e causar problemas quando você tentar buscar novos produtos para esses clientes. Como um exemplo extremo, considere o que poderia acontecer se combinasse informações de pacientes de várias fontes e criasse entradas combinadas de pacientes em uma nova fonte de dados com todo tipo de incompatibilidades. Um paciente sem o histórico de uma determinada doença poderia acabar com registros mostrando o diagnóstico e tratamento dessa doença.

Considerando a necessidade de ajustes

Depois de descobrir os problemas na sua base de dados, é necessário alterá-los para que ela funcione corretamente com os algoritmos que você usa. Por exemplo, ao trabalhar com tipos de dados conflitantes, você deve mudar os tipos de dados de cada fonte para que eles combinem, e então criar uma única fonte de dados usada com o algoritmo. A maior parte dessa alteração, embora gaste tempo, é objetiva. Você só precisa se assegurar de entender os dados antes de fazer mudanças, o que significa ser capaz de ver o conteúdo no contexto do que planeja fazer com eles. Porém, é necessário considerar o que fazer em dois casos especiais: duplicação de dados e dados ausentes. As seções seguintes mostram como lidar com essas questões.

Lidando com a duplicação de dados

Dados duplicados ocorrem por várias razões. Algumas delas são óbvias. Um usuário pode inserir os mesmos dados mais de uma vez. Distrações levam pessoas a perder seu lugar em uma lista ou, às vezes, dois usuários podem inserir o mesmo registro. Algumas das fontes são menos óbvias. Combinar duas ou mais bases de dados pode criar múltiplos registros quando os dados aparecerem em mais de um local. Você pode criar duplicações de dados usando várias técnicas de modelagem para criar novos dados de fontes existentes também.

Felizmente, pacotes como o Pandas permitem remover os duplicados, como mostrado no exemplo a seguir (você pode encontrar este código no arquivo `A4D; 06; Remediation.ipynb` no site da Para Leigos como parte do código para download; veja a Introdução para detalhes).

```python
import pandas as pd

df = pd.DataFrame({'A': [0,0,0,0,0,1,0],
                   'B': [0,2,3,5,0,2,0],
                   'C': [0,3,4,1,0,2,0]})
print(df, "\n")

df = df.drop_duplicates()
print(df)

   A  B  C
0  0  0  0
1  0  2  3
2  0  3  4
3  0  5  1
4  0  0  0
5  1  2  2
6  0  0  0

   A  B  C
0  0  0  0
1  0  2  3
2  0  3  4
3  0  5  1
5  1  2  2
```

A função `drop_duplicates` remove os registros duplicados encontrados nas linhas 4 e 6 nesse exemplo. Lendo seus dados a partir de uma fonte em um `pandas DataFrame`, você pode rapidamente remover as entradas extras para que as duplicações não pesem injustamente no resultado de quaisquer algoritmos que usar.

Lidando com valores ausentes

Valores ausentes também podem distorcer os resultados de um algoritmo. O ponto é que valores ausentes causam problemas com seus dados, então é necessário removê-los. Há muitas opções quando se trabalha com valores ausentes. Por exemplo, você pode simplesmente definir um valor padrão para eles, como 0 para os inteiros. É claro, usar definições padrão também pode distorcer os resultados. Outra opção é usar a média de todos os valores, o que tende a fazer com que os valores ausentes não contem. Usar a média é a abordagem empregada no seguinte exemplo:

```
import pandas as pd
import numpy as np

df = pd.DataFrame({'A': [0,0,1,None],
                   'B': [1,2,3,4],
                   'C': [np.NAN,3,4,1]},
                  dtype=int)
print(df, "\n")

values = pd.Series(df.mean(), dtype=int)
print(values, "\n")

df = df.fillna(values)
print(df)


      A  B    C
0     0  1  NaN
1     0  2    3
2     1  3    4
3  None  4    1

A    0
B    2
C    2
dtype: int32

   A  B  C
0  0  1  2
1  0  2  3
2  1  3  4
3  0  4  1
```

A função `fillna` permite se livrar dos valores ausentes, sendo eles não números (*NAN*) ou simplesmente estando ausentes (*None*). Você pode fornecer os valores de dados ausentes de várias formas. Esse exemplo conta com uma série que contém a média de cada coluna de dados separada (exatamente o que você faria ao trabalhar com uma base de dados).

LEMBRE-SE

Note que o código toma o cuidado de não introduzir erros no resultado, assegurando-se de que `values` é do tipo certo de dados. Normalmente, a função `mean` resulta em valores de ponto flutuante, mas você pode forçar a série a completar com o tipo correto. Consequentemente, no resultado não apenas faltam os valores ausentes, como ele também apresenta valores do tipo correto.

Entendendo outras questões de alteração

Alterações podem assumir várias outras formas. Às vezes, um usuário fornece entradas inconsistentes ou incorretas. Aplicações nem sempre impõem regras para a entrada de dados, então os usuários podem inserir incorretamente nomes de estados ou regiões. Erros ortográficos também acontecem. Às vezes, valores estão fora de faixa ou são simplesmente impossíveis em uma determinada situação. Nem sempre é possível limpar os dados completamente de primeira. Geralmente, você percebe o problema ao executar o algoritmo e notar que os resultados estão distorcidos de alguma forma, ou que o algoritmo não funciona de jeito nenhum (mesmo se tiver funcionado com um subconjunto dos dados). Na dúvida, verifique seus dados para potenciais necessidades de correção.

Empilhando Dados em Ordem

Python fornece várias metodologias de armazenamento. Além disso, os pacotes geralmente oferecem métodos adicionais de armazenamento. Tanto o NumPy quanto o Pandas fornecem alternativas de armazenamento que devem ser consideradas ao lidar com vários problemas de estruturação de dados.

Um problema comum de armazenamento de dados não é apenas o fato de precisar armazená-los, mas de que eles precisam ser arquivados em uma ordem particular, para que seja possível acessá-los quando necessário. Por exemplo, você pode querer assegurar que o primeiro item que colocar na pilha de itens para processar também seja o primeiro a ser efetivamente processado. Com esta questão de ordenação de dados em mente, as seções seguintes descrevem os métodos padrão de Python para assegurar o armazenamento de dados ordenado, que permita ter uma disposição de processamento específica.

Ordenando em pilhas

Uma pilha oferece armazenamento de dados do tipo Entra por Último/Sai Primeiro (LIFO). O pacote NumPy oferece uma implementação de pilha real. Além disso, o Pandas as associa a objetos, como o `DataFrame`. Porém, ambos os pacotes ocultam os detalhes de implementação, e ver como uma pilha funciona realmente ajuda. Consequentemente, o exemplo a seguir implementa uma pilha usando uma `list` Python padrão (você pode encontrar este código no arquivo `A4D; 06; Stacks, Queues, and Dictionaries.ipynb` no site da Para Leigos como parte do código para download; veja a Introdução para detalhes).

```
MyStack = []
StackSize = 3

def DisplayStack():
   print("Stack currently contains:")
   for Item in MyStack:
      print(Item)

def Push(Value):
   if len(MyStack) < StackSize:
      MyStack.append(Value)
   else:
      print("Stack is full!")

def Pop():
   if len(MyStack) > 0:
      print("Popping: ", MyStack.pop())
   else:
      print("Stack is empty.")

Push(1)
Push(2)
Push(3)
DisplayStack()

Push(4)

Pop()
DisplayStack()

Pop()
Pop()
Pop()

Stack currently contains:
1
2
3
Stack is full!
Popping:  3
Stack currently contains:
1
2
Popping:  2
Popping:  1
Stack is empty.
```

O exemplo assegura que a pilha mantenha a integridade dos dados e funcione com eles na ordem esperada. O código depende de uma manipulação simples de `list`, mas é eficiente em fornecer uma representação de pilha que pode ser usada para qualquer necessidade.

DICA

As listas de Python são ordenadas de valores de dados que são intuitivas e fáceis de usar. Da perspectiva de um algoritmo, elas geralmente não têm um bom desempenho, pois armazenam os elementos da lista na memória do computador e os acessam usando um índice e *ponteiros de memória* (um número que fornece o endereço de memória dos dados). Elas funcionam exatamente do mesmo jeito que um índice de um livro ou pacote funcionam. As listas não têm conhecimento de seu conteúdo. Quando uma aplicação faz uma solicitação de dados, a lista varre todos os seus itens, o que é ainda mais lento. Quando os dados estão espalhados pela memória do computador, as listas precisam juntá-los de cada local individualmente, tornando o acesso ainda mais lento.

Usando filas

Diferente das pilhas, filas são estruturas de dados do tipo Entra Primeiro/Sai Primeiro (FIFO). Como com as pilhas, é possível encontrar implementações predefinidas em muito pacotes, incluindo tanto o NumPy quanto o Pandas. Felizmente, também é possível encontrar uma implementação de `queue` em Python, o que é demonstrado no seguinte código:

```
import queue

MyQueue = queue.Queue(3)

print("Queue empty: ", MyQueue.empty())

MyQueue.put(1)
MyQueue.put(2)
MyQueue.put(3)
print("Queue full: ", MyQueue.full())

print("Popping: ", MyQueue.get())
print("Queue full: ", MyQueue.full())

print("Popping: ", MyQueue.get())
print("Popping: ", MyQueue.get())
print("Queue empty: ", MyQueue.empty())

Queue empty:   True
Queue full:    True
Popping:   1
Queue full:    False
```

```
Popping:       2
Popping:       3
Queue empty:   True
```

Usar a `queue` embutida exige muito menos código do que criar uma pilha do zero usando uma `list`, mas observe como as duas diferem no resultado. O exemplo da pilha insere 1, 2 e 3 na pilha, então o primeiro valor que sai é 3. No entanto, nesse exemplo, inserir 1, 2 e 3 em uma `queue` resulta no primeiro valor que sai ser 1.

Encontrando dados usando dicionários

Criar e usar um `dictionary` é muito parecido com trabalhar com uma `list`, exceto que agora você precisa definir um par chave-valor. A grande vantagem dessa estrutura de dados é que dicionários podem rapidamente fornecer acesso a itens de dados específicos usando a chave. Há limites para os tipos de chaves que podem ser usadas. Aqui estão as regras especiais para criar uma chave:

» **A chave deve ser única.** Quando você insere uma chave duplicada, a informação encontrada na segunda entrada vence; a primeira entrada é substituída pela segunda.

» **A chave deve ser imutável.** Esta regra significa que você pode usar strings, números ou tuplas para a chave; no entanto, não pode usar uma `list`.

LEMBRE-SE

A diferença entre valores mutáveis e imutáveis é que valores imutáveis não podem ser mudados. Para mudar o valor de uma string, por exemplo, Python, na verdade, cria uma nova string que contém o novo valor e dá a ela o mesmo nome que a antiga; então, ele destrói a string antiga.

DICA

Dicionários Python são a implementação de software de uma estrutura de dados chamada *tabela de dispersão* (hash), um conjunto que mapeia chaves em valores. Não há restrições aos valores fornecidos. Um valor pode ser qualquer objeto Python, então é possível usar um dicionário para acessar um registro de empregados ou outros dados complexos. O seguinte exemplo ajuda a entender como usar dicionários melhor:

```
Colors = {"Sam": "Blue", "Amy": "Red", "Sarah": "Yellow"}

print(Colors["Sarah"])
print(Colors.keys())

for Item in Colors.keys():
   print("{0} likes the color {1}."
      .format(Item, Colors[Item]))
```

```
Colors["Sarah"] = "Purple"
Colors.update({"Harry": "Orange"})
del Colors["Sam"]

print(Colors)

Yellow
dict_keys(['Sarah', 'Amy', 'Sam'])
Sarah likes the color Yellow.
Amy likes the color Red.
Sam likes the color Blue.
{'Harry': 'Orange', 'Sarah': 'Purple', 'Amy': 'Red'}
```

Como você pode ver, um dicionário sempre tem um par chave-valor separados um do outro por dois pontos (:). Em vez de usar um índice para acessar valores individuais, usa-se a chave. A função especial `keys` permite obter uma lista das chaves que podem ser manipuladas de vários jeitos. Por exemplo, você pode usar as chaves para executar um processamento iterativo dos valores de dados que o dicionário contém.

DICA

Dicionários são um pouco como tabelas individuais dentro de uma base de dados. Você pode atualizar, incluir e remover registros de um dicionário, como mostrado. A função `update` pode substituir ou incluir novas entradas ao dicionário.

Trabalhando com Árvores

Uma estrutura em árvore se parece muito com uma árvore real. Usar árvores ajuda a organizar os dados rapidamente e encontrá-los mais rápido do que usando outras técnicas de armazenamento de dados. É comum ver árvores sendo usadas em rotinas de busca e ordenamento, mas elas têm muitos outros propósitos também. As seções seguintes ajudam a entender o básico. Você encontra árvores sendo usadas em muitos dos exemplos nos próximos capítulos.

Entendendo o básico de árvores

Construir uma árvore funciona bastante como construir uma árvore no mundo físico. Cada item adicionado à árvore é um *nó*. Os nós conectam-se uns aos outros usando ramos (links). A combinação de nós e links forma uma estrutura que se parece muito com uma árvore, como mostrado na Figura 6-1.

Note que a árvore tem apenas um nó raiz — exatamente como uma real. O *nó raiz* fornece o ponto de partida para os vários tipos de processamento executados. Conectados ao nó raiz podem estar os ramos ou as folhas. Um *nó folha* é sempre um ponto final para a árvore. Os nós ramo sustentam tanto outros ramos quanto folhas. O tipo de árvore mostrada na Figura 6-1 é uma árvore binária, pois cada nó tem, no máximo, duas conexões.

Observando a árvore, o Ramo B é filho do nó Raiz. Isso ocorre pois o nó Raiz aparece primeiro na lista. A Folha E e a Folha F são filhas do Ramo B, tornando o Ramo B o pai da Folha E e da Folha F. A relação entre os nós é importante porque discussões sobre árvores geralmente consideram a relação pai/filho entre os nós. Sem esses termos, discussões sobre árvores seriam bastante confusas.

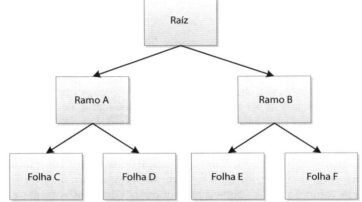

FIGURA 6-1:
Uma árvore em Python se parece muito com sua alternativa real.

Construindo uma árvore

Python não vem com um objeto árvore integrado. Você deve criar sua própria implementação ou usar uma árvore fornecida por um pacote. Uma implementação básica exige a criação de uma classe para suportar o objeto de dados da árvore. O código a seguir mostra como criar uma classe básica de árvore (você pode encontrar este código no arquivo A4D; 06; Trees.ipynb no site da Para Leigos como parte do código para download; veja a Introdução para detalhes).

```
class binaryTree:
    def __init__(self, nodeData, left=None, right=None):
        self.nodeData = nodeData
        self.left  = left
        self.right = right

    def __str__(self):
        return str(self.nodeData)
```

Tudo o que este código faz é criar um objeto árvore básico que define os três elementos que um nó deve incluir: armazenamento de dados, conexão esquerda e conexão direita. Como os ramos folha não têm conexão, o valor padrão para `left` e `right` é `None`. A classe também inclui um método para imprimir o conteúdo de `nodeData` para que seja possível ver quais dados os nós armazenam.

Usar essa árvore simples exige que você não tente armazenar nada em `left` ou em `right` além de uma referência para outro nó. De outra forma, o código falhará, pois não há nenhum erro de captura. A entrada `nodeData` pode conter qualquer valor. O código a seguir mostra como usar a classe `binaryTree` para construir a árvore mostrada na Figura 6-1:

```
tree = binaryTree("Root")
BranchA = binaryTree("Branch A")
BranchB = binaryTree("Branch B")
tree.left = BranchA
tree.right = BranchB

LeafC = binaryTree("Leaf C")
LeafD = binaryTree("Leaf D")
LeafE = binaryTree("Leaf E")
LeafF = binaryTree("Leaf F")
BranchA.left = LeafC
BranchA.right = LeafD
BranchB.left = LeafE
BranchB.right = LeafF
```

Há várias opções para construir uma árvore, mas construí-la de cima para baixo (como mostrado neste código) ou de baixo para cima (quando as folhas são feitas primeiro) são dois métodos comuns. É claro, não se sabe se a árvore realmente funciona neste ponto. *Percorrer a árvore* significa verificar os links e apurar se eles realmente se conectam como devem. O código a seguir mostra como usar a recursão para percorrer a árvore que acabou de ser construída.

```
def traverse(tree):
    if tree.left != None:
        traverse(tree.left)
    if tree.right != None:
        traverse(tree.right)
    print(tree.nodeData)

traverse(tree)

Leaf C
Leaf D
Branch A
Leaf E
```

```
Leaf F
Branch B
Root
```

Como mostra o resultado, a função `traverse` não imprime nada até chegar na primeira folha. Então, ela imprime ambas as folhas e o pai dessas folhas. A travessia segue o galho esquerdo primeiro, e depois o galho direito. O nó raiz vem por último.

PAPO DE ESPECIALISTA

Há diferentes tipos de estruturas de armazenamento de dados. Aqui está uma lista rápida dos tipos comumente encontrados:

» **Árvores balanceadas:** É um tipo de árvore que mantém uma estrutura balanceada através de uma reorganização que permita tempos de acesso reduzidos. O número de elementos do lado direito difere do número do lado esquerdo em, no máximo, um.

» **Árvores não balanceadas:** Esta é uma árvore que coloca novos itens de dados onde for necessário em uma árvore, sem se importar com o balanço. Esse método de adicionar itens torna mais rápida a construção da árvore, mas reduz a velocidade de acesso em buscas e ordenamentos.

» **Heaps:** Uma árvore balanceada sofisticada, que permite a inserção de dados em sua estrutura. O uso da inserção de dados torna o ordenamento mais rápido. Você pode, depois, classificar essas árvores em max heaps (todos os nós são menores que seus respectivos pais) e min heaps (todos os nós são maiores que seus respectivos pais), dependendo da sua capacidade de fornecer imediatamente o valor máximo ou mínimo nela presente.

Representando Relações em um Grafo

Grafos são outra forma de estrutura de dados comum usada em algoritmos. Você vê grafos usados em lugares como mapas para GPS e todos os outros lugares onde a abordagem de cima para baixo de uma árvore não funcionar. As seções seguintes descrevem grafos com mais detalhes.

Indo além das árvores

Um grafo é um tipo de extensão de uma árvore. Assim como com as árvores, há nós que se conectam uns aos outros para criar relações. Porém, diferente das árvores binárias, um grafo pode ter mais que uma ou duas conexões. Na verdade, nós grafos geralmente têm várias conexões. No entanto, para simplificar as coisas, considere o grafo mostrado na Figura 6-2.

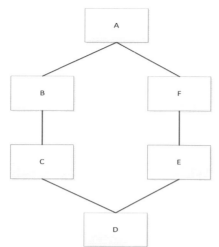

FIGURA 6-2: Nós de grafos podem se conectar uns aos outros em uma infinidade de maneiras.

Nesse caso, o grafo cria um anel no qual A se conecta tanto a B quanto a F. Porém, não precisa ser desse jeito. A poderia ser um nó desconectado ou poderia também se conectar a C. Um grafo mostra a conectividade entre os nós de uma maneira que é útil para definir relações complexas.

Grafos também incluem pontos que você pode não ter considerado antes. Por exemplo, um grafo pode incluir o conceito de direcionalidade. Diferente de uma árvore, que tem relações pai/filho, um nó grafo pode se conectar a qualquer outro nó com uma direção específica em mente. Pense nas ruas de uma cidade. A maioria das ruas são de mão dupla, mas algumas são de mão única, que só permitem movimento em uma direção.

A representação de uma conexão de grafo pode não exatamente refletir sua realidade. Um grafo pode designar um peso para uma conexão em particular. O peso poderia definir a distância entre dois pontos, o tempo exigido para percorrer a rota ou fornecer outros tipos de informação.

Construindo grafos

A maioria dos desenvolvedores usa dicionários (ou, às vezes, listas) para construir grafos. Eles facilitam a construção do grafo, pois a chave é o nó nome e os valores são as conexões para aquele nó. Por exemplo, aqui está um dicionário que cria o grafo mostrado na Figura 6-2 (você encontra este código no arquivo A4D; 06; Graphs.ipynb no site da Para Leigos; veja a Introdução para detalhes).

```
graph = {'A': ['B', 'F'],
         'B': ['A', 'C'],
         'C': ['B', 'D'],
         'D': ['C', 'E'],
         'E': ['D', 'F'],
         'F': ['E', 'A']}
```

Esse dicionário reflete a natureza bidirecional do grafo na Figura 6-2. Ele poderia, também, facilmente definir conexões unidirecionais ou fornecer nós sem quaisquer conexões. Porém, o dicionário funciona muito bem para esse propósito, e você o vê sendo usado em outras áreas do livro. Agora é hora de percorrer o grafo usando o seguinte código:

```
def find_path(graph, start, end, path=[]):
        path = path + [start]

        if start == end:
            print("Ending")
            return path

        for node in graph[start]:
            print("Checking Node ", node)

            if node not in path:
                print("Path so far ", path)

                newp = find_path(graph, node, end, path)
                if newp:
                    return newp

find_path(graph, 'B', 'E')

Checking Node  A
Path so far  ['B']
Checking Node  B
Checking Node  F
Path so far  ['B', 'A']
Checking Node  E
Path so far  ['B', 'A', 'F']
Ending

['B', 'A', 'F', 'E']
```

Capítulos posteriores discutem como encontrar o caminho mais curto. Por ora, o código encontra apenas um caminho. Ele começa construindo o caminho nó a nó. Como com as rotinas recursivas, esta exige uma estratégia de saída, que é quando o valor start corresponde ao valor end e o caminho acaba.

Como cada nó no grafo pode se conectar a vários nós, é necessário um loop for para verificar cada uma das conexões potenciais. Quando o nó em questão já aparece no caminho, o código o pula. De outra forma, o código rastrearia o caminho atual e recursivamente chamaria find_path para localizar o próximo nó no caminho.

132   PARTE 2 **Entendendo a Necessidade de Organizar e Buscar**

NESTE CAPÍTULO

» **Ordenando com Mergesort e Quicksort**

» **Conduzindo buscas usando árvores e heaps**

» **Considerando o uso de hashing e dicionários**

Capítulo 7

Organizando e Buscando Dados

Dados nos rodeiam todo o tempo. Na verdade, não dá para fugir deles. Tudo, desde os dados necessários para fazer negócios funcionarem até o guia nutricional na lateral da sua caixa de cereal, depende de dados. As quatro operações de dados são criar, ler, atualizar e remover (do inglês *create, read, update, and delete* (CRUD), que focam a necessidade de acessar os dados que você precisa para executar quase todas as tarefas da vida rápida e facilmente. É por isso que ter os meios para organizar e buscar dados de vários jeitos é essencial. A menos que você possa acessá-los quando quiser e da maneira que quiser, o trabalho exigido para fazer seu negócio funcionar pode se tornar bem complexo. Consequentemente, este é um capítulo muito importante para todo mundo que desejar fazer uma aplicação brilhar.

A primeira seção deste capítulo foca a ordenação de dados. Colocar dados em uma ordem que torne fácil executar as operações CRUD é importante porque, quanto menos código for necessário para fazer o acesso aos dados funcionar, melhor. Além disso, embora ordenar dados possa não parecer particularmente importante, dados organizados tornam as buscas consideravelmente mais rápidas, desde que a composição combine com a busca. Ordenar e buscar andam juntos: você ordena os dados de maneira que torne a busca mais rápida.

CAPÍTULO 7 **Organizando e Buscando Dados** 133

A segunda seção do capítulo discute buscas. Não será surpresa descobrir que vários tipos diferentes de busca de dados estão disponíveis. Algumas dessas técnicas são mais lentas que outras; algumas têm atributos que as tornam atrativas para desenvolvedores. O fato é que não existe estratégia de busca perfeita, mas a procura por tal método continua.

A seção final do capítulo fala de *hashing* e dicionários. O uso de indexação torna a ordenação e a busca significantemente mais rápidas, mas também vem com atribuições que precisam ser consideradas (como o uso de recursos adicionais). Um *índice* é um tipo de indicador ou um endereço. Não é o dado, mas aponta para os dados, assim como o seu endereço aponta para a sua casa. Uma busca manual, rua a rua, pela sua casa na cidade consumiria muito tempo, pois a pessoa que procura por você precisaria perguntar a cada pessoa em cada endereço se você mora ali, mas encontrar o seu endereço em uma lista telefônica e aí usá-lo para localizar sua casa é bem mais rápido.

Ordenando Dados com Mergesort e Quicksort

Ordenar é essencial no trabalho com dados. Consequentemente, muitas pessoas tiveram que inventar muitos jeitos diferentes de organizar dados ao longo dos anos. Todas estas técnicas resultam em dados ordenados, mas algumas funcionam melhor que outras, e algumas funcionam excepcionalmente bem para tarefas específicas. As seções seguintes ajudam a entender a necessidade de buscar, assim como a considerar as várias opções de busca.

Definindo a importância de ordenar dados

Um exemplo pode ser o da não ordenação dos dados. Afinal, eles ainda são acessíveis, mesmo se não forem organizados — e ordenar leva tempo. É claro, o problema com dados não ordenados é o mesmo com aquela gaveta da bagunça na sua cozinha (ou onde quer que você tenha uma gaveta da bagunça — assumindo que saiba, pelo menos, onde fica). Procurar alguma coisa nesta consome tempo, porque é difícil até mesmo começar a pensar onde encontrar alguma coisa. Em vez de apenas abrir e pegar o que deseja, você precisa tirar um monte de outras coisas que não quer, em um esforço para achar aquele único item do qual precisa. Infelizmente, o item que você necessita pode não estar na gaveta da bagunça, para começar — você pode ter jogado fora ou colocado em outra gaveta.

A gaveta da bagunça na sua casa é exatamente como dados não ordenados no seu sistema. Quando os dados não estão arrumados, é necessário buscar um item por vez, e nem se sabe se encontrará o que precisa sem primeiro buscar cada item na base de dados. É uma maneira frustrante de trabalhar. O exemplo de busca binária na seção "Considerando dividir e conquistar" do Capítulo 5 ressalta bem a necessidade de organizar. Imagine tentar encontrar um item em uma lista sem ordená-la primeiro. Cada procura torna-se uma busca sequencial que consome tempo.

LEMBRE-SE

Claro, apenas ordenar os dados não é suficiente. Se tiver uma base de dados de funcionários organizada por sobrenome, e ainda precisar procurar um funcionário por data de nascimento, a ordenação é inútil (digamos que você queira encontrar todos os funcionários que fazem aniversário em um determinado dia). Para encontrar a data de nascimento que precisa, deve ainda buscar um item por vez em toda a base de dados. Consequentemente, a organização deve focar em uma necessidade específica. Sim, você precisava da base de dados de funcionários ordenada por departamento uma vez, e por sobrenome em outra, mas agora precisa deles ordenados por data de nascimento para usar a base de dados de modo efetivo.

A necessidade de manter várias ordens organizadas para os mesmo dados é a razão pela qual desenvolvedores criaram índices. Ordenar um pequeno índice é mais rápido que organizar uma base de dados inteira. O índice mantém uma ordem específica e aponta para a base de dados completa, para que seja possível encontrar o que precisa muito rápido. Mantendo um índice para cada requisito de ordenação é possível, efetivamente, diminuir o tempo de acesso e permitir a várias pessoas acessar os dados ao mesmo tempo na ordem em que elas precisam acessá-los. A seção "Contando com Hashing", posteriormente no capítulo, dá uma ideia de como a indexação funciona e por que ela é realmente necessária em alguns casos, apesar do tempo e recursos adicionais necessários para manter índices.

PAPO DE ESPECIALISTA

Muitas maneiras de categorizar algoritmos de ordenação estão disponíveis. Uma dessas maneiras é a velocidade. Quando consideram o quão efetivo um determinado algoritmo de ordenação é em organizar os dados, indicadores de tempo tipicamente observam dois fatores:

» **Comparações:** Para mover dados de um local para outro em uma base, você precisa saber para onde movê-los, o que significa comparar os dados alvo com outros dados na base. Ter menos comparações significa melhor performance.

» **Trocas:** Dependendo de como um algoritmo é escrito, os dados podem não chegar ao seu local final na base de dados na primeira tentativa. Na verdade, eles podem se mover várias vezes. O número de trocas afeta consideravelmente a velocidade, porque agora os dados estão realmente se movendo de um local para outro na memória. Menos e menores trocas (como quando usamos índices) significam melhor performance.

Ordenando dados ingenuamente

Ordenar dados ingenuamente significa organizá-los usando métodos de força bruta — sem qualquer consideração com fazer qualquer tipo de palpite sobre onde os dados devem aparecer na lista. Além disso, essas técnicas tendem a funcionar com a base de dados inteira, em vez de aplicar abordagens que possivelmente reduziriam o tempo de ordenamento (como a técnica de dividir e conquistar descrita no Capítulo 5). Porém, essas buscas também são relativamente fáceis de entender, e usam recursos de maneira eficiente. Consequentemente, elas não devem ser descartadas completamente. Embora muitas buscas caiam nessa categoria, as seções seguintes falam das duas abordagens mais populares.

Usando selection sort

A *selection sort* substituiu uma predecessora, a *bubble sort*, pois tende a oferecer uma melhor performance. Embora ambos os tipos tenham uma velocidade de ordenação de pior caso de $O(n^2)$, a *selection sort* executa menos trocas. Ela funciona de um dos dois jeitos: ou procura pelo menor item na lista e coloca-o no início (assegurando que ele esteja em sua localização correta) ou procura pelo maior item e coloca-o no fim da lista. De qualquer maneira, essa ordenação é excepcionalmente fácil de implementar e garante que itens imediatamente apareçam na localização final uma vez movidos (e é por isso que algumas pessoas chamam esse tipo de ordenação de comparação local). A seguir está um exemplo de uma *selection sort* (você pode encontrar este código no arquivo A4D; 07; Sorting Techniques.ipynb no site da Para Leigos como parte do código para download; veja a Introdução para detalhes).

```
data = [9, 5, 7, 4, 2, 8, 1, 10, 6, 3]

for scanIndex in range(0, len(data)):
    minIndex = scanIndex

    for compIndex in range(scanIndex + 1, len(data)):
        if data[compIndex] < data[minIndex]:
            minIndex = compIndex

    if minIndex != scanIndex:
        data[scanIndex], data[minIndex] = \
            data[minIndex], data[scanIndex]
        print(data)

[1, 5, 7, 4, 2, 8, 9, 10, 6, 3]
[1, 2, 7, 4, 5, 8, 9, 10, 6, 3]
[1, 2, 3, 4, 5, 8, 9, 10, 6, 7]
[1, 2, 3, 4, 5, 6, 9, 10, 8, 7]
[1, 2, 3, 4, 5, 6, 7, 10, 8, 9]
```

```
[1, 2, 3, 4, 5, 6, 7, 8, 10, 9]
[1, 2, 3, 4, 5, 6, 7, 8, 9, 10]
```

Mudando para insertion sort

Uma *insertion sort* funciona usando um único item como ponto de partida e adicionando itens à sua esquerda ou direita baseada em se esses itens são menores ou maiores que o selecionado. Conforme o número de itens ordenados cresce, o algoritmo verifica novos itens em relação aos ordenados e insere o novo elemento na posição correta na lista. Uma *insertion sort* tem uma velocidade de melhor caso de ordenação de O(n) e de pior caso de ordenação de O(n²).

PAPO DE ESPECIALISTA

Um exemplo de melhor caso de ordenação é quando a base de dados inteira já está ordenada, pois a *insertion sort* não precisará mover nenhum valor. Um exemplo de pior caso é quando a base de dados inteira está organizada em ordem inversa, pois cada inserção exigirá mover todos os valores que já aparecem no resultado. Você pode ler mais sobre a matemática envolvida nessa ordenação em `https://www.khanacademy.org/computing/computer-science/algorithms/insertion-sort/a/analysis-of-insertion-sort` (conteúdo em inglês).

A *insertion sort* ainda é um método de força bruta para ordenar itens, mas pode exigir menos comparações que uma *selection sort*. Aqui está um exemplo de uma *insertion sort*:

```
data = [9, 5, 7, 4, 2, 8, 1, 10, 6, 3]

for scanIndex in range(1, len(data)):
    temp = data[scanIndex]

    minIndex = scanIndex

    while minIndex > 0 and temp < data[minIndex - 1]:
        data[minIndex] = data[minIndex - 1]
        minIndex -= 1

    data[minIndex] = temp
    print(data)

[5, 9, 7, 4, 2, 8, 1, 10, 6, 3]
[5, 7, 9, 4, 2, 8, 1, 10, 6, 3]
[4, 5, 7, 9, 2, 8, 1, 10, 6, 3]
[2, 4, 5, 7, 9, 8, 1, 10, 6, 3]
[2, 4, 5, 7, 8, 9, 1, 10, 6, 3]
[1, 2, 4, 5, 7, 8, 9, 10, 6, 3]
[1, 2, 4, 5, 7, 8, 9, 10, 6, 3]
[1, 2, 4, 5, 6, 7, 8, 9, 10, 3]
[1, 2, 3, 4, 5, 6, 7, 8, 9, 10]
```

Empregando melhores técnicas de ordenação

À medida em que a tecnologia de ordenação progride, os algoritmos de ordenação começam a ter uma abordagem mais inteligente para pôr os dados na sequência correta. A ideia é tornar o problema menor e mais fácil de lidar. Em vez de trabalhar com uma base de dados inteira, algoritmos de ordenação inteligentes trabalham com itens individuais, reduzindo o trabalho exigido para executar a tarefa. As seções seguintes discutem duas dessas técnicas de ordenação.

Reorganizando dados com Mergesort

Mergesort trabalha aplicando a abordagem dividir e conquistar. A ordenação começa dividindo a base de dados em partes individuais e as organizando. Então, ele combina as partes de maneira que assegure que a combinada tenha sido ordenada. A organização e combinação continua até que a base de dados inteira seja novamente uma única parte. O pior caso de velocidade de ordenação do *Mergesort* é O(n log n), o que o torna consideravelmente mais rápido que as técnicas usadas na seção anterior (porque log n é sempre menor que n). Essa ordenação, na verdade, exige o uso de duas funções. A primeira função trabalha recursivamente para dividir as partes e colocá-las juntas de novo.

```python
data = [9, 5, 7, 4, 2, 8, 1, 10, 6, 3]

def mergeSort(list):
    # Determine whether the list is broken into
    # individual pieces.
    if len(list) < 2:
        return list

    # Find the middle of the list.
    middle = len(list)//2

    # Break the list into two pieces.
    left = mergeSort(list[:middle])
    right = mergeSort(list[middle:])

    # Merge the two sorted pieces into a larger piece.
    print("Left side: ", left)
    print("Right side: ", right)
    merged = merge(left, right)
    print("Merged ", merged)
    return merged
```

A segunda função executa a tarefa real de combinar os dois lados usando um processo iterativo. Aqui está o código usado para combinar as duas partes:

```python
def merge(left, right):
    # When the left side or the right side is empty,
    # it means that this is an individual item and is
    # already sorted.
    if not len(left):
        return left
    if not len(right):
        return right

    # Define variables used to merge the two pieces.
    result = []
    leftIndex = 0
    rightIndex = 0
    totalLen = len(left) + len(right)

    # Keep working until all of the items are merged.
    while (len(result) < totalLen):

        # Perform the required comparisons and merge
        # the pieces according to value.
        if left[leftIndex] < right[rightIndex]:
            result.append(left[leftIndex])
            leftIndex+= 1
        else:
            result.append(right[rightIndex])
            rightIndex+= 1

        # When the left side or the right side is longer,
        # add the remaining elements to the result.
        if leftIndex == len(left) or \
            rightIndex == len(right):
                result.extend(left[leftIndex:]
                              or right[rightIndex:])
                break

    return result

mergeSort(data)
```

As expressões `print` no código ajudam a ver como o processo de combinação funciona. Embora o processo pareça bem complexo, ele é relativamente simples quando você trabalha através do processo de combinação mostrado aqui.

```
Left side:   [9]
Right side:  [5]
Merged [5, 9]
Left side:   [4]
Right side:  [2]
Merged [2, 4]
Left side:   [7]
Right side:  [2, 4]
Merged [2, 4, 7]
Left side:   [5, 9]
Right side:  [2, 4, 7]
Merged [2, 4, 5, 7, 9]
Left side:   [8]
Right side:  [1]
Merged [1, 8]
Left side:   [6]
Right side:  [3]
Merged [3, 6]
Left side:   [10]
Right side:  [3, 6]
Merged [3, 6, 10]
Left side:   [1, 8]
Right side:  [3, 6, 10]
Merged [1, 3, 6, 8, 10]
Left side:   [2, 4, 5, 7, 9]
Right side:  [1, 3, 6, 8, 10]
Merged [1, 2, 3, 4, 5, 6, 7, 8, 9, 10]
```

Solucionando questões de ordenação da melhor forma usando Quicksort

Quicksort é um dos métodos mais rápidos para ordenar dados. Lendo sobre Mergesort e Quicksort online, você descobre que algumas pessoas preferem usar um ao outro em determinada situação. Por exemplo, a maioria das pessoas sente que Quicksort funciona melhor para ordenar arranjos, e Mergesort para ordenar listas vinculadas. Tony Hoare escreveu a primeira versão de Quicksort em 1959, mas, desde então, desenvolvedores escreveram muitas outras versões dele. O tempo médio de ordenação de Quicksort é O(n log n), mas o pior caso de tempo de ordenação é O(n²).

A primeira parte da tarefa é particionar os dados. O código escolhe um ponto pivô que determina o lado esquerdo e o direito da ordenação. Aqui está o código de partição para este exemplo:

```python
data = [9, 5, 7, 4, 2, 8, 1, 10, 6, 3]

def partition(data, left, right):
    pivot = data[left]
    lIndex = left + 1
    rIndex = right

    while True:
        while lIndex <= rIndex and data[lIndex] <= pivot:
            lIndex += 1
        while rIndex >= lIndex and data[rIndex] >= pivot:
            rIndex -= 1
        if rIndex <= lIndex:
            break
        data[lIndex], data[rIndex] = \
            data[rIndex], data[lIndex]
        print(data)

    data[left], data[rIndex] = data[rIndex], data[left]
    print(data)
    return rIndex
```

ENTENDENDO A PERFORMANCE DE PIOR CASO DE *QUICKSORT*

PAPO DE ESPECIALISTA

Quicksort raramente incorre no pior caso de tempo de ordenação. Porém, mesmo versões modificadas do *Quicksort* podem ter um pior caso de tempo de $O(n^2)$ quando um desses eventos ocorre:

- A base de dados já está organizada na ordem desejada.
- A base de dados está organizada na ordem inversa.
- Todos os elementos na base de dados são os mesmos.

Esses problemas ocorrem por causa do ponto pivô que uma função de ordenação menos eficaz usa. Felizmente, a técnica de programação certa pode mitigar esses problemas, definindo outra coisa além do índice mais à esquerda ou à direita como ponto pivô. As técnicas em que se baseiam versões modernas do *Quicksort* incluem:

- Escolher um índice aleatório.
- Escolher o índice do meio da partição.
- Escolher a média do primeiro, do meio ou do último elemento da partição para o pivô (especialmente para partições mais longas).

CAPÍTULO 7 **Organizando e Buscando Dados**

O loop interno deste exemplo continuamente busca elementos que estão no lugar errado e troca-os. Quando o código não consegue mais trocar itens, ele sai do loop e define um novo ponto pivô, que ele retorna ao chamador. Essa é a parte iterativa do processo. A parte recursiva lida com os lados esquerdo e direito da base de dados, como mostrado aqui:

```
def quickSort(data, left, right):
    if right <= left:
        return
    else:
        pivot = partition(data, left, right)
        quickSort(data, left, pivot-1)
        quickSort(data, pivot+1, right)

    return data

quickSort(data, 0, len(data)-1)
```

A quantidade de comparações e trocas para esse exemplo é relativamente pequena comparada a outros. Aqui está o resultado desse:

```
[9, 5, 7, 4, 2, 8, 1, 3, 6, 10]
[6, 5, 7, 4, 2, 8, 1, 3, 9, 10]
[6, 5, 3, 4, 2, 8, 1, 7, 9, 10]
[6, 5, 3, 4, 2, 1, 8, 7, 9, 10]
[1, 5, 3, 4, 2, 6, 8, 7, 9, 10]
[1, 5, 3, 4, 2, 6, 8, 7, 9, 10]
[1, 2, 3, 4, 5, 6, 8, 7, 9, 10]
[1, 2, 3, 4, 5, 6, 8, 7, 9, 10]
[1, 2, 3, 4, 5, 6, 8, 7, 9, 10]
[1, 2, 3, 4, 5, 6, 7, 8, 9, 10]
```

Usando Árvores de Busca e o Heap

Árvores de busca permitem procurar dados rapidamente. O Capítulo 5 introduz a ideia de busca binária e a seção "Trabalhando com Árvores" do Capítulo 6 ajuda a entender até certo ponto. Obter itens de dados, colocá-los ordenados em uma árvore e fazer buscas nela é uma das maneiras mais rápidas de encontrar informação.

Um tipo especial de estrutura de árvore é o *heap binário*, que posiciona cada um dos elementos nó em uma ordem especial. O nó raiz sempre contém o menor valor. Quando visualizar os ramos, verá que os ramos superiores são sempre de

142   PARTE 2 **Entendendo a Necessidade de Organizar e Buscar**

menor valor em comparação aos ramos inferiores e às folhas. O efeito é manter a árvore balanceada e em uma ordem previsível para que a busca se torne extremamente eficiente. O custo está em manter a árvore balanceada. As seções seguintes descrevem como as árvores de busca e o *heap* funcionam em detalhes.

Considerando a necessidade de buscar com eficácia

De todas as tarefas que as aplicações executam, buscar é a mais demorada e também a mais exigida. Embora inserir dados (e ordená-los depois) exija algum tempo, o benefício de criar e manter uma base de dados vem de usá-la para executar trabalho útil, o que significa fazer buscas por informações importantes. Consequentemente, às vezes dá para se virar com um CRUD menos eficiente, e até mesmo uma rotina de ordenação menos que ótima, mas as buscas devem ser feitas de maneira mais eficiente possível. O único problema é que nenhuma busca executa todas as tarefas com eficiência absoluta, então você deve pesar suas opções com base no que espera fazer como parte das rotinas de busca.

Dois dos métodos mais eficientes de busca envolvem o uso da árvore de busca binária (BST) e o *heap* binário. Ambas as técnicas contam com uma estrutura de árvore para manter as chaves usadas para acessar elementos de dados. Porém, o arranjo dos dois métodos é diferente, e é por isso que um tem vantagens sobre o outro na execução de certas tarefas. A Figura 7-1 mostra o arranjo para uma BST.

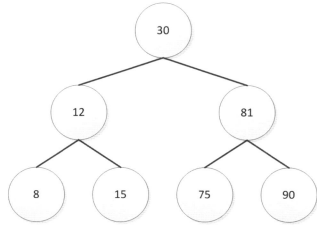

FIGURA 7-1: O arranjo de chaves quando usando uma BST.

Note como as chaves seguem uma ordem na qual números menores aparecem à esquerda e números maiores aparecem à direita. O nó raiz contém um valor que é o meio do conjunto de chaves, dando à BST uma abordagem balanceada de fácil compreensão para armazenar as chaves. Compare esse arranjo ao *heap* binário mostrado na Figura 7-2.

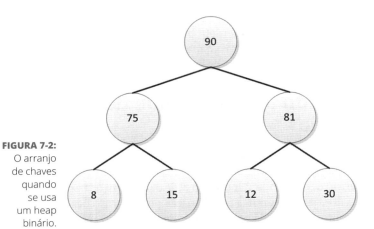

FIGURA 7-2:
O arranjo de chaves quando se usa um heap binário.

Cada nível contém valores que são menores que o nível anterior, e a raiz contém o valor chave máximo para a árvore. Além disso, nesse caso em particular, os valores menores aparecem à esquerda e os maiores, à direita (embora essa ordem não seja estritamente aplicada). Na verdade, a figura mostra um *max heap binário*. Também é possível criar um *min heap binário*, no qual a raiz contém o menor valor chave e cada nível aumenta para valores mais altos, com os valores mais altos aparecendo como parte das folhas.

LEMBRE-SE

Como visto anteriormente, a BST tem algumas vantagens sobre o *heap* binário quando usada para executar uma busca. A lista seguinte mostra alguns destaques dessas vantagens:

» Buscar um elemento exige tempo O(log n), em contraste com o tempo O(n) de um *heap* binário.

» Imprimir os elementos na ordem exige apenas tempo O(log n), em contraste com o tempo O(n log n) de um *heap* binário.

» Encontrar o piso e o teto exige tempo O(log n).

» Localizar o K-ésimo menor/maior elemento exige tempo O(log n) quando a árvore estiver propriamente configurada.

Se esses tempos são importantes depende da sua aplicação. A BST tende a funcionar melhor em situações nas quais se gasta mais tempo buscando e menos tempo construindo a árvore. Um *heap* binário tende a funcionar melhor em situações dinâmicas nas quais as chaves mudam regularmente. O *heap* binário também oferece vantagens, como descrito na lista a seguir:

» Criar as estruturas exigidas requer menos recursos porque *heaps* binários baseiam-se em vetores, tornando-os mais amigáveis para o cache também.

» Construir um heap binário exige tempo O(n), em contraste com uma BST, que exige tempo O(n log n).

» Usar ponteiros para implementar a árvore não é necessário.

» Contar com variações de *heaps* binários (por exemplo, o *Heap* Fibonacci) oferece vantagens, tais como o aumento e a diminuição dos tempos chave em tempo O(1).

Construindo uma árvore de busca binária

Você pode construir uma BST usando uma variedade de métodos. Algumas pessoas simplesmente usam um dicionário; outras usam códigos customizados. Porém, a maioria dos desenvolvedores não quer reinventar a roda quando se trata de BST. Com isso em mente, você precisa de um pacote, como o `bintrees`, que oferece todas as funcionalidades exigidas para criar e interagir com uma BST usando o mínimo de código. Para baixar e instalar `bintrees`, abra um prompt de comando, digite **pip install bintrees** e aperte Enter. Você verá `bintrees` instalado no seu sistema. A documentação para esse pacote aparece em `https://pypi.python.org/pypi/bintrees/2.0.6` (conteúdo em inglês).

Você pode usar `bintrees` para todo tipo de necessidade, mas o exemplo nesta seção analisa especificamente uma BST. Neste caso, a árvore é não balanceada. O código a seguir mostra como construir e exibir uma BST usando bintrees (você pode encontrar esse código no arquivo `A4D; 07; Search Techniques.ipynb` no site da Para Leigos como parte do código para download; veja a Introdução para detalhes).

```
from bintrees import BinaryTree

data = {3:'White', 2:'Red', 1:'Green', 5:'Orange',
        4:'Yellow', 7:'Purple', 0:'Magenta'}

tree = BinaryTree(data)
tree.update({6:'Teal'})

def displayKeyValue(key, value):
    print('Key: ', key, 'Value: ', value)

tree.foreach(displayKeyValue)
print('Item 3 contains: ', tree.get(3))
print('The maximum item is: ', tree.max_item())


Key:   0 Value:  Magenta
Key:   1 Value:  Green
Key:   2 Value:  Red
Key:   3 Value:  White
Key:   4 Value:  Yellow
Key:   5 Value:  Orange
```

```
Key:   6 Value:   Teal
Key:   7 Value:   Purple
Item 3 contains:   White
The maximum item is:   (7, 'Purple')
```

Para criar uma árvore binária, você deve fornecer pares chave e valor. Um jeito de executar essa tarefa é criar um dicionário, como mostrado. Depois de criada a árvore, você pode usar a função `update` para adicionar novas entradas, que devem incluir um par chave e valor, como mostrado.

Esse exemplo usa uma função para executar uma tarefa com os dados em `tree`. Neste caso, a função apenas imprime os pares chave e valor, mas é possível usar a árvore como entrada para um algoritmo para análise (entre outras tarefas). A função, `displayKeyValue`, age como entrada para a função `foreach`, que exibe os pares chave e valor como resultado. Você também tem acesso a vários outros recursos, como usar `get` para obter um único item ou `max_item` para obter o máximo de itens armazenados em `tree`.

Executando buscas especializadas usando um heap binário

Assim como a BST, há várias maneiras de implementar o *heap* binário. Escrevê-lo à mão ou usar um dicionário funciona bem, mas contar com um pacote torna as coisas consideravelmente mais rápidas e confiáveis. O pacote `heapq` vem com o Python, então você não precisa nem o instalar. É possível encontrar a documentação para este pacote em https://docs.python.org/3/library/heapq.html (conteúdo em inglês). O exemplo a seguir mostra como construir e buscar em um *heap* binário usando `heapq`:

```
import heapq

data = {3:'White', 2:'Red', 1:'Green', 5:'Orange',
        4:'Yellow', 7:'Purple', 0:'Magenta'}

heap = []
for key, value in data.items():
    heapq.heappush(heap, (key, value))
heapq.heappush(heap, (6, 'Teal'))
heap.sort()

for item in heap:
    print('Key: ', item[0], 'Value: ', item[1])
print('Item 3 contains: ', heap[3][1])
print('The maximum item is: ', heapq.nlargest(1, heap))
```

```
Key:  0 Value:  Magenta
Key:  1 Value:  Green
Key:  2 Value:  Red
Key:  3 Value:  White
Key:  4 Value:  Yellow
Key:  5 Value:  Orange
Key:  6 Value:  Teal
Key:  7 Value:  Purple
Item 3 contains:  White
The maximum item is:  [(7, 'Purple')]
```

O código executa as mesmas tarefas e fornece o mesmo resultado que o exemplo na seção anterior, exceto que ele conta com um *heap* binário nesse caso. A base de dados é a mesma de antes. No entanto, note a diferença na maneira com que os dados são inseridos no *heap* usando `heappush`. Além disso, depois de adicionar um novo item, você deve chamar `sort` para assegurar que os itens apareçam ordenados. Manipular os dados se parece muito com manipular uma lista, em contraste com a abordagem de dicionário usada para `bintrees`. Seja qual for a abordagem, vale a pena escolher uma opção que funcione bem com a aplicação que você quer criar e forneça os tempos de busca mais rápidos para as tarefas que executa.

Contando com Hashing

Um grande problema com a maioria das rotinas de ordenação é que elas organizam todos os dados em uma base de dados. Quando a base é pequena, é difícil notar a quantidade de dados que a rotina de ordenação tenta mover. Porém, à medida em que ela aumenta, a movimentação dos dados se torna notável enquanto você fica encarando a tela por horas a fio. Um jeito de contornar esse problema é ordenar apenas a informação chave. Uma *chave* é o conjunto dos dados identificadores para um registro de dados em particular. Quando se interage com um registro de funcionários, o nome ou número do funcionário geralmente serve como chave para acessar todas as outras informações que existem sobre o funcionário. Não tem sentido ordenar todas as informações dos funcionários quando você só precisa das chaves ordenadas, que é exatamente para que serve o *hashing*. Quando trabalha com estruturas de dados, você ganha grande vantagem de velocidade organizando a menor quantidade de dados apresentados pelas chaves, em vez de todos os registros de uma vez.

Colocando tudo em cestos (buckets)

Até agora, as rotinas de busca e ordenação no livro trabalham executando uma série de comparações até que o algoritmo encontre o valor correto. O ato de executar comparações torna o algoritmo lento, porque cada uma leva determinado tempo para ser completada.

Um jeito mais inteligente de executar a tarefa envolve prever a localização de um item de dado em particular na estrutura de dados (seja qual for a estrutura) antes de realmente buscá-lo. É isso que uma *tabela hash* faz — fornece os meios para criar um índice de chaves que aponta para itens individuais em uma estrutura de dados, para que um algoritmo possa facilmente prever a localização dos dados. Posicionar chaves dentro do índice envolve usar uma *função hash* que transforma a chave em um valor numérico. O valor numérico age como índice dentro da tabela *hash*, e a tabela fornece um ponteiro para o registro total da base de dados. Porque a função *hash* produz resultados repetíveis, você pode prever a localização dos dados necessários. Em muitos casos, uma tabela *hash* fornece um tempo de busca de O(1). Em outras palavras, só é necessária uma comparação para encontrar os dados.

LEMBRE-SE

Uma tabela *hash* contém um número específico de *compartimentos* que podem ser vistos como cestos para guardar dados. Cada compartimento pode guardar um item de dado. O número de compartimentos ocupados, quando comparado ao número de disponíveis, é o *fator de ocupação*. Quando o fator de ocupação é alto, o potencial para *colisões* (quando duas entradas de dado têm o mesmo valor *hash*) torna-se maior também. A próxima seção do capítulo discute como evitar colisões, mas tudo o que você realmente precisa saber por ora é que elas podem ocorrer.

Um dos métodos mais típicos para calcular o valor *hash* para um resultado é obtido o módulo do valor dividido pelo número de compartimentos. Por exemplo, se deseja armazenar o número 54 em uma tabela *hash* contendo 15 compartimentos, o valor *hash* é 9. Consequentemente, o valor 54 vai para o compartimento 9 da tabela quando os compartimentos forem números de 0 a 14 (considerando que a tabela tem 15 compartimentos). Uma tabela *hash* real conterá um número consideravelmente maior de compartimentos, mas 15 funciona bem para o propósito desta seção. Depois de pôr o item no compartimento *hash*, você pode usar a função *hash* uma segunda vez para encontrar sua localização.

DICA

Teoricamente, se tivermos uma função hash perfeita e um número infinito de compartimentos, todo valor que apresentar para a função *hash* produzirá um valor único. Em alguns casos, o cálculo de *hash* pode se tornar bastante complexo para assegurar valores únicos na maior parte do tempo. No entanto, quanto mais complexo o cálculo *hash*, menos benéfico será usar o *hashing*, então manter as coisas simples é o melhor caminho a seguir.

O *hashing* pode funcionar com todos os tipos de estruturas de dados. No entanto, para fins de demonstração, o exemplo a seguir usa uma lista simples para manter os dados originais e uma segunda lista para manter o *hash* resultante (você pode encontrar este código no arquivo `A4D; 07; Hashing.ipynb` no site da Para Leigos como parte do código para download; veja a Introdução para detalhes).

```python
data = [22, 40, 102, 105, 23, 31, 6, 5]
hash_table = [None] * 15
tblLen = len(hash_table)

def hash_function(value, table_size):
    return value % table_size

for value in data:
    hash_table[hash_function(value, tblLen)] = value

print(hash_table)

[105, 31, None, None, None, 5, 6, 22, 23, None, 40, None,
 102, None, None]
```

Para encontrar um determinado valor novamente, basta usar `hash_function`. Por exemplo, `print(hash_table[hash_function(102, tblLen)])` exibe `102` como resultado, depois de localizar sua entrada em `hash_table`. Como os valores hash são únicos neste caso em particular, `hash_function` pode localizar os dados toda vez.

Evitando colisões

Um problema ocorre quando duas entradas de dados têm o mesmo valor *hash*. Se você simplesmente insere o valor na tabela *hash*, o segundo valor *hash* vai substituir o primeiro, resultando em perda de dados. *Colisões*, o uso do mesmo valor *hash* por dois valores, exigem que você tenha algum tipo de estratégia para evitar a colisão, em primeiro lugar.

Um dos métodos para evitar colisões é assegurar que a tabela *hash* seja grande o suficiente. Manter o fator de ocupação baixo é a sua primeira linha de defesa contra precisar ser criativo no uso da sua tabela *hash*. Porém, mesmo com uma tabela grande, nem sempre é possível evitar colisões. Às vezes, a base de dados potencial é tão grande, mas a base usada é tão pequena, que evitar o problema se torna impossível. Por exemplo, se você tem uma escola com 400 crianças e conta com o número de registro para identificação, colisões são inevitáveis, pois ninguém vai criar uma tabela *hash* com um bilhão de entradas para tantas crianças. O desperdício de memória seria enorme. Consequentemente, uma função *hash* pode precisar usar mais que apenas um simples resultado de módulo para criar o valor *hash*. Aqui estão algumas técnicas que você pode usar para evitar colisões:

» **Valores parciais:** Ao trabalhar com alguns tipos de informação, parte desta informação se repete, o que pode criar colisões. Por exemplo, os primeiros três dígitos de um número de telefone pode se repetir em uma determinada área, então remover estes números e usar apenas os quatro restantes pode ajudar a solucionar o problema da colisão.

- **Desdobramento:** Criar um único número pode ser tão fácil quanto dividir o original em partes, somar as partes e usar o resultado para o valor *hash*. Por exemplo, com o número de telefone 555-1234, o *hash* poderia começar dividindo em partes: 55 51 234, e então somando o resultado para obter 340 como o número usado para gerar o *hash*.
- **Meio-quadrado:** O *hash* eleva ao quadrado o valor em questão, pega os dígitos do centro do número resultante e descarta o resto dos dígitos. Por exemplo, considere o valor 120. Quando elevado ao quadrado, você tem 14.400. O *hash* usaria 440 para gerar o valor *hash* e descartaria o 1 da esquerda e o 0 da direita.

Obviamente, há tantas maneiras de gerar o *hash* quanto possível for ter imaginação para criá-las. Infelizmente, nem toda a criatividade do mundo pode solucionar todos os problemas de colisão, e colisões ainda são passíveis de ocorrer. Assim sendo, você precisa de outro plano. Quando uma colisão ocorrer, pode usar um dos métodos a seguir para resolvê-la:

- **Endereçamento aberto:** O código armazena o valor no próximo compartimento aberto, procura nos compartimentos sequencialmente até encontrar um aberto para usar. O problema desta abordagem é que ela presume um compartimento aberto para cada valor potencial, o que pode não ser o caso. Além disso, endereçamento aberto significa que a busca fica consideravelmente mais lenta depois que o fator de ocupação aumenta. Você pode não encontrar mais o valor necessário na primeira comparação.
- **Rehashing:** O código soma os valores *hash* mais uma constante. Por exemplo, considere o valor 1.020 quando trabalhar com uma tabela *hash* que contém 30 compartimentos e uma constante de 100. O valor *hash*, nesse caso, é 22. Porém, se o compartimento 22 já tiver um valor, o *rehashing* (`(22 + 100) % 30`) produz um novo valor *hash* de 2. Nesse caso, não é necessário buscar a tabela hash sequencialmente por um valor. Quando implementada corretamente, a busca pode ainda incluir um número baixo de comparações para encontrar o valor alvo.
- **Encadeamento:** Cada compartimento na tabela *hash* pode conter vários valores. Você pode implementar esta abordagem usando uma lista dentro de uma lista. Toda vez que uma colisão ocorrer, o código simplesmente anexa o valor à lista no compartimento alvo. Esta abordagem oferece o benefício de saber que o *hash* sempre produzirá o compartimento certo, mas a lista dentro daquele compartimento ainda vai exigir algum tipo de busca sequencial (ou outra) para encontrar o valor específico.

Criando sua própria função hash

Às vezes, você pode precisar criar funções *hash* personalizadas para atender às necessidades do algoritmo que estiver usando ou melhorar sua performance. Além dos usos criptográficos (que merecem um livro só para eles), o Capítulo 12 apresenta algoritmos comuns que alavancam funções *hash* diferentes, como o *filtro de Bloom*, o *HyperLogLog*, e o *Count-Min Sketch*, que alavancam as propriedades de funções *hash* para extrair informações de grandes quantidades de dados.

Você pode encontrar muitos exemplos de diferentes funções *hash* no pacote `hashlib` de Python. O pacote `hashlib` contém algoritmos como estes:

- » **Algoritmos Secure Hash (SHA):** Estes algoritmos incluem SHA1, SHA224, SHA256, SHA384 e SHA512. Lançado pelo *National Institute of Standards and Technology* (NIST) como uma norma da *U.S. Federal Information Processing Standard* (FIPS), algoritmos SHA fornecem suporte para segurança de aplicações e protocolos.
- » **Algoritmo MID5 da RSA:** Inicialmente desenhado para aplicações de segurança, este *hash* se tornou um modo popular de fazer o *checksum* de arquivos. *Checksums* reduzem arquivos para um único número que permite saber se o arquivo foi modificado desde a criação *hash* (permite determinar se o arquivo baixado não foi corrompido ou alterado por um hacker). Para assegurar a integridade do arquivo, basta checar se o *checksum* MD5 da sua cópia corresponde ao original comunicado pelo autor do arquivo.

DICA

Se `hashlib` não estiver disponível na sua instalação Python, é possível instalar o pacote usando o comando `pip install hashlib` de um *shell* de comando. O algoritmo em `hashlib` funciona bem para aplicações simples quando usado sozinho.

> ### DESCOBRINDO USOS INESPERADOS DE HASHES
>
> Fora os algoritmos detalhados neste livro, outros algoritmos importantes tem base em hashes. Por exemplo, o algoritmo *Locality-sensitive Hashing* (LSH) conta com várias funções hash para unir informações aparentemente separadas. Se você se pergunta como empresas de marketing e serviços de inteligência juntam diferentes partes de informações com base em nomes e endereços que não são idênticos (por exemplo, adivinhando que "Los Angels", "Los Angles" e "Los Angeles" referem-se a Los Angeles) a resposta é o LSH, que divide a informação para analisar em partes e digere-a usando várias funções hash, resultando na produção de uma solução hash especial, que é um endereço para um cesto usado para guardar palavras similares. O LSH tem a implementação bem complexa, mas confira este material do MIT: http://www.mit.edu/~andoni/LSH/ (conteúdo em inglês).

No entanto, é possível combinar o resultado de várias funções hash quando se trabalha com aplicações complexas que contam com uma grande base de dados. Basta somar os resultados dos vários resultados depois de ter feito uma multiplicação em um ou mais deles. A soma de duas funções hash tratada dessa maneira conserva as qualidades da função hash original mesmo que o resultado seja diferente e impossível de recuperar como elementos originais da soma. Usar essa abordagem significa que você tem uma novíssima função hash para usar como sua receita hash para algoritmos e aplicações.

O trecho de código a seguir conta com o pacote `hashlib` e os algoritmos hash `md5` e `sha1`. Apenas forneça um número para ser usado para a multiplicação dentro da soma hash (porque números são infinitos, você tem uma função que pode produzir hashes infinitos).

```
from hashlib import md5, sha1

def hash_f(element, i, length):
    """ Function to create many hash functions """
    h1 = int(md5(element.encode('ascii')).hexdigest(),16)
    h2 = int(sha1(element.encode('ascii')).hexdigest(),16)
    return (h1 + i*h2) % length

print (hash_f("CAT", 1, 10**5))
64018

print (hash_f("CAT", 2, 10**5))
43738
```

LEMBRE-SE

Se você se pergunta onde encontrar outros usos de tabelas hash a sua volta, confira os dicionários de Python. Dicionários são, na verdade, tabelas hash, embora tenham um jeito inteligente de lidar com colisões, e os dados não se perdem porque duas chaves hash casualmente têm o mesmo resultado. O fato de o índice do dicionário usar um hash também é a razão de sua rapidez em checar se uma chave está presente. Além disso, o uso de um hash explica porque não é possível usar todos os tipos de dados como uma chave. A chave escolhida deve ser algo que o Python possa transformar em um resultado hash. Listas, por exemplo, não podem ser transformadas em hashes porque são mutáveis; é possível mudá-las adicionando ou removendo elementos. Porém, se transformar sua lista em uma string, é possível usá-la como uma chave para um dicionário em Python.

3

Explorando o Mundo dos Grafos

NESTA PARTE...

Descubra grafos essenciais que ajudam a desenhar, medir e analisar grafos.

Interaja com grafos para localizar nós, ordenar elementos de grafos e encontrar o caminho mais curto.

Trabalhe com mídias sociais na forma de grafos.

Explore grafos para encontrar padrões e tomar decisões com base nestes padrões.

Use o algoritmo PageRank para classificar páginas web.

NESTE CAPÍTULO

» **Definindo a importância de redes**

» **Demonstrando técnicas de desenho de grafos**

» **Considerando funcionalidades de grafos**

» **Usando formatos numéricos para representar grafos**

Capítulo **8**

Entendendo o Básico de Grafos

Grafos são estruturas que apresentam um número de nós (ou vértices) conectados por um número de arestas ou arcos (dependendo da representação). Quando se pensa em um grafo, pensa-se em uma estrutura como um mapa, na qual cada localização no mapa é um nó e as ruas são as arestas. Esta representação difere de uma árvore, na qual cada caminho termina em um nó folha. Lembre-se, do Capítulo 7, que uma árvore poderia parecer um organograma ou uma hierarquia familiar. Mais importante, estruturas de árvores, na verdade, parecem árvores e têm um começo e um fim definidos. Este capítulo começa ajudando a entender a importância de redes, que são um tipo de grafo comumente usado para todo tipo de propósito.

LEMBRE-SE

É possível representar grafos de todos os jeitos, a maioria deles abstratos. A menos que seja muito bom em visualizar coisas na sua cabeça (a maioria das pessoas não é), você precisa saber como desenhar um grafo para poder realmente vê-lo. As pessoas dependem da visão para entender como as coisas funcionam. O ato de transformar os números que representam um grafo em uma visualização gráfica chama-se plotagem. Linguagens como Python são excelentes em plotar, pois este é um recurso incrivelmente importante. Na verdade, esta é uma das razões pelas quais este livro usa Python em vez de outra linguagem, como C (que é boa em executar um conjunto completamente diferente de tarefas).

Depois de conseguir visualizar um grafo, é importante saber o que fazer com a representação gráfica. Este capítulo inicia você na medição da funcionalidade de grafos. Você fará atividades como contar as arestas e os vértices para determinar coisas como a complexidade do grafo. Ver um grafo também permite executar tarefas do tipo calcular a centralidade com maior facilidade. E é claro, o que você descobre neste capítulo, desenvolve no Capítulo 9.

A representação numérica de um grafo é importante, mesmo que torne difícil a sua compreensão. A plotagem é para você, mas o computador não a entende realmente (embora a tenha desenhado). Pense no computador mais como um pensador abstrato. Tendo em mente a necessidade de apresentar o grafo de uma forma que o computador possa entender, este capítulo discute três técnicas para pôr um grafo em formato numérico: matrizes, representações esparsas e listas. Todas essas técnicas têm vantagens e desvantagens, e você as usará de maneiras específicas em capítulos futuros (começando no Capítulo 9). Outros modos de pôr um grafo em formato numérico também estão disponíveis, mas esses três métodos servirão bem para se comunicar com o computador.

Explicando a Importância de Redes

Uma *rede* é um tipo de grafo que associa nomes aos vértices (nós ou pontos), às arestas (arcos ou linhas), ou a ambos. Associar nomes com recursos de grafos reduz o nível de abstração e torna o entendimento do grafo mais fácil. Os dados que o grafo modela se tornam reais na mente da pessoa que os visualiza, embora ele, na verdade, seja uma abstração do mundo real posto de uma forma que tanto humanos quanto computadores possam entender de maneiras diferentes. As seções seguintes ajudam a compreender melhor a importância de redes para que você possa ver como seu uso neste livro simplifica a tarefa de descobrir como algoritmos funcionam e como se beneficiar com seu uso.

Considerando a essência de um grafo

Grafos aparecem como pares ordenados na forma G = (V,E), na qual G é o grafo, V é a lista de vértices e E é a lista de arestas que conectam os vértices. Uma aresta é, na verdade, um par numérico que expressa os dois vértices que conecta. Consequentemente, se você tem dois vértices que representam cidades, Houston (que é igual a 1) e Dallas (que é igual a 2), e quer conectá-las a uma estrada, então você cria uma aresta, `Estrada`, que contém um par de referência de vértices `Estrada = [Houston, Dallas]`. O grafo pode aparecer como `G = [(Houston, Dallas)]`, que simplesmente diz que há um primeiro vértice, Houston, com uma conexão com Dallas, o segundo vértice. Usando a ordem de apresentação dos vértices, Houston é adjacente a Dallas; em outras palavras, um carro pode sair de Houston e entrar em Dallas.

Grafos vêm em diversas formas. Um *grafo não dirigido* (como mostrado na Figura 8-1) é um em que a ordem das entradas das arestas não importa. Um mapa rodoviário representaria um grafo não dirigido na maioria dos casos, pois os veículos podem trafegar pela estrada em ambas as direções.

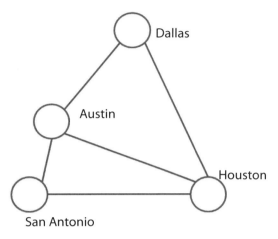

FIGURA 8-1: Apresentando um grafo não dirigido simples.

Um *grafo dirigido,* como o mostrado na Figura 8-2, é um em que a ordem das entradas das arestas importa, pois o fluxo vai da primeira entrada para a segunda. Neste caso, a maioria das pessoas chamam as arestas de *arcos* para diferenciá-las das arestas não dirigidas. Considere uma representação de um grafo de uma sequência de semáforo na qual Vermelho é igual a 1, Amarelo é igual a 2 e Verde é igual a 3. Os três arcos exigidos para expressar a sequência são: Siga = [Vermelho, Verde], Cuidado = [Verde, Amarelo] e Pare = [Amarelo, Vermelho]. A ordem das entradas é importante porque o fluxo de Siga para Cuidado e Pare é importante. Imagine o caos que aconteceria se o sinal decidisse ignorar a natureza dirigida da sequência do grafo.

Um terceiro tipo essencial de grafo que deve ser considerado é o grafo misto. Pense no mapa rodoviário novamente. Nem sempre os veículos trafegam em ambas as direções em todas as estradas. Ao criar alguns mapas, a presença de vias de mão única deve ser considerada. Consequentemente, são necessários subgrafos tanto dirigidos quanto não dirigidos no mesmo grafo, que é o que você tem com um *grafo misto.*

Outro tipo de grafo a ser considerado é o *grafo ponderado* (mostrado na Figura 8-3), que é um grafo que tem valores atribuídos a cada uma das arestas ou arcos. Pense no mapa rodoviário novamente. Algumas pessoas querem saber mais do que apenas em que direção viajar; também querem saber a distância até o próximo destino ou quanto tempo alocar para chegar lá. Um grafo ponderado

CAPÍTULO 8 **Entendendo o Básico de Grafos** 157

fornece esse tipo de informação, e você usa ponderações de vários jeitos diferentes quando faz cálculos usando grafos.

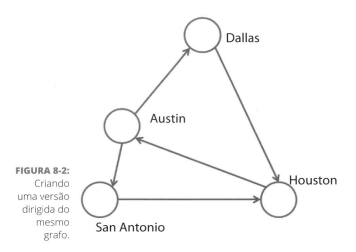

FIGURA 8-2: Criando uma versão dirigida do mesmo grafo.

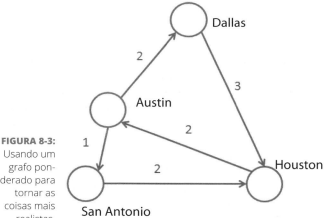

FIGURA 8-3: Usando um grafo ponderado para tornar as coisas mais realistas.

Junto com o grafo ponderado, você também pode precisar de um grafo de vértices rotulados ao criar um mapa rodoviário. Ao trabalhar com um *grafo de vértices rotulados*, cada vértice tem um nome associado a si. Considere olhar um mapa rodoviário no qual o cartógrafo não identificou as cidades. Sim, é possível ver as cidades, mas não é possível saber qual é qual sem as identificações. Você pode encontrar tipos de grafos adicionais descritos em http://web.cecs.pdx.edu/~sheard/course/Cs163/Doc/Graphs.html (conteúdo em inglês).

Encontrando grafos em todo lugar

Grafos podem parecer um daqueles recursos matemáticos obscuros que você achava chatos na escola, mas, na verdade, são bem interessantes, porque os usamos o tempo todo sem realmente nos dar conta disso. É claro, ajuda saber que normalmente não é necessário lidar com os números por trás dos grafos. Pense em um mapa. O que você vê é um grafo, mas vê na forma gráfica, com cidades, estradas e todo tipo de outros recursos. A questão é que, ao ver um mapa, você pensa em um mapa, não em um grafo (mas o seu GPS vê um grafo, e é por isso que ele sempre sugere a rota mais curta até o seu destino). Se começar a olhar em volta, encontrará muitos itens comuns que são grafos, mas são chamados de outras coisas.

LEMBRE-SE

Alguns grafos não são de natureza visual, mas você ainda não os vê como grafos. Por exemplo, sistemas de menu de telefone são uma forma de grafo dirigido. Na verdade, por sua aparente simplicidade, grafos de telefone são realmente complexos. Eles podem incluir loops e várias outras estruturas interessantes. Uma coisa que pode tentar é mapear o grafo para um sistema de menu em algum momento. Você pode se surpreender com o quanto alguns deles conseguem ser complexos.

Outra forma de sistema de menu aparece como parte de aplicações. Para executar tarefas, a maioria das aplicações leva você através de uma série de passos em um tipo especial de subaplicação chamada assistente. O uso de assistentes torna aplicações aparentemente complexas mais fáceis de usar, mas, para fazer os assistentes funcionarem, o desenvolvedor da aplicação precisou criar um grafo descrevendo essa série de passos.

Pode ser surpreendente descobrir que até receitas em livros de culinária são um tipo de grafo (e criar uma representação pictórica das relações entre ingredientes pode se mostrar interessante). Cada ingrediente na receita é um nó. Os nós conectam-se usando as arestas criadas pelas instruções para misturar os ingredientes. É claro, uma receita é apenas um tipo de química, e gráficos químicos mostram a relação entre elementos em uma molécula (sim, as pessoas realmente estão tendo essa discussão; você pode ver uma dessas discussões em http://stackoverflow.com/questions/7749073/representing-a-cooking-recipe-in-a-graph-database [conteúdo em inglês]).

LEMBRE-SE

O ponto é que você vê esses grafos o tempo todo, mas não os vê como grafos — você os vê como outras coisas, como uma receita ou uma fórmula química. Grafos podem representar muitos tipos de relações entre objetos, implicando em uma sequência de ordem, dependência de tempo ou causalidade.

Mostrando o lado social dos grafos

Grafos têm implicações sociais, pois frequentemente refletem relações entre pessoas em vários contextos. Um dos usos mais óbvios de grafos são os organogramas. Pense neles. Cada nó é uma pessoa diferente na organização, com arestas conectando os nós para mostrar as várias relações entre indivíduos. O mesmo ocorre para todos os tipos de grafos, como aqueles que mostram a história familiar. Porém, no primeiro caso, o grafo é não dirigido, porque a comunicação flui em ambas as direções entre gerência e subordinados (embora a natureza da conversa mude baseada na direção). No segundo caso, o grafo é dirigido porque pai e mãe geram filhos. O fluxo mostra a direção da hereditariedade de um membro fundador até os filhos atuais.

Mídias sociais também se beneficiam do uso de grafos. Por exemplo, existe uma indústria para analisar relações entre tweets no Twitter (veja `http://twittertoolsbook.com/10-awesome-twitter-analytics-visualization-tools/` [conteúdo em inglês] para um exemplo de apenas algumas dessas ferramentas). A análise conta com o uso de grafos para descobrir as relações entre tweets individuais.

No entanto, não é necessário olhar para nada mais misterioso que e-mails para ver grafos sendo usados para necessidades sociais. O corpus Enron inclui as 200.399 mensagens de e-mail de 158 executivos sênior, despejadas na internet pela *Federal Energy Regulatory Commission* (FERC). Cientistas e acadêmicos têm usado esse corpus para criar muitos grafos sociais para revelar como a sétima maior empresa dos Estados Unidos precisou declarar falência em 2001 (veja `https://www.technologyreview.com/s/515801/the-immortal-life-of-the-enron-e-mails/` [conteúdo em inglês] para descobrir como esse corpus ajudou e ainda ajuda a avançar na análise de grafos complexos).

Mesmo seu computador tem grafos sociais em si. Não importa qual aplicação de e-mail usada, é possível agrupar e-mails de vários modos, e esses métodos de agrupamento normalmente dependem de grafos para fornecer uma estrutura. Afinal, tentar seguir o fluxo de discussão sem saber quais mensagens são respostas para outras mensagens é uma causa perdida. Sim, é possível fazer isso, mas conforme o número de mensagens aumenta, o esforço exige cada vez mais tempo até ser um desperdício por causa das limitações de tempo que a maioria das pessoas tem.

Entendendo subgrafos

Relações demonstradas por grafos podem se tornar bem complexas. Por exemplo, ao retratar ruas de cidades, a maioria das ruas permite tráfego em mão dupla, tornando um grafo não dirigido perfeito para efeitos de representação. Porém, algumas ruas permitem tráfego em apenas uma direção, o que significa que você precisa de um grafo dirigido neste caso. A combinação de ruas de mão única e de mão dupla torna a representação usando um único tipo de grafo impossível (ou, pelo menos, inconveniente). Misturar grafos dirigidos e não dirigidos em um único grafo significa que deve criar subgrafos para representar cada tipo e aí conectar os subgrafos em um grafo maior. Alguns grafos que contêm subgrafos são tão comuns que têm nomes específicos. São os grafos mistos, nesse caso.

Subgrafos são úteis para outros propósitos também. Por exemplo, você pode querer analisar um loop dentro de um grafo, o que significa descrever aquele loop como um subgrafo. Você não precisa do grafo inteiro, apenas dos nós e arestas exigidos para executar a análise. Todos os tipos de disciplinas usam esta abordagem. Sim, desenvolvedores a usam para assegurar que partes da aplicação funcionem como o esperado, mas engenheiros de trânsito também a usam para entender a natureza do fluxo de tráfego em um local particularmente movimentado da cidade. Profissionais de medicina também usam subgrafos para entender o fluxo sanguíneo ou outros fluidos entre os órgãos do corpo. Os órgãos são os nós e os vasos sanguíneos são as arestas. Na verdade, muitos desses grafos são ponderados — é essencial saber quanto sangue está fluindo, não apenas que ele está fluindo.

Grafos complexos também escondem padrões que você precisa conhecer. Por exemplo, o mesmo ciclo pode aparecer em múltiplas partes do grafo, ou dentro de grafos diferentes. Criando um subgrafo a partir de um ciclo, é possível fazer comparações facilmente dentro do mesmo grafo ou entre grafos para ver como eles se comparam. Por exemplo, um biólogo pode querer comparar o ciclo de mutação de um animal com o ciclo de mutação de outro. Para fazer essa comparação, o biólogo precisaria criar a representação como um subgrafo dos processos do animal inteiro (você pode ter uma visão interessante desse uso particular de grafos em `http://www.sciencedirect.com/science/article/pii/S1359027896000569` [conteúdo em inglês]). O grafo aparece próximo ao início do artigo como Figura 1.

Definindo Como Desenhar um Grafo

Algumas pessoas podem visualizar os dados diretamente em sua cabeça. Porém, a maioria delas realmente precisa de uma apresentação gráfica dos dados para entendê-los. Este ponto é esclarecido pelo uso de gráficos em apresentações de negócios. Você poderia falar sobre as vendas do ano passado apresentando tabelas de números. Depois de um tempo, a maioria do público cochilaria e você nunca conseguiria demonstrar seu ponto de vista. A razão é simples: tabelas de números são precisas e apresentam muita informação, mas não o fazem de maneira que as pessoas entendam.

Plotar os dados e mostrar os números de vendas em um gráfico de barras ajuda as pessoas a ver as relações entre os números com mais facilidade. Se quiser ressaltar que as vendas estão crescendo a cada ano, um gráfico de barras com barras em tamanhos crescentes demonstra isso com facilidade. Curiosamente, usar plotagem, na verdade, apresenta os dados de maneira menos precisa. Tentar enxergar que a empresa lucrou $3.400.026,15 ano passado e $3.552.215,82 este ano olhando em um gráfico de barras é quase impossível. Sim, a tabela poderia mostrar essa informação, mas as pessoas realmente não precisam deste nível de detalhe — elas só precisam ver o crescimento anual, o contraste nos ganhos a cada ano. Porém, seu computador se interessa em detalhes, e é por isso que plotagens são para pessoas, e matrizes são para computadores.

As seções seguintes ajudam a descobrir as maravilhas da plotagem. Você terá um rápido panorama de como plotagens funcionam com Python. É claro, esses princípios aparecem nos capítulos seguintes de forma mais detalhada. Essas seções oferecem um início para que você possa entender mais facilmente as plotagens apresentadas depois.

Distinguindo os atributos chave

Antes de poder desenhar um grafo, é necessário conhecer seus atributos. Como dito anteriormente, grafos consistem em nós (ou vértices) e suas arestas (para grafos não dirigidos) ou arcos (para grafos dirigidos). Qualquer grafo que você desejar desenhar conterá esses elementos. No entanto, como esses elementos são representados depende parcialmente do pacote que escolhe usar. Por uma questão de simplicidade, o livro conta com uma combinação de dois pacotes:

» **NetworkX** (https://networkx.github.io/)**:** Contém o código para desenhar grafos (conteúdo em inglês).

» **matplotlib** (http://matplotlib.org/)**:** Fornece acesso a todo tipo de rotinas de desenho, algumas das quais exibem grafos criados por NetworkX (conteúdo em inglês).

LEMBRE-SE

Para usar os pacotes em Python, é necessário importá-los. Quando for preciso usar pacotes externos, você deve adicionar um código especial, como as seguintes linhas de código, que fornecem acesso a `matplotlib` e `networkx` (o código está disponível no arquivo `A4D; 08; Draw Graph.ipynb` no site da Para Leigos como parte do código para download; veja a Introdução para detalhes).

```
import networkx as nx
import matplotlib.pyplot as plt
%matplotlib inline
```

DICA

A entrada especial `%matplotlib inline` permite ver suas plotagens diretamente no Notebook, em vez de em um gráfico externo. Usar esta entrada significa poder criar um Notebook com gráficos já incluídos, para que não seja necessário rodar o código novamente para ver os resultados que recebeu antes.

Agora que já tem acesso aos pacotes, você criará um grafo. Nesse caso, um grafo é um tipo de recipiente que contém os atributos chave que o definem. Criar um recipiente permite desenhar o grafo para que possa vê-lo mais tarde. O código a seguir cria um objeto `Graph` NetworkX.

```
AGraph = nx.Graph()
```

Adicionar os atributos chave em `AGraph` vem em seguida. Você deve adicionar tanto nós quanto arestas usando o código a seguir.

```
Nodes = range(1,5)
Edges = [(1,2), (2,3), (3,4), (4,5), (1,3), (1,5)]
```

Como dito anteriormente, `Edges` (arestas) descrevem conexões entre `Nodes` (nós). Neste caso, `Nodes` contêm valores de 1 a 5, então `Edges` conterão conexões entre esses valores.

É claro, os `Nodes` e `Edges` apenas ficam lá por agora e não aparecem como parte de `AGraph`. Você deve colocá-los no recipiente para vê-los. Use o seguinte código para adicionar os `Nodes` e `Edges` em `AGraph`.

```
AGraph.add_nodes_from(Nodes)
AGraph.add_edges_from(Edges)
```

O pacote NetworkX contém todo tipo de funções que podem ser usadas para interagir com nós e arestas individuais, mas a abordagem mostrada aqui é a maneira mais rápida de fazer as coisas. Mesmo assim, você pode descobrir que deseja incluir arestas adicionais depois. Por exemplo, pode querer adicionar uma aresta entre 2 e 4, e, no caso, você chamaria a função `AGraph.add_edge(2, 4)`.

Desenhando o grafo

Você pode interagir de várias maneiras com o objeto recipiente `AGraph` que foi criado na seção anterior, mas muitas destas maneiras de interagir são abstratas e não muito satisfatórias se você é uma pessoa visual. Às vezes, é bom ver o que um objeto contém olhando para ele. O código seguinte exibe o grafo contido em `AGraph`:

```
nx.draw(AGraph, with_labels=True)
```

A função `draw()` fornece vários argumentos que podem ser usados para mascarar a tela, como modificando a cor do nó usando o argumento `node_color`, e a cor da aresta com o argumento `edge_color`. A Figura 8-4 mostra o grafo contido em `AGraph`.

> ## DIFERENÇAS NO RESULTADO DE FIGURAS
>
> A Figura 8-4 mostra o resultado típico. Porém, seu grafo pode aparecer ligeiramente diferente do apresentado. Por exemplo, o triângulo poderia aparecer embaixo em vez de em cima, ou os ângulos entre os nós poderiam variar. As conexões entre os nós são mais importantes, então ligeiras diferenças na aparência real não importam. Executar o código várias vezes demonstraria que a orientação do grafo muda, junto com os ângulos entre as arestas. Você verá a mesma diferença em outras capturas de tela no livro. Sempre visualize a imagem com as conexões dos nós em mente, em vez de esperar uma combinação precisa entre o seu resultado e o do livro.

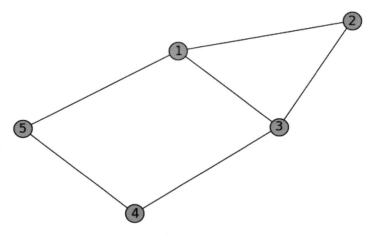

FIGURA 8-4: Ver o que um grafo contém torna-o mais fácil de entender.

Medindo a Funcionalidade do Grafo

Depois de conseguir visualizar e entender um grafo, é necessário considerar a questão de quais partes do grafo são importantes. Afinal de contas, você não gostaria de desperdiçar seu tempo analisando dados que não importam no grande esquema das coisas. Pense em alguém que está analisando o fluxo de tráfego para melhorar o sistema de ruas. As interseções representam vértices e as ruas representam arestas pelas quais o tráfego flui. Sabendo como o tráfego flui, isto é, quais vértices e arestas veem mais tráfego, é possível começar a pensar sobre quais estradas duplicar e quais precisam de mais reparo por terem mais tráfego.

No entanto, apenas olhar para ruas individuais não é suficiente. Um novo arranha-céu pode trazer consigo um monte de tráfego que afeta uma área inteira. O arranha-céu representa um ponto central em torno do qual o fluxo de tráfego se torna mais significativo. Os vértices mais importantes são aqueles centrais para o arranha-céu. Calcular a *centralidade,* os vértices mais importantes em um grafo, pode ajudar a entender quais partes do grafo exigem mais atenção. As seções seguintes discutem as questões básicas que devem ser consideradas ao medir a *funcionalidade do grafo,* que é a capacidade de modelar um problema específico.

Contando arestas e vértices

Conforme os grafos vão se tornando mais complexos, eles transmitem mais informação, mas também tornam-se mais difíceis de entender e manipular. O número de arestas e vértices em um grafo determina a sua complexidade. Entretanto, é necessária a combinação de arestas e vértices para contar a história completa. Por exemplo, você pode ter um nó que não é conectado aos outros nós de maneira alguma. É legal criar tal nó em um grafo para representar um valor que não se conecta aos outros. Usando o código a seguir, você pode facilmente determinar que o nó 6 não tem conexões com os outros porque lhe falta informação de aresta (você pode encontrar este código no arquivo `A4D; 08; Graph Measurements.ipynb`).

```python
import networkx as nx
import matplotlib.pyplot as plt
%matplotlib inline

AGraph = nx.Graph()

Nodes = range(1,5)
Edges = [(1,2), (2,3), (3,4), (4,5), (1,3), (1,5)]

AGraph.add_nodes_from(Nodes)
AGraph.add_edges_from(Edges)

AGraph.add_node(6)
sorted(nx.connected_components(AGraph))

[{1, 2, 3, 4, 5}, {6}]
```

O resultado desse código mostra que os nós de 1 a 5 estão conectados e que o nó 6 não tem conexão. Claro, é possível remediar essa situação adicionando outra aresta usando o código a seguir e então checando novamente:

```python
AGraph.add_edge(1,6)
sorted(nx.connected_components(AGraph))

[{1, 2, 3, 4, 5, 6}]
```

CAPÍTULO 8 **Entendendo o Básico de Grafos**   165

O resultado agora mostra que cada um dos nós se conecta a pelo menos um outro nó. Porém, não se sabe quais nós têm mais conexões. A contagem das arestas para um nó em particular é o *grau*. Quanto maior o grau, mais complexo se torna o nó. Sabendo o grau, você pode desenvolver uma ideia de quais nós são mais importantes. O código a seguir mostra como obter o grau do grafo de exemplo.

```
nx.degree(AGraph).values()

dict_values([4, 2, 3, 2, 2, 1])
```

Os valores dos graus aparecem por ordem de nó, então o nó 1 tem quatro conexões e o nó 6 tem apenas uma conexão. Consequentemente, o nó 1 é o mais importante, seguido pelo 3, que tem três conexões.

Ao modelar dados reais, como tweets sobre um tópico em particular, os nós também tendem a se agrupar. Você pode pensar nisso como um tipo de tendência — o que as pessoas sentem é importante agora. O termo matemático sofisticado para essa tendência é *agrupamento*, e medir essa tendência ajuda a entender qual grupo de nós é mais importante em um grafo. Aqui está o código que usa para medir o agrupamento para o grafo de exemplo:

```
nx.clustering(AGraph)

{1: 0.16666666666666666, 2: 1.0, 3: 0.3333333333333333,
 4: 0.0, 5: 0.0, 6: 0.0}
```

O resultado mostra que os nós estão mais propensos a se agrupar em volta do nó 2, embora o 1 tenha o grau mais alto. Isso é porque tanto o 1 quanto o 3 têm graus altos, e o 2 está entre eles.

LEMBRE-SE

Agrupar grafos ajuda a entender dados. A técnica ajuda a mostrar que há nós no grafo que estão melhor conectados e nós que correm risco de isolamento. Quando você entende como os elementos se conectam em um grafo, é possível determinar como fortalecer sua estrutura ou, ao contrário, destruí-la. Durante a Guerra Fria, cientistas militares tanto dos Estados Unidos quanto do bloco soviético estudaram o agrupamento de grafos para entender melhor como prejudicar a cadeia de abastecimento do outro lado em caso de conflito.

ESPAÇOS EM BRANCO NO RESULTADO

O resultado para esse exemplo aparece em duas linhas no livro, embora apareça em uma linha só no Jupyter Notebook. A adição de espaços em branco ajuda o resultado a aparecer em tamanho legível na página — eles não afetam a informação real. Outros exemplos no livro também mostram o resultado em várias linhas, mesmo quando aparece em uma linha só no Jupyter Notebook.

Calculando a centralidade

A centralidade vem em várias formas diferentes, pois a importância frequentemente depende de diferentes fatores. Os elementos importantes de um grafo ao analisar tweets será diferente de elementos importantes ao analisar fluxo de tráfego. Felizmente, o NetworkX fornece vários métodos para calcular a centralidade. Por exemplo, você pode calcular com base nos graus de nós. O código a seguir usa o grafo modificado da seção anterior do capítulo (o código está disponível no arquivo A4D; 08; Graph Centrality.ipynb).

```
import networkx as nx
import matplotlib.pyplot as plt
%matplotlib inline

AGraph = nx.Graph()

Nodes = range(1,6)
Edges = [(1,2), (2,3), (3,4), (4,5), (1,3), (1,5), (1,6)]

AGraph.add_nodes_from(Nodes)
AGraph.add_edges_from(Edges)

nx.degree_centrality(AGraph)

{1: 0.8, 2: 0.4, 3: 0.6000000000000001, 4: 0.4, 5: 0.4,
 6: 0.2}
```

Os valores diferem no número de conexões para cada nó. Como o nó 1 tem quatro conexões (ele tem o maior grau), também tem a centralidade mais alta. Você pode ver como isso funciona plotando o grafo chamando nx.draw(AGraph, with_labels=True), como mostrado na Figura 8-5.

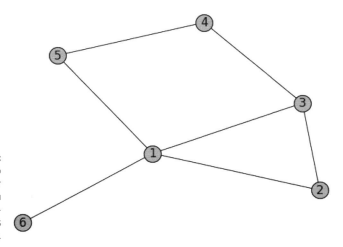

FIGURA 8-5: Plotar o grafo pode ajudar a ver o grau de centralidade mais facilmente.

O nó 1 está no centro do grafo, com a maioria das conexões. O grau do nó 1 assegura que ele é o mais importante, com base no número de conexões. Ao trabalhar com grafos dirigidos, você também pode usar as funções `in_degree_centrality()` e `out_degree_centrality()` para determinar o grau de centralidade com base no tipo de conexão, em vez de apenas no número de conexões.

Ao trabalhar com a análise de grafos, você pode precisar determinar quais locais são centrais com base em sua distância de outros nós. Embora um shopping no subúrbio possa ter todo tipo de conexões, o fato de ser no subúrbio pode reduzir seu impacto no tráfego. Ainda, um supermercado no centro da cidade com poucas conexões pode ter maior impacto no tráfego porque fica próximo de muitos outros nós. Para ver como isso funciona, adicione outro nó, 7, que está desconectado do grafo. A centralidade dele é infinita, pois nenhum outro nó pode alcançá-lo. O código seguinte mostra como calcular a centralidade de proximidade para os vários nós no grafo de exemplo:

```
AGraph.add_node(7)
nx.closeness_centrality(AGraph)

{1: 0.6944444444444445,
 2: 0.5208333333333334,
 3: 0.5952380952380952,
 4: 0.462962962962963,
 5: 0.5208333333333334,
 6: 0.4166666666666667,
 7: 0.0}
```

O resultado mostra a centralidade de cada nó no grafo com base em sua proximidade de qualquer outro nó. Note que o 7 tem um valor de 0, o que significa que está a uma distância infinita de qualquer outro nó. Por outro lado, o 1 tem um valor alto porque está próximo de qualquer outro nó ao qual tenha uma conexão. Calculando a centralidade de proximidade, é possível determinar quais nós são os mais importantes com base em sua localização.

Outra forma de centralidade é a intermediação. Digamos que está dirigindo uma empresa que transporta bens pela cidade. Você gostaria de saber quais nós têm maior efeito nesses transportes. Talvez seja possível traçar alguma rota ao redor deste nó para tornar sua operação mais específica. Quando calcula a intermediação, você determina o nó que tem o maior número de caminhos curtos chegando até ele. Aqui está o código usado para fazer esse cálculo (com o nó desconectado 7 ainda no lugar):

```
nx.betweenness_centrality(AGraph)

{1: 0.36666666666666664,
 2: 0.0,
```

```
3: 0.13333333333333333,
4: 0.03333333333333333,
5: 0.06666666666666667,
6: 0.0,
7: 0.0}
```

Como é de se esperar, o 7 não tem efeito no transporte entre outros nós pois ele não tem conexões com outros nós. Da mesma forma, como o 6 é um nó folha com apenas uma conexão com outro, ele não tem efeito nos transportes. Olhe novamente a Figura 8-5. O subgrafo que consiste nos nós 1, 3, 4 e 5 tem maior efeito no transporte de itens neste caso. Não existe conexão entre os nós 1 e 4, então os nós 3 e 5 funcionam no intermediário. Nesse caso, o 2 funciona como um nó folha.

DICA

NetworkX fornece várias outras funções de centralidade. Você encontra uma lista completa dessas funções em http://networkx.readthedocs.io/en/stable/reference/algorithms.centrality.html (conteúdo em inglês). A consideração importante é determinar como deseja calcular a importância. Considerar a centralidade à luz do tipo de importância que deseja associar aos vértices e arestas em um grafo é essencial.

Transformando um Grafo em Formato Numérico

Precisão é uma parte importante do uso de algoritmos. Embora precisão demais esconda o panorama global dos humanos, computadores prosperam nos detalhes. Com frequência, quanto mais detalhes conseguir fornecer, melhores resultados recebe. Entretanto, o formato deste detalhe é importante. Para usar alguns algoritmos, os dados fornecidos devem aparecer em determinados formatos, ou os resultados recebidos não farão sentido (conterão erros ou terão outros problemas).

Felizmente, NetworkX fornece várias funções para converter seus grafos em outros formatos que outros pacotes e ambientes possam usar. Essas funções aparecem em http://networkx.readthedocs.io/en/stable/reference/convert.html (conteúdo em inglês). As seções seguintes mostram como apresentar dados de grafos como NumPy (http://www.numpy.org/ [conteúdo em inglês]), matriz, SciPy (https://www.scipy.org/ [conteúdo em inglês]), representação esparsa e lista Python padrão. Você usará essas apresentações conforme o livro avança para trabalhar com os vários algoritmos (o código nas seções seguintes aparece no arquivo A4D; 08; Graph Conversion.ipynb e depende do grafo criado na seção "Contando arestas e vértices" do capítulo).

Adicionando um grafo a uma matriz

Usando NetworkX, você pode facilmente mover seu grafo para uma matriz NumPy e de volta conforme o necessário para executar várias tarefas. O NumPy é usado para executar todo tipo de tarefas de manipulação. Analisando os dados em um grafo, você deve ver padrões que não seriam normalmente visíveis. Aqui está o código usado para converter o grafo em uma matriz que o NumPy possa entender:

```
import networkx as nx
import matplotlib.pyplot as plt
%matplotlib inline


AGraph = nx.Graph()


Nodes = range(1,6)
Edges = [(1,2), (2,3), (3,4), (4,5), (1,3), (1,5), (1,6)]

AGraph.add_nodes_from(Nodes)
AGraph.add_edges_from(Edges)

nx.to_numpy_matrix(AGraph)

matrix([[ 0.,  1.,  1.,  0.,  1.,  1.],
        [ 1.,  0.,  1.,  0.,  0.,  0.],
        [ 1.,  1.,  0.,  1.,  0.,  0.],
        [ 0.,  0.,  1.,  0.,  1.,  0.],
        [ 1.,  0.,  0.,  1.,  0.,  0.],
        [ 1.,  0.,  0.,  0.,  0.,  0.]])
```

As linhas e colunas resultantes mostram onde existe conexão. Por exemplo, não há conexão entre o nó 1 e ele mesmo, então a linha 1, coluna 1 contém 0 em si. Porém, há uma conexão entre o nó 1 e o 2, então você vê 1 na linha 1, coluna 2 e linha 2, coluna 1 (o que significa que a conexão vai em ambas as direções como uma conexão não dirigida).

O tamanho dessa matriz é afetado pelo número de nós (a matriz tem tantas linhas e colunas quanto tem nós), e quando ela fica enorme tem muitos nós para representar, pois o número total de células é o quadrado do número de nós. Por exemplo, não é possível representar a internet usando uma matriz assim porque uma estimativa conservadora calcula que, a cada 10^{10} sites, seria necessária uma matriz com 10^{20} células para armazenar sua estrutura, algo impossível com a atual capacidade de computação.

170   PARTE 3 **Explorando o Mundo dos Grafos**

Além disso, o número de nós afeta seu conteúdo. Se o número de nós for n, você encontrará um mínimo de (n-1) valores 1 e um máximo de n(n-1) valores 1. O fato é que a quantidade de valores 1 ser pequena ou grande torna o grafo denso ou esparso, e isso é relevante porque, se a conexão entre os nós é pequena, como no caso de sites, existem soluções mais eficientes para armazenar dados de grafos.

Usando representações esparsas

O pacote SciPy também executa várias tarefas matemáticas, científicas e de engenharia. Ao usar esse pacote, você pode contar com uma matriz esparsa para manter os dados. Uma matriz esparsa é aquela em que apenas as conexões reais aparecem na matriz; todas as outras entradas não existem. Usar uma matriz esparsa economiza recursos, pois as exigências de memória para ela são pequenas. Aqui está o código usado para criar uma matriz esparsa SciPy a partir de um grafo NetworkX:

```
print(nx.to_scipy_sparse_matrix(AGraph))

    (0, 1)    1
    (0, 2)    1
    (0, 4)    1
    (0, 5)    1
    (1, 0)    1
    (1, 2)    1
    (2, 0)    1
    (2, 1)    1
    (2, 3)    1
    (3, 2)    1
    (3, 4)    1
    (4, 0)    1
    (4, 3)    1
    (5, 0)    1
```

Como pode ver, as entradas mostram as várias coordenadas de arestas. Cada coordenada ativa tem um 1 associado a ela. As coordenadas são numeradas a partir de 0. Isso significa que `(0, 1)` na verdade se refere a uma conexão entre os nós 1 e 2.

Usando uma lista para manter um grafo

Dependendo das suas necessidades, você pode descobrir que também precisa da habilidade de criar um dicionário de listas. Muitos desenvolvedores usam esta abordagem para criar um código que execute várias tarefas de análises em grafos. Você pode ver um exemplo assim em `https://www.python.org/doc/essays/graphs/` (conteúdo em inglês). O código a seguir mostra como criar um dicionário de listas para o grafo de exemplo:

```
nx.to_dict_of_lists(AGraph)

{1: [2, 3, 5, 6], 2: [1, 3], 3: [1, 2, 4], 4: [3, 5],
 5: [1, 4], 6: [1]}
```

Note que cada nó representa uma entrada de dicionário, seguido de uma lista de nós aos quais ele se conecta. Por exemplo, o nó 1 se conecta aos nós 2, 3, 5 e 6.

> **NESTE CAPÍTULO**
>
> » **Trabalhando com grafos**
>
> » **Executando tarefas de ordenação**
>
> » **Reduzindo o tamanho da árvore**
>
> » **Localizando o menor caminho entre dois pontos**

Capítulo **9**

Reconectando os Pontos

Este capítulo é sobre trabalhar com grafos. Você usa grafos todos os dias para executar várias tarefas. Um *grafo* é simplesmente um conjunto de vértices, nós, ou pontos conectados por arestas, arcos ou linhas. Em outras palavras, toda vez que usa um mapa, usa um grafo. O ponto de início, pontos intermediários e o destino são todos nós. Esses nós conectam-se uns aos outros pelas ruas, que representam as linhas. Usar grafos permite descrever relações de vários tipos. A razão pela qual as configurações do Sistema de Posicionamento Global (GPS) funcionam é que você usa matemática para descrever relações entre pontos no mapa e as ruas que os conectam. De fato, ao final deste capítulo, você entenderá a base usada para criar um GPS (mas não necessariamente a mecânica para fazer isso acontecer). Claro, o requisito fundamental para usar um grafo para criar um GPS é a capacidade de buscar conexões entre pontos no mapa, como será discutido na primeira seção do capítulo.

Para dar sentido a um grafo é necessário ordenar os nós, como será descrito na segunda seção do capítulo, para criar uma organização específica. Sem organização, tomar qualquer tipo de decisão torna-se impossível. Um algoritmo pode acabar rodando em círculos ou apresentando um resultado inconveniente.

Por exemplo, algumas configurações iniciais de GPS não encontravam corretamente a distância mais curta entre dois pontos, ou acabavam mandando alguém para o lugar errado. Parte da razão para esses problemas é a necessidade de ordenar os dados, para que seja possível visualizá-los da mesma maneira toda vez que o algoritmo atravessar os nós (fornecendo a rota entre a sua casa e o seu trabalho).

Quando visualiza um mapa, você não olha para a informação em um canto se, na verdade, precisa trabalhar com locais e estradas em outro canto. Um computador não sabe que precisa olhar para um lugar específico até você dizer para ele. Para focar a atenção em um local específico, é preciso reduzir o tamanho do grafo, como será descrito na terceira seção do capítulo.

Agora que o problema foi simplificado, um algoritmo pode encontrar a rota mais curta entre dois pontos, como será descrito na quarta seção do capítulo. Afinal, você não vai querer gastar mais tempo do que o necessário no trânsito lutando para chegar de casa no trabalho (e de volta, depois). O conceito de encontrar a rota mais curta é um pouco mais complicado do que você pode imaginar, então a quarta seção analisará em detalhe algumas das exigências específicas para executar tarefas com rotas.

Atravessando um Grafo com Eficiência

Atravessar um grafo significa buscar (visitar) cada vértice (nó) em uma ordem específica. O processo de visitar um vértice inclui lê-lo e atualizá-lo. Conforme um grafo é atravessado, um vértice não visitado é *não descoberto*. Depois de uma

CONSIDERANDO A REDUNDÂNCIA

Ao atravessar uma árvore, todos os caminhos terminam em um nó folha para que você saiba que chegou ao fim do caminho. Porém, em um grafo, os nós se interconectam de tal maneira que pode ser necessário atravessar alguns mais de uma vez para explorar todo o grafo. Conforme ele se torna mais denso, a possibilidade de visitar o mesmo nó mais de uma vez aumenta. Grafos densos podem aumentar bastante as exigências computacionais e de armazenamento.

Para reduzir os efeitos negativos de visitar um nó mais de uma vez, é comum marcar cada nó visitado de alguma maneira para mostrar que o algoritmo o visitou. Quando o algoritmo detecta que visitou um nó em particular, ele pode simplesmente pular aquele nó e ir para o próximo no caminho. Marcar os nós visitados diminui a penalidade de desempenho inerente à redundância.

Marcar os nós visitados também permite verificar se a busca está completa. De outra forma, um algoritmo poderia terminar em um loop e continuar a dar as voltas pelo grafo indefinidamente.

visita, o vértice torna-se *descoberto* (porque você acabou de visitá-lo) ou *processado* (porque o algoritmo testou todas as arestas que partem dele). A ordem determina o tipo de busca executada, e vários algoritmos estão disponíveis para fazer esta tarefa. As seções seguintes discutem dois algoritmos assim.

Criando o grafo

Para ver como atravessar um grafo funcionaria, você precisa de um grafo. Os exemplos nesta seção dependem de um grafo comum para que seja possível ver como as duas técnicas funcionam. O código a seguir mostra a lista de adjacência encontrada no fim do Capítulo 8 (você pode encontrar este código no arquivo `A4D; 09; Graph Traversing.ipynb` no site da Para Leigos como parte do código para download; veja a Introdução para detalhes).

```
graph = {'A': ['B', 'C'],
         'B': ['A', 'C', 'D'],
         'C': ['A', 'B', 'D', 'E'],
         'D': ['B', 'C', 'E', 'F'],
         'E': ['C', 'D', 'F'],
         'F': ['D', 'E']}
```

O grafo inclui um caminho bidirecional que vai de A, B, D, e F de um lado (começando da raiz) e A, C, E e F do outro lado (de novo, começando da raiz). Também existem conexões (que funcionam como possíveis atalhos) indo de B a C, de C a D e de D a E. Usar o pacote NetworkX apresentado no Capítulo 8 permite exibir a adjacência como uma figura para que você possa ver como os vértices e as arestas aparecem (veja a Figura 9-1) usando o seguinte código:

```
import numpy as np
import networkx as nx
import matplotlib.pyplot as plt
%matplotlib inline

Graph = nx.Graph()
for node in graph:
    Graph.add_nodes_from(node)
    for edge in graph[node]:
        Graph.add_edge(node,edge)

pos = { 'A': [0.00, 0.50], 'B': [0.25, 0.75],
        'C': [0.25, 0.25], 'D': [0.75, 0.75],
        'E': [0.75, 0.25], 'F': [1.00, 0.50]}

nx.draw(Graph, pos, with_labels=True)
nx.draw_networkx(Graph, pos)
plt.show()
```

CAPÍTULO 9 **Reconectando os Pontos** 175

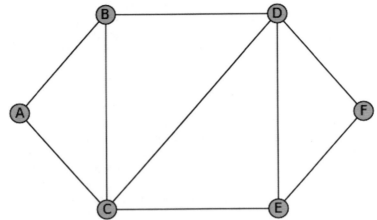

FIGURA 9-1: Representando o grafo de exemplo em NetworkX.

Aplicando a busca em largura

Uma busca em largura (BFS) começa na raiz do grafo e explora cada nó ligado a ela. Então, ele busca o próximo nível — explorando cada um por vez até chegar ao fim. Assim, no grafo de exemplo, a busca explora de A a B e C antes de passar a explorar D. A BFS explora o grafo de maneira sistemática, explorando vértices em volta do vértice inicial de modo circular. Ele começa visitando todos os vértices em um único passo a partir do inicial; então, dá dois passos para fora, depois três passos para fora, e por aí vai. O código a seguir demonstra como executar uma busca em largura.

```
def bfs(graph, start):
    queue = [start]
    queued = list()
    path = list()
    while queue:
        print ('Queue is: %s' % queue)
        vertex = queue.pop(0)
        print ('Processing %s' % vertex)
        for candidate in graph[vertex]:
            if candidate not in queued:
                queued.append(candidate)
                queue.append(candidate)
                path.append(vertex+'>'+candidate)
                print ('Adding %s to the queue'
                       % candidate)
    return path
```

```
steps = bfs(graph, 'A')
print ('\nBFS:', steps)

Queue is: ['A']
Processing A
Adding B to the queue
Adding C to the queue
Queue is: ['B', 'C']
Processing B
Adding A to the queue
Adding D to the queue
Queue is: ['C', 'A', 'D']
Processing C
Adding E to the queue
Queue is: ['A', 'D', 'E']
Processing A
Queue is: ['D', 'E']
Processing D
Adding F to the queue
Queue is: ['E', 'F']
Processing E
Queue is: ['F']
Processing F

BFS: ['A>B', 'A>C', 'B>A', 'B>D', 'C>E', 'D>F']
```

LEMBRE-SE

O resultado mostra como o algoritmo faz a busca. Isso ocorre na ordem esperada — um nível por vez. A maior vantagem de usar a BFS é que é garantido que ela retorne o caminho mais curto estre dois pontos como primeiro resultado quando usada para encontrar caminhos.

DICA

O código de exemplo usa uma lista simples como uma fila. Como visto no Capítulo 4, uma fila é uma estrutura de dados Entra Primeiro/Sai Primeiro (FIFO), que funciona como uma fila em um banco, na qual o primeiro item colocado também é o primeiro a sair. Para este propósito, Python fornece uma estrutura de dados ainda melhor chamada *deque*. Ela é criada usando a função deque do pacote collections. Ela executa inserções e extrações em tempo linear, e você pode usá-la tanto como uma fila quanto como uma pilha.

Aplicando a busca em profundidade

Além da BFS, você pode usar a busca em profundidade (DFS) para descobrir os vértices em um grafo. Quando executa uma DFS, o algoritmo começa do grafo raiz e então explora todos os nós a partir da raiz abaixo em um único caminho até o final. Ele então recua e começa a explorar os caminhos não percorridos no caminho de busca atual até encontrar a raiz de novo. Neste ponto, se outros caminhos a percorrer a partir da raiz estiverem disponíveis, o algoritmo escolhe um e começa a mesma busca novamente. A ideia é explorar cada caminho completamente antes de explorar qualquer outro. Para fazer essa técnica de busca funcionar, o algoritmo deve marcar todos os vértices que visitar. Dessa maneira, ele sabe quais vértices exigem uma visita e pode determinar qual caminho percorrer depois. Usar a BFS ou a DFS pode fazer diferença de acordo com o caminho pelo qual você precisa atravessar um grafo. Do ponto de vista da programação, a diferença entre os dois algoritmos é como cada um armazena os vértices para explorar o próximo:

» Uma fila para a BFS, uma lista que funciona de acordo com o princípio FIFO. Vértices recém-descobertos não esperam muito para serem processados.

» Uma pilha para a DFS, uma lista que funciona de acordo com o princípio Entra Primeiro/Sai por Último (LIFO).

O código a seguir mostra como criar uma DFS:

```python
def dfs(graph, start):
    stack = [start]
    parents = {start: start}
    path = list()
    while stack:
        print ('Stack is: %s' % stack)
        vertex = stack.pop(-1)
        print ('Processing %s' % vertex)
        for candidate in graph[vertex]:
            if candidate not in parents:
                parents[candidate] = vertex
                stack.append(candidate)
                print ('Adding %s to the stack'
                        % candidate)
        path.append(parents[vertex]+'>'+vertex)
    return path[1:]

steps = dfs(graph, 'A')
print ('\nDFS:', steps)

Stack is: ['A']
Processing A
Adding B to the stack
Adding C to the stack
Stack is: ['B', 'C']
Processing C
```

178 PARTE 3 **Explorando o Mundo dos Grafos**

```
Adding D to the stack
Adding E to the stack
Stack is: ['B', 'D', 'E']
Processing E
Adding F to the stack
Stack is: ['B', 'D', 'F']
Processing F
Stack is: ['B', 'D']
Processing D
Stack is: ['B']
Processing B

DFS: ['A>C', 'C>E', 'E>F', 'C>D', 'A>B']
```

A primeira linha do resultado mostra a ordem de busca real. Note que a busca começa na raiz, como esperado, mas aí segue para baixo do lado esquerdo do grafo e volta para o início. O passo final é buscar a única aresta do ciclo que cria o grafo neste caso, que é D.

Note que o resultado não é o mesmo que para a BFS. Nesse caso, a rota de processamento começa com o nó A e vai para o lado oposto do grafo, para o nó F. O código então recua para procurar caminhos negligenciados. Como discutido, esse comportamento depende do uso de uma estrutura de pilha em vez de uma fila. Contar com uma pilha significa que você poderia também implementar esse tipo de busca usando recursividade. O uso de recursividade tornaria o algoritmo mais rápido, então seria possível obter resultados mais rápido do que usar uma BFS. A contrapartida é que você usa mais memória quando utiliza recursividade.

DICA

Quando seu algoritmo usa uma pilha, ele está usando o último resultado disponível (em contraste com uma fila, em que usaria o primeiro resultado nela colocado). Funções recursivas produzem um resultado e então aplicam a elas mesmas utilizando aquele resultado. Uma pilha faz exatamente a mesma coisa em uma iteração: o algoritmo produz um resultado, que é colocado em uma pilha, e então é imediatamente tirado na pilha e processado de novo.

Determinando qual aplicação usar

A escolha entre BFS e DFS depende de como você planeja aplicar o resultado da busca. Desenvolvedores com frequência empregam a BFS para localizar a rota mais curta entre dois pontos o mais rápido possível. Isso significa que você comumente encontra a BFS sendo usada em aplicações como GPS, em que encontrar a rota mais curta é primordial. Para o propósito deste livro, você também verá a BFS sendo usada para árvores de extensão, caminhos mais curtos e muitos outros algoritmos de minimização.

Uma DFS foca em encontrar um caminho inteiro antes de explorar qualquer outro caminho. Ela é usada quando você precisa buscar em detalhe, ao invés de genericamente. Por essa razão, em geral se vê a DFS sendo usada em jogos, nos quais encontrar um caminho completo é importante. Também é uma abordagem otimizada para executar tarefas como encontrar uma solução para labirintos.

LEMBRE-SE

Às vezes, você tem que decidir entre uma BFS e uma DFS com base nas limitações de cada técnica. A BFS precisa de muita memória pois armazena sistematicamente todos os caminhos antes de encontrar uma solução. Por outro lado, a DFS precisa de menos memória, mas não há garantia de que a solução mais curta e mais direta será encontrada.

Ordenando os Elementos de Grafos

A habilidade de buscar grafos de maneira eficiente depende da ordenação. Afinal, imagine ir a uma biblioteca e descobrir os livros arrumados em qualquer ordem que a biblioteca quisesse arrumá-los nas prateleiras. Localizar um único livro levaria horas. Uma biblioteca funciona porque os livros individuais aparecem em localizações específicas que os torna fáceis de encontrar.

Bibliotecas também exibem outra propriedade importante no trabalho com alguns tipos de grafos. Quando busca um livro, você começa por uma categoria, depois uma fileira de livros, depois uma prateleira naquela fileira e, finalmente, o livro. A busca vai do menos específico para o mais específico, o que significa que os níveis anteriores não são revisitados. Assim, você não acaba em partes estranhas da biblioteca que não têm nada a ver com o tópico em questão.

GRAFOS COM CICLOS

Às vezes, é necessário expressar um processo de tal maneira que um conjunto de passos se repete. Por exemplo, quando lava seu carro, você molha, lava e enxágua. Mas aí você encontra uma sujeira que o sabão não limpou da primeira vez. Para limpar aquela sujeira, você lava e enxágua de novo para checar se a sujeira saiu. Infelizmente, é uma sujeira bem teimosa, então você repete o processo. Na verdade, você repete a lavagem e o enxágue até que a sujeira saia. É isso o que o ciclo faz: cria uma situação na qual um conjunto de passos é repetido de uma das duas formas:

- **Chega a uma condição específica:** A sujeira no carro saiu.
- **Executa um número específico de vezes:** Esse é o número de repetições que você faz durante o execício.

As seções seguintes revisam *Grafos Acíclicos Dirigidos (DAGs)*, que são grafos dirigidos finitos que não contêm loops. Quando usa uma ordenação topológica, um DAG sempre direciona os vértices anteriores para os vértices posteriores. Esse tipo de grafo tem vários usos práticos, como será visto a seguir.

Trabalhando em grafos acíclicos dirigidos (DAGs)

DAGs são um dos tipos mais importantes de grafos porque têm muitos usos práticos. Os princípios básicos dos DAGs são que eles:

» Seguem uma ordem particular para que você não possa ir de um vértice para outro e voltar ao vértice inicial usando qualquer rota.

» Fornecem um caminho específico de um vértice para outro para que você possa criar um conjunto previsível de rotas.

Os DAGs são usados para muitas necessidades organizacionais. Por exemplo, uma árvore genealógica é um exemplo de DAG. Mesmo quando a atividade não seguir uma ordem cronológica ou dominante, o DAG permite criar rotas previsíveis, o que torna DAGs mais fáceis de processar do que muitos outros tipos de grafos com os quais você pode trabalhar.

No entanto, DAGs podem usar rotas otimizadas. Imagine que esteja montando um hambúrguer. O sistema de menu começa com o pão. Você pode adicionar condimentos ao pão, ou pode passar para o hambúrguer. A rota sempre termina com o hambúrguer, mas há vários caminhos para chegar até ele. Depois de escolher o hambúrguer, é possível escolher adicionar queijo ou bacon antes da última fatia de pão. O ponto é que você toma um caminho específico, mas cada caminho pode se conectar ao próximo nível de várias maneiras diferentes.

LEMBRE-SE

Até aqui, o capítulo mostrou alguns tipos diferentes de configurações de grafos, alguns dos quais podem aparecer em combinação, como um grafo dirigido, ponderado e denso:

» **Dirigido:** As arestas têm uma única direção e o grafo pode ser:
  - **Cíclico:** As arestas formam um ciclo que volta ao vértice inicial depois de ter visitado os vértices intermediários.
  - **Acíclico:** Não tem ciclos.
» **Não dirigido:** As arestas se conectam aos vértices em ambas as direções.
» **Ponderado:** Cada aresta tem um custo associado a ela, como tempo, dinheiro ou energia, que deve ser pago para passar por ela.

>> **Não ponderado:** Todas as arestas têm nenhum ou o mesmo custo.

>> **Denso:** Um grafo que tem um grande número de arestas quando comparado ao número de vértices.

>> **Esparso:** Um grafo que tem um pequeno número de arestas quando comparado ao número de vértices.

Contando com a ordenação topológica

Um elemento importante dos DAGs é que é possível representar uma ou várias atividades usando-os. Entretanto, algumas atividades exigem que você execute tarefas em uma ordem específica. É aí que a *ordenação topológica* entra em cena. Ela ordena todos os vértices de um grafo em uma linha com as arestas diretas apontando da esquerda para a direita. Arranjado de tal maneira, o código pode facilmente atravessar o grafo e processar os vértices um após o outro, na ordem.

Quando usa a ordenação topológica, você organiza o grafo para que cada vértice leve a um próximo vértice na sequência. Por exemplo, quando cria um crono-grama para construir um arranha-céu, você não começa do topo e continua tra-balhando até embaixo. Você começa com a fundação e trabalha até o topo. Cada andar pode representar um marco. Quando completa o segundo andar, você não vai para o terceiro e então refaz o segundo. Em vez disso, passa ao terceiro andar, ao quarto andar, e daí em diante. Qualquer tipo de cronograma que exija ir de um ponto inicial específico a um ponto final específico pode contar com um DAG com ordenação topológica.

A ordenação topológica pode ajudar a determinar que o seu grafo não tem ciclos (porque, de outra forma, não seria possível ordenar as arestas conectando os vértices da esquerda para a direita; pelo menos um nó faria referência a um nó anterior). Além disso, a ordenação topológica também se mostra útil em algo-ritmos que processam grafos complexos porque mostra a melhor ordem para processá-los.

Você pode obter uma ordenação topológica usando um algoritmo DFS trans-versal. Apenas note a ordem de processamento dos vértices pelo algoritmo. No exemplo anterior, o resultado aparece nesta ordem: A, C, E, F, D e B. Siga a sequência na Figura 9-1 e você notará que a ordenação topológica segue as ares-tas no perímetro externo do grafo. Então, ela faz a volta completa: depois de atingir o último nó da ordenação topológica, você está a um passo de distância de A, o início da sequência.

Reduzindo a uma Árvore de Extensão Mínima

Muitos problemas solucionados por algoritmos dependem da definição de um mínimo de recursos para serem usados, como definir uma maneira econômica de atingir todos os pontos de um mapa. Esse problema foi crucial no fim do século XIX e início do século XX, quando ferrovias e redes elétricas começaram a aparecer em muitos países, revolucionando transportes e meios de vida. Usar empresas privadas para construir tais redes era caro (levou muito tempo e muitos trabalhadores). Usar menos material e menos força de trabalho possibilitou economia, reduzindo conexões redundantes.

LEMBRE-SE

Alguma redundância é desejável em transporte crítico ou redes elétricas, mesmo quando se aspira soluções econômicas. De outra forma, se apenas um método conecta a rede, é fácil ela ser prejudicada acidentalmente ou por algum ato voluntário (como em um ato de guerra), interrompendo o serviço para muitos clientes.

Na Morávia, na parte oriental da República Tcheca, o matemático tcheco Otakar Borůvka encontrou uma solução em 1926 que permite construir uma rede elétrica usando a menor quantidade de cabos possível. Sua solução é bastante eficiente porque não apenas permite encontrar um jeito de conectar todas as cidades da Morávia da maneira mais econômica possível, mas tem uma complexidade de tempo de O(m*log n), na qual m é o número de arestas (os cabos elétricos) e n, o número de vértices (as cidades). Outros melhoraram a solução de Borůvka desde então (na verdade, especialistas em algoritmos parcialmente esqueceram-na e depois a redescobriram). Embora os algoritmos encontrados em livros sejam melhor desenhados e mais fáceis de entender (os de Prim e Kruskal), eles não alcançam melhores resultados em termos de complexidade de tempo.

Uma árvore de extensão mínima define o problema de encontrar a maneira mais econômica de completar uma tarefa. Uma *árvore de extensão* é a lista de arestas exigidas para conectar todos os vértices em um grafo não dirigido. Um único grafo poderia conter várias árvores de extensão, dependendo do arranjo do grafo, e determinar quantas árvores ele contém, é uma questão complexa. Cada caminho que você toma do início ao fim em um grafo é outra árvore de extensão. A árvore de extensão visita cada vértice apenas uma vez; ela não faz ciclos ou qualquer coisa que repita elementos de caminho.

Ao trabalhar com um grafo não ponderado, as árvores de extensão são do mesmo tamanho. Em grafos não ponderados, todas as arestas têm o mesmo tamanho, e a ordem em que são visitadas não importa, pois o caminho percorrido é sempre o mesmo. Todas as árvores de extensão possíveis têm o mesmo número de arestas, n-1 arestas (n é o número de vértices), ou o mesmo tamanho exato.

Além disso, qualquer algoritmo que atravesse grafos, como a BFS ou a DFS, é suficiente para encontrar uma das possíveis árvores de extensão.

As coisas se tornam complicadas quando se trabalha com um grafo ponderado com arestas de diferentes tamanhos. Neste caso, das várias árvores de extensão possíveis, poucas, ou apenas uma, têm o menor tamanho possível. Uma *árvore de extensão mínima* é a árvore de extensão que garante um caminho com o menor peso de arestas possível. Um grafo não dirigido geralmente contém apenas uma árvore de extensão mínima, mas, novamente, depende da configuração. Pense em uma árvore de extensão mínima assim: quando olha um mapa, há vários caminhos para chegar do ponto A ao ponto B. Cada caminho tem lugares onde você deve virar ou mudar de rua, e cada um desses cruzamentos é um vértice. A distância entre os vértices representa o peso da aresta. Geralmente, um caminho entre o ponto A e o ponto B fornece a rota mais curta.

No entanto, árvores de extensão mínima nem sempre precisam considerar o óbvio. Por exemplo, avaliando mapas, você pode não estar interessado na distância; pode ser que queira considerar tempo, consumo de combustível ou várias outras necessidades. Cada uma dessas necessidades pode ter uma árvore de extensão mínima completamente diferente. Com isso em mente, as seções seguintes ajudarão a entender melhor as árvores de extensão mínima e demonstrarão como solucionar o problema de descobrir o menor peso de aresta para qualquer problema dado. Para demonstrar a solução da árvore de extensão mínima usando Python, o código a seguir atualiza o grafo anterior adicionando pesos às arestas (você pode encontrar este código no arquivo `A4D; 09; Minimum Spanning Tree.ipynb` no site da Para Leigos como parte do código para download; veja a Introdução para detalhes).

```python
import numpy as np
import networkx as nx
import matplotlib.pyplot as plt
%matplotlib inline

graph = {'A': {'B':2, 'C':3},
         'B': {'A':2, 'C':2, 'D':2},
         'C': {'A':3, 'B':2, 'D':3, 'E':2},
         'D': {'B':2, 'C':3, 'E':1, 'F':3},
         'E': {'C':2, 'D':1, 'F':1},
         'F': {'D':3, 'E':1}}

Graph = nx.Graph()
for node in graph:
    Graph.add_nodes_from(node)
    for edge, weight in graph[node].items():
        Graph.add_edge(node, edge, weight=weight)
```

184   PARTE 3 **Explorando o Mundo dos Grafos**

```
pos = { 'A': [0.00, 0.50], 'B': [0.25, 0.75],
        'C': [0.25, 0.25], 'D': [0.75, 0.75],
        'E': [0.75, 0.25], 'F': [1.00, 0.50]}

labels = nx.get_edge_attributes(Graph,'weight')
nx.draw(Graph, pos, with_labels=True)
nx.draw_networkx_edge_labels(Graph, pos,
                             edge_labels=labels)
nx.draw_networkx(Graph,pos)
plt.show()
```

A Figura 9-2 mostra que todas as arestas têm um valor agora. Esse valor pode representar algo como tempo, combustível ou dinheiro. Grafos ponderados podem representar vários problemas de otimização possíveis que ocorrem em espaços geográficos (como na movimentação entre cidades) pois representam situações nas quais é possível ir e vir a partir de um vértice.

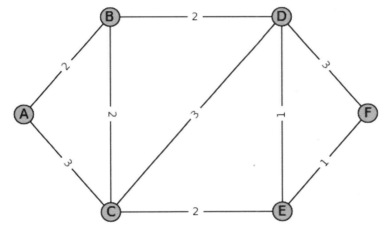

FIGURA 9-2:
O grafo de exemplo torna-se ponderado.

Curiosamente, todas as arestas têm pesos positivos nesse exemplo. Entretanto, grafos ponderados podem ter pesos negativos em algumas arestas. Muitas situações se beneficiam de arestas negativas. Por exemplo, elas são úteis quando é possível tanto ganhar quanto perder no movimento entre vértices, como ganhar ou perder dinheiro quando transportar ou comercializar bens, ou liberar energia em processos químicos.

LEMBRE-SE

Nem todos os algoritmos são adequados para lidar com arestas negativas. É importante perceber aqueles que só conseguem funcionar com pesos positivos.

Descobrindo o algoritmo certo a se usar

Diferentes algoritmos podem ser usados para criar uma árvore de extensão mínima. Os mais comuns são os algoritmos gulosos, que rodam em tempo polinomial. *Tempo polinomial* é a potência do número de arestas, como $O(n^2)$ ou $O(n^3)$ (veja a Parte 5 para informações adicionais sobre tempo polinomial). Os fatores principais que afetam a velocidade de execução de tais algoritmos envolvem o processo de tomar decisões — ou seja, se uma aresta em particular pertence à árvore de extensão mínima ou se o peso mínimo total da árvore resultante excede um certo valor. Com isso em mente, aqui estão alguns algoritmos disponíveis para solucionar uma árvore de extensão mínima:

- » **Algoritmo de Borůvka:** Inventado por Otakar Borůvka em 1926 para solucionar o problema de encontrar uma boa maneira de fornecer eletricidade na Morávia. O algoritmo conta com uma série de estágios, nos quais identifica as arestas com o menor peso em cada estágio. Os cálculos começam olhando vértices individuais, encontrando o menor peso para este vértice e então combinando caminhos para formar florestas de árvores individuais até criar um caminho que combine todas as florestas com o menor peso.
- » **Algoritmo de Prim:** Originalmente inventado por Jarnik em 1930, Prim redescobriu-o em 1957. Este algoritmo começa com um vértice arbitrário e cria a árvore de expansão mínima uma aresta por vez, sempre escolhendo a aresta com o menor peso.
- » **Algoritmo de Kruskal:** Desenvolvido por Joseph Kruskal em 1956, usa uma abordagem que combina o algoritmo de Borůvka (criando florestas de árvores individuais) e o algoritmo de Prim (procurando a aresta mínima para cada vértice e construindo as florestas uma aresta por vez).
- » **Algoritmo de exclusão reversa:** Na verdade, este é o reverso do algoritmo de Kruskal. Não é comumente usado.

DICA

Esses algoritmos usam uma abordagem gulosa. Algoritmos gulosos aparecem no Capítulo 2 entre as famílias de algoritmos, e você os vê em detalhes no Capítulo 15. Em uma *abordagem gulosa*, o algoritmo gradualmente chega a uma solução tomando, de maneira irreversível, a melhor decisão disponível para cada passo. Por exemplo, se você precisa do menor caminho entre muitos vértices, um algoritmo guloso pega as menores arestas entre aquelas disponíveis entre todos os vértices.

Introduzindo filas de prioridade

Posteriormente neste capítulo, você verá como implementar os algoritmos de Prim e Kruskal para uma árvore de extensão mínima, e o algoritmo de Dijkstra para o menor caminho em um grafo usando Python. Porém, antes de poder fazer isso, você precisa de um método para encontrar as arestas com o peso mínimo entre um conjunto de arestas. Tal operação implica ordenação, e organizar elementos custa tempo. É uma operação complexa, como descrita no Capítulo 7. Como os exemplos repetidamente reordenam as arestas, a estrutura de dados chamada *fila de prioridade* vem a calhar.

Filas de prioridade contam com estruturas de dados de árvores baseadas em heap, que permitem a ordenação rápida dos elementos quando são inseridos em um heap. Como a cartola do mágico, heaps de prioridade armazenam arestas com seus pesos e estão imediatamente prontos para fornecer a aresta inserida cujo peso seja o mínimo entre as armazenadas.

Esse exemplo usa uma classe que permite executar comparações de fila de prioridade que determinam se a fila contém elementos e quando esses elementos contêm uma determinada aresta (evitando inserções duplas). A fila de prioridade tem outra característica útil (cuja utilidade será explicada quando trabalhar com o algoritmo de Dijkstra): se você inserir uma aresta com um peso diferente daquele armazenado anteriormente, o código atualiza o peso da aresta e reorganiza sua posição no heap.

```python
from heapq import heapify, heappop, heappush

class priority_queue():
    def __init__(self):
        self.queue = list()
        heapify(self.queue)
        self.index = dict()
    def push(self, priority, label):
        if label in self.index:
            self.queue = [(w,l)
                for w,l in self.queue if l!=label]
            heapify(self.queue)
        heappush(self.queue, (priority, label))
        self.index[label] = priority
    def pop(self):
        if self.queue:
            return heappop(self.queue)
    def __contains__(self, label):
        return label in self.index
    def __len__(self):
        return len(self.queue)
```

Alavancando o algoritmo de Prim

O algoritmo de Prim gera a árvore de extensão mínima para um grafo atravessando-o por cada vértice. Começando de qualquer vértice escolhido, o algoritmo adiciona arestas usando uma restrição na qual, se um vértice for atualmente parte da árvore de extensão e o segundo não, o peso da aresta entre os dois deve ser o menor possível entre os disponíveis. Procedendo de tal forma, criar ciclos na árvore de extensão é impossível (poderia ocorrer apenas se adicionasse uma aresta cujos vértices já estivessem ambos na árvore de extensão) e é garantido obter uma árvore mínima, porque você adiciona as arestas com o menor peso. Em termos de passos, o algoritmo inclui essas três fases, a última sendo iterativa:

1. **Monitora ambas as arestas da árvore de extensão mínima e os vértices usados conforme eles se tornam parte da solução.**

2. **Começa de qualquer vértice no grafo e coloca-o na solução.**

3. **Determina se ainda há vértices que não são parte da solução:**

   - Enumera as arestas que tocam os vértices na solução.

   - Insere a aresta com o menor peso na árvore de extensão (este é o princípio guloso em funcionamento no algoritmo: sempre escolhe o mínimo a cada passo para obter o resultado geral mínimo).

Traduzindo esses passos em código Python, você pode testar o algoritmo no grafo ponderado de exemplo usando o seguinte código:

```python
def prim(graph, start):
    treepath = {}
    total = 0
    queue = priority_queue()
    queue.push(0 , (start, start))
    while queue:
        weight, (node_start, node_end) = queue.pop()
        if node_end not in treepath:
            treepath[node_end] = node_start
            if weight:
                print("Added edge from %s" \
                    " to %s weighting %i"
                    % (node_start, node_end, weight))
                total += weight
            for next_node, weight \
            in graph[node_end].items():
                queue.push(weight , (node_end, next_node))
    print ("Total spanning tree length: %i" % total)
    return treepath
```

188 PARTE 3 **Explorando o Mundo dos Grafos**

```
treepath = prim(graph, 'A')

Added edge from A to B weighting 2
Added edge from B to C weighting 2
Added edge from B to D weighting 2
Added edge from D to E weighting 1
Added edge from E to F weighting 1
Total spanning tree length: 8
```

O algoritmo imprime os passos de processamento, mostrando a aresta adicionada a cada estágio e o peso que a aresta adiciona ao total. O exemplo mostra a soma total de pesos, e o algoritmo retorna um dicionário Python contendo o vértice final como chave e o vértice inicial como valor para cada aresta da árvore de extensão resultante. Outra função, `represent_tree`, transforma o par chave e valor do dicionário em uma tupla, e então ordena cada uma das tuplas resultantes para melhor legibilidade do caminho da árvore:

```python
def represent_tree(treepath):
    progression = list()
    for node in treepath:
        if node != treepath[node]:
            progression.append((treepath[node], node))
    return sorted(progression, key=lambda x:x[0])

print (represent_tree(treepath))

[('A','B'), ('B','C'), ('B','D'), ('D','E'), ('E','F')]
```

Testando o algoritmo de Kruskal

O algoritmo de Kruskal usa a estratégia gulosa, assim como o algoritmo de Prim, mas ele escolhe as arestas mais curtas de uma reserva global contendo todas as arestas (enquanto que Prim avalia as arestas de acordo com os vértices na árvore de extensão). Para determinar se uma aresta é uma parte adequada da solução, o algoritmo conta com um processo agregativo no qual junta os vértices. Quando uma aresta envolve vértices que já estão na solução, o algoritmo a descarta para evitar criar um ciclo. O algoritmo procede da seguinte maneira:

1. **Põe todas as arestas em um heap e então ordena-as para que as mais curtas fiquem no topo.**

2. **Cria um conjunto de árvores, cada uma contendo apenas um vértice (para que o número de árvores seja o mesmo número de vértices). Conecta árvores como um agregado até que as árvores convirjam em uma única árvore de tamanho mínimo que abranja todos os vértices.**

3. Repete as operações a seguir até que a solução não contenha tantas arestas quanto o número de vértices no grafo:

a. Escolhe a aresta mais curta do heap.

b. Determina se os dois vértices conectados pela aresta aparecem em árvores diferentes dentre o conjunto de árvores conectadas.

c. Quando as árvores diferem, ele as conecta usando a aresta (definindo uma agregação).

d. Quando os vértices aparecem na mesma árvore, descarta a aresta.

e. Repete os passos de **a** até **d** para as arestas restantes no heap.

O exemplo a seguir mostra como transformar esses passos em código Python:

```python
def kruskal(graph):
    priority = priority_queue()
    print ("Pushing all edges into the priority queue")
    treepath = list()
    connected = dict()
    for node in graph:
        connected[node] = [node]
        for dest, weight in graph[node].items():
            priority.push(weight, (node,dest))
    print ("Totally %i edges" % len(priority))
    print ("Connected components: %s"
            % connected.values())

    total = 0
    while len(treepath) < (len(graph)-1):
        (weight, (start, end)) = priority.pop()
        if end not in connected[start]:
            treepath.append((start, end))
            print ("Summing %s and %s components:"
                    % (connected[start],connected[end]))
            print ("\tadded edge from %s " \
                "to %s weighting %i"
                % (start, end, weight))
            total += weight
            connected[start] += connected[end][:]
            for element in connected[end]:
                connected[element]= connected[start]
    print ("Total spanning tree length: %i" % total)
    return sorted(treepath, key=lambda x:x[0])
```

```
print ('\nMinimum spanning tree: %s' % kruskal(graph))

Pushing all edges into the priority queue
Totally 9 edges
Connected components: dict_values([['A'], ['E'], ['F'],
                                   ['B'], ['D'], ['C']])
Summing ['E'] and ['D'] components:
      added edge from E to D weighting 1
Summing ['E', 'D'] and ['F'] components:
      added edge from E to F weighting 1
Summing ['A'] and ['B'] components:
      added edge from A to B weighting 2
Summing ['A', 'B'] and ['C'] components:
      added edge from B to C weighting 2
Summing ['A', 'B', 'C'] and ['E', 'D', 'F'] components:
      added edge from B to D weighting 2
Total spanning tree length: 8

Minimum spanning tree:
[('A','B'), ('B','C'), ('B','D'), ('E','D'), ('E','F')]
```

DICA

O algoritmo de Kruskal oferece uma solução que é similar à proposta pelo algoritmo de Prim. Entretanto, grafos diferentes podem fornecer soluções diferentes para a árvore de extensão mínima quando usando os algoritmos de Prim e Kruskal, pois cada algoritmo procede de maneiras diferentes para chegar às suas conclusões. Abordagens diferentes frequentemente implicam árvores de extensão mínima diferentes como resultado.

Determinando qual algoritmo funciona melhor

Tanto o algoritmo de Prim quanto o de Kruskal resultam em um único componente conectado, juntando todos os vértices no grafo usando a sequência de arestas (uma árvore de extensão mínima) menos longa (ou uma das menos longas). Somando os pesos das arestas, é possível determinar o tamanho da árvore de extensão resultante. Como os dois algoritmos sempre fornecem uma solução que funciona, você deve considerar o tempo de execução e decidir se eles podem assumir qualquer tipo de grafo ponderado para determinar qual é melhor.

Quanto ao tempo de execução, ambos os algoritmos fornecem resultados similares, com taxa de complexidade Big-O de $O(E*log(V))$, na qual E é o número de arestas e V, o número de vértices. Porém, você deve levar em conta como eles solucionam o problema, pois há diferenças na média do tempo esperado de execução.

O algoritmo de Prim progressivamente constrói uma única solução adicionando arestas, enquanto que o algoritmo de Kruskal cria um conjunto de soluções parciais e agrega-as. Criando sua solução, o algoritmo de Prim conta com estruturas de dados mais complexas que Kruskal, porque continuamente adiciona arestas potenciais como candidatas e prossegue escolhendo a aresta mais curta para seguir em direção à solução. Quando operando em um grafo denso, geralmente se prefere o algoritmo de Prim em relação ao de Kruskal, pois sua fila de prioridade baseada em heaps faz todo o trabalho de ordenação de forma rápida e eficiente.

LEMBRE-SE

O exemplo usa uma fila de prioridade baseada em um heap binário para o trabalho pesado de escolher as arestas mais curtas, mas há estruturas de dados ainda mais rápidas, como o *heap Fibonacci*, que pode produzir resultados mais rápidos quando o heap contém muitas arestas. Usando um heap Fibonacci, a complexidade de execução do algoritmo de Prim pode mudar para $O(E + V*log(V))$, o que é claramente vantajoso se você tem muitas arestas (o componente E agora é somado, em vez de multiplicado), em comparação ao tempo de execução $O(E*log(V))$ anteriormente reportado.

O algoritmo de Kruskal não precisa muito de uma fila de prioridade (embora um dos exemplos use uma) porque a enumeração e ordenação das arestas acontece apenas uma vez no início do processo. Por ter base em estruturas de dados mais simples que funcionam através de arestas ordenadas, é o candidato ideal para grafos regulares e esparsos com menos arestas.

Encontrando a Rota Mais Curta

A rota mais curta entre dois pontos não é necessariamente uma linha reta, especialmente quando uma linha reta não existe no seu grafo. Digamos que você precise instalar linhas elétricas em uma comunidade. A rota mais curta envolveria instalar as linhas conforme o necessário entre cada local sem se importar com para onde essas linhas vão. Entretanto, a vida real tende a não permitir uma solução simples. Pode ser necessário instalar os cabos junto às estradas, e não cruzando propriedades privadas, o que significa encontrar rotas que reduzam a distância o máximo possível.

Definindo o que significa encontrar o caminho mais curto

Muitas aplicações existem para algoritmos de rota mais curta. A ideia é encontrar o caminho que ofereça a menor distância entre o ponto A e o B. Encontrar o caminho mais curto é útil tanto para o transporte (como chegar a um destino consumindo o mínimo de combustível) quanto para comunicação (como encaminhar informação para permitir que chegue mais cedo). Contudo, aplicações inesperadas do problema do caminho mais curto podem aparecer também no processamento de imagens (para separar contornos de imagens), jogos (como alcançar alguns objetivos de jogo usando menos jogadas), e muitas outras áreas nas quais é possível reduzir o problema a um grafo não dirigido ou dirigido ponderado.

O algoritmo de Dijkstra pode solucionar o problema do caminho mais curto e encontrou muitos usos. Edsger W. Dijkstra, um cientista da computação dinamarquês, elaborou o algoritmo como uma demonstração do poder de processamento de um novo computador chamado ARMAC (http://www-set.win.tue.nl/UnsungHeroes/machines/armac.html [conteúdo em inglês]) em 1959. O algoritmo inicialmente solucionava a menor distância entre 64 cidades na Holanda com base em um simples mapa grafo.

LEMBRE-SE

Outros algoritmos podem solucionar o problema do caminho mais curto. Os de Bellman-Ford e Floyd-Warshall são mais complexos, mas podem lidar com grafos com pesos negativos (pesos negativos podem representar alguns problemas depois). Ambos os algoritmos estão fora do escopo deste livro, mas o site https://www.hackerearth.com/ja/practice/algorithms/graphs/shortest-path-algorithms/tutorial/ (conteúdo em inglês) fornece informações adicionais sobre eles. Porque o problema do caminho mais curto envolve grafos que são tanto ponderados quanto dirigidos, o grafo de exemplo exige outra atualização antes de continuar (é possível ver o resultado na Figura 9-3; você pode encontrar este código no arquivo A4D; 09; Shortest Path.ipynb no site da Para Leigos como parte do código para download; veja a Introdução para detalhes).

```
import numpy as np
import networkx as nx
import matplotlib.pyplot as plt
%matplotlib inline

graph = {'A': {'B':2, 'C':3},
         'B': {'C':2, 'D':2},
         'C': {'D':3, 'E':2},
         'D': {'F':3},
         'E': {'D':1,'F':1},
         'F': {}}

Graph = nx.DiGraph()
for node in graph:
    Graph.add_nodes_from(node)
    for edge, weight in graph[node].items():
        Graph.add_edge(node,edge, weight=weight)

pos = { 'A': [0.00, 0.50], 'B': [0.25, 0.75],
        'C': [0.25, 0.25], 'D': [0.75, 0.75],
        'E': [0.75, 0.25], 'F': [1.00, 0.50]}
```

```
labels = nx.get_edge_attributes(Graph,'weight')
nx.draw(Graph, pos, with_labels=True)
nx.draw_networkx_edge_labels(Graph, pos,
                             edge_labels=labels)
nx.draw_networkx(Graph,pos)
plt.show()
```

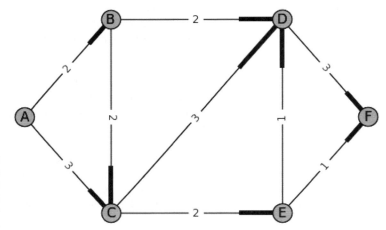

FIGURA 9-3: O grafo de exemplo torna-se ponderado e dirigido.

Explicando o algoritmo de Dijkstra

O algoritmo de Dijkstra exige um vértice inicial e (opcionalmente) um final como entrada. Se você não fornecer um vértice final, o algoritmo computa a menor distância entre o vértice inicial e quaisquer outros vértices no grafo. Quando um vértice final é definido, o algoritmo para ao ler esse vértice e retorna o resultado até aquele ponto, não importando quanto do grafo permanece inexplorado.

O algoritmo começa estimando a distância dos outros vértices a partir do ponto inicial. Essa é a convicção inicial que ele grava na fila de prioridade e é definida com valor infinito por convenção. Então o algoritmo continua a explorar os nós vizinhos, similar à BFS. Isso permite determinar quais nós estão próximos e que sua distância é o peso das arestas conectadas. Ele armazena essa informação na fila de prioridade por uma atualização de peso apropriada.

LEMBRE-SE

Naturalmente, o algoritmo explora os vizinhos porque uma aresta dirigida os conecta com o vértice inicial. O algoritmo de Dijkstra considera a direção da aresta.

Neste ponto, o algoritmo passa para o vértice mais próximo no grafo com base na aresta mais curta na fila de prioridade. Tecnicamente, o algoritmo *visita* um novo vértice. Ele começa explorando os vértices próximos, excluindo aqueles que já foram visitados, determina quanto custa visitar cada um dos não visitados, e avalia se a distância para fazer isso é menor que a distância gravada na fila de prioridade.

Quando a distância na fila de prioridade é infinita, isso significa que é a primeira visita do algoritmo àquele vértice, e o algoritmo grava a distância mais curta. Quando a distância gravada na fila de prioridade não é infinita, mas é maior que a que o algoritmo acabou de calcular, significa que ele encontrou um *atalho*, um caminho mais curto para alcançar aquele vértice a partir do ponto inicial, e armazena a informação na fila de prioridade. É claro, se a distância gravada na fila de prioridade for mais curta que aquela que acabou de ser avaliada pelo algoritmo, a informação é descartada, pois a nova rota é mais longa. Depois de atualizar todas as distâncias para os vértices vizinhos, o algoritmo determina se o vértice final foi alcançado. Se não, ele escolhe a aresta mais curta presente na fila de prioridade, visita-a e começa a avaliar a distância até os novos vértices vizinhos.

LEMBRE-SE

Conforme a narrativa explicada, o algoritmo de Dijkstra mantém uma conta precisa do custo para alcançar cada vértice que encontra, e ele atualiza suas informações apenas quando encontra um caminho mais curto. A complexidade de execução do algoritmo em notação Big-O é O(E*log(V)), na qual E é o número de arestas e V, o número de vértices no grafo. O código a seguir mostra como implementar o algoritmo de Dijkstra usando Python:

```python
def dijkstra(graph, start, end):
    inf = float('inf')
    known = set()
    priority = priority_queue()
    path = {start: start}

    for vertex in graph:
        if vertex == start:
            priority.push(0, vertex)
        else:
            priority.push(inf, vertex)
    last = start

    while last != end:
        (weight, actual_node) = priority.pop()
        if actual_node not in known:
            for next_node in graph[actual_node]:
                upto_actual = priority.index[actual_node]
                upto_next = priority.index[next_node]
                to_next = upto_actual + \
                    graph[actual_node][next_node]
                if to_next < upto_next:
                    priority.push(to_next, next_node)
                    print("Found shortcut from %s to %s"
                        % (actual_node, next_node))
```

```
                    print ("\tTotal length up so far: %i"
                            % to_next)
                    path[next_node] = actual_node

            last = actual_node
            known.add(actual_node)

    return priority.index, path

dist, path = dijkstra(graph, 'A', 'F')

Found shortcut from A to C
    Total length up so far: 3
Found shortcut from A to B
    Total length up so far: 2
Found shortcut from B to D
    Total length up so far: 4
Found shortcut from C to E
    Total length up so far: 5
Found shortcut from D to F
    Total length up so far: 7
Found shortcut from E to F
    Total length up so far: 6
```

O algoritmo retorna duas informações úteis: o caminho mais curto até o destino e as distâncias mínimas gravadas até os vértices visitados. Para visualizar o caminho mais curto, você precisa de uma função `reverse_path`, que reorganiza o caminho para torná-lo legível:

```
def reverse_path(path, start, end):
    progression = [end]
    while progression[-1] != start:
        progression.append(path[progression[-1]])
    return progression[::-1]

print (reverse_path(path, 'A', 'F'))

['A', 'C', 'E', 'F']
```

Você também consegue saber a distância mais curta até todos os nós encontrados consultando o dicionário `dist`:

```
print (dist)

{'D': 4, 'A': 0, 'B': 2, 'F': 6, 'C': 3, 'E': 5}
```

NESTE CAPÍTULO

» **Vendo redes sociais em forma de grafos**

» **Interagindo com conteúdos de grafos**

Capítulo **10**

Descobrindo os Segredos dos Grafos

O Capítulo 8 ajudou a entender os fundamentos dos grafos conforme eles se aplicam à matemática; o Capítulo 9 ampliou esse conhecimento, ajudando a ver as relações dos grafos com os algoritmos. Este capítulo ajuda a focar na aplicação das teorias dos dois capítulos anteriores para interagir com grafos de maneira prática.

A primeira seção apresenta o caráter de redes sociais usando grafos. Considerar as conexões criadas por redes sociais é importante. Por exemplo, a análise de conversas pode revelar padrões que ajudam a entender um tópico implícito melhor do que simplesmente ler as conversas o faria. Uma ramificação particular de conversa poderia atrair muita atenção porque é mais importante que outra ramificação. É claro, essa análise deve ser feita enquanto se lida com outras questões, como o spam. Análises desse tipo podem levar a todo tipo de conclusões interessantes, como onde gastar mais dinheiro com publicidade para atrair mais atenção e, daí, mais vendas.

A segunda seção avalia os grafos de navegação para chegar a resultados específicos. Por exemplo, ao dirigir, você pode precisar saber a melhor rota entre dois pontos considerando que, embora uma rota seja mais curta, ela tem uma obra que torna a segunda rota melhor. Às vezes é necessário aleatorizar sua busca para descobrir a melhor rota ou a melhor conclusão. Esta seção do capítulo também discute essa questão.

Visualizando Redes Sociais como Grafos

Todas as interações sociais necessariamente se conectam com todas as outras interações sociais do mesmo tipo. Por exemplo, considere uma rede social como o Facebook. Os links na sua página se conectam com membros da família, mas também se conectam com fontes externas que, por sua vez, conectam-se com outras fontes externas. Cada um dos membros da sua família também tem links externos. Conexões diretas e indiretas entre várias páginas eventualmente vinculam todas as outras páginas juntas, embora o processo de ir de uma página a outra exija o uso de uma miríade de links. A conectividade ocorre de várias maneiras também. O ponto é que estudar redes sociais apenas vendo uma página no Facebook, ou outra fonte de informação, é difícil. A *Análise de Redes Sociais (ARS)* é o processo de estudar as interações em redes sociais usando grafos chamados *sociogramas,* nos quais nós (como páginas do Facebook) aparecem como pontos, e laços (como links de páginas externas) aparecem como linhas. As seções seguintes discutem algumas das questões em torno do estudo de redes sociais como grafos.

Agrupando redes

As pessoas tendem a formar comunidades — grupos de outras pessoas que têm ideias e sentimentos semelhantes. Estudando esses grupos, atribuir determinados comportamentos ao grupo como um todo é mais fácil (embora atribuir o comportamento a um indivíduo seja tanto perigoso quanto não confiável). A ideia por trás do estudo de grupos é que, se uma conexão entre pessoas existe, elas frequentemente têm um conjunto comum de ideias e objetivos. Encontrando esses grupos, é possível determinar essas ideias examinando os membros do grupo. Por exemplo, é comum tentar encontrar grupos de pessoas na detecção de fraude de seguros e inspeção fiscal. Grupos inesperados podem levantar suspeitas de serem parte de um grupo de fraudadores ou evasores fiscais, porque não têm razões comuns para se unirem em tais circunstâncias.

Grafos da amizade podem representar como as pessoas se conectam umas às outras. Os vértices representam indivíduos e as arestas, suas conexões, como relações familiares, contratos de negócios ou laços de amizades. Tipicamente, grafos da amizade são não dirigidos, pois representam relações mútuas e, às vezes, são ponderados para representar a força do vínculo entre duas pessoas.

DICA

Muitos estudos focam em grafos não dirigidos que se concentram apenas em associações. É possível usar grafos dirigidos para mostrar que a Pessoa A sabe da Pessoa B, mas a Pessoa B não sabe nem que a Pessoa A existe. Neste caso você tem, de fato, 16 tipos diferentes de tríades para considerar. Por uma questão de simplicidade, este capítulo foca apenas nestes quatro tipos: fechado, aberto, par conectado e não conectado.

Quando procurar grupos em um grafo da amizade, as conexões entre os nós nesses grupos dependem de tríades — basicamente, tipos especiais de triângulos. Conexões entre três pessoas podem cair nessas categorias:

- » **Fechado:** Todas as três pessoas se conhecem. Pense em contextos familiares neste caso, nos quais todo mundo conhece todo mundo.
- » **Aberto:** Uma pessoa conhece duas outras pessoas, mas as duas outras pessoas não se conhecem. Pense em uma pessoa que conhece um indivíduo no trabalho e outro em casa, mas o indivíduo do trabalho não sabe nada sobre o indivíduo de casa.
- » **Par conectado:** Uma pessoa conhece uma das outras pessoas em uma tríade, mas não conhece a terceira pessoa. Essa situação envolve duas pessoas que sabem alguma coisa uma sobre a outra quando conhecem alguém novo — alguém que potencialmente deseja ser parte do grupo.
- » **Não conectado:** A tríade forma um grupo, mas ninguém no grupo se conhece. Esta última pode parecer um pouco estranha, mas pense em uma convenção ou um seminário. As pessoas nesses eventos formam um grupo, mas podem não saber nada umas sobre as outras. Porém, por terem interesses similares, é possível usar o agrupamento para entender o comportamento do grupo.

Tríades ocorrem naturalmente em relações, e muitas redes sociais na internet têm aproveitado essa ideia para acelerar as conexões entre participantes. A densidade das conexões é importante para qualquer tipo de rede social, porque a rede conectada pode espalhar informações e compartilhar conteúdos mais facilmente. Por exemplo, quando o LinkedIn, a rede social profissional (https://www.linkedin.com/), decidiu aumentar a densidade de conexão da sua rede, começou a procurar tríades abertas e tentar fechá-las convidando pessoas para se conectarem. Fechar tríades está nos fundamentos do *algoritmo de Sugestão de Conexão* do LinkedIn.

O exemplo nesta seção depende do grafo de amostra do *Zachary's Karate Club*. É um grafo pequeno que permite ver como redes funcionam sem gastar tempo carregando uma grande base de dados. Felizmente, essa base de dados aparece como parte do pacote `networkx` introduzido no Capítulo 8. A rede do *Zachary's Karate Club* representa as relações de amizade entre 34 membros de um clube de karatê de 1970 a 1972. O sociólogo Wayne W. Zachary usou o clube como tópico de estudo e escreveu um artigo sobre o assunto. O fato interessante sobre este grafo e seu artigo é que, nesses anos, um conflito surgiu no clube entre um dos instrutores de karatê (nó número 0) e o presidente do clube (nó número 33). Agrupando o grafo, é possível quase perfeitamente prever a divisão do clube em dois grupos pouco depois da ocorrência.

Porque este exemplo também desenha um grafo mostrando os grupos (para que seja possível visualizá-los mais facilmente), também é necessário usar o pacote matplotlib. O código seguinte mostra como criar um grafo com os nós e as arestas da base de dados (você pode encontrar este código no arquivo A4D; 10; Social Networks.ipynb no site da Para Leigos).

```
import networkx as nx
import matplotlib.pyplot as plt
%matplotlib inline

graph = nx.karate_club_graph()

pos=nx.spring_layout(graph)
nx.draw(graph, pos, with_labels=True)
plt.show()
```

Para mostrar o gráfico na tela, também é necessário fornecer um layout que determine como posicionar os nós na tela. Esse exemplo usa o algoritmo de força dirigida de Fruchterman-Reingold (a chamada para nx.spring_layout). Entretanto, é possível escolher um dos outros layouts descritos na seção *Graph Layout* em https://networkx.github.io/documentation/networkx-1.9/reference/drawing.html (conteúdo em inglês). A Figura 10-1 mostra o resultado do exemplo (seu resultado pode aparecer ligeiramente diferente).

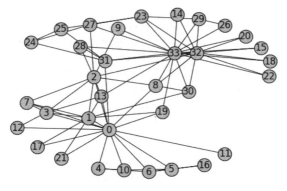

FIGURA 10-1: Um grafo mostrando os grupos da rede de relações entre amigos.

LEMBRE-SE

O algoritmo de força dirigida de Fruchterman-Reingold para gerar layouts automáticos de grafos cria layouts compreensíveis com nós separados e arestas que tendem a não se cruzar, imitando o que acontece na física entre partículas eletricamente carregadas ou imãs que comportam o mesmo sinal. Vendo o resultado do grafo, é possível notar que alguns nós têm apenas uma conexão, alguns, duas, e outros, mais de duas. As arestas formam tríades, como mencionado anteriormente. Porém, a consideração mais importante é que a Figura 10-1 claramente mostra o agrupamento que ocorre em redes sociais.

Descobrindo comunidades

Com frequência, um grupo de pessoas estreitamente associadas define uma comunidade. Na verdade, o termo *clique* se aplica a um grupo cuja afiliação seja exclusiva e todo mundo conheça todo mundo muito bem. A maioria das pessoas têm memórias de infância de um grupo unido de amigos na escola ou na vizinhança que sempre passava tempo junto. Isso é um clique.

LEMBRE-SE

É possível encontrar cliques em grafos não dirigidos. Grafos dirigidos distinguem fortemente componentes conectados quando uma conexão direta existe entre todos os pares de nós no próprio componente. Uma cidade é um exemplo de um componente fortemente conectado porque é possível alcançar qualquer destino a partir de qualquer ponto de partida seguindo ruas de mão única e de mão dupla.

Matematicamente, um clique é ainda mais rigoroso pois implica um *subgrafo* (uma parte de um grafo de rede que pode ser separada de outras partes como um elemento completo por si só) que tem conectividade máxima. Observando vários tipos de redes sociais, escolher os grupos é fácil, mas o que pode se provar difícil é encontrar os cliques — os grupos com conectividade máxima — dentro dos grupos. Sabendo que cliques existem, é possível começar a entender melhor a natureza coesiva de uma comunidade. Além disso, a natureza exclusiva dos cliques tende a criar um grupo que tem suas próprias regras fora daquelas que podem existir na rede social como um todo. O exemplo a seguir mostra como extrair cliques e comunidades do grafo do clube de karatê usado na seção anterior:

```
graph = nx.karate_club_graph()
# Finding and printing all cliques of four
cliques = nx.find_cliques(graph)
print ('All cliques of four: %s'
       % [c for c in cliques if len(c)>=4])

# Joining cliques of four into communities
communities = nx.k_clique_communities(graph, k=4)
communities_list = [list(c) for c in communities]
nodes_list = [node for community in communities_list for
              node in community]
print ('Found these communities: %s' % communities_list)

# Printing the subgraph of communities
```

```
subgraph = graph.subgraph(nodes_list)
nx.draw(subgraph, with_labels=True)
plt.show()

All cliques of four: [[0, 1, 2, 3, 13], [0, 1, 2, 3, 7],
                      [33, 32, 8, 30], [33, 32, 23, 29]]
Found these communities: [[0, 1, 2, 3, 7, 13],
                          [32, 33, 29, 23], [32, 33, 8, 30]]
```

O exemplo começa extraindo apenas os nós que têm quatro ou mais conexões da base de dados do clube de karatê, e então imprime os cliques com o tamanho mínimo de quatro. Claro, é possível definir qualquer nível de conexões necessárias para obter o recurso desejado. Talvez você considere um clique uma comunidade na qual cada nó tem vinte conexões, mas outras pessoas podem ver um clique como uma comunidade na qual cada nó tem apenas três conexões.

No entanto, a lista de cliques não ajuda muito se você quiser ver as comunidades. Para vê-las, é necessário contar com algoritmos especializados e complexos para fundir cliques sobrepostos e encontrar grupos, como o método de percolação. O pacote NetworkX oferece `k_clique_communities`, uma implementação do algoritmo de percolação de cliques, que resulta na união de todos os cliques de um determinado tamanho (o parâmetro k). Esses cliques de um determinado tamanho dividem k-1 elementos (isto é, eles se diferem apenas por um componente, uma regra realmente rígida).

A percolação de cliques fornece uma lista de todas as comunidades encontradas. Nesse exemplo, um clique revolve em torno do instrutor de karatê e o outro, em torno do presidente do clube. Além disso, é possível extrair todos os nós que são parte de uma comunidade dentro de um único conjunto, o que ajuda a criar um subgrafo feito apenas de comunidades.

Por fim, é possível desenhar o subgrafo e exibi-lo. A Figura 10-2 mostra o resultado desse exemplo, que exibe o conjunto de cliques com quatro ou mais conexões.

Encontrar cliques em grafos é um problema complexo que exige muitos cálculos (é um problema difícil) que um algoritmo soluciona usando uma busca de força bruta, o que significa tentar todos os subconjuntos possíveis de vértices para determinar se são cliques. Com alguma sorte, porque alguma aleatorização é necessária para que o algoritmo tenha sucesso, é possível encontrar um clique grande usando uma abordagem simples cuja complexidade seja O(n+m), na qual *n* é o número de vértices e *m*, as arestas. Os passos a seguir descrevem este processo.

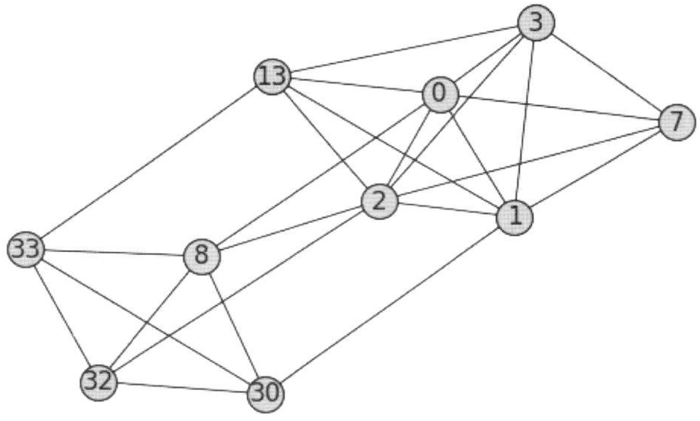

FIGURA 10-2: Comunidades geralmente contêm cliques que podem ser úteis para a ARS.

1. **Ordene os vértices por grau (que é o número de conexões de vértices), do maior para o menor.**

2. **Ponha o vértice de maior grau dentro do clique (ou, como alternativa, escolha aleatoriamente entre um dos vértices de maior grau).**

3. **Repita os Passos 1 e 2 até que não haja mais vértices para testar.**

4. **Verifique o próximo vértice como sendo parte do clique:**

   - Se for, adicione-o ao clique.

   - Se não for, repita o teste com os vértices restantes.

No fim, depois de alguns testes de algoritmos, você deve ter uma lista de vértices que constitui o maior clique presente no grafo.

Navegando um Grafo

Navegar ou *atravessar* um grafo significa visitar cada um dos seus nós. O propósito de navegar um grafo pode incluir determinar o conteúdo de um nó ou atualizá-lo, se necessário. Ao navegar um grafo, é possível visitar nós particulares mais de uma vez por causa da conectividade que os grafos fornecem. Consequentemente, também é necessário considerar marcar nós como visitados depois de ver seu conteúdo. O ato de navegar um grafo é importante para determinar como os nós se conectam, para que seja possível executar várias tarefas. Capítulos anteriores discutem técnicas básicas. As seções a seguir ajudam a entender algumas das mais avançadas técnicas de navegação de grafos.

Contando os graus de separação

O termo *graus de separação* define a distância entre nós em um grafo. Ao trabalhar com um grafo não dirigido sem arestas ponderadas, cada aresta conta

CAPÍTULO 10 **Descobrindo os Segredos dos Grafos** 203

como um valor de um grau de separação. Porém, ao trabalhar com outros tipos de grafos, como mapas, nos quais cada aresta pode representar um valor de tempo ou de distância, os graus de separação podem ser bastante diferentes. O ponto é que graus de separação indicam algum tipo de distância. O exemplo nesta seção (e na seguinte) depende dos seguintes dados de grafos (você pode encontrar este código no arquivo A4D; 10; Graph Navigation.ipynb no site da Para Leigos como parte do código para download).

```python
import networkx as nx
import matplotlib.pyplot as plt
%matplotlib inline

data  = {'A': ['B', 'F', 'H'],
         'B': ['A', 'C'],
         'C': ['B', 'D'],
         'D': ['C', 'E'],
         'E': ['D', 'F', 'G'],
         'F': ['E', 'A'],
         'G': ['E', 'H'],
         'H': ['G', 'A']}

graph = nx.DiGraph(data)
pos=nx.spring_layout(graph)
nx.draw_networkx_labels(graph, pos)
nx.draw_networkx_nodes(graph, pos)
nx.draw_networkx_edges(graph, pos)
plt.show()
```

Essa é uma expansão do grafo usado no Capítulo 6. A Figura 10-3 mostra como esse grafo aparece para que você possa visualizar o que a chamada de função está fazendo. Note que esse é um grafo dirigido (networkx DiGraph), porque usar um grafo dirigido tem certas vantagens para determinar os graus de separação (e executar uma série de outros cálculos).

Para descobrir os graus de separação entre dois itens, é necessário ter um ponto de partida. Para o propósito desse exemplo, você pode usar o nó 'A'. O código a seguir mostra a chamada e o resultado da função do pacote networkx exigido:

```python
nx.shortest_path_length(graph, 'A')

{'A': 0, 'B': 1, 'C': 2, 'D': 3, 'E': 2, 'F': 1, 'G': 2,
 'H': 1}
```

PARTE 3 **Explorando o Mundo dos Grafos**

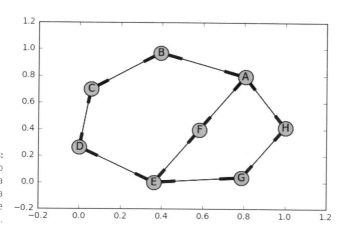

FIGURA 10-3: Um grafo de amostra usado para propósitos de navegação.

A distância entre o nó A e o nó A é 0, obviamente. O maior grau de separação vem do nó A ao nó D, que é 3. Você pode usar esse tipo de informação para determinar qual rota utilizar ou para executar uma análise do custo em gasolina versus o custo em tempo para vários caminhos. O ponto é que conhecer a distância mais curta entre dois pontos pode ser muito importante. O pacote networkx usado para esse exemplo vem com uma ampla gama de algoritmos de medição de distância, como descrito em https://networkx.github.io/documentation/development/reference/algorithms.shortest_paths.html (conteúdo em inglês).

PAPO DE ESPECIALISTA

Para ver como usar um grafo dirigido pode fazer uma grande diferença na execução de cálculos de graus de separação, tente remover a conexão entre os nós A e F. Mude os dados para que apareçam assim:

```
data = {'A': ['B', 'H'],
        'B': ['A', 'C'],
        'C': ['B', 'D'],
        'D': ['C', 'E'],
        'E': ['D', 'F', 'G'],
        'F': ['E', 'A'],
        'G': ['E', 'H'],
        'H': ['G', 'A']}
```

Quando você executa a chamada para nx.shortest_path_length dessa vez, o resultado torna-se bastante diferente porque não é mais possível ir de A a F diretamente. Aqui está um novo resultado para a chamada:

```
{'A': 0, 'B': 1, 'C': 2, 'D': 3, 'E': 3, 'F': 4, 'G': 2,
 'H': 1}
```

Note que a perda do caminho mudou alguns dos graus de separação. A distância até o nó F agora é a mais longa, em 4.

CAPÍTULO 10 **Descobrindo os Segredos dos Grafos** 205

Percorrendo um grafo aleatoriamente

Você pode ter a necessidade de percorrer um grafo aleatoriamente. O ato de percorrer o grafo aleatoriamente, em vez que procurar um caminho específico, pode simular atividades naturais, como um animal buscando alimento. Também funciona para várias outras atividades interessantes, como jogos. No entanto, percorrer um grafo aleatoriamente pode ter aspectos práticos. Por exemplo, um carro preso no trânsito por causa de um acidente; o menor caminho não está mais disponível. Em alguns casos, escolher uma alternativa aleatória pode funcionar melhor, porque o trânsito na segunda melhor rota pode estar pesado como resultado do engarrafamento na rota mais curta.

LEMBRE-SE

O pacote `networkx` não fornece os meios para obter um caminho aleatório diretamente. Porém, ele fornece os meios para encontrar todos os caminhos disponíveis e, depois disso, você pode selecionar aleatoriamente um caminho da lista. O código a seguir mostra como esse processo pode funcionar usando o grafo da seção anterior.

```
import random
random.seed(0)

paths = nx.all_simple_paths(graph, 'A', 'H')

path_list = []
for path in paths:
    path_list.append(path)
    print("Path Candidate: ", path)

sel_path = random.randint(0, len(path_list) - 1)

print("The selected path is: ", path_list[sel_path])

Path Candidate:     ['A', 'B', 'C', 'D', 'E', 'G', 'H']
Path Candidate:     ['A', 'H']
Path Candidate:     ['A', 'F', 'E', 'G', 'H']
The selected path is:   ['A', 'H']
```

O código configura o *seed* para um valor específico para assegurar que o mesmo resultado seja obtido sempre. Contudo, mudando o valor do *seed*, é possível ver resultados diferentes do código de exemplo. O ponto é que, mesmo o grafo simples mostrado na Figura 10-3 oferece três maneiras de ir do nó A ao nó H (duas das quais são definitivamente mais longas que o caminho selecionado neste caso). Escolher apenas uma delas assegura que você vá de um nó ao outro, ainda que por um caminho potencialmente tortuoso.

> **NESTE CAPÍTULO**
>
> » **Entendendo porque encontrar o que você quer na web é difícil**
>
> » **Revisando problemas que o PageRank soluciona**
>
> » **Implementando o algoritmo PageRank com teletransporte**
>
> » **Aprendendo como o uso do PageRank está evoluindo**

Capítulo **11**

Chegando na Página Web Certa

Os últimos capítulos exploraram grafos extensivamente. A web é um dos exemplos mais interessantes por sua extensão e complexidade. Depois de fornecer e entender o básico dos algoritmos que permitem atravessar e extrair estruturas úteis dos grafos (como a presença de grupos ou comunidades), este capítulo conclui a discussão sobre grafos apresentando o algoritmo PageRank, que revolucionou a vida das pessoas, assim como a web e a internet o fizeram, pois ele torna a web utilizável. O PageRank não é o único motor por trás do Google e muitos outros buscadores, mas ele também é uma maneira inteligente de derivar informação latente, como relevância, importância e reputação de uma estrutura de grafo.

Bibliotecas contam com catálogos e bibliotecários para oferecer um jeito fácil de encontrar textos específicos e explorar determinados assuntos. Livros não são todos iguais: alguns são bons em apresentar certos tipos de informação; outros são melhores. Recomendações de intelectuais tornam um livro uma fonte confiável, porque estas recomendações geralmente aparecem em outros livros como citações. Esse tipo de referência cruzada não existia na web inicialmente. A presença de determinadas palavras no título ou no texto do corpo recomendava uma página web em particular. Esta abordagem é praticamente como julgar um livro pelo título e o número de palavras que contém.

O algoritmo PageRank mudou tudo, transformando a presença dos links nas páginas e tornando-os recomendações, similar às recomendações dos intelectuais. A escala crescente da web também tem um papel no sucesso do algoritmo. Bons sinais são fáceis de encontrar e distinguir dos ruídos, porque aparecem regularmente. Ruídos, embora confusos, são naturalmente casuais. Quanto maior a web, mais provável é encontrar bons sinais para algoritmos inteligentes como o PageRank.

Encontrando o Mundo em um Mecanismo de Busca

Para muitas pessoas, suas vidas pessoais e profissionais são impensáveis sem a internet e a web. A rede de internet é composta por páginas interconectadas (entre outras coisas). A web é composta por sites que são acessíveis por domínios, cada um composto por páginas e hiperlinks que conectam sites internamente e a outros sites externamente. Serviços e recursos de conhecimento estão disponíveis através da web, se você souber exatamente onde procurar. Acessar a web é impensável sem mecanismos de busca, aqueles sites que permitem encontrar qualquer coisa na web fazendo uma simples consulta.

Buscando dados na internet

Com um tamanho estimado de quase 50 bilhões de páginas, a web não é fácil de representar. Estudos a descrevem como um grafo em forma de gravata borboleta (veja `http://www.immorlica.com/socNet/broder.pdf` e `http://vigna.di.unimi.it/ftp/papers/GraphStructureRevisited.pdf` [conteúdos em inglês]). A web essencialmente consiste em um núcleo e outras partes que se ligam a esse núcleo. Entretanto, algumas partes são completamente inacessíveis. Pegando qualquer estrada no mundo real, é possível ir a qualquer lugar (pode ser necessário atravessar oceanos para isso). Na web, não é possível atingir todos os sites apenas seguindo sua estrutura; algumas partes não são facilmente acessíveis (estão desconectadas ou você está do lado errado para acessá-las). Se quiser encontrar alguma coisa na web, mesmo quando o tempo não for problema, um índice ainda é necessário.

Considerando como encontrar os dados certos

Encontrar os dados certos foi um problema desde os primórdios da web, mas os primeiros mecanismos de busca só apareceram por volta dos anos 1990. Não se pensou em mecanismos de busca antes pois outras soluções, como simples listas de domínios ou catálogos especializados de sites, funcionavam bem. Apenas quando essas soluções deixaram de funcionar bem, devido ao rápido crescimento da web, é que mecanismos de busca, como Lycos, Magellan, Yahoo, Excite, Inktomi e Altavista, apareceram.

Todos esses mecanismos de busca funcionavam com softwares especializados autonomamente visitando a web, usando listas de domínios e testando hiperlink encontrados nas páginas visitadas. Essas *aranhas* exploravam cada novo link em um processo chamado rastreamento (crawling). Aranhas são softwares que leem as páginas como textos simples (não conseguem entender imagens ou outros conteúdos não textuais).

Mecanismos de busca iniciais funcionavam rastreando a web, coletando as informações das aranhas e processando-as em ordem para criar índices invertidos. Os índices permitiam retraçar as páginas com base nas palavras que elas continham. Quando uma consulta era feita, tais índices invertidos reportavam todas as páginas contendo os termos e ajudavam a ponderá-las, daí criando uma classificação que era transformada em resultado de busca (uma lista de páginas ordenadas, variando da provável página mais útil à menos útil).

A classificação era bastante ingênua, pois geralmente contava com que frequência as palavras-chave apareciam nas páginas, ou se elas apareciam nos títulos ou no cabeçalho da própria página. Às vezes, palavras-chave ganhavam ainda mais pontos se estivessem misturadas ou agrupadas. Claramente, tais técnicas simples de indexação e classificação permitiam a alguns usuários web levar vantagem usando vários truques:

LEMBRE-SE

» **Spammers web:** Usavam sua habilidade de preencher os resultados de busca com páginas de conteúdo pobre e muita publicidade.

» **Otimização de sites Black Hat (Black Hat SEO):** Usado por pessoas que empregam seus conhecimentos em mecanismos de busca para fazê-los classificar melhor páginas manipuladas, apesar de seu conteúdo pobre. Infelizmente, estas questões ainda persistem pois todo mecanismo de busca, mesmo os mais evoluídos, não é imune a pessoas que querem brincar com o sistema para obter uma classificação melhor no mecanismo de busca. O algoritmo PageRank pode eliminar muitos desses spammers antigos e Black Hat SEOs, mas não é a solução para tudo.

É essencial distinguir o Black Hat SEO do White Hat SEO (em geral, apenas SEO). Pessoas que usam *White Hat SEO* são profissionais que empregam seu conhecimento em mecanismos de busca para promover melhor páginas válidas e úteis de maneira legal e ética.

A emergência de tais atores e a possibilidade de manipular resultados de mecanismos de busca criaram a necessidade de algoritmos de classificação melhores em mecanismos de busca. Um resultado desses é o algoritmo PageRank.

URLS COM EXTENSÕES .PDF

Muitos dos recursos URL encontrados neste livro têm uma extensão .pdf. Quando você tentar abrir o link, pode aparecer um aviso do seu navegador indicando que o arquivo .pdf pode conter vírus. É totalmente possível que um arquivo .pdf contenha vírus (veja http://security.stackexchange.com/questions/64052/can-a-pdf-file-contain-a-virus [conteúdo em inglês] para uma discussão sobre o tópico). Porém, é improvável que os links de busca de arquivos .pdf fornecidos neste livro contenham vírus, então você pode baixá-los de maneira segura e escaneá-los para verificar o conteúdo. Como com qualquer conteúdo online, é sempre melhor prevenir do que remediar quando se trata de arquivos. Se tiver problemas, por favor, entre em contato com o webmaster do site que hospeda o arquivo.

Explicando o Algoritmo PageRank

O algoritmo PageRank recebeu este nome do cofundador da Google, Larry Page. Sua primeira aparição pública foi em 1998, em um artigo chamado *The Anatomy of a LargeScale Hypertextual Web Search Engine* ("A anatomia de um mecanismo de busca hipertextual de grande escala"), por Sergey Brin e Larry Page, publicado pela revista *Computer Networks and ISDN Systems* (http://ilpubs.stanford.edu:8090/361/1/1998-8.pdf [conteúdo em inglês]). Naquela época, Brin e Page eram candidatos ao doutorado e o algoritmo, a própria base da tecnologia de busca da Google, era inicialmente um projeto de pesquisa na Universidade de Stanford.

Grosso modo, o *PageRank* classifica a importância de cada nó em um grafo de tal maneira que quanto mais alta a classificação, mais importante é o nó no grafo. Determinar a importância do nó em um grafo como a web significa calcular se a página é relevante como parte dos resultados da busca, dessa forma, atendendo melhor aos usuários à procura de bons conteúdos na web.

Uma página é uma boa resposta a uma consulta quando atende aos critérios de busca e é proeminente no sistema de hiperlinks que amarra a página. A lógica por trás da proeminência é que, como os usuários constroem a web, uma página é importante na rede por uma boa razão (a qualidade e a autoridade do conteúdo da página são avaliados por sua importância na rede web de hiperlinks).

Entendendo o raciocínio por trás do algoritmo PageRank

Em 1998, quando Brin e Page ainda eram estudantes em Stanford, a qualidade dos resultados de busca era um problema para qualquer pessoa usando a web. Os principais mecanismos de busca da época penavam com a estrutura web sempre crescente (a próxima parte do livro discute questões de escala de algoritmo e como fazê-los funcionar com big data) e com uma infinidade de spammers.

O uso de spammers nesse caso não se refere a spammers de e-mail (aqueles spammers que enviam e-mails não solicitados para a sua caixa de entrada) mas sim aos spammers web (aqueles que sabem da importância econômica de ter páginas no topo dos resultados de busca). Esse grupo elaborava truques maliciosos e sofisticados para enganar os resultados de busca. Hacks populares por spammers web da época incluíam:

» **Sobrecarregamento de palavras-chave:** Implica o uso excessivo de determinadas palavras-chaves para enganar o mecanismo de busca a pensar que a página realmente discute o tópico da palavra-chave.

» **Texto invisível:** Exige copiar o conteúdo do resultado de uma página do topo de uma busca em uma página diferente usando a mesma cor tanto para os caracteres quanto para o fundo. O conteúdo copiado é invisível para os usuários, mas não para as aranhas do mecanismo de busca (que escaneavam, e ainda escaneiam, os dados textuais) e para os seus algoritmos. O truque classifica a página com texto invisível ao mesmo nível que a página original em uma busca.

» **Cloaking:** Define uma variante mais sofisticada do texto invisível na qual, em vez de texto, scripts ou imagens, fornece um conteúdo diferente para as aranhas do mecanismo de busca do que o que os usuários realmente veem.

Spammers web usam tais truques para enganar mecanismos de busca e classificar melhor as páginas, embora o conteúdo da página seja pobre e, no mínimo, enganoso. Estes truques têm consequências. Por exemplo, um usuário pode procurar informações relacionadas a uma pesquisa acadêmica e, em vez disso, ser exposto à publicidade ou a conteúdo inapropriado. Usuários ficavam desapontados, pois frequentemente acabavam em páginas não relacionadas às suas necessidades, exigindo que refizessem suas buscas e gastassem seu tempo rebuscando informações úteis entre páginas de resultados, desperdiçando energia distinguindo referências boas das ruins. Estudiosos e especialistas, notando a necessidade de lidar com resultados spam, e com medo de que o desenvolvimento da web pudesse travar porque usuários tinham dificuldades para encontrar o que realmente queriam, começaram a trabalhar em soluções possíveis.

Conforme Brin e Page trabalhavam em seu algoritmo para resolver isso, outras ideias foram elaboradas e divulgadas, ou desenvolvidas em paralelo. Uma dessas ideias é a Hyper Search, de Massimo Marchiori, quem primeiro apontou a importância de links web para determinar a proeminência de uma página web como fator a considerar em uma busca. Outra solução interessante é um projeto de mecanismo de busca chamado HITS (*Hypertext-Induced Topic Search*), que também teve base na estrutura de links web e foi desenvolvido por Jon Kleinberg, um jovem cientista que trabalhava na IBM Almaden no Vale do Silício. O fato interessante sobre o HITS é que ele classifica as páginas em *hubs* (uma página com muitos links para páginas confiáveis) e *autoridades* (páginas consideradas confiáveis por muitos links das hubs), algo que o PageRank não faz explicitamente (mas faz implicitamente nos cálculos).

LEMBRE-SE

Quando o tempo está propício, a mesma ideia ou algo similar geralmente germina em lugares diferentes. Às vezes, o compartilhamento de ideias básicas ocorre entre pesquisadores e cientistas; às vezes, ideias são desenvolvidas de maneira completamente independente (veja a história do matemático japonês Takakazu Seki http://www-history.mcs.st-andrews.ac.uk/history/Biographies/Seki.html [conteúdo em inglês], que, de maneira independente, descobriu muitas das mesmas coisas que os matemáticos europeus, como Newton, Leibniz e Bernoulli, descobriram por volta do mesmo período). Em 1998, apenas Brin e Page caminhavam para criar uma empresa de mecanismos de busca com base em seu algoritmo, tirando licença da Universidade de Stanford e de seus estudos de doutorado para focar em fazer o seu algoritmo funcionar com mais de um bilhão de páginas web.

Explicando o bê-á-bá do PageRank

A inovação trazida pelo PageRank é que um índice invertido de termos não é suficiente para determinar se uma página corresponde à informação de busca do usuário. Palavras correspondentes (ou significados, a correspondência semântica da busca discutida no fim do capítulo) entre uma busca e o texto da página é um pré-requisito, mas não é suficiente, pois hiperlinks são necessários para avaliar se a página oferece conteúdo de qualidade e é confiável.

Quando se trata de sites, distinguir entre links de entrada e de saída é importante, e links internos que se conectam dentro do mesmo site não devem ser considerados. Os links vistos em uma página são *de saída* quando levam a outra página em outro site. Os links que trazem alguém para sua página vindos de uma página em outro site são links *de entrada* (backlinks). Como criador da página, você usa links de saída para fornecer informações adicionais ao conteúdo da página. Presumivelmente, você não usa links aleatórios na sua página (ou links que levam a conteúdos inúteis ou ruins) porque isso estragaria sua qualidade. Conforme aponta para bons conteúdos usando links, outros criadores usam links em suas páginas para apontar para à página quando ela for interessante ou de alta qualidade.

É uma cadeia de confiança. Hiperlinks são como aprovações ou recomendações para páginas. Links de entrada mostram que outros criadores confiam em você, e você compartilha parte dessa confiança adicionando links de saída às suas páginas que levam a outras.

Implementando o PageRank

Representar essa cadeia de confiança por meio da matemática requer, simultaneamente, determinar o nível de confiabilidade da sua página, conforme medido pelos links de entrada, e o quanto ela doa a outras páginas através de links de saída. É possível fazer tal cálculo de duas maneiras:

» **Simulação:** Usa o comportamento de um usuário web que navega aleatoriamente (um *usuário aleatório*). Esta abordagem exige que você recrie a estrutura web e rode a simulação.

» **Cálculo de matriz:** Replica o comportamento de um usuário aleatório usando uma *matriz esparsa* (uma matriz na qual a maioria dos dados é zero), replicando a estrutura web. Esta abordagem exige algumas operações matriciais, como explicado no Capítulo 5, e uma série de cálculos que chegam a um resultado por uma aproximação sucessiva.

Embora seja mais abstrato, o uso do cálculo matricial para o PageRank exige menos instruções de programação, e você pode facilmente implementá-lo usando Python (teste o algoritmo PageRank em sites reais usando um verificador PageRank automático, como em `http://checkpagerank.net/index.php` [conteúdo em inglês]. Infelizmente, o programa pode produzir resultados imprecisos para sites mais novos, pois eles ainda não foram propriamente rastreados; ele pode dar uma ideia de como o PageRank funciona na prática).

Implementando um script Python

O PageRank é uma função que classifica os nós em um grafo com um número (quanto mais alto o número, mais importante o nó). Na classificação de uma página web, o número pode representar a probabilidade de uma visita de um usuário aleatório. As probabilidades são expressas usando um número de 0,0 a um máximo de 1,0 e, idealmente, na representação da probabilidade de estar em um determinado site entre todos os sites disponíveis, a soma de todas as probabilidades das páginas na web deve ser igual a 1,0.

LEMBRE-SE

Existem muitas versões do PageRank, cada uma mudando sua fórmula um pouco para encaixar o tipo de grafo que precisa classificar. O exemplo nesta seção apresenta a versão original para a web apresentada no artigo de Brin e Page, anteriormente mencionado, e no artigo *PageRank: Bringing Order to the Web* ("PageRank: trazendo ordem para a web") (`http://ilpubs.stanford.edu:8090/422/1/1999-66.pdf` [conteúdo em inglês]).

O exemplo cria três redes web diferentes, feitas de seis nós (páginas web). A primeira é uma rede em bom funcionamento, as outras duas demonstram problemas que um usuário aleatório poderia encontrar por causa da estrutura web ou de ações de spammers web. Este exemplo também usa comandos NetworkX discutidos no Capítulo 8 (você pode encontrar este código no arquivo A4D; 11; PageRank.ipynb no site da Para Leigos como parte do código para download; veja a Introdução para detalhes).

```python
import numpy as np
import networkx as nx
import matplotlib.pyplot as plt
%matplotlib inline

Graph_A = nx.DiGraph()
Graph_B = nx.DiGraph()
Graph_C = nx.DiGraph()
Nodes = range(1, 6)
Edges_OK = [(1, 2), (1, 3), (2, 3), (3, 1), (3, 2), (3, 4), (4, 5),
            (4, 6), (5, 4), (5, 6), (6, 5), (6, 1)]
Edges_dead_end = [(1, 2), (1, 3), (3, 1), (3, 2), (3, 4), (4, 5),
                  (4, 6), (5, 4), (5, 6), (6, 5), (6, 1)]
Edges_trap = [(1, 2), (1, 3), (2, 3), (3, 1), (3, 2), (3, 4), (4, 5),
              (4, 6), (5, 4), (5, 6), (6, 5)]
Graph_A.add_nodes_from(Nodes)
Graph_A.add_edges_from(Edges_OK)
Graph_B.add_nodes_from(Nodes)
Graph_B.add_edges_from(Edges_dead_end)
Graph_C.add_nodes_from(Nodes)
Graph_C.add_edges_from(Edges_trap)
```

Este código exibe a primeira rede, a boa, como mostrada na Figura 11-1.

```python
np.random.seed(2)
pos=nx.shell_layout(Graph_A)
nx.draw(Graph_A, pos, arrows=True, with_labels=True)
plt.show()
```

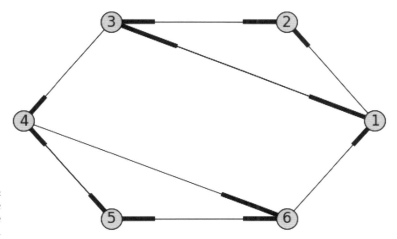

FIGURA 11-1: Uma rede fortemente conectada.

DICA

Todos os nós conectam-se uns aos outros. Esse é um exemplo de um grafo fortemente conectado, que não contém nós isolados ou sozinhos e enclaves que agem como becos sem saída. Um usuário aleatório pode rodar por ele livremente e nunca parar, e qualquer nó pode chegar a qualquer outro nó. Em uma representação NetworkX de um grafo dirigido, não há setas, mas a direção de uma aresta é representada por uma linha mais grossa entrando no nó. Por exemplo, um usuário pode ir do nó 4 ao nó 6 porque existe uma linha grossa entrando no nó 6 a partir do nó 4. Porém, o usuário não pode ir do nó 6 ao nó 4 pois a linha entrando no nó 4 a partir do nó 6 é fina.

O segundo grafo não está fortemente conectado. Ele apresenta uma armadilha para um usuário aleatório porque o segundo nó não tem links de saída, e um usuário que visita a página poderia parar aí e não encontrar saída. Este não é um evento raro, considerando a estrutura da web, mas poderia também mostrar um artefato spammer, como aqueles criados pelos spammers em fábricas de spams, com muitos links que direcionam a um site sem saída para pegar usuários web. A Figura 11-2 mostra o resultado do código a seguir, que foi usado para exibir esse grafo.

```
np.random.seed(2)
pos=nx.shell_layout(Graph_B)
nx.draw(Graph_B, pos, arrows=True, with_labels=True)
plt.show()
```

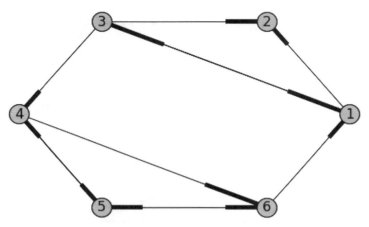

FIGURA 11-2:
Um beco sem saída.

Outra situação que pode ser natural, ou resultado de uma ação de spammer, é uma *spider trap*. É outro beco sem saída para um usuário, desta vez não em uma única página, mas em um site fechado que não tem links para uma rede externa de páginas. A Figura 11-3 mostra o resultado do código a seguir, que foi usado para exibir este grafo.

```
np.random.seed(2)
pos=nx.shell_layout(Graph_C)
nx.draw(Graph_C, pos, arrows=True, with_labels=True)
plt.show()
```

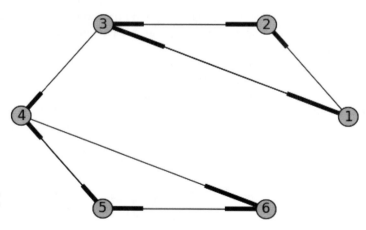

FIGURA 11-3:
Uma *spider trap*.

LEMBRE-SE

O grafo é chamado de *spider trap* porque os spammers o elaboraram como uma maneira de pegar as aranhas dos softwares de mecanismos de busca em um ciclo e fazê-las acreditar que os únicos sites são aqueles dentro da rede fechada.

216   PARTE 3 **Explorando o Mundo dos Grafos**

Lutando com uma implementação ingênua

Dado um grafo feito usando Python e NetworkX, é possível extrair sua estrutura e transformá-la em uma *matriz de transição*, uma matriz que representa nós em colunas e linhas:

» **Colunas:** Contêm o nó no qual um usuário web está.

» **Linhas:** Contêm a probabilidade de um usuário visitar outros nós por causa de links de saída.

Na web real, a matriz de transição que alimenta o algoritmo PageRank é construída pela exploração contínua dos links pelas aranhas.

```python
def initialize_PageRank(graph):
    nodes = len(graph)
    M = nx.to_numpy_matrix(graph)
    outbound = np.squeeze(np.asarray(np.sum(M, axis=1)))
    prob_outbound = np.array(
        [1.0/count
         if count>0 else 0.0 for count in outbound])
    G = np.asarray(np.multiply(M.T, prob_outbound))
    p = np.ones(nodes) / float(nodes)
    if np.min(np.sum(G,axis=0)) < 1.0:
        print ('Warning: G is substochastic')
    return G, p
```

O código Python cria a função `initialize_PageRank`, que extrai tanto a matriz de transição quanto o vetor inicial das classificações padrão de PageRank.

```python
G, p = initialize_PageRank(Graph_A)
print (G)

[[ 0.      0.      0.33333333 0.      0.      0.5 ]
 [ 0.5     0.      0.33333333 0.      0.      0.  ]
 [ 0.5     1.      0.         0.      0.      0.  ]
 [ 0.      0.      0.33333333 0.      0.5     0.  ]
 [ 0.      0.      0.         0.5     0.      0.5 ]
 [ 0.      0.      0.         0.5     0.5     0.  ]]
```

A matriz de transição `G` impressa representa a matriz de transição da rede descrita na Figura 11-1. Cada coluna representa um nó na sequência de 1 a 6. Por exemplo, a terceira coluna representa o nó 3. Cada linha na coluna mostra as conexões com outros nós (links de saída em direção aos nós 1, 2 e 4) e valores que definem a probabilidade de um usuário aleatório usar qualquer um dos links de saída (isto é, 1/3, 1/3, 1/3).

A diagonal da matriz é sempre zero, a menos que uma página tenha um link de saída em direção a si própria (é uma possibilidade).

A matriz contém mais zeros do que valores. Isso também acontece no mundo real, pois estimativas mostram que cada site tem, em média, apenas dez links de saída. Como existem bilhões de sites, valores diferentes de zero em uma matriz de transição representando a web são mínimos. Neste caso, é útil usar uma estrutura de dados, como uma lista de adjacência (explicada no Capítulo 8), para representar dados sem desperdiçar espaço em disco ou memória com valores zero:

```
from scipy import sparse
sG = sparse.csr_matrix(G)
print (sG)

    (0, 2)    0.333333333333
    (0, 5)    0.5
    (1, 0)    0.5
    (1, 2)    0.333333333333
    (2, 0)    0.5
    (2, 1)    1.0
    (3, 2)    0.333333333333
    (3, 4)    0.5
    (4, 3)    0.5
    (4, 5)    0.5
    (5, 3)    0.5
    (5, 4)    0.5
```

Este exemplo tem apenas 12 links de 30 possíveis (sem contar com links para *si*, que é o site atual). Outro aspecto particular da matriz de transição a ser notado é que, somando todas as colunas, o resultado deve ser 1,0. Se for um valor menor que 1,0, a matriz é *subestocástica* (o que significa que os dados da matriz não estão representando as probabilidades corretamente, pois as probabilidades deveriam somar 1,0) e pode não funcionar perfeitamente com as estimativas do PageRank.

Acompanhando G está um vetor p, a estimativa inicial da classificação total do PageRank, igualmente distribuída entre os nós. Neste exemplo, porque o PageRank total é 1,0 (a probabilidade de um usuário aleatório estar na rede, que é 100%), é distribuída como 1/6 entre os seis nós:

```
print(p)

[ 0.16666667  0.16666667  0.16666667  0.16666667
  0.16666667  0.16666667]
```

Para estimar o PageRank, pegue a estimativa inicial para um nó no vetor p, multiplique-a pela coluna correspondente na matriz de transição e determine quanto de seu PageRank (sua confiabilidade) é transferido para outros nós. Repita com todos os nós e você saberá como o PageRank se transfere entre nós por causa da estrutura de rede. É possível obter este cálculo usando a multiplicação matriz-vetor:

```
print(np.dot(G,p))

[ 0.13888889  0.13888889  0.25         0.13888889
  0.16666667  0.16666667]
```

Depois da primeira multiplicação matriz-vetor, é obtida a estimativa do PageRank, que é usada para a redistribuição entre os nós. Fazendo a redistribuição várias vezes, a estimativa do PageRank é estabilizada (os resultados não mudarão), obtém-se a pontuação necessária. Usando uma matriz de transição contendo probabilidades e estimativas por aproximação sucessiva usando a multiplicação matriz-vetor, obtém-se os mesmos resultados que uma simulação no computador com um usuário aleatório:

```
def PageRank_naive(graph, iters = 50):
    G, p = initialize_PageRank(graph)
    for i in range(iters):
        p = np.dot(G,p)
    return np.round(p,3)

print(PageRank_naive(Graph_A))

[ 0.154  0.154  0.231  0.154  0.154  0.154]
```

A nova função PageRank_naive amarra todas as operações descritas anteriormente e emite um vetor de probabilidades (a pontuação PageRank) para cada nó na rede. O terceiro nó emerge como o mais importante. Infelizmente, a mesma função não funciona com as duas outras redes:

```
print(PageRank_naive(Graph_B))
Warning: G is substochastic
[ 0.  0.  0.  0.  0.  0.]

print(PageRank_naive(Graph_C))
[ 0.    0.    0.    0.222  0.444  0.333]
```

No primeiro caso, as probabilidades parecem drenar para fora da rede — o efeito de um site sem saída e a matriz de transição subestocástica resultante. No

CAPÍTULO 11 **Chegando na Página Web Certa** 219

segundo caso, a metade de baixo da rede injustamente toma toda a importância, tornando a parte de cima insignificante.

Introduzindo o tédio e o teletransporte

Ambos os becos sem saída (*rank sinks*) e spider traps (*ciclos*) são situações comuns na web por causa das escolhas dos usuários e das ações dos spammers. O problema, no entanto, é facilmente solucionado ao fazer o usuário aleatório por acaso pular para outro nó de rede (*teletransporte*, como nos dispositivos de ficção científica que levam você instantaneamente de um lugar para outro). A teoria é que o usuário ficará entediado em um ponto ou outro e se afastará dos becos sem saída. Matematicamente, um valor alfa é definido para representar a probabilidade de continuidade da jornada aleatória do usuário no grafo. O valor alfa redistribui a probabilidade de estar em um nó independentemente da matriz de transição.

DICA

O valor originalmente sugerido por Brin e Page para alfa (também chamado de fator de amortecimento) é 0,85, mas é possível mudá-lo de acordo com a necessidade. Para a web, o valor funciona melhor estando entre 0,8 e 0,9, e você pode ler sobre porque este é o melhor intervalo de valores em https://www.cise.ufl.edu/~adobra/DaMn/talks/damn05-santini.pdf (conteúdo em inglês). Quanto menor o valor alfa, mais curta a viagem do usuário na rede, em média, antes de recomeçar em outro lugar.

```
def PageRank_teleporting(graph, iters = 50, alpha=0.85,
                  rounding=3):
    G, p = initialize_PageRank(graph)
    u = np.ones(len(p)) / float(len(p))
    for i in range(iters):
        p = alpha * np.dot(G,p) + (1.0 - alpha) * u
    return np.round(p / np.sum(p), rounding)

print('Graph A:', PageRank_teleporting(Graph_A,
                              rounding=8))
print('Graph B:', PageRank_teleporting(Graph_B,
                              rounding=8))
print('Graph C:', PageRank_teleporting(Graph_C,
                              rounding=8))

Graph A: [ 0.15477863   0.15346061   0.22122243   0.15477863
           0.15787985   0.15787985]
Warning: G is substochastic
Graph B: [ 0.16502904   0.14922238   0.11627717   0.16502904
           0.20222118   0.20222118]
Graph C: [ 0.0598128    0.08523323   0.12286869   0.18996342
           0.30623677   0.23588508]
```

Depois de aplicar as modificações na nova função, `PageRank_teleporting`, é possível conseguir estimativas similares para o primeiro grafo e estimativas muito mais realísticas (e úteis) para o segundo e terceiro grafos, sem cair em armadilhas de becos sem saída ou rank sinks. Curiosamente, a função é equivalente à fornecida pelo NetworkX: `http://networkx.readthedocs.io/en/networkx-1.11/reference/generated/networkx.algorithms.link_analysis.pagerank_alg.pagerank.html` (conteúdo em inglês).

```
nx.pagerank(Graph_A, alpha=0.85)

{1: 0.15477892494151968,
 2: 0.1534602056628941,
 3: 0.2212224378270561,
 4: 0.15477892494151968,
 5: 0.1578797533135051,
 6: 0.15787975331350507}
```

Observando a vida de um mecanismo de busca

Embora apenas reporte a estrutura de hiperlinks da web, o PageRank revela o quão confiável uma página pode se tornar. No entanto, o Google não é composto apenas do PageRank. O algoritmo fornece fundações sólidas para qualquer pesquisa, e inicialmente alavancou a fama do Google como mecanismo de busca confiável. Hoje, o PageRank é apenas um dos vários fatores de classificação que intervêm no processamento de uma pesquisa.

Fontes especializadas em conhecimento de SEO citam mais de 200 fatores que contribuem com os resultados fornecidos pelo Google. Para ver que outros tipos de fatores de classificação o Google considera, consulte a lista `https://moz.com/search-ranking-factors` (conteúdo em inglês; produzida pela MOZ, uma empresa americana). É possível também baixar relatórios anuais em `http://www.searchmetrics.com/knowledge-base/ranking-factors/` (conteúdo em inglês), da Searchmetrics, uma empresa alemã de Berlim, especializada em software SEO.

Também é necessário considerar que o algoritmo do Google recebeu várias atualizações e, neste ponto, ele é muito mais um conjunto de algoritmos diferentes, cada um com um nome fantasia (Caffeine, Panda, Penguin, Hummingbird, Pigeon, Mobile Update). Muitas destas atualizações causaram agitação nas classificações de busca anteriores e foram motivadas pela necessidade (por exemplo, o Mobile Update induziu vários sites a tornar suas interfaces amigáveis para celulares).

Considerando outros usos do PageRank

Embora o PageRank forneça melhores resultados de busca, sua aplicabilidade não é limitada ao Google ou mecanismos de busca. É possível usar o Page-Rank em qualquer lugar em que for possível reduzir o problema a um grafo. Apenas modifique e ajuste o algoritmo às suas necessidades. A Universidade Cornell enumerou alguns dos potenciais usos do PageRank em diferentes setores (`https://blogs.cornell.edu/info2040/2014/11/03/more-than-just-a-web-search-algorithm-googles-pagerank-in-non-internet-contexts/` [conteúdo em inglês]), e surgiram relatórios surpreendentes do algoritmo sendo usado com sucesso em biologia computacional. Criando um teletransporte amarrado a nós específicos que deseja explorar, é possível ver o algoritmo brilhando em diversas aplicações, como as seguintes:

- » **Detecção de fraudes:** Revela como determinadas pessoas e fatos estão relacionadas de maneiras inesperadas.
- » **Recomendação de produtos:** Sugere produtos que uma pessoa com determinadas afinidades poderia gostar.

Indo Além do Paradigma do PageRank

Nos últimos anos, o Google fez mais que apenas introduzir mais fatores de classificação que modificam o algoritmo PageRank original. Ele introduziu algumas mudanças radicais que alavancaram o conteúdo das páginas (para evitar ser enganado pela presença de determinadas palavras-chave) e adotou algoritmos de inteligência artificial que classificam a relevância de uma página em um resultado de busca autonomamente. Essas mudanças levaram alguns especialistas em busca a declarar que o PageRank não determina mais a posição de uma página em uma busca (veja `https://www.entrepreneur.com/article/269574` [conteúdo em inglês]). Eles ainda debatem a questão, mas é provavelmente mais seguro assumir que o PageRank ainda alimenta o mecanismo do Google como fator de classificação, embora não o suficiente para listar uma página dentre os melhores resultados depois de uma pesquisa.

Introduzindo pesquisas semânticas

Se você atualmente tentar fazer perguntas, não apenas cadeias de palavras-chave, ao Google, notará que ele tende a responder de maneira inteligente e entende o sentido da pergunta. Desde 2012, o Google tornou-se mais capaz de compreender sinônimos e conceitos. Porém, depois de agosto de 2013, com a atualização Hummingbird, o mecanismo de busca tornou-se capaz de entender pesquisas de conversação (buscas nas quais você pergunta algo como faria

222   PARTE 3 **Explorando o Mundo dos Grafos**

a outra pessoa), assim como a semântica por trás de conteúdos de pesquisas e páginas.

Desde esta atualização, o algoritmo do Google trabalha removendo ambiguidades tanto das intenções dos usuários quanto dos significados expressos pelas páginas, não apenas pelas palavras-chave. Agora, o mecanismo de busca trabalha de maneira mais semântica, o que significa entender o que as palavras implicam em ambos os lados: a pesquisa e os resultados das páginas web. Neste sentido, não é mais possível enganá-lo jogando com as palavras-chave. Mesmo sem muito suporte do PageRank, ele pode ver como uma página é escrita e ter uma ideia de se a página tem conteúdo suficientemente bom para incluir nos resultados de uma pesquisa.

Usando IA para classificar resultados de busca

O PageRank ainda é a base, mas os resultados têm menor peso por causa da introdução da tecnologia de aprendizado de máquina na classificação, o chamado RankBrain. De acordo com algumas fontes (veja `https://www.bloomberg.com/news/articles/2015-10-26/google-turning-its-lucrative-web-search-over-to-ai-machines` [conteúdo em inglês]), o algoritmo de aprendizado de máquina agora examina todas as buscas no Google e lida diretamente com 15% do volume das buscas que recebe todos os dias, especialmente em:

» Buscas ambíguas e pouco claras.

» Buscas expressas em gírias ou termos coloquiais.

» Buscas expressas como se tivessem ocorrido em uma conversa com o mecanismo de busca.

Embora o RankBrain ainda seja mantido em segredo, o algoritmo parece ser capaz de adivinhar, com muito mais precisão do que um ser humano o faria, se os conteúdos de uma página podem aparecer nos resultados de busca. Ele substitui todos os outros fatores de classificação em casos que são difíceis de julgar. Este é outro exemplo de um algoritmo adicional que limita o papel do algoritmo PageRank original.

CAPÍTULO 11 **Chegando na Página Web Certa** 223

224   PARTE 3 **Explorando o Mundo dos Grafos**

4

Lutando com o Big Data

NESTA PARTE...

Interaja com grandes bases de dados.

Trabalhe com dados transmitidos para usar bases ainda maiores.

Execute tarefas em paralelo para gerenciar e analisar tarefas mais rápido.

Codifique dados para reduzir redundâncias e mantê-los seguros.

Comprima e descomprima dados com o algoritmo LZW.

> **NESTE CAPÍTULO**
>
> » **Entendendo porque o big data é uma força motriz de nosso tempo**
>
> » **Familiarizando-se com a Lei de Moore e suas implicações**
>
> » **Entendendo o big data e seus 4 Vs**
>
> » **Descobrindo como lidar com fluxos infinitos de dados**
>
> » **Utilizando a amostragem, hash e rascunhos para dados transmitidos**

Capítulo **12**

Lidando com o Big Data

Mais do que uma palavra da moda usada por fabricantes para propor maneiras inovadoras de armazenar e analisar dados, o big data é uma realidade e uma força motriz de nossa época. Você pode ter ouvido falar em várias publicações científicas e de negócios, e mesmo se perguntado o que big data realmente significa. Do ponto de vista técnico, ele refere-se a quantidades grandes e complexas de dados computacionais, tão grandes (como o nome sugere) e intrincados que não é possível lidar com os dados disponibilizando mais armazenamento nos seus computadores, ou tornando computadores mais poderosos e rápidos em seus cálculos. O big data implica uma revolução na maneira de armazenar e lidar com dados.

Entretanto, esse armazenamento de dados abundante e sofisticado não apareceu de repente. Levou algum tempo para desenvolver a tecnologia para armazenar essa quantidade de dados. Além disso, levou algum tempo para disseminar a tecnologia que gera e transmite dados, a saber, computadores, sensores, smartphones, internet e seus serviços de World Wide Web. Este capítulo discute o que impulsiona esta enorme produção de dados.

Embora tenha levado algum tempo para criar este tanto de dados, mudanças tecnológicas recentes finalmente ajudaram as pessoas a entender o potencial divisor de águas que ter enormes quantidades de dados (de qualquer natureza) em mãos representa. Por séculos, as pessoas enfatizaram o poder do intelecto humano para determinar causas e forças que conduzem o mundo natural usando algumas observações precisas (*small data*). As pessoas também desenvolveram um método, o método científico, que está nos alicerces de nosso mundo moderno com base nas descobertas científicas. De repente, as pessoas descobriram (com alguma surpresa) que elas podem solucionar problemas antes e com mais sucesso ao buscar a solução a partir de grandes quantidades de dados, em vez de passar anos desenvolvendo e elaborando teorias usando testes e experimentos bem idealizados.

Apenas ter dados não vai solucionar os vários problemas que ainda afligem a civilização. Porém, ter dados o suficiente, o que, na verdade, é igual a ter quantidades inacreditáveis de dados, e o algoritmo certo permite às pessoas ligar os pontos entre milhares e milhares de dicas. Big data e algoritmos permitem o acesso a maravilhosas novas descobertas científicas (mas também práticas e comerciais).

Transformando Potência em Dados

Em 1965, Gordon Moore, cofundador da Intel e Fairchild Semiconductor (duas empresas gigantes que produzem componentes eletrônicos para computadores e eletrônicos), afirmou, em um artigo para a revista *Electronics* intitulado *Cramming More Components Onto Integrated Circuits* ("Comprimindo Mais Componentes em Circuitos Integrados", em tradução livre), que o número de componentes encontrados em circuitos integrados dobraria a cada ano na próxima década. Na época, transistores dominavam os eletrônicos. Ser capaz de inserir mais transistores em um circuito usando um único componente que unia as funcionalidades de muitos deles (um circuito integrado) significava ser capaz de tornar dispositivos eletrônicos mais capazes e úteis. Este processo é a *integração* e implicava um intenso processo de miniaturização de eletrônicos (tornar o mesmo circuito muito menor, o que fazia sentido, pois o mesmo volume deveria conter o dobro dos circuitos que no ano anterior).

Conforme a miniaturização seguiu, dispositivos eletrônicos, o produto final do processo, tornaram-se menores ou, simplesmente, mais poderosos. Por exemplo, os computadores atuais não são tão menores que os computadores de uma década atrás, embora sejam definitivamente mais poderosos. O mesmo ocorre com celulares. Embora sejam do mesmo tamanho que seus predecessores, eles simplesmente tornaram-se capazes de executar mais tarefas. Outros dispositivos, como sensores, estão apenas menores, o que significa que é possível colocá-los em qualquer lugar.

Entendendo as implicações de Moore

O que Moore afirmou naquele artigo, de fato, se provou verdadeiro por muitos anos, e a indústria de semicondutores chama isso de Lei de Moore. A duplicação realmente ocorreu nos dez primeiros anos, como previsto. Em 1975, Moore corrigiu sua afirmação, prevendo uma duplicação a cada dois anos. A Figura 12-1 mostra os efeitos desta duplicação. Essa taxa de duplicação ainda é válida, embora agora seja comum dizer que não vai durar muito além da presente década (até mais ou menos 2020). Desde 2012, um descompasso ocorreu entre a expectativa de comprimir mais transistores em um componente para torná--lo mais rápido, e o que as empresas de semicondutores podem realizar em relação a miniaturização. Na verdade, barreiras físicas existem na integração de mais circuitos em um circuito integrado usando os atuais componentes de silício (no entanto, a inovação continuará, você pode ler o artigo em `http://www.nature.com/news/the-chips-are-down-for-moore-s-law-1.19338` [conteúdo em inglês] para mais detalhes). Além disso, a Lei de Moore não é de fato uma lei. Leis da física, como a lei da gravitação universal (que explica por que as coisas são atraídas para o solo, como descoberto por Newton), são baseadas em provas de vários tipos que receberam avaliação de pares por sua precisão. A Lei de Moore não é nada além de mera observação, ou até um objetivo incerto para a indústria aspirar a atingir (uma profecia autorrealizável, em certo sentido).

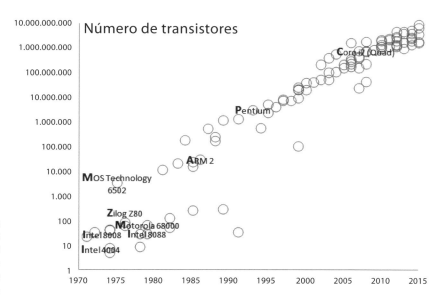

FIGURA 12-1: Colocando cada vez mais transistores em uma CPU.

No futuro, a Lei de Moore pode não mais se aplicar porque a indústria mudará para novas tecnologias (como produzir componentes usando lasers em vez de transistores; veja o artigo em `http://www.extremetech.com/extreme/187746-by-2020-you-could-have-an-exascale-speed-of-light-optical-computer-on-your-desk` [conteúdo em inglês] para detalhes sobre computação óptica).

CAPÍTULO 12 **Lidando com o Big Data**   229

O que importa é que desde 1965, mais ou menos a cada dois anos a indústria informática experimentou grandes avanços nos eletrônicos digitais, que tiveram consequências.

LEMBRE-SE

Alguns defendem que a Lei de Moore já não é mais válida. A indústria de chips manteve a promessa até então, mas agora está baixando as expectativas. A Intel já aumentou o tempo entre suas gerações de CPUs, afirmando que, em cinco anos, a miniaturização de chips vai tornar-se inviável. Você pode ler sobre essa história interessante no MIT Technology Review em `https://www.technologyreview.com/s/601441/moores-law-is-dead-now-what/` (conteúdo em inglês).

A Lei de Moore tem efeitos diretos sobre os dados. Começa com dispositivos mais inteligentes. Quanto mais inteligentes os dispositivos, mais difusão (eletrônicos estão em toda parte atualmente). Quanto mais difusão, menores se tornam os preços, criando um ciclo sem fim que levou e está levando ao uso de computadores potentes e pequenos sensores em todo lugar. Com grandes quantidades de memória computacional disponíveis e discos de armazenamento de dados maiores, as consequências de uma expansão de disponibilidade de dados, como sites, imagens digitais e outros tipos de dados, transborda de todos os lados.

CONSIDERANDO OS ASPECTOS POLÍTICOS DE VÁRIAS LEIS

Dependendo de com quem você fala, toda a questão de se uma lei vai passar no teste do tempo pode ser diferente, pois cada pessoa terá uma perspectiva diferente. Este livro não está aqui para convencê-lo de um ponto de vista ou outro, mas apenas para reportar a visão predominante. Por exemplo, é possível argumentar que a Lei de Moore é comprovada, como as leis da termodinâmica. Se observar melhor a física, é possível descobrir muitas discrepâncias entre suas leis e muitas de suas hipóteses. Não é questão de desvalorizar a ciência de maneira alguma — apenas apontar o fato de que tudo na ciência, inclusive suas leis, é um trabalho em andamento.

Assim como a Lei de Moore deixará de existir, de modo geral, leis não param de se aplicar; cientistas as remodelam para que sejam mais gerais. A Lei de Moore pode passar pela mesma transformação. Leis lineares ou simplistas demais raramente se aplicam no sentido geral, pois não há linhas retas em nenhum lugar na natureza, incluindo seus modelos temporais. Portanto, o cenário mais provável é que a Lei de Moore mudará para uma função mais sigmoide na tentativa de ser mais realista.

Encontrando dados em todo lugar

Cientistas começaram a lutar com quantidades impressionantes de dados por anos antes de cunhar o termo *big data*. Neste ponto, a internet não produzia as amplas quantias de dados que produz hoje. É útil lembrar que o big data não é apenas uma moda criada por fornecedores de software e hardware, mas uma base em muitos dos seguintes campos:

» **Astronomia:** Considere os dados recebidos de um veículo espacial em uma missão (como o Voyager ou o Galileo) e todos os dados recebidos de radiotelescópios, que são antenas especializadas usadas para receber ondas de rádio de corpos astronômicos. Um exemplo comum é o projeto *Search for Extraterrestrial Intelligence* (SETI), que procura sinais extraterrestres observando frequências de rádio que chegam do espaço. A quantidade de dados recebidos e a potência computacional usada para analisar uma porção do céu por uma única hora é impressionante. Se existem alienígenas por aí, é muito difícil localizá-los (o filme *Contato* explora o que poderia acontecer se humanos realmente interceptassem um sinal).

» **Meteorologia:** Imagine tentar prever o clima para o curto prazo considerando o grande número de medições exigidas, como temperatura, pressão atmosférica, umidade, ventos e precipitações em horários, locais e altitudes diferentes. Previsão meteorológica é realmente um dos primeiros problemas com big data, e é bastante relevante. De acordo com a Weather Analytics, uma empresa que fornece dados sobre o clima, mais de 33% do Produto Interno Bruto (PIB) mundial é determinado por como as condições climáticas afetam a agricultura, a pesca, o turismo e os transportes, apenas para enumerar alguns exemplos. Datados da década de 1950, os primeiros supercomputadores da época eram usados para processar a maior quantidade de dados possível porque, na meteorologia, quanto mais dados, mais precisa a previsão. É por isso que todo o mundo está acumulando mais armazenamento e capacidade de processamento, como você pode ler na história referente à Associação Meteorológica Coreana `https://www.wired.com/insights/2013/02/how-big-data-can-boost-weather-forecasting/` (conteúdo em inglês) para previsão meteorológica e estudo das mudanças climáticas.

» **Física:** Considere as enormes quantidades de dados produzidos por experimentos usando aceleradores de partículas em uma tentativa de determinar a estrutura da matéria, do espaço e do tempo. Por exemplo, o Grande Colisor de Hádrons, o maior acelerador de partículas já criado, produz 15PB (petabytes) de dados a cada ano como resultado da colisão de partículas.

» **Genômica:** Sequenciar uma única fita de DNA, o que significa determinar a ordem precisa de muitas combinações das quatro bases — adenina, guanina, citosina e timina — que constituem a estrutura da molécula, exige muitos

CAPÍTULO 12 **Lidando com o Big Data**   231

dados. Por exemplo, um único cromossomo, uma estrutura que contém o DNA na célula, pode exigir de 50MB a 300MB. Um ser humano tem 46 cromossomos, e os dados de DNA para apenas uma pessoa consomem um DVD inteiro. Imagine o enorme armazenamento exigido para documentar os dados de DNA de um número grande de pessoas, ou para sequenciar outras formas de vida na terra.

» **Oceanografia:** Devido aos muitos sensores localizados nos oceanos para medir temperatura, correntes, e usando hidrofones, até sons para monitoramento acústico para fins científicos (descobertas sobre peixes, baleias e plâncton) e de defesa militar (encontrar submarinos sorrateiros de outros países). É possível dar uma olhada neste antigo problema de monitoramento, que vem se tornando mais complexo e digital, no seguinte artigo `http://www.theatlantic.com/technology/archive/2014/08/ listening-in-the-navy-is-tracking-ocean-sounds-collected-by- scientists/378630/` (conteúdo em inglês).

» **Satélites:** Gravar imagens do globo inteiro e enviá-las de volta para monitorar a superfície da Terra e sua atmosfera não é um negócio novo (TIROS 1, o primeiro satélite a enviar de volta imagens e dados, data de 1960). Ao longo dos anos, no entanto, o mundo lançou mais de 1.400 satélites ativos que fornecem observações do planeta. A quantidade de dados chegando à Terra é surpreendente, e serve tanto para fins militares quanto civis, como monitorar o desenvolvimento econômico, a agricultura, as mudanças e riscos. Um único satélite da Agência Espacial Europeia, Sentinel 1A, gera 5PB de dados durante dois anos de operação, como você pode ler em `https:// spaceflightnow.com/2016/04/28/europes-sentinel-satellites- generating-huge-big-data-archive/` (conteúdo em inglês).

Acompanhando essas antigas tendências, novas quantidades de dados estão sendo geradas agora ou produzidas pela internet, criando novas questões e exigindo soluções em termos de armazenamento e de algoritmos para processamento:

» Como reportado pela Agência Nacional de Segurança (NSA) americana, a quantidade de informações circulando pela internet todos os dias em todo o mundo equivalia a 1.826Pb de dados em 2013, e 1,6% deles consistia em e-mails e chamadas telefônicas. Para assegurar a segurança nacional, a NSA precisa verificar o conteúdo de, pelo menos, 0,025% de todos os e-mails e chamadas telefônicas (procurando palavras-chave que poderiam sinalizar algo como uma conspiração terrorista). Isso ainda equivale a 25PB por ano, que é igual a 37.500 CD-ROMS, todo ano, de dados armazenados e analisados (e está crescendo). Você pode ler a história completa em `http://www.business-standard.com/article/news-ani/nsa-claims- analysts-look-at-only-0-00004-of-world-s-internet-traffic-for- surveillance-113081100075_1.html` (conteúdo em inglês).

» A Internet das Coisas (do inglês *Internet of Things* – IoT) está se tornando uma realidade. Você deve ter ouvido o termo várias vezes nos últimos 15 anos, mas agora o crescimento de coisas conectadas à internet vai explodir. A ideia é colocar sensores e transmissores em tudo e usar os dados para controlar melhor o que acontece no mundo e tornar os objetos mais inteligentes. Dispositivos transmissores estão ficando menores, mais baratos e demandam menos energia; alguns já são tão pequenos que podem ser postos em qualquer lugar (veja o rádio do tamanho de uma formiga desenvolvido pelos engenheiros de Stanford em `http://news.stanford.edu/news/2014/september/ant-radio-arbabian-090914.html` [conteúdo em inglês]). Especialistas estimam que, em 2020, haverá seis vezes mais coisas conectadas do que pessoas no mundo, mas muitas empresas e grupos de pesquisa já estão revisitando esses números (`http://www.gartner.com/newsroom/id/3165317` [conteúdo em inglês]).

Pondo os algoritmos para trabalhar

A raça humana está agora em uma incrível interseção de volumes de dados sem precedentes, gerados por hardwares crescentemente menores e mais poderosos, e analisados por algoritmos que esse mesmo processo ajudou a desenvolver. Não é simplesmente uma questão de volume que, por si só, é um desafio difícil. Como formalizado pela empresa de pesquisa Gartner em 2001, e então repetido e expandido por outras empresas, como a IBM, o big data pode ser resumido em quatro Vs que representam suas características-chave (é possível ler mais sobre este tópico em `http://www.ibmbigdatahub.com/infographic/four-vs-big-data` [conteúdo em inglês]):

» **Volume:** A quantidade de dados.
» **Velocidade:** A velocidade de geração de dados.
» **Variedade:** O número e os tipos de fontes de dados.
» **Veracidade:** A qualidade e a confiabilidade dos dados (quantificação de erros, dados ruins e ruídos misturados aos sinais), uma medida da incerteza dos dados.

DICA

Cada característica do big data oferece um desafio e uma oportunidade. Por exemplo, o volume considera a quantidade de dados úteis. O que uma organização considera big data pode ser small data para outra. A incapacidade de processar os dados em uma única máquina não os torna big data. O que diferencia o big data de dados usuais é que ele força uma organização a revisar seus métodos e soluções predominantes, e obriga tecnologias e algoritmos atuais a olhar para frente.

A variedade permite o uso de big data para desafiar o método científico, como explicado pelo artigo, marcante e muito discutido, escrito por Chris Anderson, editor-chefe da revista *Wired* na época, sobre como grandes quantidades de dados podem ajudar descobertas científicas fora do método científico: https://www.wired.com/2008/06/pb-theory/ (conteúdo em inglês). O autor conta com o exemplo da Google nos setores de publicidade e tradução, nos quais a empresa poderia conseguir destaque sem usar modelos ou teorias específicas, mas aplicando algoritmos para aprender com os dados. Como na publicidade, dados científicos (física, biologia) podem dar suporte a inovações que permitam aos cientistas abordar problemas sem hipóteses, mas considerando as variações encontradas em grandes quantidades de dados e por algoritmos de descoberta.

A característica da veracidade ajuda na democratização dos próprios dados. No passado, organizações acumulavam dados porque eram preciosos e difíceis de obter. Atualmente, várias fontes criam dados em quantidades tão crescentes que acumulá-los não faz sentido (90% dos dados do mundo foram criados nos últimos dois anos), então não há razão para limitar o acesso. Dados estão se tornando uma mercadoria tão grande que existem muitos programas de dados abertos no mundo inteiro (os Estados Unidos têm uma longa tradição de acesso aberto; os primeiros programas de dados abertos datam da década de 1970, quando a *National Oceanic and Atmospheric Administration* (NOAA) começou a liberar dados climáticos gratuitamente para o público). Entretanto, porque os dados se tornaram uma mercadoria, a incerteza sobre esses dados se tornou uma questão. Não se sabe mais se eles são completamente verdadeiros pois pode não se conhecer nem mesmo sua fonte.

LEMBRE-SE

Dados se tornaram tão onipresentes que seu valor não é mais realmente a informação (como dados armazenados na base de uma companhia). O valor dos dados está em como são usados. Aqui, algoritmos entram e mudam o jogo. Uma empresa como a Google se alimenta de dados disponíveis gratuitamente, como conteúdos de sites ou encontrados em livros e textos disponíveis publicamente. Ainda assim, o valor que a Google extrai dos dados vem majoritariamente de seus algoritmos. Como exemplo, o valor dos dados reside no algoritmo PageRank (ilustrado no Capítulo 11), que está na fundação dos negócios da Google. O valor dos algoritmos é verdadeiro para outras empresas também. O mecanismo de recomendação da Amazon contribui com uma parte significante da receita da empresa. Muitas empresas financeiras usam negociação algorítmica e aconselhamento robótico, alavancando gratuitamente dados de estoque disponíveis e informações econômicas para investimentos.

Fluxos de Dados

Quando fluxos de dados estão em quantidades enormes, armazenar todos eles pode ser difícil, ou até impossível. Na verdade, armazenar isso tudo pode nem mesmo ser útil. Aqui estão alguns números sobre o que você pode esperar acontecer em um único minuto na internet:

» 150 milhões de e-mails enviados.

» 350.000 novos tweet enviados no Twitter.

» 2,4 milhões de buscas feitas no Google.

» 700.000 pessoas logaram-se em suas contas no Facebook.

Tendo em conta tais volumes, acumular os dados o dia inteiro para análises incrementais pode não parecer eficiente. Você apenas os armazena em algum lugar e analisa-os no dia seguinte, ou em outro dia (que é a estratégia de arquivamento generalizado, típica de bases e armazéns de dados). No entanto, consultas úteis de dados tendem a buscar pelos mais recentes na transmissão, e os dados se tornam menos úteis conforme envelhecem (em alguns setores, como o financeiro, um dia pode ser muito tempo).

Além disso, é possível esperar ainda mais dados chegarem amanhã (a quantidade de dados aumenta diariamente) e isso dificulta, se não impossibilita, extrair dados de repositórios enquanto novos entram. Extrair dados antigos de repositórios, ao mesmo tempo que dados frescos chegam é parecido com a punição de Sísifo. Sísifo, como narra um mito grego, recebeu uma terrível punição de Zeus: foi forçado a eternamente empurrar uma imensa rocha montanha acima, apenas para vê-la rolar montanha abaixo toda vez.

Às vezes, tornando as coisas ainda mais impossíveis de lidar, os dados chegam tão rápido e em quantidades tão grandes, que gravá-los em um disco é impossível: novas informações chegam mais rápido que o tempo necessário para gravá-las no disco rígido. Esse é um problema típico de experimentos com partículas em aceleradores de partículas, como o Grande Colisor de Hádrons, exigindo que os cientistas decidam quais dados manter. É claro, é possível enfileirar os dados por algum tempo, mas não por tempo demais, porque a fila rapidamente crescerá e será impossível mantê-la. Por exemplo, se mantida na memória, a fila de dados logo levaria a um erro de insuficiência de memória.

Como novos fluxos de dados podem tornar o processamento anterior de dados antigos obsoleto, e procrastinação não é uma solução, as pessoas elaboraram várias estratégias para lidar instantaneamente com quantidades de dados massivas e mutáveis. As pessoas usam três maneiras de lidar com grandes quantidades de dados:

» **Armazenar:** Alguns dados são armazenados, pois podem ajudar a responder questões obscuras depois. Este método conta com técnicas para armazenar os dados imediatamente e analisá-los muito rápido depois, não importando o quão massivos sejam.

CAPÍTULO 12 **Lidando com o Big Data** 235

» **Resumir:** Alguns dados são resumidos, pois mantê-los como são não faz sentido; apenas dados importantes são mantidos.

» **Consumir:** Os dados restantes são consumidos, pois seu uso é predeterminado. Os algoritmos podem instantaneamente lê-los, digeri-los e transformá-los em informação. Depois disso, o sistema esquece dos dados para sempre.

O livro trata do primeiro ponto no Capítulo 13, que é sobre distribuir dados entre vários computadores e entender os algoritmos usados para lidar com eles (a estratégia dividir e conquistar). As seções seguintes tratam do segundo e terceiro pontos, aplicando-os a dados que são transmitidos em sistemas.

Quando se fala de dados massivos chegando a um sistema de computador, é comum compará-los a um fluxo: transmissão de dados, rajadas de dados, fluxos contínuos de dados.

Descobrir como os dados são transmitidos é como consumir água da torneira: abrir a torneira permite armazenar a água em copos ou garrafas, ou é possível usá-la para cozinhar, lavar alimentos, a louça ou as mãos. Em todos os casos, maior parte da água vai embora, apesar de se provar muito útil e realmente vital.

Analisando transmissões com a receita certa

A transmissão de dados requer algoritmos de transmissão, e o elemento-chave a saber sobre algoritmos de transmissão é que, fora algumas medidas que podem calcular com exatidão, eles necessariamente fornecem resultados aproximados. O resultado do algoritmo é quase correto, não chegando à resposta precisamente certa, mas próximo a ela.

Quando lidar com fluxos, você claramente tem que se concentrar apenas na medida de interesse e deixar os muitos detalhes de lado. Pode ser que esteja interessado em uma medida estatística, como uma média, mínima ou máxima. Além disso, pode ser que você queira contar os elementos em um fluxo, ou distinguir informações antigas de novas. Há muitos algoritmos para usar, dependendo do problema, embora receitas sempre usem os mesmos ingredientes. O truque para tratar o fluxo perfeito é usar uma ou todas essas ferramentas algorítmicas como ingredientes:

» **Amostragem:** Reduza seu fluxo de dados a um tamanho mais manejável; represente o fluxo inteiro ou as observações mais recentes usando uma janela de transferência de dados.

» **Hashing:** Reduza a variedade infinita de fluxo a um conjunto limitado de números inteiros simples (como visto na seção "Contando com Hashing", do Capítulo 7).

> » **Rascunho:** Crie um pequeno resumo da medida que você precisa, removendo os detalhes menos úteis. Esta abordagem permite alavancar um armazenamento de funcionamento simples, que pode ser a memória principal do seu computador ou do seu disco rígido.

Outra característica para manter em mente sobre algoritmos que operam em fluxos é sua simplicidade e baixa complexidade computacional. Fluxos de dados podem ser bastante rápidos. Algoritmos que exigem cálculos demais podem perder dados essenciais, o que significa que os dados foram perdidos para sempre. Ao analisar melhor essa situação, pode apreciar como funções hash são úteis, pois são ágeis em transformar entradas de dados em algo mais fácil de lidar e buscar porque, para ambas as operações, a complexidade é O(1). Você pode apreciar também as técnicas de rascunho e amostragem, que suscitam a ideia de *compressão com perda de dados* (mais sobre compressão no Capítulo 14). A compressão com perda de dados permite representar alguma coisa complexa usando uma forma mais simples. Perde-se algum detalhe, mas economiza-se muito tempo e armazenamento no computador.

Amostragem significa desenhar um conjunto limitado de exemplos a partir do seu fluxo e tratá-los como se representassem o fluxo inteiro. É uma ferramenta muito conhecida em estatística, através da qual é possível fazer inferências sobre um contexto maior (tecnicamente chamado de *universo* ou *população*) usando uma pequena parte dele.

Reservando os dados certos

A estatística nasceu em uma época na qual obter um censo era impossível. Um *censo* é uma investigação sistemática de uma população, contando-a e obtendo dados úteis sobre ela. O governo pergunta a todas as pessoas em um país sobre onde elas moram, sua família, sua rotina e seu trabalho. O censo tem origem na antiguidade. Na Bíblia, um censo ocorre no Livros dos Números; a população israelense foi contada após um êxodo do Egito. Para fins de impostos, os romanos antigos periodicamente faziam um censo para contar a população de seu enorme império. Documentos históricos fornecem contas de atividades censitárias similares no Egito, Grécia, Índia e China antigos.

A estatística, em particular o ramo chamado estatística inferencial, pode atingir o mesmo resultado que um censo, com uma margem de erro aceitável, interrogando um pequeno número de indivíduos (chamado *amostra*). Desta forma, consultando algumas pessoas, os agentes pesquisadores podem determinar a opinião geral de uma população grande sobre vários assuntos, como quem vai vencer uma eleição. Nos Estados Unidos, por exemplo, o estatístico Nate Silver fez notícia prevendo o vencedor da eleição presidencial de 2012 em todos os 50 estados, usando dados de amostras (`https://www.cnet.com/news/obamas-win-a-big-vindication-for-nate-silver-king-of-the-quants/` [conteúdo em inglês]).

Claramente, realizar um censo implica grandes custos (quanto maior a população, maiores os custos) e requer muita organização (por isso censos não são frequentes), enquanto uma amostra estatística é mais rápida e mais barata. Custos reduzidos e baixas exigências organizacionais também tornam a estatística ideal para transmissão de big data: usuários de transmissão de big data não precisam de todos os fragmentos de informação e podem resumir a complexidade dos dados.

Entretanto, há um problema no uso de amostras estatísticas. Na raiz da estatística está a amostragem, e a amostragem exige pegar alguns exemplos aleatoriamente do conjunto de toda a população. O elemento-chave da receita é que todo elemento da população tem exatamente a mesma probabilidade de ser parte da amostra. Se uma população consiste em um milhão de pessoas e o tamanho de sua amostra é um, a probabilidade de cada pessoa ser parte da amostra é um em um milhão. Em termos matemáticos, se a população for representada usando a variável N e o tamanho da amostra for n, a probabilidade de ser parte de uma amostra é n/N, como mostrado na Figura 12-2. A amostra representada é uma *amostra aleatória simples* (outros tipos de amostras têm maior complexidade; este é o tipo mais simples e todos os outros partem daí).

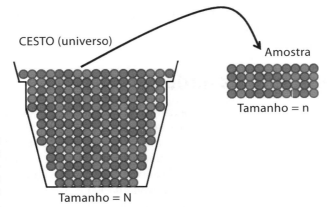

FIGURA 12-2: Como a amostragem em uma urna funciona.

Usar uma amostra simples aleatória é como jogar na loteria, mas é necessário ter todos os números dentro de uma urna para sortear alguns para representar o todo. Você não pode apenas colocar os fluxos de dados em um repositório do qual pode tirar uma amostra; pelo contrário, é preciso tirar sua amostra na hora. O que é realmente necessário é outro tipo de amostra chamada *amostragem de reservatório* (*reservoir sampling*). Assim como um reservatório retém a água para uso posterior, embora a água não esteja parada, pois um pouco entra e um pouco sai, este algoritmo trabalha aleatoriamente escolhendo elementos para manter como amostras até que outros elementos cheguem para substituí-las.

O algoritmo de amostra de reservatório é mais sofisticado que outra estratégia algorítmica, chamada *janelamento*, na qual uma fila é criada e novos elementos entram na fila (veja a Figura 12-3). Elementos mais antigos deixam a fila com base em um gatilho. Este método se aplica quando você deseja saber quantas páginas os usuários solicitam de um servidor de internet a cada minuto. Usando janelas, você começa a enfileirar solicitações de páginas em um minuto, contar os elementos na fila, reportar o número, descartar o conteúdo da fila e começar a enfileirar de novo.

Outra motivação para usar o janelamento é ter uma quantidade fixa dos dados mais recentes. Nesse caso, cada vez que um elemento é inserido na fila, o mais antigo sai. Uma fila é um estrutura Entra Primeiro, Sai Primeiro (FIFO), discutida no Capítulo 6.

O janelamento analisa as amostras usando uma janela deslizante — mostra os elementos abaixo da janela, o que representa uma determinada parcela de tempo ou um determinado segmento do fluxo. A amostra de reservatório representa todo o escopo do fluxo, em vez de oferecer uma quantidade manejável de dados, que é uma amostra estatística do fluxo.

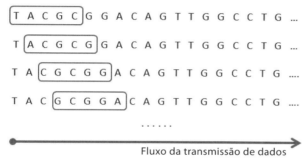

FIGURA 12-3: Um exemplo de janelamento de um fluxo de dados de DNA.

É assim que a amostragem de reservatório funciona: dado um fluxo de dados, contendo muitos elementos, a amostra de reservatório é inicializada com elementos tirados do fluxo até que a amostra esteja completa. Por exemplo, se a amostra contém 1.000 elementos, um número que geralmente se encaixa na memória interna do computador, você começa escolhendo os 1.000 primeiros elementos do fluxo. O número de elementos que deseja no fluxo é k, e k implica uma amostra que se encaixe na memória do computador. No momento em que você reserva os primeiros elementos do fluxo k, o algoritmo começa a fazer suas seleções:

1. **A partir do início do fluxo, o algoritmo conta cada novo elemento que chega. Ele monitora a contagem usando a variável de nome n. Quando o algoritmo entra em ação, o valor de n é equivalente a k.**

2. **Agora, novos elementos chegam e incrementam o valor de n. Um novo elemento que chega do fluxo tem a probabilidade de ser inserido em uma amostra de reservatório de k/n e a probabilidade de não ser inserido é igual a (1 – k/n).**

3. **A probabilidade é verificada para cada novo elemento que chega. É como na loteria: se a probabilidade for verificada, o novo elemento é inserido. Por outro lado, se não for inserido, o novo elemento é descartado. Se for inserido, o algoritmo descarta um elemento antigo na amostra de acordo com alguma regra (o mais fácil sendo escolher um elemento antigo ao acaso) e o substitui pelo novo elemento.**

O código a seguir apresenta um exemplo simples no Python para que seja possível ver esse algoritmo em ação. O exemplo conta com uma sequência de letras do alfabeto (finja que elas são um fluxo de dados) e cria uma amostra de cinco elementos (você pode encontrar este código no arquivo A4D; 12; Managing Big Data.ipynb no site da Para Leigos como parte do código para download; veja a Introdução para detalhes).

```
import string
datastream = list(string.ascii_uppercase) + list(
    string.ascii_lowercase)
print(datastream)

['A', 'B', 'C', 'D', 'E', 'F', 'G', 'H', 'I', 'J', 'K', 'L',
 'M', 'N', 'O', 'P', 'Q', 'R', 'S', 'T', 'U', 'V', 'W', 'X',
 'Y', 'Z', 'a', 'b', 'c', 'd', 'e', 'f', 'g', 'h', 'i', 'j',
 'k', 'l', 'm', 'n', 'o', 'p', 'q', 'r', 's', 't', 'u', 'v',
 'w', 'x', 'y', 'z']
```

Fora os strings, o exemplo usa funções do pacote aleatório para criar um seed (para soluções estáveis e replicáveis) e, estabelecendo um número inteiro aleatório, ele verifica se há necessidade de mudar algum elemento no reservatório. Fora o valor do seed, você pode testar modificar o tamanho da amostra, ou mesmo alimentar o algoritmo com um fluxo diferente (que deve estar em uma lista Python para o exemplo funcionar corretamente).

```
from random import seed, randint
seed(9) # change this value for different results
sample_size = 5
sample = []

for index, element in enumerate(datastream):
        # Until the reservoir is filled, we add elements
        if index < sample_size:
                sample.append(element)
        else:
                # Having filled the reservoir, we test a
                # random replacement based on the elements
```

240   PARTE 4 **Lutando com o Big Data**

```
                    # seen in the data stream
                    drawn = randint(0, index)
                    # If the drawn number is less or equal the
                    # sample size, we replace a previous
                    # element with the one arriving from the
                    # stream
                    if drawn < sample_size:
                            sample[drawn] = element

print (sample)

['y', 'e', 'v', 'F', 'i']
```

Esse procedimento assegura que, a qualquer momento, sua amostra de reservatório seja uma boa amostra que represente o fluxo de dados global. Nessa implementação, a variável `index` tem o papel de n e a variável `sample_size` atua como k. Note dois aspectos particulares desse algoritmo:

» Conforme a variável `index` aumenta, porque o fluxo é inundado com dados, a probabilidade de ser parte da amostra diminui. Consequentemente, no início do fluxo, muitos elementos entram e saem da amostra, mas a taxa de mudança diminui à medida em que fluxo continua a circular.

» Se você verifica a probabilidade na qual cada elemento presente na amostra entra, e tira a média de todos, a média se aproximará da probabilidade de um elemento em uma população ser escolhido para uma amostra, que é de k/n).

Rascunhando uma Resposta a partir do Fluxo de Dados

A amostragem é uma excelente estratégia para lidar com fluxos, mas não responde a todas as perguntas que você pode ter sobre o seu fluxo de dados. Por exemplo, uma amostra não consegue dizer quando um elemento de fluxo já foi visto, porque ela não contém toda a informação do fluxo. O mesmo ocorre para problemas como contar o número distinto de elementos em um fluxo ou calcular a frequência do elemento.

Para alcançar tais resultados, você precisa de funções hash (como visto no Capítulo 7) e rascunhos, que são resumos de dados simples e aproximados. As seções seguintes começam com hashes, e você aprende como descobrir corretamente quando um elemento que chega no fluxo já apareceu antes, mesmo se o seu fluxo for infinito e não for possível manter memória de tudo que já circulou antes.

Filtrando elementos de fluxo sem pensar

No coração de muitos algoritmos de transmissão estão os filtros de Bloom. Criados quase 50 anos atrás por Burton H. Bloom, em uma época em que a ciência da computação era ainda bastante nova, a intenção original do criador do algoritmo era permutar espaço (memória) e/ou tempo (complexidade) pelo que ele chamava de *erros admissíveis*. Seu artigo original é intitulado *Space/Time Trade-offs in Hash Coding with Allowable Errors* ("Compensação de Espaço/Tempo em Codificação Hash com Erros Admissíveis", em tradução livre).

Você pode se perguntar sobre o espaço e o tempo que Bloom considerou motivadores para seu algoritmo. Imagine que você precisa determinar se um elemento já apareceu em um fluxo usando alguma estrutura de dados discutida anteriormente. Encontrar alguma coisa em um fluxo implica que a gravação e o armazenamento são rápidos, portanto, um tabela hash parece uma escolha ideal. *Tabelas hash,* como discutido no Capítulo 7, apenas exigem a adição de elementos que deseja gravar e armazenar. Recuperar um elemento de uma tabela hash é rápido porque ela usa valores facilmente manipulados para representá-lo, em vez do próprio elemento (o que poderia ser bem complexo). Ainda assim, armazenar os elementos e um índice para esses elementos tem limitações. Se uma tabela hash é defrontada com mais elementos do que consegue lidar, como os elementos em um fluxo contínuo e potencialmente infinito, é possível incorrer em problemas de memória em algum momento.

LEMBRE-SE

Uma consideração essencial para os filtros de Bloom é que falsos positivos podem ocorrer, mas falsos negativos não. Por exemplo, um fluxo de dados pode conter dados de monitoramento em tempo real para uma usina de energia. Usando o filtro de Bloom, a análise do fluxo de dados mostraria que leituras esperadas provavelmente são parte do conjunto de leituras permitidas, com alguns erros admitidos. Porém, quando um erro ocorre no sistema, a mesma análise mostra que as leituras não são parte do conjunto de leituras permitidas. É pouco provável que os falsos positivos causem problemas, mas a falta de falsos negativos significa que todo mundo está seguro. Por causa do potencial de falsos positivos, filtros como o de Bloom são estruturas probabilísticas de dados — não fornecem uma resposta específica, mas uma provável.

LEMBRE-SE

Hashes, as entradas individuais em uma tabela hash, são rápidos pois atuam como o índice de um livro. Você usa uma *função hash* para produzir o hash; a entrada é um elemento que contém dados complexos, e o resultado é um número simples que atua como um índice para aquele elemento. Uma função hash é determinística porque produz o mesmo número toda vez que você a alimenta. Filtros de Bloom são úteis porque é um jeito frugal de gravar traços de vários elementos sem ter que armazená-los como a tabela hash faz. Eles funcionam de maneira simples e usam os ingredientes a seguir como principais:

» **Um vetor de bits:** Uma lista de elementos de bits, na qual cada bit no elemento pode ter um valor de 0 ou 1. A lista é um longo número de bits chamada m. Quanto maior o m, melhor, embora sempre haja maneiras ideais de definir seu tamanho.

» **Uma série de funções hash:** Cada função hash representa um valor diferente. As funções hash podem rapidamente mastigar os dados e produzir resultados uniformemente distribuídos, que são resultados que variam igualmente entre os valores de resultado mínimo e o máximo do hash.

Adicionando elementos aos filtros de Bloom

Geralmente, criam-se filtros de Bloom de tamanho fixo (versões recentemente desenvolvidas permitem redimensionar o filtro). Você os opera adicionando novos elementos ao filtro e os buscando quando já estão presentes. Não é possível remover um elemento do filtro depois de adicioná-lo (o filtro tem uma memória indelével). Ao se adicionar um elemento a um vetor de bits, ele terá alguns bits definidos como 1, como mostrado na Figura 12-4. Neste caso, o filtro de Bloom adiciona X ao vetor de bit.

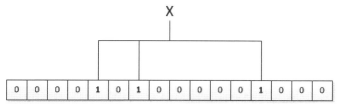

FIGURA 12-4: Adicionando um único elemento a um vetor de bits.

É possível adicionar quantos elementos forem necessários ao vetor de bits. Por exemplo, a Figura 12-5 mostra o que acontece quando se adiciona outro elemento, Y, ao vetor de bits. Note que o bit 7 é o mesmo tanto para X quanto para Y. Consequentemente, o bit 7 representa uma colisão entre X e Y. Essas colisões são a fonte de potenciais falsos positivos; por causa delas, o algoritmo poderia dizer que um elemento já foi adicionado ao vetor de bits, quando, na verdade, não foi. Usar um vetor de bits maior torna colisões menos prováveis e aumenta a performance do filtro de Bloom, mas faz isso ao custo tanto de espaço quanto de tempo.

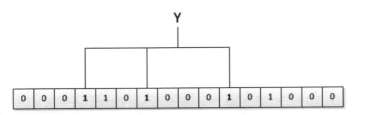

FIGURA 12-5:
Adicionar um segundo elemento pode causar colisões.

Buscando um elemento em um filtro de Bloom

Fazer uma busca em um filtro de Bloom permite determinar se um elemento em particular aparece no vetor de bits. Durante o processo de busca, o algoritmo procura pela presença de um 0 no vetor de bits. Por exemplo, a seção anterior adicionou os elementos X e Y ao vetor de bits. Na busca pelo elemento Z, o algoritmo encontra um 0 no segundo bit, como mostrado na Figura 12-6. A presença de um 0 significa que Z não é parte do vetor de bits.

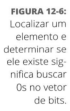 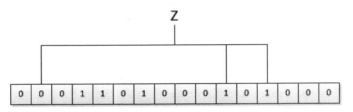

FIGURA 12-6:
Localizar um elemento e determinar se ele existe significa buscar 0s no vetor de bits.

Demonstrando o filtro de Bloom

Este exemplo usa Python para demonstrar um filtro de Bloom e mostra o resultado com uma visualização gráfica. Digamos que você está usando um rastreador, que é um software especializado que percorre a web para verificar se algo mudou nos sites monitorados (o que pode implicar em copiar parte dos dados do site, uma atividade conhecida como *scraping*). O exemplo usa um pequeno vetor de bits e três funções hash, o que não é o melhor para lidar com um grande número de elementos (o vetor de bits será preenchido rapidamente), mas é o bastante para um exemplo funcional.

```
hash_functions = 3
bit_vector_length = 10
bit_vector = [0] * bit_vector_length

from hashlib import md5, sha1

def hash_f(element, i, length):
    """ This is a magic function """
    h1 = int(md5(element.encode('ascii')).hexdigest(),16)
```

```python
    h2 = int(sha1(element.encode('ascii')).hexdigest(),16)
    return (h1 + i*h2) % length

def insert_filter(website):
    result = list()
    for hash_number in range(hash_functions):
        position = hash_f(website, hash_number,
                          bit_vector_length)
        result.append(position)
        bit_vector[position] = 1
    print ('Inserted in positions: %s' % result)

def check_filter(website):
    result = list()
    for hash_number in range(hash_functions):
        position = hash_f(website, hash_number,
                          bit_vector_length)
        result.append((position,bit_vector[position]))
    print ('Bytes in positions: %s' % result)
```

O código começa criando um vetor de bits e algumas funções que podem fazer o seguinte:

» Gerar múltiplas funções hash (usando o truque do hash duplo mencionado no Capítulo 7) com base nos algoritmos hash md5 e sha1.

» Inserir um objeto em um vetor de bits.

» Verificar se os bytes relativos a um objeto no vetor de bits estão ligados.

Todos esses elementos juntos constituem um filtro de Bloom (embora o vetor de bits seja a parte chave dele). Este exemplo tem o rastreador visitando primeiro o site `wikipedia.org` para pegar algumas informações de algumas páginas:

```python
insert_filter('wikipedia.org')
print (bit_vector)

Inserted in positions: [0, 8, 6]
[1, 0, 0, 1, 0, 0, 1, 1, 1, 0]
```

Essa atividade liga os bits nas posições 0, 6 e 8 do vetor de bits. O exemplo agora rastreia o site `youtube.com` (que tem alguns vídeos novos de gatinhos fofos) e então insere a informação da visita no filtro de Bloom:

```python
insert_filter('youtube.com')
print (bit_vector)
```

```
Inserted in positions: [3, 0, 7]
[1, 0, 0, 1, 0, 0, 1, 1, 1, 0]
```

Aqui está o filtro de Bloom ativado nas posições 0, 3 e 7. Devido à curta extensão do vetor de bits, já há uma colisão na posição 0, mas as posições 3 e 7 são completamente novas. Neste momento, como o algoritmo não consegue se lembrar o que já visitou antes (mas sites visitados podem ser verificados usando o filtro de Bloom), o exemplo verifica que ele não visitou o yahoo.com, para evitar que se refaçam as coisas, como mostrado na Figura 12-7:

```
check_filter('yahoo.com')

Bytes in positions: [(7, 1), (5, 0), (3, 1)]
```

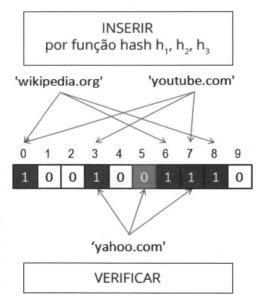

FIGURA 12-7: Testando a adesão de um site usando um filtro de Bloom.

Como representado graficamente, nesse caso é possível ter certeza de que o exemplo nunca visitou yahoo.com, porque o filtro de Bloom reporta pelo menos uma posição, a posição 5, cujo bit nunca foi ligado.

DICA

Um rastreador frequentemente se preocupa em conseguir novos conteúdos de sites e não copiar dados que já foram gravados e transmitidos. Em vez de fazer o hash do domínio ou do endereço de um única página, é possível popular diretamente um filtro de Bloom usando parte do conteúdo do site, e você pode usá-lo para verificar se houve mudanças no mesmo site depois.

Há uma maneira simples e objetiva de diminuir a probabilidade de ter um falso positivo. Basta aumentar o tamanho do vetor de bits que está no núcleo do filtro de Bloom. Mais endereços é igual a menores chances de uma colisão nos resultados das funções hash. Idealmente, o tamanho m do vetor de bits pode ser calculado estimando n, o número de objetos distintos que é possível esperar adicionar mantendo m maior que n. O número k ideal de funções hash para usar para minimizar colisões pode então ser estimado usando a fórmula a seguir (ln é o logaritmo natural):

$$k = (m/n)*\ln(2)$$

Depois de definir m, n e k, esta segunda fórmula ajuda a estimar a probabilidade de uma colisão (uma taxa de falso positivo) usando um filtro de Bloom:

$$\text{taxa de falso positivo} = (1-\exp(-kn/m))^{\wedge}k$$

Se não puder determinar n devido a uma variedade de dados no fluxo, é necessário mudar m, o tamanho do vetor de bits (que é igual ao espaço de memória), ou k, o número de funções hash (que é igual ao tempo), para ajustar a taxa de falso positivo. A compensação reflete a relação que Bloom considera no artigo original entre espaço, tempo e probabilidade de um erro.

Encontrando o número de elementos distintos

Embora um filtro de Bloom possa monitorar objetos que chegam de um fluxo, ele não consegue dizer quantos objetos são. Um vetor de bits preenchido com 1s pode (dependendo do número de hashes e da probabilidade de colisões) esconder o número verdadeiro de objetos sofrendo hash no mesmo endereço.

Saber o número distinto de objetos é útil em várias situações, como quando você quer saber quantos usuários distintos viram uma determinada página ou o número de pesquisas distintas em um mecanismo de busca. Armazenar todos esses elementos e encontrar os duplicados entre eles pode não funcionar com milhões de elementos, especialmente vindos de um fluxo. Quando desejar saber o número de objetos distintos em um fluxo, você ainda tem que contar com uma função hash, mas a abordagem envolve usar um rascunho numérico.

Rascunhar significa fazer uma aproximação, que é um valor impreciso, embora não completamente errado como resposta. Uma aproximação é aceitável porque o valor real não está muito longe dela. Neste algoritmo inteligente, o *HyperLoglog,* que tem base em probabilidade e aproximação, você observa as características de números gerados de um fluxo. O HyperLogLog deriva de estudos dos cientistas da computação Nigel Martin e Philippe Flajolet. Flajolet melhorou o algoritmo inicial, *Flajolet–Martin* (ou o algoritmo LogLog), para sua versão mais robusta, HyperLogLog, que funciona assim:

1. **Um hash converte cada elemento recebido do fluxo em um número.**
2. **O algoritmo converte o número em binário, o padrão numérico base 2 que os computadores usam.**
3. **O algoritmo conta o número de zeros iniciais no número binário e monitora o número máximo que vê, que é n.**
4. **O algoritmo estima o número de elementos distintos passados no fluxo usando n. O número de elementos distintos é 2^n.**

Por exemplo, o primeiro elemento na string é a palavra *dog*. O algoritmo faz o hash para um valor inteiro e converte-o em binário, com um resultado 01101010. Apenas um zero aparece no início do número, então o algoritmo grava-o como o número máximo visto de zeros rastreados. O algoritmo, então, vê as palavras *parrot* e *wolf*, cujos números binários equivalentes são 11101011 e 01101110, deixando n do mesmo jeito. Porém, quando a palavra *cat* passa, o resultado é 00101110, então n torna-se 2. Para estimar o número de elementos distintos, o algoritmo computa 2^n, isto é, 2^2=4. A Figura 12-8 mostra esse processo.

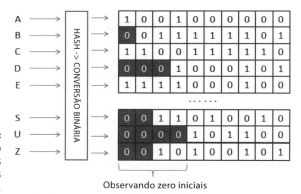

FIGURA 12-8: Contando apenas os zeros iniciais.

O truque do algoritmo é que se seu hash está produzindo resultados aleatórios, igualmente distribuídos (como em um filtro de Bloom), analisando a representação binária é possível calcular a probabilidade em que uma sequência de zeros apareceu. Como a probabilidade de um único número binário ser 0 é uma em duas, para calcular a probabilidade da sequência de zeros, basta multiplicar essa probabilidade 1/2 quantas vezes for o comprimento da sequência de zeros:

» Probabilidade de 50% (1/2) para números começando com 0.
» Probabilidade de 25% (1/2 * 1/2) para números começando com 00.

» Probabilidade de 12,5% (1/2 * 1/2 * 1/2) para números começando com 000.

» Probabilidade de 1/2^k para números começando com k zeros (use potências para cálculos mais rápidos de muitas multiplicações do mesmo número).

Quanto menos números o HyperLogLog vir, maior a imprecisão. A precisão aumenta quando você usa o cálculo HyperLogLog muitas vezes usando funções hash diferentes e calcula a média de respostas de cada cálculo, mas fazer o hash muitas vezes leva tempo, e fluxos são rápidos. Como alternativa, você pode usar o mesmo hash, mas dividir o fluxo entre grupos (por exemplo, separando os elementos em grupos conforme eles chegam, com base em sua ordem de chegada) e para cada grupo, monitorar o número máximo de zeros rastreados. No final, você calcula os elementos distintos para cada grupo e calcula a média aritmética de todas as estimativas. Esta abordagem é a *média estocástica*, e fornece estimativas mais precisas do que aplicar o algoritmo ao fluxo inteiro.

Aprendendo a contar elementos em um fluxo

Este último algoritmo no capítulo também alavanca funções hash e aproxima rascunhos. Ele faz isso depois de filtrar objetos duplicados e contar elementos distintos que apareceram no fluxo de dados. Aprender a contar objetos em um fluxo pode ajudar a encontrar os itens mais frequentes ou classificar eventos usuais ou não usuais. Você usa essa técnica para solucionar problemas, como encontrar pesquisas mais frequentes em um mecanismo de busca, os itens mais vendidos em um varejista online, as páginas mais populares em um site, ou as ações mais voláteis (contando as vezes que uma ação foi comprada e vendida).

Você aplica a solução para esse problema, *Count-Min Sketch*, a um fluxo de dados. Isso exige apenas uma passagem de dados e armazena o mínimo de informação possível. Esse algoritmo é aplicado a muitas situações reais (como análise de tráfego de rede ou gerenciamento de fluxos de dados distribuídos). A receita exige o uso de várias funções hash, cada uma associada a um bit vector, de uma maneira que lembra o filtro de Bloom, como mostrado na Figura 12-9:

1. **Inicialize todos os vetores de bits com zero em todas as posições.**

2. **Aplique a função hash para cada vetor de bits quando receber um objeto de um fluxo. Use o endereço numérico resultante para incrementar o valor nesta posição.**

3. **Aplique a função hash a um objeto e recupere o valor na posição associada quando for pedido para estimar a frequência de um objeto. De todos os valores recebidos dos vetores de bits, pegue o menor conforme a frequência do fluxo.**

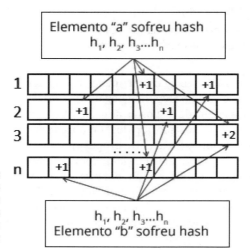

FIGURA 12-9: Como os valores são atualizados em um Count-Min Sketch.

LEMBRE-SE

Como sempre são possíveis colisões quando se usa uma função hash, especialmente se o vetor de bits associado tiver poucos compartimentos, ter vários bit vectors à mão assegura que pelo menos um deles mantenha o valor correto. O valor de escolha deve ser o menor, pois não está misturado a contas de falsos positivos devido a colisões.

> **NESTE CAPÍTULO**
>
> » Entendendo por que maior e mais rápido nem sempre é a melhor solução
>
> » Analisando as abordagens computacional e de armazenamento de empresas de internet
>
> » Descobrindo como usar grupos de hardware básico reduz custos
>
> » Reduzindo algoritmos complexos a operações paralelas separáveis pelo MapReduce

Capítulo **13**

Paralelizando Operações

L idar com quantidades imensas de dados usando estratégias de transmissão ou amostragem tem vantagens claras (como discutido no Capítulo 12) quando se precisa lidar com o processamento de dados massivos. Usar algoritmos de transmissão ou amostragem ajuda a obter um resultado, mesmo quando seu poder computacional é limitado (por exemplo, ao usar seu próprio computador). Porém, alguns custos estão associados a essas abordagens:

» **Transmissão:** Lida com quantidades de dados infinitas. Porém, seus algoritmos executam a tarefa devagar, pois processam partes individuais de dados e a velocidade de transmissão dita o ritmo.

» **Amostragem:** Aplica quaisquer algoritmos em qualquer máquina. Porém, o resultado obtido é impreciso, pois há apenas uma probabilidade, não uma certeza, de conseguir a resposta certa. Na maioria das vezes, você consegue apenas algo plausível.

CAPÍTULO 13 **Paralelizando Operações** 251

Alguns problemas exigem que você lide com grandes quantidades de dados de maneira precisa e pontual. Exemplos transbordam no mundo digital, como fazer uma pesquisa de palavra-chave entre bilhões de sites ou processar vários pedaços de informações (buscar uma imagem em um repositório de vídeo ou uma combinação em várias sequências de DNA). Fazer tais cálculos sequencialmente levaria a vida toda. A solução é usar a *computação distribuída*, o que significa interconectar muitos computadores em uma rede e usar suas capacidades computacionais juntas, combinadas a algoritmos rodando de maneira independente e paralela.

Lidando com Imensas Quantidades de Dados

O uso da internet para executar um grande conjunto de tarefas e o aumento na popularidade de suas aplicações de maior sucesso, como os mecanismos de busca ou redes sociais, exigiu profissionais de várias áreas para repensar como aplicar algoritmos e soluções de software para lidar com o dilúvio de dados. Buscar tópicos e conectar pessoas conduz essa revolução.

Apenas imagine a progressão, em termos de sites e páginas disponíveis, que ocorreu nos últimos 15 anos. Mesmo usando um algoritmo inteligente, como o PageRank (discutido e explorado no Capítulo 11), lidar com dados cada vez maiores e mutáveis ainda é difícil. O mesmo acontece com serviços de redes sociais oferecidos por empresas como Facebook, Twitter, Pinterest, LinkedIn, entre outras. Conforme o número de usuários cresce e suas relações recíprocas se desdobram, o grafo subjacente que os conecta toma escalas gigantescas. Com grandes escalas, lidar com nós e links para encontrar grupos e conexões torna--se incrivelmente difícil (a Parte 3 do livro discute grafos em detalhe).

Além dos dados fundamentados em comunicação, considere varejistas online que oferecem lojas com milhares e milhares de produtos e serviços (livros, filmes, jogos, e daí por diante). Embora você entenda por que comprou alguma coisa, o vendedor vê os itens no seu carrinho como pequenos pedaços de um quebra-cabeças de decisões de compra a solucionar para entender suas preferências de compra. Solucionar o quebra-cabeças permite ao vendedor sugerir e vender alternativas ou produtos suplementares.

Entendendo o paradigma paralelo

Fabricantes de CPUs encontraram uma solução simples quando desafiados a incorporar cada vez mais poder de processamento em microprocessadores (como previsto e parcialmente estabelecido pela Lei de Moore, discutida no

Capítulo 12). Entretanto, maior e mais rápido nem sempre é a melhor solução. Quando descobriram que o poder de absorção e a geração de calor limitavam a inclusão de mais CPUs em um único chip, engenheiros se comprometeram, criando *unidades de processamento multicore,* que são CPUs feitas juntando duas ou mais CPUs. O uso da tecnologia multicore levou a computação paralela a um público maior.

A computação paralela existe há muito tempo, mas apareceu majoritariamente em computadores de alta performance, como os supercomputadores de Cray, criados por Seymour Cray na *Control Data Corporation* (CDC), começando nos anos 1960. De forma simples, as propriedades associativas e comutativas na matemática expressam a ideia núcleo do paralelismo. Em uma adição matemática, por exemplo, é possível agrupar parte das somas ou adicionar as partes em uma ordem diferente do que a mostrada pelas fórmulas:

```
Associative property
2 + (3 + 4) = (2 + 3) + 4

Commutative property
2 + 3 + 4 = 4 + 3 + 2
```

Os mesmo conceitos se aplicam a algoritmos de computação, independentemente de se ter uma série de operações ou uma função matemática. Na maior parte das vezes, é possível reduzir o algoritmo a uma forma mais simples quando propriedades associativas e comutativas são aplicadas, como mostrado na Figura 13-1. Então, é possível separar as partes e ter unidades diferentes executando operações atômicas separadamente, somando o resultado no final.

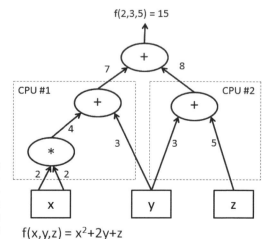

FIGURA 13-1: Propriedades associativas e comutativas permitem o paralelismo.

CAPÍTULO 13 **Paralelizando Operações** 253

Nesse exemplo, duas CPUs dividem uma função simples com três entradas (x, y e z) aproveitando as propriedades associativas e as comutativas. A solução da equação exige compartilhar dados comuns (a CPU1 precisa dos valores x e y; a CPU2, dos valores y e z), mas o processamento segue em paralelo até as duas CPUs emitirem seus resultados, que são somados para obter a resposta.

O paralelismo permite processar um grande número de cálculos simultaneamente. Quanto mais se processa, maior a velocidade de execução do cálculo, embora o tempo gasto não seja linearmente proporcional ao número de executores paralelos (não é completamente verdade que duas CPUs impliquem o dobro de velocidade, três CPUS, o triplo, e daí em diante). Na verdade, não se pode esperar que as propriedades associativas e comutativas funcionem em todas as partes do seu algoritmo ou instruções de computador. O algoritmo simplesmente não consegue tornar algumas partes paralelas, como afirmado pela Lei de Amdahl, que ajuda a determinar a vantagem de velocidade do paralelismo de seu cálculo (para detalhes, veja `http://home.wlu.edu/~whaleyt/classes/parallel/topics/amdahl.html` [conteúdo em inglês]). Além disso, outros aspectos podem reduzir o efeito positivo do paralelismo:

>> **Overhead:** Não é possível somar os resultados em paralelo.

>> **Housekeeping:** A conversão subjacente de uma linguagem legível por humanos para linguagem de máquina exige tempo. Manter os processadores trabalhando juntos aumenta os custos da conversão, tornando impossível ver um efeito de duplicação de dois processadores, mesmo se for possível executar cada parte da tarefa em paralelo.

>> **Resultados assíncronos:** Como executores paralelos não executam tarefas na mesma exata velocidade, a velocidade geral está vinculada à mais lenta (assim como acontece com uma frota, sua velocidade é determinada pelo barco mais lento).

 Embora nem sempre seja tão vantajoso quanto o esperado, o paralelismo consegue potencialmente tratar o problema de lidar com um número massivo de operações mais rápido do que usando um único processador (se um número massivo de executores pode processá-los mais rápido em paralelo). Contudo, o paralelismo não consegue tratar a quantidade massiva de dados por trás das computações sem outra solução: computação distribuída em sistemas distribuídos.

Quando você compra um computador novo, o vendedor provavelmente fala de *cores* e *threads*. *Cores* (núcleos) são as CPUs que estão empilhadas dentro de um único chip de CPU e que trabalha de maneira paralela usando multiprocessamento. Como cada núcleo é independente, as tarefas ocorrem simultaneamente. *Threads*, por sua vez, referem-se à capacidade de um único núcleo dividir sua atividade entre vários processos, quase de maneira paralela. No entanto, neste caso, cada thread tem sua vez com o processador, então as tarefas não ocorrem simultaneamente. Isto é chamado *multithreading.*

Distribuindo arquivos e operações

Grafos grandes, enormes quantidades de arquivos de textos, imagens e vídeos, e imensas matrizes de relação de adjacência pedem uma abordagem paralela. Felizmente, não é mais necessário um supercomputador para lidar com tudo isso, pode-se contar com o paralelismo de um monte de computadores menos potentes. O fato de essas grandes fontes de dados continuarem crescendo significa que é necessária uma abordagem diferente de usar um único computador especialmente feito para lidar com elas. Os dados crescem tão rápido que, quando você acaba de desenvolver e produzir um supercomputador para consumir os dados, ele pode não ser mais adequado porque os dados já cresceram demais.

A solução começa com um serviço online, como Google, Microsoft Azure ou Amazon Web Services (AWS). O primeiro passo para solucionar o problema é decidir onde pôr os dados. O segundo passo é decidir como processar eficientemente sem mover demais os dados por aí (pois grandes transferências de dados levam muito tempo para transitar de um computador para outro em uma rede ou na internet).

A maioria desses serviços funciona de maneira similar. Engenheiros puseram muitas ideias tecnológicas juntas e criaram um Sistema de Arquivos Distribuídos (SAD) de algum tipo. Ao usar um SAD, os dados não são armazenados em um único computador potente com um disco rígido gigante; em vez disso, o SAD os distribui entre vários computadores menores, similares a um computador pessoal. Os engenheiros organizam os computadores em um *cluster*, um sistema físico de racks e conexões de cabos. Racks são a verdadeira espinha dorsal da rede, nos quais vários computadores são armazenados, um perto do outro. Em um único rack da rede, é possível encontrar números variáveis de computadores, de oito a 64, cada um conectado ao outro. Cada rack se conecta a outros racks por meio de redes de cabos, criados pela interconexão de racks não diretamente entre eles, mas das várias camadas de *comutadores* (switches), que são dispositivos para redes de computadores capazes de lidar com eficiência e gerenciar as trocas de dados entre racks, como mostrado na Figura 13-2.

CAPÍTULO 13 **Paralelizando Operações**   255

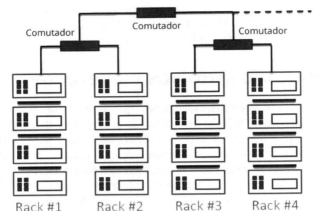

FIGURA 13-2: Um esquema representando um cluster de computadores.

É possível encontrar todo esse hardware em qualquer loja de informática, embora seja exatamente o que torna a infraestrutura SAD viável. Teoricamente, é possível encontrar um milhão ou mais computadores interconectados em uma rede (você pode ler sobre a versão Google dessa configuração em http://www.datacenterknowledge.com/archives/2011/08/01/report-google-uses-about-900000-servers/ [conteúdo em inglês]). O ponto interessante é que esses serviços aumentaram a potência computacional necessária adicionando mais computadores, não criando novas redes.

Nesse sistema, conforme os dados chegam, o SAD divide-o em porções (cada uma de, no máximo, 64MB de tamanho). O SAD copia as porções em várias duplicações e então distribui cada cópia para um computador parte da rede. A ação de dividir os dados em porções, duplicá-los e distribuí-los é bem rápida, não importa como os dados estão estruturados (informação organizada e em ordem ou tudo misturado). O único requisito diz respeito à gravação do endereço das porções no SAD, que é realizada por um índice para cada arquivo (ele mesmo replicado e distribuído), chamado nó mestre. A velocidade de execução SAD está ligada a como o SAD lida com os dados. Ao contrário das técnicas de armazenamento anteriores (como armazéns de dados), um SAD não exige qualquer ordenação particular, organização ou operação de limpeza nos próprios dados; ao contrário, ele faz o seguinte:

» Lida com dados de qualquer tamanho, pois os dados são divididos em porções manejáveis.

» Armazena novos dados empilhando-os próximo a dados antigos; um SAD nunca atualiza nenhum dos dados anteriormente recebidos.

» Replica dados de maneira redundante para que não seja necessário fazer um backup; a duplicação é, por si só, um backup.

LEMBRE-SE

Computadores falham de várias maneiras: disco rígido, CPU, sistema de alimentação, ou algum outro componente. Estatisticamente, é possível esperar que um computador servindo em uma rede funcione por aproximadamente 1.000 dias (mais ou menos três anos). Consequentemente, em um serviço com um milhão de computadores, pode-se esperar que 1.000 falhem todos os dias. É por isso que o SAD espalha três ou mais cópias de seus dados para vários computadores na rede. A replicação reduz a probabilidade de perda de dados por falha. A probabilidade de haver uma falha que envolva apenas computadores em que a mesma porção de dados está armazenada é de aproximadamente uma em um bilhão (assumindo que o SAD replique os dados três vezes), tornando este um risco ínfimo e aceitável.

Empregando a solução MapReduce

Embora sistemas distribuídos armazenem dados rapidamente, recuperá-los é bem mais lento, especialmente na execução de análise e aplicação de algoritmos. O mesmo tipo de problema ocorre quando você pega as partes de um quebra-cabeças e espalha-as por aí (fácil). Então, é preciso pegar as peças e recriar a imagem original (difícil e demorado). Ao trabalhar com dados em um SAD:

1. Pegue o nó mestre e leia-o para determinar a localização das partes do arquivo.
2. Envie uma ordem de busca aos computadores na rede para obter as porções de dados anteriormente armazenadas.
3. Junte as porções de dados armazenadas em vários computadores em um único computador (se isto for possível; alguns arquivos podem ser grandes demais para armazenar em uma única máquina).

USANDO UMA SOLUÇÃO GLOBAL PARA MAPREDUCE

Embora o livro demonstre como criar uma solução MapReduce do zero, não é necessário reinventar a roda toda vez que quiser executar essa tarefa. Pacotes como o MrJob (https://pythonhosted.org/mrjob/ [conteúdo em inglês]) permitem executar tarefas MapReduce de maneira rápida e fácil. Além disso, usando um pacote, é possível facilitar a execução da tarefa usando recursos em nuvem, como o Amazon Web Services com o Elastic MapReduce (EMR) (https://aws.amazon.com/emr/ [conteúdo em inglês]) ou com o Hadoop (http://hadoop.apache.org/ [conteúdo em inglês]). O ponto é que é necessário saber como o algoritmo funciona, que é o ponto deste livro, mas que precisar escrever todo o código exigido pode ser desnecessário na situação certa.

Obviamente, esse processo pode tornar-se complexo, então engenheiros de serviços web decidiram que é melhor não recompor arquivos antes de processá--los. Uma solução mais inteligente seria deixá-los em porções no computador fonte e deixar o computador host processá-los. Apenas a versão `reduce`, que já é quase completamente processada, teria que se mover pela rede, limitando a transmissão de dados. O MapReduce é a solução que fornece os meios para processar algoritmos em paralelo em um sistema de dados distribuídos. Como um algoritmo por si mesmo, o MapReduce consiste em duas partes, `map` e `reduce`.

Explicando map

A primeira fase do algoritmo MapReduce é a parte `map`, uma função encontrada em muitas *linguagens de programação funcionais* (um estilo de programação que trata a computação como uma função matemática). `map` é direta: você começa com um conjunto unidimensional (que, em Python, pode ser uma lista) e uma função. Aplicando a função em cada elemento do conjunto, obtém-se um conjunto identicamente formatado cujos valores são transformados. O exemplo a seguir contém uma lista de dez números que a função transforma em sua potência equivalente:

```
L = [0, 1, 2, 3, 4, 5, 6, 7, 8, 9]
m = list(map(lambda x: x**2, L))
print(m)

[0, 1, 4, 9, 16, 25, 36, 49, 64, 81]
```

A função `map` aplica a função Python `lambda` (uma função *lambda* é uma função definida na hora) para transformar cada elemento na lista inicial em um elemento resultante. A Figura 13-3 mostra o resultado desse processo de mapeamento.

FIGURA 13-3: Mapeando uma lista de números por uma função quadrada.

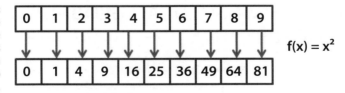

Note que cada transformação de elemento da lista é independente das outras. É possível aplicar a função aos elementos da lista em qualquer ordem (no entanto, você deve armazenar o resultado na posição correta no conjunto final). A capacidade de processar os elementos da lista em qualquer ordem cria um cenário que é naturalmente paralelizado sem nenhum esforço particular.

Nem todos os problemas são naturalmente paralelos, e alguns nunca serão. Porém, às vezes é possível repensar ou redefinir seu problema para atingir um conjunto de cálculos que o computador pode lidar de uma maneira paralela.

Explicando reduce

A segunda fase do algoritmo MapReduce é a parte `reduce` (também há um passo intermediário, *Shuffle* e *Sort* (Embaralhar e Ordenar), que será explicado depois, mas não é importante por enquanto). Quando uma lista é dada, `reduce` aplica uma função em uma sequência que acumula os resultados. Assim, ao usar uma função somatória, `reduce` aplicará a somatória a todos os elementos de entrada na lista. Então, combinará esse resultado parcial com o próximo conjunto de elementos e assim por diante, até completar o conjunto.

DICA

Você pode também fornecer um número inicial. Quando um número inicial é fornecido, `reduce` começa combinando ele com o primeiro elemento da lista para obter o primeiro resultado parcial. O exemplo a seguir usa o resultado da fase de mapeamento e o reduz a uma função somatória (como mostrado na Figura 13-4):

```
from functools import reduce
L = [0, 1, 2, 3, 4, 5, 6, 7, 8, 9]
m = list(map(lambda x: x**2, L))
r = reduce(lambda x, y: x+y, m)
print(r)

285
```

FIGURA 13-4:
Reduzindo uma lista de números a uma soma.

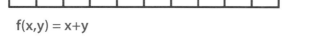

$f(x,y) = x+y$

$0 \to 5 \to 14 \to 30 \to 55 \to 91 \to 140 \to 204 \to 285$

A função `reduce` opera no conjunto de entrada como se ele fosse um fluxo de dados (como discutido no Capítulo 12). Geralmente, ela trabalha com um elemento por vez e monitora os resultados intermediários.

Distribuindo operações

Entre as fases `map` e `reduce` está uma fase intermediária, embaralhar e ordenar. Assim que a tarefa de mapear é completada, o host redireciona as tuplas resultantes de pares chave-valor ao computador correto na rede para aplicar a fase `reduce`. Isso é tipicamente feito agrupando pares chave que combinam em uma única lista e usando uma função hash na chave de maneira similar aos filtros de Bloom (veja o Capítulo 12). O resultado é um endereço no cluster de computadores para transferir as listas.

Do outro lado da transmissão, o computador executando a fase `reduce` começa a receber listas de tuplas com uma ou várias chaves. Várias chaves ocorrem quando há uma colisão hash, o que acontece quando diferentes chaves resultam no mesmo valor hash, e então acabam indo para o mesmo computador. O computador executando a fase `reduce` ordena-as em listas contendo a mesma chave antes de alimentar cada lista na fase `reduce`, como mostrado na Figura 13-5.

Como mostrado na figura, o MapReduce pega várias entradas em cada computador no cluster de computadores no qual estão armazenadas, mapeiam os dados e transforma-os em tuplas de pares chave-valor. Organizado em listas, o host transmite essas tuplas para outros computadores na rede, e os computadores que recebem executam operações de ordenar e reduzir, que levam a um resultado.

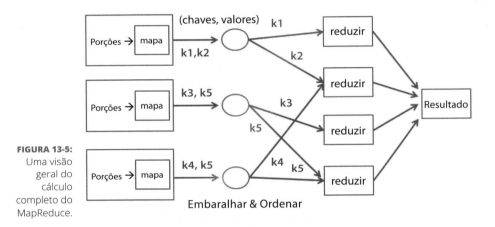

FIGURA 13-5: Uma visão geral do cálculo completo do MapReduce.

Resolvendo Algoritmos para o MapReduce

Ao contrário dos outros exemplos neste livro, é possível pensar no MapReduce mais como um estilo de computação ou uma estratégia de big data do que um algoritmo. Como uma estratégia, ele permite combinar diferentes algoritmos distribuídos (algoritmos paralelos que espalham cálculos em diferentes computadores) e permitem trabalhar de forma eficiente e eficaz com grandes quantidades de dados. É possível encontrar algoritmos MapReduce em várias aplicações e, embora as possibilidades sejam muitas, é mais frequente encontrá-los sendo usados para executar estas tarefas:

» Algoritmos de texto, para dividir o texto em elementos (tokens), criando índices e buscando palavras e frases relevantes.
» Criação de grafos e algoritmos de grafos.
» Mineração de dados e aprendizado de novos algoritmos a partir dos dados (*aprendizado de máquina*).

Um dos usos mais comuns do algoritmo MapReduce é para processar texto. O exemplo nesta seção demonstra como resolver uma tarefa simples, contar determinadas palavras em uma passagem de texto usando uma abordagem mapear e reduzir, e alavancar o multithreading ou o multiprocessamento (dependendo do sistema operacional instalado no seu computador).

PAPO DE ESPECIALISTA

A linguagem de programação Python não é a linguagem de computação ideal para operações paralelas. Tecnicamente, por causa de problemas de sincronização e de acesso à memória, o intérprete de Python não é seguro para threads, o que significa que ele pode experienciar erros quando executar aplicações usando vários processos ou threads em vários núcleos. Consequentemente, Python limita o multithreading a um único thread (o código é distribuído, mas não ocorre melhora na performance) e o paralelismo multicore por vários processos é bastante complicado de atingir, especialmente em computadores que rodam Windows. Você pode aprender mais sobre a diferença em threads e processos no artigo da Microsoft em `https://msdn.microsoft.com/en-us/library/windows/desktop/ms681917(v=vs.85).aspx` (conteúdo em inglês).

Configurando uma simulação MapReduce

Este exemplo processa um texto que está em domínio público, obtido do site da organização sem fins lucrativos *Project Gutenberg* (`https://www.gutenberg.org/` [conteúdo em inglês]). O primeiro texto processado é o romance *Guerra e Paz*, (*War and Peace*, em inglês) de Léon Tolstoi (também conhecido por outros nomes em outras línguas, como Lev Tolstoj). O código a seguir carrega os dados na memória:

```
import urllib.request
url = 'http://gutenberg.readingroo.ms/2/6/0/2600/2600.txt'
response = urllib.request.urlopen(url)
data = response.read()
text = data.decode('utf-8')[627:]

print (text[:37])

WAR AND PEACE

By Leo Tolstoy/Tolstoi
```

Seja paciente! Carregar o livro leva tempo (tente lê-lo em tão pouco tempo, como o computador faz). Quando termina, o código mostra as primeiras linhas com o título e armazena os dados na variável `text`. Parte do processo divide o texto em palavras e armazena-as em uma lista, como mostrado no código a seguir:

```
words = text.split()
print ('Number of words: %i' % len(words))

Number of words: 566218
```

A variável `words` agora contém palavras individuais do livro. É hora de importar os pacotes e as funções Python necessárias para o exemplo usando o seguinte código:

```
import os
if os.name == "nt":
    #Safer multithreading on Windows
    from multiprocessing.dummy import Pool
else:
    #Multiprocessing on Linux,Mac
    from multiprocessing import Pool

from multiprocessing import cpu_count
from functools import partial
```

Dependendo do seu sistema operacional, o exemplo conta com o multiprocessamento ou multithreading. O Windows usa multithreading, que divide a tarefa em vários threads processados ao mesmo tempo pelo mesmo núcleo. Nos sistemas Linux e Mac, o código executa em paralelo, e um núcleo computacional diferente cuida de cada operação.

O código que vem depois conta as palavras de uma lista que corresponde ao conjunto de palavras-chave. Depois de remover toda a pontuação, o código compara palavras e, se encontrar qualquer combinação com uma palavra-chave, a função retorna uma tupla que consiste em uma chave, a palavra combinada e uma unidade de valor, que é a contagem. Este resultado representa o coração do mapa do MapReduce:

```
def remove_punctuation(text):
    return ''.join([l for l in text if l not in ['.',
            ',', '!', '?', '"']])

def count_words(list_of_words, keywords):
    results = list()
    for word in list_of_words:
        for keyword in keywords:
            if keyword == remove_punctuation(
```

```
                    word.upper()):
            results.append((keyword,1))
    return results
```

A função que segue particiona os dados. Essa abordagem é similar à maneira na qual um sistema distribuído particiona os dados. O código distribui o cálculo e junta os resultados:

```
def Partition(data, size):
    return [data[x:x+size] for x in range(0, len(data),
                                          size)]

def Distribute(function, data, cores):
    pool = Pool(cores)
    results = pool.map(function, data)
    pool.close()
    return results
```

Finalmente, as funções a seguir embaralham e ordenam os dados para reduzir os resultados. Este passo representa as duas últimas fases de trabalho do MapReduce:

```
def Shuffle_Sort(L):
    # Shuffle
    Mapping = dict()
    for sublist in L:
        for key_pair in sublist:
            key, value = key_pair
            if key in Mapping:
                Mapping[key].append(key_pair)
            else:
                Mapping[key] = [key_pair]
    return [Mapping[key] for key in Mapping]

def Reduce(Mapping):
  return (Mapping[0][0], sum([value for (key, value
                             ) in Mapping]))
```

Investigando por mapeamento

O código a seguir simula um ambiente distribuído usando vários núcleos processadores. Ele começa solicitando o número de núcleos disponíveis do sistema operacional. O número de núcleos que você verá varia do número de núcleos disponíveis no seu computador. A maioria dos computadores modernos fornece quatro ou oito núcleos.

```
n = cpu_count()
print ('You have %i cores available for MapReduce' % n)

You have 4 cores available for MapReduce
```

LEMBRE-SE

Se estiver rodando o código no Windows, por razões técnicas, você trabalha com um único núcleo, então não tirará vantagem do número total de núcleos disponíveis. A simulação ainda vai parecer funcionar, mas não verá nenhum aumento na velocidade.

Para começar, o código primeiro define a operação mapa. Depois, distribui a função mapa para os threads, cada qual processando uma partição dos dados iniciais (a lista contendo as palavras de *Guerra e Paz*). A operação mapa encontra as palavras *peace, war* (paz, guerra — há mais guerra ou mais paz em *Guerra e Paz*?), *Napoleon* e *Russia*:

```
Map = partial(count_words,
              keywords=['WAR', 'PEACE', 'RUSSIA',
                        'NAPOLEON'])
map_result = Distribute(Map,
                        Partition(
    words,len(words)//n+1), n)
print ('map_result is a list made of %i elements' %
       len(map_result))
print ('Preview of one element: %s]'% map_result[0][:5])

Map is a list made of 4 elements
Preview of one element: [('WAR', 1), ('PEACE', 1), ('WAR', 1),
       ('WAR', 1), ('RUSSIA', 1)]]
```

Depois de um tempo, o código imprime os resultados. Nesse caso, a lista resultante contém quatro elementos porque o sistema host tem quatro núcleos (é possível ver mais ou menos elementos, dependendo do número de núcleos em sua máquina). Cada elemento na lista é outra lista contendo os resultados do mapeamento daquela parte dos dados de palavras. Pré-visualizando uma dessas listas, é possível ver que é uma sequência de chaves associadas (dependendo da palavra-chave encontrada) e unidades de valores. As chaves não estão em ordem; aparecem na ordem em que o código as gerou. Consequentemente, antes de passar a lista para a fase `reduce` para somar os resultados totais, o código organiza as chaves em ordem e as envia ao núcleo apropriado para redução:

```
Shuffled = Shuffle_Sort(map_result)
print ('Shuffled is a list made of %i elements' %
```

```
       len(Shuffled))
print ('Preview of first element: %s]'% Shuffled[0][:5])
print ('Preview of second element: %s]'% Shuffled[1][:5])

Shuffled is a list made of 4 elements
Preview of first element: [('RUSSIA', 1), ('RUSSIA', 1),
  ('RUSSIA', 1), ('RUSSIA', 1), ('RUSSIA', 1)]]
Preview of second element: [('NAPOLEON', 1), ('NAPOLEON',
 1), ('NAPOLEON', 1), ('NAPOLEON', 1), ('NAPOLEON', 1)]]
```

Como mostrado no exemplo, a função `Shuffle_Sort` cria uma lista de quatro listas, cada uma contendo tuplas apresentando uma das quatro palavras-chave. Em uma configuração de cluster, esse processamento é igual a fazer cada nó de mapeamento passar pelos resultados emitidos e, usando algum tipo de endereçamento (por exemplo, usando uma função hash, como visto no vetor de bits do um filtro de Bloom no Capítulo 12), eles enviam (fase embaralhar) os dados de tupla ao nó de redução apropriado. O nó receptor posiciona cada chave na lista apropriada (fase ordenar):

```
result = Distribute(Reduce, Shuffled, n)
print ('Emitted results are: %s' % result)

Emitted results are: [('RUSSIA', 156), ('NAPOLEON', 469),
 ('WAR', 288), ('PEACE', 111)]
```

A fase reduzir soma as tuplas ordenadas e distribuídas e reporta a soma total de cada chave, como visto no resultado impresso pelo código que replica um MapReduce. Lendo os resultados, é possível ver que Tolstoi menciona guerra mais do que paz em *Guerra e Paz*, mas ele menciona Napoleão com ainda mais frequência.

Você pode facilmente repetir o experimento em outros textos ou até hackear a função mapa para aplicar uma função diferente no texto. Por exemplo, você poderia escolher analisar alguns dos romances mais famosos de Sir Arthur Conan Doyle e tentar descobrir quantas vezes Sherlock Holmes usou a frase "*Elementary, Watson*" ("Elementar, Watson"):

```
import urllib.request
url = "http://gutenberg.pglaf.org/1/6/6/1661/1661.txt"
text = urllib.request.urlopen(url).read().decode(
                              'utf-8')[723:]
words = text.split()

print (text[:65])
print ('\nTotal words are %i' % len(words))
```

CAPÍTULO 13 **Paralelizando Operações**   265

```
Map = partial(count_words,
              keywords=['WATSON', 'ELEMENTARY'])
result = Distribute(Reduce,
                    Shuffle_Sort(Distribute(Map,
                    Partition(words,len(words)//n), n)),
                    1)
print ('Emitted results are: %s' % result)


THE ADVENTURES OF SHERLOCK HOLMES
by
SIR ARTHUR CONAN DOYLE

Total words are 107431
Emitted results are: [('WATSON', 81), ('ELEMENTARY', 1)]
```

O resultado pode ser surpreendente! Essa frase nunca é realmente encontrada nos romances, é um gancho que os autores inseriram depois nos roteiros dos filmes: `http://www.phrases.org.uk/meanings/elementary-my-dear-watson.html` (conteúdo em inglês).

> **NESTE CAPÍTULO**
>
> » **Como computadores podem armazenar informação para economizar espaço**
>
> » **Criando codificações eficazes e inteligentes**
>
> » **Utilizando estatísticas e construindo árvores de Huffman**
>
> » **Comprimindo e descomprimindo na hora usando o algoritmo Lempel-Ziv-Welch (LZW)**

Capítulo **14**

Comprimindo Dados

O mundo se viu inundado de dados na última década. Na verdade, dados são o novo petróleo, e especialistas de todo tipo esperam extrair novos conhecimentos e riquezas deles. Como resultado, encontramos dados empilhados por todo lado e, com frequência, arquivados assim que chegam. O armazenamento, por vezes descuidado, vem de uma capacidade aumentada de armazenar tudo, útil ou não. Os Capítulos 12 e 13 discutiram os condutores por trás desse dilúvio de dados, como lidar com fluxos de dados massivos, métodos usados para distribuí-los em clusters de computadores conectados e técnicas que podem ser usadas para processar dados de maneira rápida e eficiente.

Dados nem sempre estiveram prontamente disponíveis, no entanto. Em décadas anteriores, armazenar dados exigia grandes investimentos em caros dispositivos de armazenamento em massa (discos rígidos, fitas, disquetes, CDs) que não conseguiam armazenar muitos dados. Armazenar dados exigia uma certa eficiência (economizar espaço em disco significava economizar dinheiro), e algoritmos de compressão de dados ofereciam a opção de compactar dados para armazenar mais em um único dispositivo ao custo do tempo de processamento do computador. Trocar espaço em disco por tempo do computador reduziu custos.

Algoritmos de compressão são, há muito tempo, tópico de estudo, e agora são considerados clássicos em conhecimentos informáticos. Embora discos de armazenamento sejam maiores e mais baratos hoje, esses algoritmos ainda têm um papel na transmissão de dados móveis e são usados em todo lugar onde haja um gargalo de fluxo de dados ou altos custos de memória. A compressão também é útil em situações nas quais o crescimento da infraestrutura dos dados não corresponde ao seu crescimento. Além disso, a compressão ajuda a entregar complexas páginas web mais rápido, transmitir vídeos eficientemente, armazenar dados em um dispositivo móvel ou reduzir os custos de transmissão de dados celulares. Este capítulo ajuda a entender como a compressão de dados funciona e quando é necessário usá-la.

Tornando os Dados Menores

Dados de computadores são feitos de bits — sequências de zeros e uns. Este capítulo explica, com maior profundidade que os capítulos anteriores, o uso de zeros e uns para criar dados, porque a compressão aproveita esses zeros e uns de várias maneiras. Para entender a compressão, é necessário saber como um computador cria e armazena números binários. As seções a seguir discutem o uso de números binários em computadores.

Entendendo a codificação

Zeros e uns são os únicos números no sistema binário. Eles representam os dois estados possíveis em um circuito elétrico: ausência e presença de eletricidade. Os computadores começaram como circuitos simples feitos de válvulas ou transistores; usar o sistema binário em vez de o sistema decimal humano tornou as coisas mais fáceis. Humanos usam dez dedos para contar os números de 0 a 9. Quando precisam contar mais, adicionam uma unidade de número à esquerda. Talvez você nunca tenha pensado sobre isso, mas é possível expressar contagens usando potências de dez. Portanto, um número como 199 pode ser expresso como $10^2*1 + 10^1*9 + 10^0*9 = 199$; ou seja, é possível separar centenas de dezenas e unidades multiplicando cada número pela potência de dez relativa a sua posição: 10^0 para unidades, 10^1 para dezenas, 10^2 para centenas, e daí por diante.

LEMBRE-SE

Saber dessa informação ajuda a entender melhor números binários, pois eles funcionam exatamente da mesma maneira. Entretanto, números binários usam potências de dois em vez de potências de dez. Por exemplo, o número 11000111 é simplesmente:

```
2⁷*1+2⁶*1+2⁵*0+2⁴*0+2³*0+2²*1+2¹*1+2⁰*1 =
128*1+64*1+32*0+16*0+8*0+4*1+2*1+1*1 =
128+64+4+2+1 = 199
```

É possível representar qualquer número como um valor binário em um computador. Um valor ocupa o espaço de memória exigido por seu tamanho total. Por exemplo, 199 binário tem oito algarismos, cada algarismo é um bit, e 8 algarismos formam um byte. O hardware do computador conhece dados apenas como bits porque só tem circuitos para armazenar bits. No entanto, de um ponto de vista mais alto, o software do computador pode interpretar bits como letras, ideogramas, figuras, filmes, sons, e é aí que a codificação entra na brincadeira.

A *codificação* usa uma sequência de bits para representar alguma outra coisa além do número expresso pela própria sequência. Por exemplo, é possível representar uma letra usando uma sequência particular de bits. Um software de computador comumente representa a letra A usando o número 65, ou 01000001 binário ao trabalhar com o padrão de codificação *American Standard Code for Information Interchange* (ASCII). É possível ver sequências usadas pelo sistema ASCII em http://www.asciitable.com/ (conteúdo em inglês). O ASCII usa apenas 7 bits para sua codificação (8 bits, ou um byte, na versão estendida), o que significa que é possível representar 128 caracteres diferentes (a versão estendida tem 256 caracteres). O Python pode representar a string "*Hello World*" usando bytes:

```
print (''.join(['{0:08b}'.format(ord(l))
            for l in "Hello World"]))

010010000110010101101100011011000110111100100000010101110
1011110111001001101100011001100
```

Ao usar o ASCII estendido, um computador sabe que a sequência de exatamente 8 bits representa um caractere. Ele pode separar cada sequência em bytes de 8-bits usando uma tabela de conversão chamada *tabela ASCII*, que transforma esses bytes em caracteres.

LEMBRE-SE

A codificação ASCII pode representar o alfabeto padrão ocidental, mas não suporta a variedade europeia de caracteres acentuados ou a riqueza dos alfabetos não europeus, como os ideogramas usados pelas línguas chinesa e japonesa. As possibilidades são de que você esteja usando um robusto sistema de codificação, como UTF-8, ou outra forma de codificação Unicode (veja http://unicode.org/ [conteúdo em inglês] para mais informações). A codificação Unicode é o padrão no Python 3.

Usar um sistema complexo de codificação requer usar sequências mais longas que aquelas exigidas pelo ASCII. Dependendo da codificação escolhida, definir um caractere pode exigir até 4 bytes (32 bits). Quando representa informação textual, um computador cria longas sequências de bits. Ele decodifica cada letra facilmente porque a codificação usa sequências de comprimento fixo em um único arquivo. Estratégias de codificação, como a *Unicode*

Transformation Format 8 (UTF-8), podem usar números variáveis de bytes (1 a 4, neste caso). Você pode ler mais sobre como a UTF-8 funciona em `http://www.fileformat.info/info/unicode/utf8.htm` (conteúdo em inglês).

Considerando os efeitos da compressão

O uso de sequências de caracteres de tamanho fixo abre muito espaço para melhorias. Pode ser que não se use todas as letras no alfabeto, ou se use algumas letras mais que outras. É aí que entra a compressão. Usando sequências de caracteres de comprimentos variáveis, é possível diminuir consideravelmente o tamanho de um arquivo. Porém, o arquivo também exige processamento adicional para voltar a um formato descomprimido que as aplicações entendam. A compressão remove espaço de maneira organizada e metódica; a descompressão adiciona o espaço de volta nas strings de caracteres. Quando for possível comprimir e descomprimir os dados de maneira que não resulte em nenhuma perda, você estará usando uma compressão *sem perdas*.

A mesma ideia por trás da compressão vale para imagens e sons que envolvam formar sequências de bits de um determinado tamanho para representar detalhes de vídeo, ou reproduzir um segundo de um som usando os alto-falantes do computador. Vídeos são simplesmente sequência de bits, e cada sequência de bits é um *pixel*, que é composto de pequenos pontos que constituem uma imagem. Da mesma forma, o áudio é composto de sequências de bits que representam uma amostra individual. Arquivos de áudio armazenam um determinado número de amostras por segundo para recriar um som. Computadores armazenam dados em vários formatos predefinidos de longas sequências de bits (comumente chamados *fluxos de bits*). Algoritmos de compressão podem explorar a maneira que cada formato funciona para obter o mesmo resultado usando um formato mais curto e personalizado.

É possível comprimir ainda mais dados que representam imagens e sons eliminando detalhes que não podem ser processados. Humanos têm limitações tanto visuais quanto auditivas, então provavelmente não notamos a perda de detalhes imposta pela compressão de dados de maneiras específicas. Você deve ter ouvido falar de compressão MP3, que permite armazenar coleções inteiras de CDs no seu computador ou leitor portátil. O formato de arquivo MP3 simplifica o pesado formato original WAV usado por computadores. Arquivos WAV contêm todas as ondas de som recebidas pelo computador, mas o MP3 economiza espaço removendo e compactando ondas que você não consegue ouvir (para saber mais sobre MP3, leia o artigo em `http://arstechnica.com/features/2007/10/the-audiofile-understanding-mp3-compression/` [conteúdo em inglês]).

UM EXEMPLO DOS BENEFÍCIOS DA COMPRESSÃO COM PERDAS

Um exemplo da diferença que a compressão com perdas pode fazer é na fotografia. Um arquivo de imagem em formato bruto contém toda a informação originalmente fornecida pelo sensor da câmera; não inclui nenhum tipo de compressão. Ao usar uma determinada câmera, você pode descobrir que esse arquivo consome 29,8MB de espaço do disco rígido. Um arquivo bruto usa a extensão .raw para mostrar que não houve processamento. Abrir o arquivo e salvá-lo como .jpeg com perdas pode resultar em um arquivo de apenas 3,7MB, mas com alguma perda de detalhe. Para salvar algum detalhe, mas economizar no tamanho também, você pode escolher usar o formato .png. Neste caso, o tamanho do arquivo deve ser de 12,4MB, que representa uma boa relação entre economia de tamanho e dados de imagem.

DICA

Remover detalhes de dados cria compressão *com perdas*. JPEG, DjVu, MPEG, MP3 e WMA são todos algoritmos de compressão com perda especializados em um tipo particular de dados de mídia (imagens, vídeo, som), e há muitos outros. A compressão com perda é suficiente para dados destinados a humanos; no entanto, removendo os detalhes, não é possível reverter à estrutura de dados original. Assim, é possível ter uma boa compressão de uma foto digital e representá-la de maneira útil na tela de um computador. Contudo, quando você imprime a foto comprimida no papel, pode notar que a qualidade, embora aceitável, não é tão boa quanto a da imagem original. A tela fornece resultados em 96 pontos por polegada (dpi), mas uma impressora geralmente fornece resultados de 300 a 1.200 dpi (ou mais alto). Os efeitos da compressão com perdas tornam-se óbvios porque uma impressora está habilitada a exibi-los de maneira que humanos possam ver.

LEMBRE-SE

Escolher entre a compressão sem perdas e com perdas é importante. Descartar detalhes é uma boa estratégia com mídias, mas não funciona tão bem com texto, pois perder palavras ou letras pode mudar o significado do texto (descartar detalhes não funciona em linguagens de programação ou instruções de computador pela mesma razão). Embora a compressão com perdas seja uma solução eficiente de compressão quando detalhes não são tão importantes, ela não funciona em situações nas quais é necessário manter o significado preciso.

Escolhendo um tipo particular de compressão

Algoritmos sem perdas simplesmente comprimem para reduzir tamanho e descomprimem para o estado original dos dados. Algoritmos sem perdas têm aplicações mais gerais que a compressão com perdas, pois é possível usá-los para qualquer problema com dados (mesmo quando usar compressão com perdas, remove-se algum detalhe e comprime-se o restante usando a compressão sem perdas). Assim como se pode encontrar muitos algoritmos com perdas que são especializados para uso com mídias diferentes, também se pode encontrar muitos algoritmos sem perdas, cada um apto a explorar algumas características de dados (para ter uma ideia do quão grande a família dos algoritmos sem perdas é, leia mais detalhes em http://ethw.org/History_of_Lossless_Data_Compression_Algorithms [conteúdo em inglês]).

LEMBRE-SE

É essencial lembrar que o objetivo, tanto da compressão com perdas quanto da sem perdas, é reduzir a redundância contida nos dados. Quanto mais redundâncias os dados contiverem, mais eficiente é a compressão.

Há chances de que você tenha instalados no seu computador muitos programas de compressão de dados sem perdas que resultam em arquivos Zip, LHA, 7-Zip e RAR, e não tenha certeza sobre qual é melhor. Uma opção "melhor" pode não existir, porque é possível usar sequências de bits de várias maneiras diferentes para representar informação em um computador; além disso, estratégias de compressão diferentes funcionam melhor com sequências de bits diferentes. Este é o problema de não haver almoço grátis discutido no Capítulo 1. A opção que você escolhe depende do conteúdo dos dados que precisa comprimir.

Para ver como a compressão varia de acordo com a amostra fornecida, experimente testar várias amostras de texto usando o mesmo algoritmo. O seguinte exemplo Python usa o algoritmo ZIP para comprimir o texto de *As Aventuras de Sherlock Holmes*, de Arthur Conan Doyle, e então reduzir o tamanho de uma sequência de letras gerada aleatoriamente (você pode encontrar o código completo para esse exemplo na seção *Compression Performances* do arquivo A4D; 14; Compression.ipynb do código fonte para download para este livro; veja a Introdução para detalhes).

```
import urllib.request
import zlib
from random import randint
url = "http://gutenberg.pglaf.org/1/6/6/1661/1661.txt"
sh = urllib.request.urlopen(url).read().decode('utf-8')
sh_length = len(sh)
rnd = ''.join([chr(randint(0,126)) for k in
               range(sh_length)])

def zipped(text):
    return len(zlib.compress(text.encode("ascii")))

print ("Original size for both texts: %s characters" %
       sh_length)
print ("The Adventures of Sherlock Holmes to %s" %
       zipped(sh))
```

```
print ("Random file to %s " % zipped(rnd))

Original size for both texts: 594941 characters
The Adventures of Sherlock Holmes to 226824
Random file to 521448
```

O resultado do exemplo é esclarecedor. Embora a aplicação exemplo possa reduzir o tamanho do conto para menos da metade do seu tamanho original, a redução de tamanho para o texto aleatório é muito menor (ambos os textos têm o mesmo tamanho original). O resultado implica que o algoritmo ZIP aproveita as características do texto escrito, mas não funciona tão bem em um texto aleatório que não tenha uma estrutura previsível.

DICA

Quando executar a compressão de dados, é possível medir a performance calculando a razão de compressão: divida o novo tamanho comprimido do arquivo pelo seu tamanho original. A razão de compressão pode mostrar a eficiência do algoritmo em economizar espaço, mas algoritmos de alta performance também exigem tempo para executar a tarefa. Caso o tempo seja uma preocupação, a maioria dos algoritmos permite trocar alguma razão de compressão por velocidade de compressão e descompressão. No exemplo anterior, para o texto de *Sherlock Holmes*, a razão de compressão é de 226824 / 594941, isto é, aproximadamente 0,381. O método `compress` encontrado no exemplo tem um segundo parâmetro opcional, `level`, que controla o nível de compressão. Alterar esse parâmetro controla a razão entre o tempo para executar a tarefa e a quantidade de compressão alcançada.

Escolhendo sua codificação sabiamente

O exemplo na seção anterior mostra o que acontece quando se aplica o algoritmo ZIP a um texto aleatório. Os resultados ajudam a entender por que a compressão funciona. Resumindo todos os algoritmos de compressão disponíveis, surgem quatro razões principais:

» **Reduzir a codificação de caracteres:** A compressão força os caracteres a usar menos bits codificando-os de acordo com algum recurso, como uso associado. Por exemplo, se você usa apenas alguns dos caracteres em um conjunto de caracteres, é possível reduzir o número de bits para refletir este nível de uso. É a mesma diferença que ocorre entre o ASCII, que usa 7 bits, e o ASCII estendido, que usa 8 bits. Esta solução é particularmente eficiente com problemas como codificação de DNA, na qual é possível criar uma codificação melhor que a padrão.

» **Reduzir longas sequências de bits idênticos:** A compressão usa um código especial para identificar várias cópias dos mesmos bits e substituí-las por apenas uma cópia, junto com o número de vezes para repeti-la. Esta opção é muito eficiente com imagens (funciona bem com imagens de fax em preto e branco) ou com quaisquer dados que possam ser rearranjados para agrupar caracteres similares (dados de DNA são um exemplo desse tipo).

» **Alavancar estatísticas:** A compressão codifica caracteres usados com frequência de maneira mais curta. Por exemplo, a letra *E* aparece comumente no inglês, então se a letra *E* usa apenas 3 bits, em vez de todos os 8 bits, economiza-se um espaço considerável. Esta é a estratégia usada pela codificação de Huffman, na qual a tabela simbólica é recriada e economiza espaço, em média, porque caracteres comuns são mais curtos.

» **Codificar com eficiência longas sequências de caracteres frequentes:** É similar à redução de longas sequências de bits idênticos, mas trabalha com sequências de caracteres, em vez de caracteres individuais. Esta é a estratégia usada pelo LZW, que aprende os padrões dos dados na hora e cria uma codificação curta para sequências longas de caracteres.

Para entender como repensar a codificação pode ajudar na compressão, comece pela primeira razão. Cientistas trabalhando no Projeto Genoma por volta de 2008 (`https://www.genome.gov/10001772/all-about-the--human-genome-project-hgp/` [conteúdo em inglês]) conseguiram reduzir drasticamente o tamanho de seus dados usando um truque simples de codificação. Usar este truque tornou mais simples a tarefa de mapear todo o DNA humano, ajudando os cientistas a entender mais sobre vida, doenças e morte programadas nas células de nosso corpo.

Cientistas descrevem o DNA usando sequências das letras A, C, T e G (representando os quatro nucleotídeos presentes em todos os seres vivos). O genoma humano contém seis bilhões de nucleotídeos (são encontrados associados em pares, chamados bases), que chegam a mais de 50GB, usando a codificação ASCII. Na verdade, é possível representar A, C, T e G na codificação ASCII como a seguir:

```
print (' '.join(['{0:08b}'.format(ord(l))
          for l in "ACTG"]))

01000001 01000011 01010100 01000111
```

A soma da linha anterior é 32 bits, mas porque o DNA mapeia apenas quatro caracteres, você pode usar 2 bits em cada, economizando 75% dos bits usados anteriormente:

```
00 01 10 11
```

LEMBRE-SE

Tal ganho demonstra a razão para escolher a codificação certa. A codificação funciona bem nesse caso porque o alfabeto do DNA é feito de quatro letras, e usar toda a tabela ASCII baseada em 8 bits é exagero. Se um problema requer que você use o alfabeto ASCII completo, não é possível comprimir os dados redefinindo a codificação usada. Em vez disso, você precisa abordar o problema usando a compressão de Huffman.

Se não for possível reduzir a codificação dos caracteres (ou se isso já foi feito), você ainda pode diminuir sequências longas, reduzindo-as a uma codificação mais simples. Observe como os dados binários podem repetir longas sequências de zeros e uns:

```
00000000 00000000 01111111 11111111 10000011 11111111
```

Nesse caso, a sequência começa com zero. Você pode, portanto, contar o número de zeros, e então contar o número de uns que seguem, e aí seguir com a próxima contagem de zeros, e daí por diante. Como a sequência tem apenas zeros e uns, é possível contá-los e obter uma sequência de contagens para comprimir os dados. Nesse caso, os dados são comprimidos em valores de 17 15 5 10. Traduzir essas contagens para bytes encurta os dados iniciais de uma maneira facilmente reversível:

```
00010001 00001111 00000101 00001010
```

Em vez de usar 6 bytes para representar os dados, agora são necessários apenas 4 bytes. Para usar essa abordagem, limita-se a contagem máxima em 255 valores consecutivos, o que significa que:

» É possível codificar cada sequência em um byte.

» O primeiro valor é um zero quando a sequência começa do 1 em vez do 0.

» Quando um bloco de valores é mais longo que 255 elementos, insira um valor 0 (então o decodificador muda para o outro valor para 0 contagens e aí começa a contar o primeiro valor novamente).

Este algoritmo, *run-length encoding* (RLE), é muito eficiente se seus dados têm muitas repetições longas. Esse algoritmo fez muito sucesso nos anos 1980 porque conseguia reduzir tempos de transmissão de faxes. Máquinas de fax funcionavam apenas com imagens em preto e branco, e em linhas telefônicas fixas; reduzir as sequências longas de zeros e uns que formavam imagens e texto se mostrava conveniente. Embora agora empresas raramente usem fax, os cientistas ainda usam o RLE para compressão de DNA em combinação com o Método de Burrows-Wheeler (um algoritmo avançado sobre o qual você pode ler em `http://marknelson.us/1996/09/01/bwt/` [conteúdo em inglês]), que reorganiza (de maneira reversível) a sequência do genoma em longas séries do mesmo nucleotídeo. Também é possível encontrar o RLE usado na compressão de outros formatos de dados, como JPEG e MPEG (veja `http://motorscript.com/mpeg-jpeg-compression/` [conteúdo em inglês] para detalhes adicionais). ´

CAPÍTULO 14 **Comprimindo Dados** 275

DICA

As características dos dados determinam o sucesso de um algoritmo de compressão. Sabendo como os algoritmos funcionam e explorando as características dos dados, você pode escolher o algoritmo de melhor desempenho ou combinar mais de um de maneira eficiente. Usar vários algoritmos juntos cria um *conjunto de algoritmos*.

Codificando usando a compressão de Huffman

Redefinir uma codificação, como para mapear nucleotídeos no DNA, é uma jogada inteligente que funciona apenas quando se usa uma parte do alfabeto que a codificação representa. Quando se usa todos os símbolos da codificação, não é possível usar essa solução. David A. Huffman descobriu outra maneira de codificar letras, números e símbolos eficientemente, mesmo quando usar todos eles. Ele alcançou essa proeza quando era aluno no MIT, em 1952, como parte de um artigo acadêmico pedido por seu professor, Robert M. Fano. O professor e outro cientista famoso, Claude Shannon (o pai da teoria da informação) debateram-se com o mesmo problema.

Em seu artigo, *A Method for the Construction of Minimum-Redundancy Codes* ("Um Método para a Construção de Códigos de Redundância Mínima", em tradução livre), Huffman descreve em apenas três páginas seu fantástico método de codificação. Ele mudou a maneira como armazenamos dados até o fim dos anos 1990. Você pode ler os detalhes sobre esse incrível algoritmo em um artigo de setembro de 1991 da *Scientific American* em `http://www.huffmancoding.com/my-uncle/scientific-american` (conteúdo em inglês). Os códigos de Huffman têm três ideias chaves:

» **Codificar símbolos frequentes com sequências de bits mais curtas.** Por exemplo, se o seu texto usa a letra *a* com frequência, mas raramente usa a letra *z*, é possível codificar *a* usando poucos bits e reservar um byte inteiro (ou mais) para *z*. Usar sequências mais curtas para letras comuns significa que, em geral, seu texto requer menos bytes do que quando você conta com a codificação ASCII.

» **Codificar sequências mais curtas usando uma única série de bits.** Com sequências de bits de comprimentos variáveis, é necessário assegurar que não haverá confusão de uma sequência mais curta com uma mais longa porque são similares. Por exemplo, se a letra *a* em binário é 110 e a letra *z* é 110110, é possível confundir a letra *z* com uma série de caracteres de duas letras *a*. A codificação de Huffman evita este problema usando códigos livres de prefixos: o algoritmo nunca reutiliza sequências curtas como partes iniciais de sequências mais longas. Por exemplo, se *a* é 110, então *z* será 101110, e não 110110.

» **Lidar com codificação livre de prefixo usando uma estratégia específica.**
A codificação de Huffman lida com códigos livres de prefixo usando árvores binárias de maneira inteligente. Árvores binárias são a estrutura de dados discutida nos Capítulos 6 e 7. O algoritmo de Huffman usa árvores binárias (chamadas árvores de Huffman) de maneira avançada. Você pode ler mais sobre as implicações do algoritmo no tutorial em `https://www.siggraph.org/education/materials/HyperGraph/video/mpeg/mpegfaq/huffman_tutorial.html` (conteúdo em inglês).

PAPO DE ESPECIALISTA

O algoritmo usado para executar a codificação de Huffman usa o processo iterativo que conta com *heaps*, que são estruturas de dados especializados com base em árvores (mencionados no Capítulo 6). Um heap é uma estrutura de dados complexa. Por causa da maneira como se usa o heap para organizar dados, ele é útil para alcançar uma estratégia *gulosa*. No próximo capítulo, que é dedicado aos algoritmos gulosos, você testa a codificação de Huffman por si mesmo, usando os exemplos de trabalho no código para download que acompanha o livro (o exemplo da Compressão de Huffman no arquivo `A4D; 15; Greedy Algorithms.ipynb`; veja a Introdução para detalhes).

Por ora, como exemplo de um resultado da codificação de Huffman, a Figura 14-1 mostra a árvore binária de codificação de Huffman usada para codificar uma longa sequência de letras *ABCDE* distribuídas de maneira que *A* é mais frequente que *B*, *B* é mais frequente que *C*, *C* é mais frequente que *D* e *D* aparece mais que *E*.

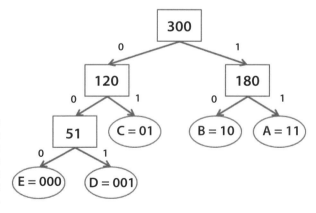

FIGURA 14-1:
Uma árvore de Huffman e sua tabela de conversão simbólica.

Os nós quadrados representam *nós galhos*, nos quais o algoritmo põe o número de letras restantes que distribui para os *nós filhos* (aqueles que estão abaixo dos nós galhos na hierarquia). Os redondos representam os *nós folhas*, nos quais você encontra as letras codificadas com sucesso. A árvore começa na *raiz*, com 300 letras para serem distribuídas (o comprimento do texto). Ela distribui as letras ramificando os bits 0 e 1, respectivamente, nos galhos esquerdos e direitos até atingir as folhas necessárias para a codificação. Lendo do topo da sequência de galhos até uma letra específica, você determina a sequência binária que representa aquela letra. Letras menos frequentes (D e E) ficam com as sequências binárias mais longas.

Percorrer a árvore de Huffman da raiz até o topo permite comprimir um símbolo em uma sequência binária. Já percorrendo a árvore do topo até a raiz, é possível descomprimir uma sequência binária em um símbolo (como representado pelo primeiro nó folha encontrado).

Para a descompressão, você precisa armazenar tanto a sequência binária comprimida quanto a árvore de Huffman que tornou a compressão possível. Quando o texto ou os dados forem muito curtos, a árvore de Huffman pode exigir mais espaço que os dados comprimidos, assim tornando a compressão ineficaz. O código de Huffman funciona melhor em arquivos de dados maiores.

Lembrando sequências com LZW

A codificação de Huffman tira proveito dos caracteres, números ou símbolos nos dados e encurta sua codificação. O algoritmo LZW executa uma tarefa similar, mas estende o processo de codificação para as sequências de caracteres mais frequentes. O algoritmo LZW data de 1984 e foi criado por Abraham Lempel, Jacob Ziv e Terry Welch com base no algoritmo LZ78 anterior (desenvolvido em 1978 apenas por Lempel e Ziv). A compressão Unix e o formato de imagem GIF contam com esse algoritmo. O LZW alavanca repetições, então também é ideal para compressão de textos de livros e documentos, pois as pessoas geralmente usam as mesmas palavras quando escrevem. Além disso, o LZW pode operar em transmissão de dados, mas o Huffman não; o Huffman precisa da base de dados completa para construir sua tabela de mapeamento.

Conforme o fluxo de bits de dados passa pelo algoritmo, ele aprende sequências de caracteres do fluxo e atribui cada sequência a um código curto. Assim, quando reencontra depois a mesma série de caracteres, o LZW pode comprimi-los usando uma codificação mais simples. O aspecto interessante desse algoritmo é que ele começa de uma tabela simbólica feita de caracteres individuais (geralmente, a tabela ASCII) e então aumenta-a usando sequências de caracteres que aprende dos dados que comprime.

Além disso, o LZW não precisa armazenar as sequências aprendidas em uma tabela para a descompressão; ele pode reconstruí-las facilmente lendo os dados comprimidos. O LZW pode refazer os passos que deu quando comprimiu os dados originais e as sequências que codificou. Essa capacidade tem um preço: o LZW não é eficiente a princípio. Ele funciona melhor em pedaços maiores de dados ou em textos (uma característica comum a outros algoritmos de compressão).

O LZW não é um algoritmo complexo, mas é necessário ver alguns exemplos para entendê-lo completamente. Você encontra bons tutoriais em `http://marknelson.us/2011/11/08/lzw-revisited/` e `http://www.matthewflickinger.com/lab/whatsinagif/lzw_image_data.asp` (conteúdos em inglês). O segundo tutorial explica como usar o LZW para comprimir imagens. O exemplo a seguir mostra uma implementação em Python (você pode encontrar o código completo para este exemplo na seção LZW do arquivo `A4D; 14; Compression.ipynb` do código fonte para download para este livro; veja a Introdução para detalhes).

```python
def lzw_compress(text):
    dictionary = {chr(k): k for k in range(256)}
    encoded = list()
    s = text[0]
    for c in text[1:]:
        if s+c in dictionary:
            s = s+c
        else:
            print ('> %s' %s)
            encoded.append(dictionary[s])
            print ('found: %s compressed as %s' %
                    (s,dictionary[s]))
            dictionary[s+c] = max(dictionary.values()) + 1
            print ('New sequence %s indexed as %s' %
                    (s+c, dictionary[s+c]))
            s = c
    encoded.append(dictionary[s])
    print ('found: %s compressed as %s'
            %(s,dictionary[s]))
    return encoded
```

Neste exemplo, o algoritmo escaneia o texto conferindo-o, um caractere por vez. Ele começa codificando os caracteres usando a tabela simbólica inicial, que na verdade é a tabela ASCII, nesse caso. A melhor maneira de ver como esse código funciona é ver a série de mensagens de resultado e então analisar o que aconteceu, como mostrado aqui:

```python
text = "ABABCABCABC"
compressed = lzw_compress(text)
print('\nCompressed: %s \n' % compressed)

> A
found: A compressed as 65
New sequence AB indexed as 256
> B
```

```
found: B compressed as 66
New sequence BA indexed as 257
> AB
found: AB compressed as 256
New sequence ABC indexed as 258
> C
found: C compressed as 67
New sequence CA indexed as 259
> ABC
found: ABC compressed as 258
New sequence ABCA indexed as 260
found: ABC compressed as 258
```

Aqui está uma rápida sinopse do que essas mensagens de resultado significam:

1. **A primeira letra, *A*, aparece na tabela simbólica inicial, então o algoritmo codifica-a como 65.**

2. **A segunda letra, *B*, é diferente de *A*, mas também aparece na tabela simbólica inicial, então o algoritmo codifica-a como 66.**

3. **A terceira letra é outro *A*, então o algoritmo lê a próxima letra, que é um *B*, e codifica a combinação das duas letras, *AB*, como 256.**

4. **A quarta letra, um *C*, é diferente de todas as letras anteriores e também aparece na tabela simbólica inicial, então o algoritmo codifica-a como 67.**

5. **A próxima letra já apareceu antes; é um *A*. A letra seguinte é um *B*, formando a combinação de letras *AB*; isso também aparece na tabela simbólica. Porém, a próxima letra é um *C*, formando uma nova sequência que o algoritmo agora codifica como 258.**

6. **As três letras finais são outro conjunto de *ABC*, então o código para elas é 258 novamente. Em consequência, o resultado codificado para *ABABCABCABC* é**

```
Compressed:  [65, 66, 256, 67, 258, 258]
```

Todas operações de aprendizado e codificação foram traduzidas nos dados de compressão finais com apenas seis códigos numéricos (custando 8 bits cada), contra as 11 letras de teste iniciais. Os resultados da codificação com uma boa razão de compressão são aproximadamente metade dos dados iniciais: $6/11 = 0,55$.

Recuperar o texto original dos dados comprimidos exige um procedimento diferente e inverso, que é a única situação na qual a decodificação LZW pode falhar ao reconstruir a tabela simbólica quando uma sequência começa e termina com o mesmo caractere. O Python cuida deste caso em particular usando o bloco de comando *if-then-else* (se-então-senão), então é seguro usar o algoritmo para codificar e decodificar qualquer coisa:

```python
def lzw_decompress(encoded):
    reverse_dictionary = {k:chr(k) for k in range(256)}
    current = encoded[0]
    output = reverse_dictionary[current]
    print ('Decompressed %s ' % output)
    print ('>%s' % output)
    for element in encoded[1:]:
        previous = current
        current = element
        if current in reverse_dictionary:
            s = reverse_dictionary[current]
            print ('Decompressed %s ' % s)
            output += s
            print ('>%s' % output)
            new_index = max(reverse_dictionary.keys()) + 1
            reverse_dictionary[new_index
            ] = reverse_dictionary[previous] + s[0]
            print ('New dictionary entry %s at index %s' %
                    (reverse_dictionary[previous] + s[0],
                     new_index))
        else:
            print ('Not found:',current,'Output:',
                    reverse_dictionary[previous
                    ] + reverse_dictionary[previous][0])
            s = reverse_dictionary[previous
                    ] + reverse_dictionary[previous][0]
            print ('New dictionary entry %s at index %s' %
                    (s, max(reverse_dictionary.keys())+1))
            reverse_dictionary[
                max(reverse_dictionary.keys())+1] = s
            print ('Decompressed %s' % s)
            output += s
            print ('>%s' % output)
    return output
```

Executar a função na sequência anteriormente comprimida recupera a informação original escaneando a tabela simbólica, como mostrado aqui:

```python
print ('\ndecompressed string : %s' %
        lzw_decompress(compressed))
print ('original string was : %s' % text)
```

CAPÍTULO 14 **Comprimindo Dados** 281

```
Decompressed A
> A
Decompressed B
> AB
New dictionary entry AB at index 256
Decompressed AB
> ABAB
New dictionary entry BA at index 257
Decompressed C
> ABABC
New dictionary entry ABC at index 258
Decompressed ABC
> ABABCABC
New dictionary entry CA at index 259
Decompressed ABC
> ABABCABCABC
New dictionary entry ABCA at index 260

decompressed string : ABABCABCABC
original string was : ABABCABCABC
```

5
Desafiando Problemas Difíceis

NESTA PARTE...

Use técnicas gulosas de programação para obter resultados mais rapidamente.

Use programação dinâmica para executar tarefas usando uma abordagem inteligente.

Aleatorize seus resultados para solucionar problemas quando uma abordagem direta não funcionar bem.

Busque localmente soluções finais boas o suficiente em um curto tempo.

Use técnicas de programação linear para executar tarefas de programação e planejamento.

Empregue heurísticas e interaja com robôs.

NESTE CAPÍTULO

> » Desenhando novos algoritmos e usando paradigmas de resolução

> » Explicando como um algoritmo pode ser guloso e atingir ótimos resultados

> » Fazendo o esboço do seu próprio algoritmo guloso

> » Revisitando a codificação de Huffman e ilustrando alguns outros exemplos clássicos

Capítulo 15

Trabalhando com Algoritmos Gulosos

Depois de dar os seus primeiros passos no mundo dos algoritmos, conhecendo o que são eles e discutindo ordenação, busca, grafos e big data, é hora de entrar em uma parte mais geral do livro. Nesta última parte, você lida com alguns exemplos difíceis e vê abordagens algorítmicas gerais que podem ser usadas sob circunstâncias diferentes na resolução de problemas reais.

Entrando em novas rotas e abordagens, este capítulo vai bem além da abordagem de recursão dividir e conquistar que domina a maioria dos problemas de ordenação. Algumas das soluções discutidas não são completamente novas; foram vistas em capítulos anteriores. Entretanto, este capítulo discute os algoritmos anteriores com maior profundidade, sob novos *paradigmas* (uma consideração de regras de aplicação e condições, abordagem geral e passos para a solução de um problema, e análise da complexidade do problema, limitações e ressalvas) que o capítulo ilustra.

Tornar algumas soluções gerais e descrevê-las como paradigmas largamente aplicáveis é uma maneira de oferecer dicas para solucionar novos problemas práticos, e é parte da análise e do desenho dos algoritmos. O restante deste livro discute as seguintes abordagens gerais:

- » Algoritmos gulosos (explicados neste capítulo).
- » Programação dinâmica.
- » Aleatorização, busca local e heurísticas ambiciosas.
- » Programação linear e otimização de problemas.

Decidindo Quando É Melhor Ser Guloso

Ao confrontar com problemas difíceis, você rapidamente descobre que não existe poção mágica para tornar desejos realidade, ou balas de prata para afastar coisas ruins. Da mesma forma, nenhuma técnica algorítmica salva o dia toda vez. É o princípio do *não há almoço grátis*, frequentemente mencionado no livro. A boa notícia é que é possível se armar de diferentes técnicas gerais e testá-las no seu problema, porque há boas chances de alguma coisa funcionar bem.

Algoritmos gulosos são úteis para solucionar uma larga variedade de problemas, especialmente quando esboçar uma solução global for difícil. Às vezes, vale a pena desistir de planos complicados e simplesmente começar a olhar para a fruta mais fácil de alcançar que pareça a solução que você precisa. Em algoritmos, é possível descrever como gulosa uma abordagem míope como essa. Procurar por soluções fáceis de entender constitui a característica de distinção central de algoritmos gulosos. Um algoritmo guloso chega a uma solução para um problema usando passos sequenciais nos quais, a cada passo, ele toma uma decisão com base na melhor solução naquele momento, sem se importar com considerações ou implicações futuras.

Dois elementos são essenciais para distinguir um algoritmo guloso:

- » A cada vez, você sempre toma a melhor decisão possível naquele instante em particular.
- » Você espera que tomar uma série de melhores decisões resulte na melhor solução final.

Algoritmos gulosos são simples, intuitivos, pequenos e rápidos porque geralmente rodam em *tempo linear* (o tempo de execução é proporcional ao número de entradas fornecido). Infelizmente, eles não oferecem a melhor solução para todos os problemas, mas quando o fazem, fornecem os melhores resultados rapidamente. Mesmo quando não oferecem as melhores respostas, eles conseguem dar uma solução não ideal que pode ser suficiente ou que pode ser usada como ponto de partida para refinamento posterior por outra estratégia algorítmica.

Curiosamente, algoritmos gulosos lembram como humanos solucionam diversos problemas simples sem usar muitos recursos intelectuais, ou com informações limitadas. Por exemplo, quando trabalhando como caixa e passando troco, uma pessoa naturalmente usa uma abordagem gulosa. Podemos definir o problema de *passar troco* como pagar uma determinada quantia (o troco) usando o menor número de notas e moedas entre as disponíveis. O exemplo em Python a seguir demonstra que o problema de passar troco é solucionável por uma abordagem gulosa. Ele usa as notas de dólar de 1, 5, 10, 20, 50 e 100, mas nenhuma moeda.

```python
def change(to_be_changed, denomination):
    resulting_change = list()
    for bill in denomination:
        while to_be_changed >= bill:
            resulting_change.append(bill)
            to_be_changed = to_be_changed - bill
    return resulting_change, len(resulting_change)

currency = [100, 50, 20, 10, 5, 1]
amount = 367
print ('Change: %s (using %i bills)'
       % (change(amount, currency)))

Change: [100, 100, 100, 50, 10, 5, 1, 1] (using 8 bills)
```

O algoritmo, encapsulado na função `change()`, escaneia as notas disponíveis, da maior à menor. Ele usa a maior moeda disponível para passar o troco até que a quantia devida seja menor que a nota. Então, ele passa para a próxima nota e executa a mesma tarefa, até finalmente chegar à menor nota. Dessa maneira, `change()` sempre fornece a maior nota possível de acordo com a quantia a ser paga (esse é o princípio guloso em ação).

Algoritmos gulosos são particularmente apreciados para problemas de planejamento, caching otimizado e compressão usando a codificação de Huffman. Eles também funcionam bem para alguns problemas com grafos. Por exemplo, os algoritmos de Kruskal e Prim, para encontrar uma árvore de extensão de custo mínimo e o algoritmo do caminho mais curto de Dijkstra são todos gulosos (veja o Capítulo 9 para detalhes). Uma abordagem gulosa também pode oferecer uma primeira solução aproximada, não ideal, porém aceitável, para o problema do caixeiro viajante e solucionar o problema da mochila para grandes quantidades (o Capítulo 16 discute os dois problemas).

Entendendo por que a gula é boa

Não deve ser surpresa que uma estratégia gulosa (ou gananciosa) funcione tão bem no problema de passar o troco. De fato, alguns problemas não exigem estratégias de longa visão: a solução é construída usando resultados intermediários (uma sequência de decisões) e, a cada passo, a decisão correta é sempre a melhor de acordo com critérios inicialmente escolhidos.

Agir com ganância também é uma abordagem muito humana (e eficiente) para solucionar problemas econômicos. No filme *Wall Street — Poder e Cobiça*, Gordon Gecko, o protagonista, declara que "Gula, na falta de uma palavra melhor, faz bem" e celebra a ganância como um ato positivo na economia. A ganância (não no sentido moral, mas no sentido de agir para maximizar objetivos singulares, como em um algoritmo guloso) está no coração da economia neoclássica. Economistas, como Adam Smith, no século XVIII, teorizaram que a busca do interesse pessoal pelo indivíduo (sem uma visão ou propósito global) beneficia enormemente a sociedade como um todo e torna-a próspera na economia (é a teoria da mão invisível: `https://plus.maths.org/content/adam-smith-and-invisible-hand` [conteúdo em inglês]).

Detalhar como um algoritmo guloso funciona (e sob quais condições ele pode funcionar corretamente) é simples, como explicam os quatro passos a seguir:

1. **Você pode dividir o problema em problemas parciais. A soma (ou outra combinação) destes problemas parciais fornece a solução correta. Nesse sentido, um algoritmo guloso não é muito diferente de um algoritmo dividir e conquistar (como o Quicksort ou o Mergesort; ambos apareceram no Capítulo 7).**

2. **A execução bem sucedida do algoritmo depende da execução bem sucedida de cada passo parcial. Esta é a *característica da subestrutura ideal*, pois uma solução ideal é feita apenas de subsoluções ideais.**

3. **Para atingir o êxito a cada passo, o algoritmo considera a entrada de dados apenas naquele passo. Isto é, o status da situação (decisões anteriores) determina a decisão que o algoritmo toma, mas ele não considera as consequências. Essa completa falta de estratégia global é a *propriedade de escolha gulosa*, pois ser guloso em todas as fases é suficiente para obter êxito no final. Como analogia, é parecido com disputar uma partida de xadrez não olhando além de uma jogada à frente, e ainda assim ganhar o jogo.**

4. **Como a propriedade de escolha gulosa dá esperança de sucesso, um algoritmo guloso não tem uma regra de decisão complexa porque ele precisa, no pior caso, considerar todos os elementos de entrada disponíveis em cada fase. Não há necessidade de calcular implicações de decisões possíveis; consequentemente, a complexidade computacional**

é, na pior hipótese, linear O(n). Os algoritmos gulosos brilham porque pegam um caminho simples para solucionar problemas altamente complexos que outros algoritmos levariam uma vida para calcular porque analisam com muita profundidade.

Mantendo algoritmos gulosos sob controle

Quando confrontado com um novo problema complicado, não é difícil surgir com uma solução gulosa usando os quatro passos descritos na seção anterior. Tudo o que você deve fazer é dividir seus problemas em fases e determinar qual regra gulosa aplicar em cada passo. Isto é, você faz o seguinte:

- » Escolha como tomar sua decisão (determine qual abordagem é a mais simples, mais intuitiva, menor e mais rápida).
- » Comece a solucionar o problema aplicando sua regra de decisão.
- » Registre o resultado de sua decisão (se necessário) e determine o status do seu problema.
- » Aplique repetidamente a mesma abordagem em todos os passos até chegar à conclusão do problema.

Não importa como os passos anteriores são aplicados, você deve determinar se está atingindo seu objetivo contando com uma série de decisões míopes. A abordagem gulosa funciona para alguns problemas e, às vezes, para casos específicos de alguns problemas, mas não funciona para tudo. Por exemplo, o problema de passar o troco funciona perfeitamente com a moeda americana, mas nem tão bem com outras moedas. Outro exemplo: usando uma moeda fictícia (chamaremos de *créditos,* para usar um termo de muitos jogos de sci-fi e ficção) com notas de 1, 15 e 25 créditos, o algoritmo anterior falha em dar o troco ideal para uma soma devida de 30 créditos:

```
print ('Change: %s (using %i bills)'
      % (change(30, [25, 15, 1])))

Change: [25, 1, 1, 1, 1, 1] (using 6 bills)
```

Claramente, a solução ideal é voltar duas notas de 15 créditos, mas o algoritmo, sendo míope, começou com a maior nota disponível (25 créditos) e então usou cinco notas de 1 crédito para completar os 5 créditos restantes.

PAPO DE ESPECIALISTA

Algumas estruturas matemáticas complexas chamadas *matroides* (leia o artigo em https://jeremykun.com/2014/08/26/when-greedy-algorithms-are-perfect-the-matroid/ [conteúdo em inglês] para detalhes) podem ajudar a verificar se é possível usar uma solução gulosa para resolver de forma ideal um problema particular. Se for possível expressar um problema usando uma estrutura matroide, uma solução gulosa fornecerá um resultado ideal. Contudo, existem problemas que têm soluções gulosas ideais que não são suportados pela estrutura matroide (você pode ler sobre estruturas matroides sendo suficientes, mas não necessárias, para uma solução gulosa ideal no artigo `http://cstheory.stackexchange.com/questions/21367/does-every-greedy-algorithm-have-matroid-structure` [conteúdo em inglês]).

O usuário de algoritmos gulosos deve saber que eles têm bom desempenho, mas nem sempre fornecem os melhores resultados possíveis. Quando fornecem, é porque o problema consistia de exemplos conhecidos ou porque o problema era compatível com uma estrutura matemática matroide. Mesmo quando um algoritmo guloso funciona muito bem em uma configuração, mudá-la pode *quebrar o brinquedo* e gerar apenas soluções boas ou aceitáveis. Na verdade, os casos de resultados apenas bons ou aceitáveis são muitos, pois algoritmos gulosos raramente superam outras soluções, como mostrado em:

» As soluções para o problema de passar troco demonstradas anteriormente neste capítulo mostram como uma mudança na configuração pode fazer um algoritmo guloso parar de funcionar.

» O problema de planejamento (descrito na seção "Descobrindo Como a Gula Pode Ser Útil", posteriormente neste capítulo) ilustra como uma solução gulosa funciona perfeitamente com um trabalhador, mas não espere que ela funcione com mais de um.

» O algoritmo do menor caminho de Dijkstra funciona apenas com arestas com pesos positivos (pesos negativos farão o algoritmo entrar em loop em alguns nós indefinidamente).

Demonstrar que um algoritmo guloso é a melhor solução é uma tarefa árdua, que exige um sólido conhecimento matemático. Caso contrário, você pode elaborar uma prova de uma maneira mais empírica confrontando a solução gulosa contra uma das seguintes:

» Uma solução ideal conhecida, quando o algoritmo guloso produz a solução ideal, ou você puder mudar tal solução permutando seus elementos com os de uma melhor solução equivalente (sem qualquer perda de desempenho ou sucesso). Quando uma solução gulosa coincidir com o resultado de uma solução ideal, a solução gulosa é equivalente e funciona melhor (essa é a prova da *permuta*).

» Outro algoritmo quando, conforme a solução gulosa for se desenrolando, você notar que ela *fica à frente* do outro algoritmo; isto é, a solução gulosa sempre fornece uma solução melhor a cada passo, em comparação às soluções fornecidas pelo outro algoritmo.

Mesmo considerando que seja mais uma exceção que uma regra que uma abordagem gulosa bem-sucedida vá determinar a melhor solução, soluções gulosas geralmente superam outras soluções cautelosas. Você nem sempre pode conseguir a melhor solução, mas ela fornecerá resultados que são bons o suficiente para servirem de ponto de partida (no mínimo), e é por isso que você deve começar tentando soluções gulosas primeiro em novos problemas.

Considerando problemas NP-completos

Geralmente se pensa no algoritmo guloso porque outras escolhas não calculam a solução que você precisa em um tempo viável. A abordagem gulosa se encaixa em problemas para os quais há muitas escolhas e é necessário combiná-las. Conforme o número de combinações possíveis aumenta, a complexidade explode e até o mais potente computador disponível não é capaz de fornecer uma resposta em tempo razoável. Por exemplo, quando tenta resolver um quebra-cabeça, você pode tentar solucioná-lo determinando todas as maneiras possíveis de encaixar as peças disponíveis. Uma maneira mais razoável é começar a solucionar o problema escolhendo um único local e então encontrar a peça que melhor se encaixa ali. Solucionar o quebra-cabeça assim significa gastar tempo procurando a peça que melhor se encaixa, mas você não precisa considerar aquele local novamente, reduzindo o número total de peças para cada iteração.

Problemas tipo quebra-cabeças, nos quais o número de decisões possíveis pode se tornar enorme, são mais frequentes do que você espera. Alguns problemas desse tipo já foram solucionados, mas muitos outros não, e não podemos (ainda) transformá-los em versões que sabemos como resolver. Até que alguém seja inteligente o suficiente para encontrar uma solução genérica para esses problemas, uma abordagem gulosa pode ser a maneira mais fácil de lidar com eles, desde que você aceite que nem sempre chegará à melhor solução, mas a uma aceitável em termos gerais (em muitos casos).

Esses problemas difíceis variam em características e áreas. Diferentes exemplos de problemas difíceis são o desdobramento de proteínas (que pode ajudar a curar o câncer) ou a quebra de criptografias fortes de senhas, como o popular criptossistema RSA. Nos anos 1960, pesquisadores descobriram um padrão comum a todos eles: são todos difíceis de solucionar. Este padrão é chamado teoria da NP-completude (NP vem do inglês *nondeterministic polynomial* — polinomial não determinístico). Em um sentido, esses problemas se distinguem de outros porque ainda não é possível encontrar uma solução em tempo razoável — isto é, em tempo polinomial.

Tempo polinomial significa que um algoritmo roda em potências do número de entradas (conhecidos como problemas P). O tempo linear é polinomial porque roda em $O(n^1)$. Complexidades quadráticas $O(n^2)$ e cúbicas $O(n^3)$ também são tempo polinomial, e embora aumentem bem rápido, não se comparam à complexidade NP-completa, que é geralmente em tempo exponencial, isto é, $O(c^n)$. A complexidade em *tempo exponencial* torna impossível encontrar uma solução razoável para quaisquer desses problemas usando força bruta. Na verdade, se n for grande o suficiente, você pode facilmente ter que tentar várias soluções maiores que o número de átomos presentes no universo conhecido. A esperança de especialistas em algoritmos é que alguém encontrará uma maneira de solucionar algum desses problemas no futuro, assim abrindo a porta para solucionar todos os problemas NP-completos de uma vez. Solucionar problemas NP-completos é um dos "Problemas do Prêmio Millenium", propostos pelo *Clay Mathematics Institute*, que oferece um prêmio de um milhão de dólares para quem conseguir elaborar uma solução (http://www.claymath.org/millennium-problems/p-vs-np-problem [conteúdo em inglês]).

LEMBRE-SE

NP é uma ampla classe de problemas algorítmicos que compreende problemas P e NP-completos. Em geral, problemas NP são difíceis (aqueles que exigem que você crie um algoritmo inteligente). Problemas P são solucionáveis em tempo polinomial; problemas NP-completos são tão difíceis de solucionar que os algoritmos associados rodam em tempo exponencial. Felizmente, se você tiver uma solução para um problema NP-completo, pode facilmente checar sua validade.

DICA

Talvez você não vá resolver um problema NP-completo usando um algoritmo especificamente elaborado para encontrar uma solução ideal. No entanto, é possível ainda encontrar uma solução razoável usando algoritmos gulosos.

Descobrindo Como a Gula Pode Ser Útil

Depois de discutir algoritmos gulosos em geral, é esclarecedor descrever alguns deles em detalhes, entender como eles funcionam e determinar como reutilizar estratégias para solucionar outros problemas. As seções seguintes revisam o algoritmo da codificação de Huffman, para fornecer uma visão melhor sobre como ele funciona para criar novos sistemas de codificação eficientes. Estas seções também descrevem como um cache de computador (um algoritmo sempre encontrado sob a tampa de qualquer computador) funciona. Além disso, você descobre como programar tarefas corretamente para cumprir prazos e prioridades. A produção de bens materiais depende fortemente de algoritmos gulosos para programar recursos e atividades. Geralmente, algoritmos de atividades aparecem no centro do software *Material Requirements Planning* (MRP), e ajudam a administrar uma fábrica com eficiência (http://searchmanufacturingerp.techtarget.com/definition/Material-requirements-planning-MRP [conteúdo em inglês]).

Organizando dados em cache

Computadores com frequência processam os mesmos dados várias vezes. Obter dados do disco ou da internet exige tempo e custa tempo computacional. Em consequência, é útil armazenar dados usados com frequência em armazenamento local, onde estejam mais fáceis de acessar (e talvez já pré-processados). Um *cache*, que é geralmente uma série de compartimentos de memória ou espaço em disco reservado para essa necessidade, satisfaz o propósito.

Por exemplo, quando revê o histórico do seu navegador web, você provavelmente nota que apenas uma parte do tráfego é feita de novos sites, enquanto gasta uma grande quantidade de tempo e solicitações de páginas em sites que já conhece bem. Armazenar em cache algumas partes de sites comumente vistos (como cabeçalho, fundo, algumas figuras e algumas páginas que raramente mudam) pode realmente melhorar sua experiência web, porque reduz a necessidade de baixar dados novamente. Tudo o que precisa são os novos dados da internet, porque a maioria do que você deseja ver já está em algum lugar no seu computador (o cache de um navegador web é um diretório de disco).

O problema não é novo. Nos anos 1960, László Bélády, um cientista da computação húngaro trabalhando na IBM Research, levantou a hipótese de que a melhor maneira de armazenar informação em um computador para reutilização imediata é saber quais dados serão necessários no futuro e por quanto tempo. Não é possível implementar tal previsão na prática porque o uso do computador pode ser imprevisível e não predeterminado.

Entretanto, como um princípio, a ideia de antecipar o futuro pode inspirar uma *estratégia de substituição ideal,* uma escolha gulosa baseada na ideia de manter as páginas que você espera usar em breve com base em solicitações anteriores ao cache. A política de substituição de página ideal de Bélády (também conhecida como *algoritmo de substituição clarividente*) funciona em um princípio guloso: descartar dados do cache cujo próximo uso provavelmente ocorrerá mais distante no futuro para minimizar a chance de descartar algo que será necessário em breve. Para implementar essa ideia, o algoritmo segue esses passos:

1. **Enche o cache do computador gravando os dados de cada solicitação feita. Apenas quando o cache está cheio ele começa a descartar coisas antigas para abrir espaço para novos dados.**

2. **Define um método para determinar o uso recente. Este algoritmo pode usar selos de datas de arquivos ou um sistema de sinalizadores de memória (que sinaliza páginas usadas recentemente e limpa todas as sinalizações depois de algum tempo) para fazer a determinação.**

3. **Quando é necessário encaixar novos dados, ele descarta do cache dados que não foram usados recentemente. O algoritmo escolhe uma parte dos dados aleatoriamente entre os não usados.**

Por exemplo, se o seu cache tem apenas quatro compartimentos de memória e ele for preenchido por quatro letras do alfabeto que chegaram na seguinte ordem:

A	B	C	D

Quando uma nova letra for processada, como a letra E, o computador abre espaço para ela removendo uma das letras que é menos provável de ser solicitada neste ponto. Nesse exemplo, os bons candidatos são A, B ou C (D é a adição mais recente). O algoritmo vai escolher um compartimento aleatoriamente e despejar seus dados do cache para deixar o E entrar.

Competindo por recursos

Quando se quer atingir um objetivo, como criar um serviço ou produzir um objeto material, um problema comum é programar várias atividades concorrentes que exigem acesso exclusivo a recursos. Recursos podem incluir tempo ou uma máquina de produção. Exemplos de tais situações são abundantes no mundo real, indo desde programar sua presença em cursos acadêmicos até organizar o abastecimento de um exército, ou desde montar um produto complexo, como um carro, até organizar uma sequência de trabalho computacional em um centro de dados. Invariavelmente, objetivos comuns em tais situações são:

» Conseguir ter o máximo de trabalhos concluídos em uma determinada quantidade de tempo.

» Gerenciar o trabalho o mais rápido possível, em média.

» Respeitar algumas prioridades estritas (prazos rígidos).

» Respeitar algumas indicações de prioridades (prazos maleáveis).

A programação de trabalhos cai em duas categorias:

» Trabalhos que são difíceis de fazer apropriadamente e exigem algoritmos avançados.

» Trabalhos que são mais fáceis de lidar e podem ser feitos por algoritmos gulosos simples.

A maior parte da programação que você executa, na verdade, cai na categoria solucionável por algoritmos gulosos. Por exemplo, gerenciar trabalhos o mais rápido possível é uma exigência comum na produção industrial ou na indústria de serviços, quando cada trabalho atende às necessidades de um cliente e você deseja fazer o seu melhor para todos os seus clientes. Aqui está como é possível determinar um contexto para um algoritmo como tal:

» Você tem uma única máquina (ou trabalhador) que pode executar pedidos.
» Os pedidos chegam em lotes, então há muitos para escolher de uma vez.
» Os pedidos têm tamanhos diferentes, cada um exigindo um tempo de execução diferente.

Por exemplo, você recebe quatro trabalhos de quatro clientes empresariais, que exigem, respectivamente, oito, quatro, doze e três horas para serem executados. Embora o tempo de execução total permaneça o mesmo, mudar a ordem de execução dos trabalhos muda o tempo para completá-los e dita o quanto cada cliente terá que esperar antes de ter seu serviço feito. As seções a seguir consideram métodos diferentes de atender às necessidades do cliente para determinados objetivos específicos.

Atendendo a satisfação do cliente

Negócios se preocupam em manter os clientes felizes. Se os serviços forem executados na ordem apresentada, o trabalho leva 8+4+12+3=27 horas para ser executado completamente. Dessa forma, o primeiro cliente receberá seu serviço em oito horas, o último, em 27 horas. Na verdade, o primeiro serviço é completado em oito horas, o segundo, em 8+4=12 horas, o terceiro, em 8+4+12=24 horas e o último, em 8+4+12+3=27 horas.

Se o seu objetivo é deixar todos os seus clientes felizes e satisfeitos, você deve empenhar-se em minimizar o tempo médio de espera para cada um deles. Essa medida é dada pela média dos tempos de entrega: (8+12+24+27)/4=17,75 horas em média de espera pelo serviço. Para reduzir o tempo médio de espera, você poderia começar simulando todas as combinações de ordem de execução possíveis e recalcular a estimativa. É viável para alguns serviços em uma única máquina, mas se tiver centenas deles em várias máquinas, isso se torna um problema computacional bem grande. Um algoritmo guloso pode salvar o dia sem muito planejamento: apenas execute o trabalho mais curto primeiro. A média de execução será a menor possível: (3+(3+4)+(3+4+8)+(3+4+8+12))/4= 13 horas em média.

LEMBRE-SE

Para obter o tempo médio de espera, pegue a média das somas acumuladas dos tempos de execução. Se, em vez disso, você pegar a média dos tempos brutos, obterá a duração média de uma tarefa, que não representa o tempo de espera do cliente.

O princípio guloso é simples: como você soma os tempos cumulativos, começar executando as tarefas mais longas estende a execução mais longa para todos os tempos de execução sucessivos (porque é uma soma cumulativa). Se, em vez disso, você começar com os serviços mais curtos, mata os menores tempos primeiro, afetando positivamente a média (e o nível de satisfação dos seus clientes).

Cumprindo prazos

Às vezes, mais do que apenas querer que seus clientes esperem menos, você também precisa respeitar suas exigências de tempo, o que significa que existem prazos. Quando se tem prazos, o mecanismo guloso muda. Agora, você não começa pela menor tarefa, mas pela tarefa que precisa ser entregue primeiro, de acordo com o princípio *quanto mais cedo, melhor*. Esse é o problema de prazos rígidos, e é um problema que você pode, na verdade, nem resolver (alguns prazos são simplesmente impossíveis de cumprir).

Se tentar uma estratégia gulosa e não conseguir solucionar o problema, você pode reconhecer que não existe nenhuma solução para o prazo exigido. Quando prazos rígidos não funcionam, você pode tentar solucionar o problema usando prazos maleáveis, significando que é necessário respeitar uma prioridade (executando determinadas tarefas primeiro).

Nesse exemplo, você tem as durações das tarefas, como discutido na seção anterior, e tem um valor (um *peso*) que define a importância da tarefa (maiores pesos, maior prioridade). É o mesmo problema, mas dessa vez é necessário minimizar o prazo de execução médio ponderado. Para chegar a esse objetivo, você cria uma pontuação de prioridade dividindo os tempos de duração pelos pesos, e começa com as tarefas que têm a pontuação mais baixa. Se a tarefa tem a menor pontuação, é porque é muito curta ou a prioridade é alta.

Por exemplo, retomando o exemplo anterior, agora você tem tuplas de pesos e durações: (40,8), (30,4), (20,12), (10,3), em que 40 na primeira tupla é um peso e 8, uma duração. Divida cada duração pelo peso e terá as pontuações de prioridade: 0,20, 0,13, 0,60 e 0,30. Comece pela pontuação de prioridade mais baixa e, adicionando a pontuação de prioridade restante mais baixa, você obtém a melhor programação que assegura que você minimize tempos e respeite prioridades: (30,4), (40,8), (10,3), (20,12).

Revisitando a codificação de Huffman

Como visto no capítulo anterior, a codificação de Huffman pode representar o conteúdo de dados de forma mais compacta explorando o fato de que alguns dados (por exemplo, alguns caracteres do alfabeto) aparecem com mais frequência em um fluxo de dados. Usando codificações de comprimentos diferentes (mais curtos para os caracteres mais frequentes, mais longos para caracteres menos frequentes), os dados consomem menos espaço. O professor

Robert M. Fano (professor de Huffman) e Claude Shannon já previam tal estratégia de compressão, mas não conseguiram encontrar uma maneira eficiente de determinar um arranjo de codificação que tornaria impossível confundir um caractere com outro.

LEMBRE-SE

Códigos livres de prefixos são necessários para evitar erros na decodificação da mensagem. Isso significa que nenhuma codificação de bit usada anteriormente deve ser usada como ponto de partida (prefixo) para outra codificação de bit. Huffman encontrou uma solução simples e viável para implementar códigos livres de prefixo usando um algoritmo guloso. A solução para o problema encontrada por Huffman é transformar a árvore originalmente balanceada em uma árvore não balanceada, como mostrado na Figura 15-1.

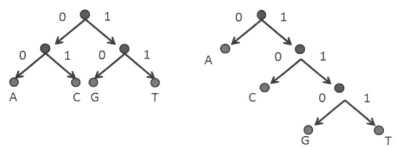

FIGURA 15-1: De uma árvore balanceada (esquerda) a uma árvore não balanceada (direita).

Uma árvore não balanceada tem a característica especial de cada nó ter apenas um galho que segue desenvolvendo outros nós e galhos, enquanto o outro galho termina com um caractere codificado. Essa característica assegura que nenhuma sequência de codificação previamente usada pode começar uma nova sequência (graficamente, um galho terminando em um caractere codificado é o fim do caminho).

Fora esboçar graficamente a estrutura não balanceada, um algoritmo guloso também pode construir uma árvore não balanceada. A ideia é construir a estrutura a partir da raiz, começando com os caracteres usados com mais frequência. O algoritmo cria os níveis superiores da árvore agregando caracteres mais frequentes em sequência até que não haja mais caracteres e a base (folhas) tenha sido alcançada.

Para demonstrar a receita gulosa por trás do algoritmo, esta seção fornece um código exemplo em Python com base no DNA. O DNA é representado como uma sequência das letras *A, C, T* e *G* (os quatro nucleotídeos presentes em todos os seres vivos). Um bom truque é usar apenas dois bits para representar cada uma das quatro letras, que já é uma boa estratégia de economia de memória quando comparada a usar a codificação ASCII completa (que tem, pelo menos, 7 bits).

CAPÍTULO 15 **Trabalhando com Algoritmos Gulosos**   297

Os nucleotídeos não são uniformemente distribuídos. A distribuição varia dependendo de quais genes você estuda. A tabela a seguir mostra um gene com uma distribuição desigual, permitindo uma predominância dos nucleotídeos A e C.

Nucleotídeos	Porcentagem	Codificação fixa	Codificação de Huffman
A	40,5%	00	0
C	29,2%	01	10
G	14,5%	10	110
T	15,8%	11	111
Média de bits ponderada		2,00	1,90

Multiplicando o número de bits das duas codificações por sua porcentagem e somando tudo, você obtém a média ponderada de bits usados por cada uma delas. Nesse caso, o resultado é 1,9 para a codificação de Huffman versus 2,0 para a codificação fixa. Isso significa que você obtém uma economia de bits de 5% nesse exemplo. É possível economizar ainda mais espaço quando tiver genes com uma distribuição ainda mais não balanceada em favor de algum nucleotídeo.

O exemplo a seguir, em uma abordagem de baixo (folhas) para cima (raiz), uma sequência de DNA aleatória e mostra como o código sistematicamente gera a codificação (se o valor de seed for mudado, a geração aleatória de sequências de DNA pode levar a um resultado diferente, tanto na distribuição de nucleotídeos quanto na codificação de Huffman).

```python
from heapq import heappush, heappop, heapify
from collections import defaultdict, Counter
from random import shuffle, seed
generator = ["A"]*6+["C"]*4+["G"]*2+["T"]*2
text = ""
seed(4)
for i in range(1000):
    shuffle(generator)
    text += generator[0]

print(text)
frequencies = Counter(list(text))
print(frequencies)

CAACCCCGACACGCCTCCATAGCCACAACAAGCAAAAAGGC ...
Counter({'A': 405, 'C': 292, 'T': 158, 'G': 145})
```

298   PARTE 5 **Desafiando Problemas Difíceis**

Depois de deixar as entradas de dados prontas para serem comprimidas, o código prepara uma estrutura de dados heap (veja a seção "Executando buscas especializadas usando um heap binário" no Capítulo 7 para detalhes) para organizar os resultados de maneira eficiente ao longo dos passos que o algoritmo segue. Os elementos no heap contêm o número de frequência de nucleotídeos, os caracteres de nucleotídeos e sua codificação. Com uma complexidade de tempo log-linear, O(n*log(n)), um heap é a estrutura correta para ordenar os resultados e permitir que o algoritmo forneça os dois menores elementos rapidamente.

```
heap = ([[freq, [char, ""]] for char, freq in
        frequencies.items()])
heapify(heap)
print(heap)

[[145, ['G', '']], [158, ['T', '']], [405, ['A', '']],
[292, ['C', '']]]
```

Quando você executa o algoritmo, ele escolhe os nucleotídeos com menor frequência do heap (a escolha gulosa). Ele agrega esses nucleotídeos em um novo elemento, substituindo os dois anteriores. O processo continua até que a última agregação reduza o número de elementos no heap para um.

```
iteration = 0
while len(heap) > 1:
    iteration += 1
    lo = heappop(heap)
    hi = heappop(heap)
    print ('Step %i 1st:%s 2nd:%s' % (iteration, lo,hi))
    for pair in lo[1:]:
        pair[1] = '0' + pair[1]
    for pair in hi[1:]:
        pair[1] = '1' + pair[1]
    heappush(heap, [lo[0] + hi[0]] + lo[1:] + hi[1:])

Step 1 1st:[145, ['G', '']] 2nd:[158, ['T', '']]
Step 2 1st:[292, ['C', '']] 2nd:[303, ['G', '0'],
 ['T', '1']]
Step 3 1st:[405, ['A', '']] 2nd:[595, ['C', '0'],
 ['G', '10'], ['T', '11']]
```

Conforme as agregações juntam os nucleotídeos, o que constitui diferentes níveis de árvore não balanceada, sua codificação de Huffman é sistematicamente modificada; adicionando zero na frente da codificação da agregação menos frequente e adicionando um à segunda menos frequente. Dessa maneira, o algoritmo replica com eficiência a estrutura da árvore não balanceada ilustrada anteriormente.

```
tree = sorted(heappop(heap)[1:], key=lambda p: (len(p[-
        1]), p))
print ("Symbol\tWeight\tCode")
for e in tree:
    print ("%s\t%s\t%s" % (e[0], frequencies[e[0]], e[1]))


Symbol  Weight  Code
A       405     0
C       292     10
G       145     110
T       158     111
```

O passo final é imprimir o resultado, ordenando-o pela codificação de bits e mostrando a tabela simbólica final gerada.

NESTE CAPÍTULO

» Entendendo o que a dinâmica significa quando usada com programação

» Usando memoization efetivamente para programação dinâmica

» Descobrindo como o problema da mochila pode ser útil para a otimização

» Trabalhando com o problema NP--completo do caixeiro viajante

Capítulo **16**

Recorrendo à Programação Dinâmica

Em vez de usar a força bruta, que implica em tentar todas as soluções possíveis para um problema, algoritmos gulosos fornecem uma resposta que é rápida e, geralmente, satisfatória. De fato, um algoritmo guloso pode potencialmente solucionar o problema inteiro. Contudo, eles também são limitados porque tomam decisões que não consideram as consequências de suas escolhas. O Capítulo 15 mostra que nem sempre é possível solucionar um problema usando um algoritmo guloso. Assim, um algoritmo pode tomar uma decisão aparentemente ideal em um determinado estágio, que depois se mostra limitante e insuficiente para chegar à melhor solução. Um algoritmo melhor, um que não dependa da abordagem gulosa, pode revisar decisões passadas ou antecipar que uma decisão aparentemente boa não é tão promissora quanto parece. Esta é a abordagem que a programação dinâmica segue.

Programação dinâmica é uma abordagem algorítmica criada nos anos 1950 por Richard Ernest Bellman (um matemático aplicado também conhecido por outras descobertas no campo da matemática e dos algoritmos; você pode ler mais em `https://pt.wikipedia.org/wiki/Richard_Bellman`) que testa mais soluções do que a abordagem gulosa correspondente. Testar mais soluções possibilita a habilidade de repensar e ponderar as consequências das decisões. A programação dinâmica evita a execução de cálculos pesados graças a um sistema de caching inteligente (um *cache* é um sistema de armazenamento que coleta dados ou informações) chamado *memoization,* um termo definido posteriormente no capítulo.

Este capítulo oferece mais do que uma simples definição de programação dinâmica. Ele também explica por que a programação dinâmica tem um nome tão complicado, e como transformar qualquer algoritmo (especialmente os recursivos) em programação dinâmica usando Python e suas funções *decorators* (poderosas ferramentas do Python que permitem mudar uma função existente sem reescrever seu código). Além disso, você descobre aplicações da programação dinâmica para otimizar recursos e retornos, criando rotas curtas entre lugares e comparando strings de maneira aproximada. A programação dinâmica fornece uma abordagem natural para lidar com muitos problemas encontrados durante a jornada pelo mundo dos algoritmos.

Explicando a Programação Dinâmica

A programação dinâmica é um algoritmo tanto eficaz quanto exaustivo (dessa forma, fornecendo soluções corretas), embora seja, com frequência, tão eficiente quanto uma solução aproximada (o tempo computacional de muitos algoritmos de programação dinâmica é polinomial). Ela parece funcionar como mágica, pois a solução necessária frequentemente exige que o algoritmo execute os mesmos cálculos muitas vezes. Modificando o algoritmo e tornando-o dinâmico, é possível gravar os resultados dos cálculos e reutilizá-los quando necessário for. A reutilização leva pouco tempo em comparação a refazer os cálculos, assim, o algoritmo termina os passos rapidamente. As seções seguintes discutem o que a programação dinâmica envolve em mais detalhes.

Uma base histórica

É possível resumir a *programação dinâmica* a ter um algoritmo que se lembra dos resultados do problema anterior quando, de outra forma, você teria que executar o mesmo cálculo repetidamente. Embora a programação dinâmica possa parecer bastante complexa, sua implementação é, na verdade, simples. Porém, ela tem origens históricas bem interessantes.

Bellman descreveu o nome como resultado de necessidade e conveniência em sua autobiografia, *In the Eye of the Hurricane* ("No Olho do Furacão", em tradução livre). Ele escreveu que a escolha do nome foi uma maneira de esconder a verdadeira natureza da sua pesquisa na RAND Corporation (uma instituição de pesquisa e desenvolvimento fundada em conjunto pelo governo dos EUA e financiadores privados) de Charles Erwin Wilson, o Secretário de Defesa durante a presidência de Dwight D. Eisenhower. Encobrir a verdadeira natureza de sua pesquisa ajudou Bellman a se manter empregado na RAND Corporation. Você pode ler sua explicação com mais detalhes no trecho em http://smo.sogang.ac.kr/doc/dy_birth.pdf (conteúdo em inglês). Alguns pesquisadores não concordam sobre a origem do nome. Por exemplo, Stuart Russel e Peter Norvig, em seu livro *Inteligência Artificial,* argumentam que, na verdade, Bellman usou o termo *programação dinâmica* em um artigo datado de 1952, que é anterior de Wilson tornar-se Secretário, em 1953 (e o próprio Wilson era CEO da General Motors antes de se tornar um engenheiro envolvido em pesquisa e desenvolvimento).

Linguagens de programação de computadores não eram difundidas na época que Bellman trabalhou em investigação operacional, uma disciplina que aplica matemática para tomar decisões melhores na abordagem, principalmente, de problemas de produção e logísticos (mas também usada em outros problemas práticos). A computação estava em seus estágios iniciais e era usada majoritariamente no planejamento. A abordagem básica da programação dinâmica é a mesma que a da *programação linear,* outra técnica algorítmica (veja o Capítulo 19) definida em uma época em que programação significava planejar um processo específico para encontrar uma solução ideal. O termo *dinâmica* lembra que o algoritmo se move e armazena soluções parciais. Programação dinâmica é um nome complexo para uma técnica inteligente e efetiva de melhorar o tempo de execução de algoritmos.

Dinamizando problemas

Como a programação dinâmica se beneficia de operações repetidas, ela funciona bem em problemas que têm soluções construídas com a solução de subproblemas, que o algoritmo depois junta para fornecer uma resposta completa. Para funcionar corretamente, uma abordagem de programação dinâmica usa subproblemas aninhados em outros subproblemas (essa abordagem é semelhante aos algoritmos gulosos, que também exigem uma subestrutura ideal, como explicado no Capítulo 15). Apenas quando é possível dividir um problema em subproblemas aninhados, a programação dinâmica consegue superar abordagens de força bruta, que repetidamente retrabalham os mesmos subproblemas.

Como conceito, a programação dinâmica é um enorme guarda-chuva que abrange muitas aplicações diferentes, porque não é realmente um algoritmo específico para solucionar um problema específico. Em vez disso, é uma técnica geral que apoia a solução de problemas.

É possível englobar a programação dinâmica em duas grandes famílias de soluções:

> » **Ascendente:** Constrói um conjunto de resultados parciais que são agregados em uma solução completa.
>
> » **Descendente:** Divide o problema em subproblemas, começando a partir da solução completa (esta abordagem é típica de algoritmos recursivos) e usa memoization (definido na próxima seção) para evitar repetir cálculos mais de uma vez.

Tipicamente, a abordagem descendente é mais computacionalmente eficiente pois gera apenas os subproblemas necessários para a solução completa. A abordagem ascendente é mais explorativa e, usando tentativa e erro, com frequência obtém resultados parciais que não vão ser usados depois. Por outro lado, abordagens ascendentes refletem melhor a abordagem que você usaria no dia a dia quando defrontado com um problema (pensar recursivamente, por outro lado, necessita abstração e treinamento antes da aplicação). Ambas abordagens não são tão fáceis de entender às vezes. Isso ocorre porque usar programação dinâmica transforma a maneira que você soluciona problemas, como detalhado nesses passos:

1. **Crie uma solução que funciona usando força bruta ou recursão. A solução funciona, mas demora muito ou nem chega a terminar.**

2. **Armazene os resultados dos subproblemas para acelerar seus cálculos e chegar a uma solução em um tempo razoável.**

3. **Mude a maneira que você aborda o problema e ganhe ainda mais velocidade.**

4. **Redefina a abordagem do problema, de maneira menos intuitiva, mas mais eficiente, para obter maiores benefícios da programação dinâmica.**

Transformar algoritmos usando programação dinâmica para fazê-los funcionar com eficiência torna-os mais difíceis de entender. Na verdade, é possível olhar para as soluções e achar que elas funcionam como magia. Tornar-se proficiente em programação dinâmica exige repetidas observações de soluções existentes e algum exercício prático. Essa proficiência vale o esforço, porém, porque a programação dinâmica pode ajudar a solucionar problemas para os quais é necessário comparar ou calcular soluções sistematicamente.

DICA

A programação dinâmica é especialmente conhecida por ajudar a solucionar (ou, pelo menos, tornar a solução mais rápida) problemas de otimização combinatória, que exigem obter combinações de elementos de entrada como solução. Exemplos de tais problemas resolvidos por programação dinâmica são o do caixeiro viajando e os problemas da mochila, descritos posteriormente neste capítulo.

Moldando a recursão dinamicamente

A base da programação dinâmica é atingir alguma coisa tão eficiente quanto a busca de força bruta, sem realmente gastar todo o tempo fazendo os cálculos exigidos por uma abordagem do tipo. O resultado é alcançado trocando tempo por espaço em disco ou memória, o que é geralmente feito criando uma estrutura de dados (uma tabela hash, um conjunto ou uma matriz de dados) para armazenar os resultados anteriores. Usar uma tabela de pesquisa permite acessar os resultados sem ter que executar um cálculo uma segunda vez.

A técnica de armazenar resultados prévios de funções e usá-los no lugar da própria função é o *memoization* (memoização), um termo que não deve ser confundido com memorização. Memoization deriva de *memorandum*, palavra em latim para "ser lembrado".

Caching é outro termo que você encontra sendo usado quando se fala de memoization. *Caching* refere-se a usar uma área especial da memória do computador para fornecer dados mais rápido quando solicitados, e tem usos mais gerais que memoization.

Para ser eficiente, a programação dinâmica precisa de problemas que repetem ou refazem passos anteriores. Um bom exemplo de uma situação similar é o uso de recursão, e o marco da recursão é o cálculo da sequência de Fibonacci. A sequência de Fibonacci é simplesmente uma sequência de números na qual o próximo número é a soma dos dois anteriores. Ela começa com 0, seguido de 1. Depois de definir os dois primeiros elementos, todo número seguinte na sequência é a soma dos anteriores. Aqui estão os primeiros 11 números:

```
[0, 1, 1, 2, 3, 5, 8, 13, 21, 34, 55]
```

Assim como a indexação em Python, a contagem começa da posição zero e o último número na sequência está na décima posição. O inventor da sequência, o matemático italiano Leonardo Pisano, conhecido como Fibonacci, viveu em 1200. Fibonacci acreditava que o fato de cada número ser a soma dos dois anteriores deveria tornar os números adequados para representar os padrões de crescimento de um grupo de coelhos. A sequência não funcionava bem para a demografia dos coelhos, mas ofereceu percepções inesperadas tanto da matemática quanto da própria natureza, pois os números aparecem na botânica e na zoologia. Por exemplo, vemos essa progressão na ramificação de árvores, na disposição das folhas no caule e das sementes em um girassol (você pode ler sobre isso em https://www.goldennumber.net/spirals/ [conteúdo em inglês]).

Fibonacci também foi o matemático que introduziu os números arábicos na Europa, sistema que usamos diariamente hoje. Ele descreveu tanto os números quanto a sequência em sua obra-prima, o *Liber Abaci*, em 1202.

É possível calcular a sequência numérica de Fibonacci usando recursão. Quando um número é inserido, a recursão divide o número na soma dos dois números de

Fibonacci anteriores na sequência. Depois da primeira divisão, a recursão segue executando a mesma tarefa para cada elemento da divisão, dividindo cada um dos dois números nos dois números de Fibonacci anteriores. A recursão continua dividindo números em suas somas, até finalmente encontrar as raízes da sequência, os números 0 e 1. Retomando os dois tipos de algoritmo de programação dinâmica descritos anteriormente, essa solução usa uma abordagem descendente. O código a seguir mostra a abordagem recursiva em Python (você encontra esse código no arquivo A4D; 16; Fibonacci.ipynb no site da Para Leigos como parte do código para download; veja a Introdução para detalhes).

```
def fib(n, tab=0):
    if n==0:
        return 0
    elif n == 1:
        return 1
    else:
        print ("lvl %i, Summing fib(%i) and fib(%i)" %
                (tab, n-1, n-2))
        return fib(n-1,tab+1) + fib(n-2,tab+1)
```

O código imprime as divisões geradas por cada nível de recursão. O resultado a seguir mostra o que acontece quando você chama **fib()** com um valor de entrada de 7:

```
fib(7)

lvl 0, Summing fib(6) and fib(5)
lvl 1, Summing fib(5) and fib(4)
lvl 2, Summing fib(4) and fib(3)
lvl 3, Summing fib(3) and fib(2)
lvl 4, Summing fib(2) and fib(1)
lvl 5, Summing fib(1) and fib(0)
lvl 4, Summing fib(1) and fib(0)
lvl 3, Summing fib(2) and fib(1)
lvl 4, Summing fib(1) and fib(0)
lvl 2, Summing fib(3) and fib(2)
lvl 3, Summing fib(2) and fib(1)
lvl 4, Summing fib(1) and fib(0)
lvl 3, Summing fib(1) and fib(0)
lvl 1, Summing fib(4) and fib(3)
lvl 2, Summing fib(3) and fib(2)
lvl 3, Summing fib(2) and fib(1)
lvl 4, Summing fib(1) and fib(0)
lvl 3, Summing fib(1) and fib(0)
lvl 2, Summing fib(2) and fib(1)
```

306   PARTE 5 **Desafiando Problemas Difíceis**

```
lvl 3, Summing fib(1) and fib(0)

13
```

O resultado mostra 20 divisões. Alguns números aparecem mais de uma vez como parte das divisões. Parece um caso ideal para a aplicação da programação dinâmica. O código a seguir adiciona um dicionário, chamado `memo`, que armazena os resultados anteriores. Depois de a recursão dividir um número, ela verifica se o resultado já aparece no dicionário antes de começar um novo galho recursivo. Se encontrar, o código usa o resultado pré-calculado, como mostrado aqui:

```python
memo = dict()
def fib_mem(n, tab=0):
    if n==0:
        return 0
    elif n == 1:
        return 1
    else:
        if (n-1, n-2) not in memo:
            print ("lvl %i, Summing fib(%i) and fib(%i)" %
                   (tab, n-1, n-2))
            memo[(n-1,n-2)] = fib_mem(n-1,tab+1
                              ) + fib_mem(n-2,tab+1)
        return memo[(n-1,n-2)]
```

Usando memoization, a função recursiva não calcula 20 adições, mas, em vez disso, usa apenas seis, as essenciais usadas para construir blocos para solucionar a exigência inicial de calcular um determinado número na sequência:

```
fib_mem(7)

lvl 0, Summing fib(6) and fib(5)
lvl 1, Summing fib(5) and fib(4)
lvl 2, Summing fib(4) and fib(3)
lvl 3, Summing fib(3) and fib(2)
lvl 4, Summing fib(2) and fib(1)
lvl 5, Summing fib(1) and fib(0)

13
```

Olhando no dicionário `memo`, é possível encontrar a sequência de somas que define a sequência de Fibonacci, começando do 1:

```
memo
{(1, 0): 1, (2, 1): 2, (3, 2): 3, (4, 3): 5, (5, 4): 8,
  (6, 5): 13}
```

Alavancando o memoization

Memoization é a essência da programação dinâmica. Com frequência, você tem necessidade de usá-lo no scripting de um algoritmo. Na criação de uma função, recursiva ou não, é possível transformá-la usando um comando simples, um *decorator,* que é uma função especial de Python que transforma funções. Para ver como trabalhar com um decorator, comece com uma função recursiva, livre de qualquer indicação de impressão:

```
def fib(n):
    if n==0:
        return 0
    elif n == 1:
        return 1
    else:
        return fib(n-1) + fib(n-2)
```

Quando usando Jupyter, use os comandos mágicos incorporados ao Python, como `timeit`, para medir o tempo de execução de um comando no seu computador:

```
%timeit -n 1 -r 1 print(fib(36))

14930352
1 loop, best of 1: 15.5 s per loop
```

O resultado mostra que a função exige aproximadamente 15 segundos para ser executada. Porém, dependendo da sua máquina, a execução da função pode exigir mais ou menos tempo. Não importa a velocidade do seu computador, ele certamente levará alguns segundos para terminar, porque o número Fibonacci para 36 é bem grande: 14930352. Testar a mesma função para números Fibonacci mais altos leva ainda mais tempo.

Agora é hora de ver o efeito de usar decorators na função. Usar a função `lru_cache` do pacote `functools` pode reduzir radicalmente o tempo de execução. Essa função está disponível apenas no Python 3. Ela transforma uma função automaticamente adicionando um cache para guardar seus resultados. Você também pode configurar o tamanho do cache usando o parâmetro `maxsize` (`lru_cache` usa um cache com uma estratégia de substituição ideal, como explicado no Capítulo 15). Se você configurar `maxsize=None`, o cache usa toda a memória disponível, sem limites.

```
from functools import lru_cache
```

PARTE 5 **Desafiando Problemas Difíceis**

```
@lru_cache(maxsize=None)
def fib(n):
    if n==0:
        return 0
    elif n == 1:
        return 1
    else:
        return fib(n-1) + fib(n-2)
```

Note que a função é a mesma de antes. A única inclusão é `lru_cache` importada (https://docs.python.org/3.5/library/functools.html [conteúdo em inglês]), que você chama incluindo o símbolo @ na frente. Qualquer chamada com o símbolo @ na frente é uma *anotação* e chama a função `lru_cache` como um decorator da função seguinte.

PAPO DE ESPECIALISTA

Usar decorators é uma técnica avançada em Python. Decorators não precisam ser explicados em detalhe neste livro, mas você ainda pode se beneficiar deles porque são muito fáceis de usar (você pode encontrar informações adicionais sobre decorators em http://simeonfranklin.com/blog/2012/jul/1/python-decorators-in-12-steps/ e https://www.learnpython.org/en/Decorators [conteúdos em inglês]). Apenas lembre-se de chamá-los usando anotações (@ + *o nome do decorator da função*) e de colocá-los na frente da função que deseja transformar. A função original alimenta-se do decorator e surge transformada. Neste exemplo de uma função recursiva simples, o decorator resulta em uma função recursiva aprimorada por memoization.

É hora de testar a velocidade da função, como antes:

```
%timeit -n 1 -r 1 print(fib(36))

14930352
1 loop, best of 1: 60.6 μs per loop
```

Mesmo se o seu tempo de execução for diferente, ele deve diminuir de segundos para milissegundos. Esse é o poder do memoization. Também é possível explorar como sua função usa o cache chamando o método `cache_info` da função decorada:

```
fib.cache_info()

CacheInfo(hits=34, misses=37, maxsize=None, currsize=37)
```

O resultado diz que há 37 chamadas de funções que não encontram resposta no cache. Porém, outras 34 chamadas encontram ali uma resposta útil.

DICA Apenas importando `lru_cache` de `functools` e usando-o em anotações na frente de algoritmos robustos em Python, você experimentará um ótimo aumento no desempenho (a menos que use algoritmos gulosos).

Descobrindo as Melhores Receitas Dinâmicas

Mesmo a programação dinâmica tem limitações. A maior limitação de todas está relacionada a sua principal capacidade: se você monitorar soluções parciais demais para melhorar o tempo de execução, pode ficar sem memória. Podem existir soluções parciais demais armazenadas porque o problema é complexo, ou apenas porque a ordem usada para produzir soluções parciais não é a ideal e muitas das soluções não se encaixam nas exigências do problema.

A ordem usada para solucionar subproblemas é algo que deve ser monitorado. A ordem escolhida deve fazer sentido para a progressão eficiente do algoritmo (você soluciona algo que vai reutilizar imediatamente) porque o truque está na reutilização inteligente de blocos construídos previamente. Logo, usar memoization pode não ser vantajoso o suficiente. Reorganizar seus problemas na ordem correta pode melhorar os resultados. É possível aprender como ordenar corretamente seus subproblemas aprendendo diretamente com as melhores receitas de programação dinâmica disponíveis: problema da mochila, caixeiro viajante e busca de strings aproximada, descritos nas seções a seguir.

Olhando dentro da mochila

O problema da mochila está por aí desde 1897 e provavelmente é um trabalho de Tobias Dantzig (https://pt.wikipedia.org/wiki/Tobias_Dantzig). Nesse caso, você precisa fazer sua mochila com o máximo de itens possível. Cada item tem um valor, então você deseja maximizar o valor total dos itens que carrega. A mochila tem um limite de capacidade ou você tem um limite de peso que pode carregar, então não é possível carregar todos os itens.

A situação geral encaixa qualquer problema que envolva um orçamento e recursos, e que você deseje alocá-los da maneira mais inteligente possível. Essa configuração de problema é tão comum que muitas pessoas consideram o da mochila como um dos problemas algorítmicos mais populares. Esse problema encontra aplicações em ciência da computação, indústria, finanças, logística e criptografia. Exemplos de aplicações reais do problema da mochila são: como carregar um navio cargueiro com mercadorias da melhor maneira ou como cortar de forma ideal materiais crus, assim criando o mínimo de desperdício possível.

LEMBRE-SE

Embora seja muito popular, este livro não explora o problema da mochila novamente porque a abordagem dinâmica é, incontestavelmente, uma das melhores abordagens de solução. Porém, é importante lembrar que em casos específicos, como quando os itens são quantidades, outras abordagens, como usar algoritmos gulosos, podem funcionar igualmente bem (ou até melhor).

Esta seção mostra como solucionar o *problema da mochila 1-0*. Neste caso, você tem um número finito de itens e pode colocar cada um deles na mochila (o status um) ou não (o status zero). É útil saber que existem outras possíveis variáveis do problema:

» **Problema da mochila fracionária:** Lida com quantidades. Por exemplo, um item poderia ser quilos de farinha e você precisar escolher a melhor quantidade. É possível resolver essa versão usando um algoritmo guloso.

» **Problema da mochila com limitações:** Põe uma ou mais cópias do mesmo item na mochila. Neste caso, você deve lidar com exigências de número mínimo e máximo para cada item que escolher.

» **Problema da mochila sem limitações:** Põe uma ou mais cópias do mesmo item na mochila sem restrições. O único limite é que não se pode pôr um número negativo de itens na mochila.

O problema da mochila depende de uma solução de programação dinâmica e roda em tempo pseudo-polinomial (que é pior que tempo apenas polinomial) porque o tempo de execução depende do número de itens (n) multiplicado pelo número de frações da capacidade da mochila (W) que você usa ao construir sua solução parcial. Quando usando notação big-O, é possível dizer que o tempo de execução é O(nW). A versão em força bruta do algoritmo, por outro lado, roda em $O(2^n)$. O algoritmo funciona assim:

1. **Dada a capacidade da mochila, ele testa uma variedade de mochilas menores (subproblemas). Neste caso, dada uma mochila capaz de carregar 20kg, o algoritmo testa uma variedade de mochilas carregando de 0kg a 20kg.**

2. **Para cada item, ele testa como o item se encaixa em cada uma das mochilas, da menor à maior. Em cada teste, se o item se encaixar, ele escolhe o melhor valor dentre os seguintes:**

    a. A solução oferecida pela menor mochila anterior

    b. O item de teste, mais você preencher o espaço residual com a melhor solução avaliada que preenchia este espaço anteriormente

O código executa o algoritmo da mochila e soluciona o problema com um conjunto de seis itens de diferentes combinações de peso e valor, bem como uma mochila de 20kg:

Item	1	2	3	4	5	6
Peso em kg	2	3	4	4	5	9
Ganho em \$100	3	4	3	5	8	10

Aqui está o código para executar o procedimento de programação dinâmica descrito (você pode encontrar este código no arquivo A4D; 16; Knapsack.ipynb no site da Para Leigos como parte do código para download; veja a Introdução para detalhes).

```
import numpy as np

values = np.array([3,4,3,5,8,10])
weights = np.array([2,3,4,4,5,9])
items = len(weights)
capacity = 20

memo = dict()
for size in range(0, capacity+1, 1):
    memo[(-1, size)] = ([], 0)

for item in range(items):
    for size in range(0, capacity+1, 1):
        # if the object doesn't fit in the knapsack
        if weights[item] > size:
            memo[item, size] = memo[item-1, size]
        else:
        # if the objcts fits, we check what can best fit
        # in the residual space
            previous_row, previous_row_value = memo[
                    item-1, size-weights[item]]
            if memo[item-1, size][1] > values[item
                    ] + previous_row_value:
                memo[item, size] = memo[item-1, size]
            else:
                memo[item, size] = (previous_row + [item
                    ], previous_row_value + values[item])
```

A melhor solução é o resultado em cache quando o código testa inserir o último item com a mochila na capacidade máxima (20kg):

```
best_set, score = memo[items-1, capacity]
print ('The best set %s weights %i and values %i'
       % (best_set, np.sum((weights[best_set])), score))

The best set [0, 3, 4, 5] weights 20 and values 26
```

Você pode estar curioso para saber o que aconteceu no dicionário de memoization:

```
print (len(memo))

147

print (memo[2, 10])

([0, 1, 2], 10)
```

Ele contém 147 subproblemas. De fato, seis itens multiplicados por 21 mochilas resulta em 126 soluções, mas é necessário incluir outras 21 soluções ingênuas para permitir que o algoritmo funcione apropriadamente (*ingênuas* significa deixar a mochila vazia), o que aumenta o número de subproblemas para 147.

Você pode achar que resolver 147 subproblemas é desanimador (embora sejam incrivelmente rápidos de resolver). Usar apenas a força bruta para solucionar o problema significa solucionar menos subproblemas nesse caso em particular, o que exige menos tempo, um fato que pode ser testado resolvendo as contas usando Python e a função `comb`:

```
from scipy.misc import comb
objects = 6
np.sum([comb(objects,k+1) for k in range(objects)])
```

É necessário testar 63 combinações para solucionar esse problema. No entanto, se você tentar usar mais objetos, 20, digamos, os tempos de execução parecerão muito diferentes porque agora há 1.048.575 combinações para testar. Compare esse número enorme com a programação dinâmica, que exige solucionar apenas 20*21+21 = 441 subproblemas.

LEMBRE-SE

Essa é a diferença entre o tempo quase-polinomial e o exponencial (como lembrete, o livro discute complexidade exponencial no Capítulo 2, quando ilustra a Notação Big O. No Capítulo 15, você descobre o tempo polinomial como parte da discussão sobre problemas NP-completos). Usar a programação dinâmica torna-se proveitoso quando seus problemas são complexos. Problemas amostra são bons para aprender, mas eles não conseguem demonstrar toda a extensão da aplicação de técnicas algorítmicas inteligentes, como a programação dinâmica. Cada solução testa o que acontece depois de adicionar determinado item quando a mochila tem um determinado tamanho. O exemplo precedente adiciona o item 2 (peso = 4, valor = 3) e resulta em uma solução que põe os itens 0, 1 e 2 na mochila (peso total 9kg) para um valor de 10. Essa solução intermediária aproveita soluções anteriores e é a base para muitas das soluções seguintes antes que o algoritmo chegue em seu fim.

DICA

Você pode se perguntar se o resultado oferecido pelos scripts é realmente o melhor possível. Infelizmente, a única maneira de ter certeza é saber a resposta certa, o que significa executar um algoritmo de força bruta (quando for viável, em termos de tempo de execução no seu computador). Este capítulo não usa força bruta para o problema da mochila, mas você vê a abordagem da força bruta usada no problema do caixeiro viajante a seguir.

Viajando pelas cidades

O problema do caixeiro viajante (PCV, abreviado) é, pelo menos, tão conhecido quanto o problema da mochila. É usado principalmente em logística e transporte, então não tem tantas aplicações quanto o problema da mochila. O PCV pede ao caixeiro viajante para visitar um determinado número de cidades e então voltar para a cidade inicial usando o caminho mais curto possível.

O PCV é similar aos problemas com grafos, mas sem as arestas pois as cidades são todas interconectadas. Por essa razão, o PCV geralmente conta com uma matriz de distância como entrada, que é uma tabela que lista as cidades em linhas e colunas. As interseções contêm a distância de uma cidade-linha a uma cidade-coluna. As variantes do PCV fornecem uma matriz contendo tempo ou consumo de combustível no lugar de distâncias.

O PCV é um problema NP-difícil, mas é possível resolvê-lo usando várias abordagens, algumas aproximadas (heurísticas) e algumas exatas (programação dinâmica). O problema, como com qualquer outra questão NP-difícil, é o tempo de execução. Embora seja possível contar com soluções que presumivelmente podem solucionar o problema de forma ideal (não é possível ter certeza, exceto quando forem viagens curtas), não é possível saber com exatidão com problemas tão complexos quanto viajar o mundo. O exemplo a seguir testa vários algoritmos, como força bruta, guloso e programação dinâmica, em uma volta simples por seis cidades, representada como um grafo ponderado (veja a Figura 16-1 — você pode encontrar este código no arquivo `A4D; 16; TSP.ipynb` no site da Para Leigos como parte do código para download; veja a Introdução para detalhes).

```
import numpy as np
import networkx as nx
```

```python
import matplotlib.pyplot as plt
%matplotlib inline

D = np.array([[0,20,16,25,24],[20,0,12,12,27],
              [16,12,0,10,14],[25,12,10,0,20],
              [24,27,14,20,0]])

Graph = nx.Graph()
Graph.add_nodes_from(range(D.shape[0]))
for i in range(D.shape[0]):
    for j in range(D.shape[0]):
        Graph.add_edge(i,j,weight=D[i,j])

np.random.seed(2)
pos=nx.shell_layout(Graph)
nx.draw(Graph, pos, with_labels=True)
labels = nx.get_edge_attributes(Graph,'weight')
nx.draw_networkx_edge_labels(Graph,pos,
                              edge_labels=labels)
plt.show()
```

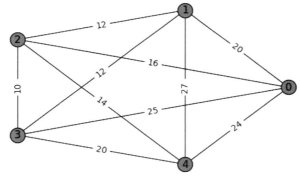

FIGURA 16-1: Cidades representadas como nós em um grafo ponderado.

Depois de definir a matriz D (distância), o exemplo testa a primeira e mais simples solução para determinar a menor rota começando e terminando na cidade zero. Essa solução conta com a força bruta, que gera todas as permutações de ordem possíveis entre as cidades, deixando a zero de fora. A distância da cidade zero à primeira, e da última à zero, é adicionada depois da distância total de cada solução ser calculada. Quando todas as soluções estão disponíveis, você simplesmente escolhe a mais curta.

```
from itertools import permutations
best_solution = [None, np.sum(D)]
for solution in list(permutations(range(1,D.shape[0]))):
```

CAPÍTULO 16 **Recorrendo à Programação Dinâmica** 315

```
    start, distance = (0,0)
    for next_one in solution:
        distance += D[start, next_one]
        start = next_one
    distance += D[start,0]
    if distance <= best_solution[1]:
        best_solution = [[0]+list(solution)+[0], distance]
        print ('Best solution so far: %s kms' %
              str(best_solution)[1:-1])

Best solution so far: [0, 1, 2, 3, 4, 0], 86 kms
Best solution so far: [0, 1, 3, 2, 4, 0], 80 kms
Best solution so far: [0, 4, 2, 3, 1, 0], 80 kms
```

O algoritmo da força bruta rapidamente determina a melhor solução e seu caminho simétrico. No entanto, como resultado do tamanho diminuto do problema, você obtém prontamente uma resposta pois, com quatro cidades, apenas 24 soluções existem. Conforme o número de cidades aumenta, o número de permutações para testar torna-se intratável, mesmo depois de remover os caminhos simétricos (que dobram as permutações) e usando um computador rápido. Por exemplo, considere o número de cálculos quando trabalhando com 13 cidades mais o ponto de chegada/partida:

```
from scipy.special import perm
print (perm(13,13)/2)

3113510400.0
```

A programação dinâmica pode simplificar o tempo de execução. O algoritmo de Held-Karp (também conhecido como algoritmo Bellman-Held-Karp, porque Bellman publicou-o em 1962, no mesmo ano que Michael Held e Richard Karp) pode diminuir a complexidade de tempo para $O(2^n n^2)$. A complexidade ainda é exponencial, embora exija menos tempo do que aplicar a exaustiva enumeração de todas as voltas por força bruta.

DICA

Algoritmos de aproximação e heurística podem fornecer resultados rápidos e úteis (embora o resultado possa nem sempre refletir a solução ideal, geralmente é bom o suficiente). Você verá o PCV novamente no livro (veja os Capítulos 18 e 20), quando lidar com busca local e heurísticas.

Para encontrar a melhor solução para o PCV para n cidades, começando e terminando na cidade 0, o algoritmo segue a partir da cidade 0 e mantém registros do menor caminho possível, considerando diferentes configurações. Ele sempre usa uma cidade final diferente e toca em apenas um subconjunto de cidades.

Assim, quando for solucionar o PCV para cinco cidades, o algoritmo considera primeiro soluções envolvendo duas cidades, então três cidades, depois quatro cidades e, finalmente, cinco (os conjuntos têm dimensões de 1 a n). Aqui estão alguns passos que o algoritmo segue:

1. Inicializa a tabela para monitorar as distâncias da cidade 0 para todas as outras cidades. Esses conjuntos contêm apenas a cidade inicial e uma cidade-destino, pois elas representam o passo inicial.

2. Considera todo tamanho de conjunto possível, de duas cidades ao número total de cidades. Esta é a primeira iteração, o loop externo.

3. Dentro do loop externo, para cada tamanho de conjunto ele considera todas as combinações de cidades daquele tamanho possíveis, sem contar com a cidade inicial. Esta é uma iteração interna.

4. Dentro da iteração interna (Passo 3), para cada combinação disponível, ele considera cada cidade dentro da combinação como a cidade final. Esta é outra iteração interna.

5. Dentro da iteração interna (Passo 4), dada uma cidade-destino diferente, ele determina o caminho mais curto que conecta as cidades no conjunto a partir da cidade que inicia a rota (cidade 0). Para encontrar o caminho mais curto, o algoritmo usa qualquer informação útil previamente armazenada, dessa forma aplicando programação dinâmica. Este passo economiza cálculos e oferece a razão para trabalhar com subconjuntos crescentes de cidades. Reutilizando subproblemas previamente solucionados, você encontra as rotas mais curtas adicionando a um caminho mais curto anterior à distância necessária para chegar à cidade-destino. Dado um determinado conjunto de cidades, uma cidade inicial específica e uma cidade-destino específica, o algoritmo armazena o melhor caminho e seu comprimento.

6. Quando todas as iterações terminam, você tem tantas soluções mais curtas diferentes quanto cidades `n-1`, com cada solução cobrindo todas as cidades, mas terminando em uma cidade diferente. Adicione a cada uma um ponto final, a cidade 0, para concluir a rota.

7. Determine a solução mais curta e defina-a como o resultado.

PAPO DE ESPECIALISTA

A implementação em Python desse algoritmo não é muito simples porque envolve algumas iterações e manipulações de conjuntos. É uma busca exaustiva reforçada pela programação dinâmica e depende de uma abordagem iterativa com subconjuntos de cidades e candidatas a serem adicionadas a eles. O exemplo em Python comentado a seguir explora como essa solução funciona. Você pode usá-la para calcular rotas personalizadas (possivelmente usando cidades na sua região ou país como entradas em uma matriz de distância). O script usa comandos avançados, como `frozenset` (um comando que torna um conjunto utilizável como chave de dicionário) e operadores para conjuntos para chegar à solução.

```
from itertools import combinations

memo = {(frozenset([0, idx+1]), idx+1): (dist, [0,idx+1])
        for idx,dist in enumerate(D[0][1:])}
cities = D.shape[0]
for subset_size in range(2, cities):
    # Here we define the size of the subset of cities
    new_memo = dict()
    for subset in [frozenset(comb) | {0} for comb in
                    combinations(range(1, cities),
                                    subset_size)]:
        # We enumerate the subsets having a certain subset
        # size
        for ending in subset - {0}:
            # We consider every ending point in the subset
            all_paths = list()
            for k in subset:
                # We check the shortest path for every
                # element in the subset
                if k != 0 and k!=ending:
                    length = memo[(subset-{ending},k)][0
                                        ] + D[k][ending]
                    index  = memo[(subset-{ending},k)][1
                                        ] + [ending]
                    all_paths.append((length, index))
            new_memo[(subset, ending)] = min(all_paths)
    # In order to save memory, we just record the previous
    # subsets since we won't use shorter ones anymore
    memo = new_memo
# Now we close the cycle and get back to the start of the
# tour, city zero
tours = list()
for distance, path in memo.values():
    distance += D[path[-1],0]
    tours.append((distance, path+[0]))
# We can now declare the shortest tour
distance, path = min(tours)
print ('Shortest dynamic programming tour is: %s, %i kms'
        % (path, distance))
Shortest dynamic programming tour is:
 [0, 1, 3, 2, 4, 0], 80 kms
```

Aproximando a busca de strings

Determinar quando uma palavra é similar a outra nem sempre é simples. Palavras podem diferir ligeiramente por causa de erros de ortografia ou maneiras diferentes de escrever a própria palavra, assim tornando qualquer combinação exata impossível. Este não é apenas um problema que levanta questões interessantes durante a verificação da ortografia, no entanto. Por exemplo, juntar strings de texto similares (como nomes, endereços ou códigos identificadores) que se referem à mesma pessoa pode ajudar a criar uma visão de cliente de uma base de clientes de uma empresa, ou ajudar a agência de segurança nacional a localizar um criminoso perigoso.

Aproximar buscas de strings tem muitas aplicações em tradução automática, reconhecimento de voz, verificação ortográfica e processamento de texto, biologia computacional e recuperação de informações. Pensando na maneira como fontes inserem dados em bases de dados, você sabe que há muitas divergências entre campos de dados que um algoritmo inteligente deve resolver. Combinar uma série de letras similar, mas não precisamente igual, é uma habilidade que encontra uso em campos como a genética, na comparação de sequências de DNA (expressas pelas letras que representam os nucleotídeos G, A, T e C) para determinar se duas sequências são similares e como elas se assemelham.

Vladimir Levenshtein, um cientista russo especialista em teoria da informação, criou uma medida simples (que ganhou seu nome) em 1965 que calcula o grau de similaridade entre duas strings contando quantas transformações leva para mudar da primeira string à segunda. A distância de Levenshtein (também conhecida como distância de edição) conta quantas mudanças são necessárias em uma palavra:

- » **Exclusão:** Remover uma letra de uma palavra.
- » **Inserção:** Inserir uma letra em uma palavra e obter outra palavra.
- » **Substituição:** Substituir uma letra por outra, como trocar a letra *p* por *c* para obter *cão* de *pão*.

Cada edição tem um custo, que Levenshtein define como 1 para cada transformação. Porém, dependendo de como o algoritmo é aplicado, é possível configurá-lo de maneiras diferentes para a exclusão, a inserção e a substituição. Por exemplo, na busca de nomes de ruas similares, erros de ortografia são mais comuns do que diferenças totais na escrita, então a substituição poderia incorrer apenas no custo de 1, e a exclusão ou inserção poderiam incorrer em um custo de 2. Por outro lado, quando olhamos para valores monetárias, valores similares muito provavelmente terão diferentes quantidades de números. Alguém poderia inserir $123 ou $123,00 em uma base de dados. Os números são os mesmos, mas a quantidade de números é diferente, então a inserção e a exclusão podem custar menos que a substituição (um valor de $124 não é exatamente o mesmo que um valor de $123, então substituir 3 por 4 deve custar mais).

É possível transformar o algoritmo de contagem em uma recursão ou iteração. No entanto, ele funciona muito mais rápido usando uma solução de programação dinâmica ascendente, como descrito no artigo de 1974 *The String-to-string Correction Problem* ("A correção do problema de string-para-string", em tradução livre), de Robert A. Wagner e Michael J. Fischer (`http://www.inrg.csie. ntu.edu.tw/algorithm2014/homework/Wagner-74.pdf` [conteúdo em inglês]). A complexidade de tempo dessa solução é `O(mn)`, na qual *n* e *m* são os comprimentos em letras de suas palavras sendo comparados. O código a seguir calcula o número de mudanças exigido para transformar a palavra *Saturday* em *Sunday* usando programação dinâmica com uma matriz (veja a Figura 16-2) para armazenar resultados anteriores (a abordagem ascendente — você pode encontrar este código no arquivo `A4D; 16; Levenshtein.ipynb` no site da Para Leigos como parte do código para download; veja a Introdução para detalhes).

```python
import numpy as np
import pandas as pd

s1 = 'Saturday'
s2 = 'Sunday'
m = len(s1)
n = len(s2)
D = np.zeros((m+1,n+1))
D[0,:] = list(range(n+1))
D[:,0] = list(range(m+1))

for j in range(1, n+1):
    for i in range(1, m+1):
        if s1[i-1] == s2[j-1]:
            D[i, j] = D[i-1, j-1]
        else:
            D[i, j] = np.min([
            D[i-1, j]    + 1,  # a deletion
            D[i, j-1]    + 1,  # an insertion
            D[i-1, j-1] + 1    # a substitution
            ])
print ('Levenshtein distance is %i' % D[-1,-1])

Levenshtein distance is 3
```

É possível plotar ou imprimir o resultado usando o seguinte comando:

```python
pd.DataFrame(D,index=list(' '+s1), columns=list(' '+s2))
```

320   PARTE 5 **Desafiando Problemas Difíceis**

O algoritmo constrói a matriz, posicionando a melhor solução na última célula. Depois de construir a matriz usando as letras da primeira string como linhas e as letras da segunda como colunas, ele prossegue pelas colunas, computando as diferenças entre cada letra nas linhas comparada àquelas nas colunas. Assim, o algoritmo faz um número de comparações equivalente à multiplicação do número de letras nas duas strings. Conforme continua, ele considera o resultado das comparações anteriores olhando para as soluções presentes nas células da matriz e escolhendo a solução com o menor número de edições.

		S	u	n	d	a	y
	0.0	1.0	2.0	3.0	4.0	5.0	6.0
S	1.0	0.0	1.0	2.0	3.0	4.0	5.0
a	2.0	1.0	1.0	2.0	3.0	3.0	4.0
t	3.0	2.0	2.0	2.0	3.0	4.0	4.0
u	4.0	3.0	2.0	3.0	3.0	4.0	5.0
r	5.0	4.0	3.0	3.0	4.0	4.0	5.0
d	6.0	5.0	4.0	4.0	3.0	4.0	5.0
a	7.0	6.0	5.0	5.0	4.0	3.0	4.0
y	8.0	7.0	6.0	6.0	5.0	4.0	3.0

FIGURA 16-2: Transformando *Saturday* em *Sunday*.

Quando a iteração da matriz é completada, o número resultante representa o número mínimo de edições necessário para que a transformação ocorra — quanto menor o número, mais similares são as duas strings. Refazer o caminho da última célula à primeira voltando para a célula anterior com o menor valor (se mais direções estiverem disponíveis, a preferência é mover-se diagonalmente) sugere quais transformações executar (veja a Figura 16-3):

» Um movimento de recuo na diagonal sugere uma substituição na primeira string se as letras na linha e na coluna forem diferentes (se não, nenhuma edição é necessária).

» Um movimento ascendente dita a exclusão de uma letra na primeira string.

» Um movimento de recuo para a esquerda indica que a inserção de uma nova letra deve ser feita na primeira string.

Nesse exemplo, o recuo mostra as seguintes transformações (duas exclusões e uma substituição):

    Saturday => Sturday => Surday => Sunday

CAPÍTULO 16 **Recorrendo à Programação Dinâmica** 321

		s	u	n	d	a	y
	0.0	1.0	2.0	3.0	4.0	5.0	6.0
S	1.0	0.0	1.0	2.0	3.0	4.0	5.0
a	2.0	1.0	1.0	2.0	3.0	3.0	4.0
t	3.0	2.0	2.0	2.0	3.0	4.0	4.0
u	4.0	3.0	2.0	3.0	3.0	4.0	5.0
r	5.0	4.0	3.0	3.0	4.0	4.0	5.0
d	6.0	5.0	4.0	4.0	3.0	4.0	5.0
a	7.0	6.0	5.0	5.0	4.0	3.0	4.0
y	8.0	7.0	6.0	6.0	5.0	4.0	3.0

FIGURA 16-3: Destacando quais transformações são aplicadas.

> **NESTE CAPÍTULO**
>
> » **Entendendo como a aleatoriedade pode ser mais inteligente que soluções mais ponderadas**
>
> » **Introduzindo ideias chave sobre probabilidade e suas distribuições**
>
> » **Descobrindo como o método de Monte Carlo funciona**
>
> » **Aprendendo sobre Quickselect e revisitando os algoritmos Quicksort**

Capítulo **17**

Usando Algoritmos Randomizados

Geradores de números aleatórios são uma função chave na computação e têm um papel importante nas técnicas algorítmicas discutidas nesta parte do livro. A randomização não é usada apenas em jogos ou apostas, mas é empregada na solução de uma grande variedade de problemas. A randomização (ou aleatoriedade) às vezes mostra-se mais eficiente na otimização do que outras técnicas, e mais eficaz na obtenção da solução correta do que soluções mais ponderadas. Ela ajuda diferentes técnicas a funcionarem melhor, de busca local e simulated annealing (recozimento simulado) a heurísticas, criptografia e computação distribuída (com criptografia para esconder informações sendo a mais crítica).

É possível encontrar a randomização incorporada em ferramentas inesperadas do dia a dia. O aspirador de pó robô Roomba (desenvolvido por uma empresa fundada pelo Massachusetts Institute of Technology [MIT]) limpa cômodos sem ter um plano preciso e uma planta do lugar. A ferramenta funciona maior parte do tempo vagando aleatoriamente pelo cômodo e, de acordo com a patente original, quando atinge algum obstáculo, vira um número aleatório de graus e recomeça em uma nova direção. Ainda assim, o Roomba sempre completa suas tarefas de limpeza (se estiver curioso sobre como ele opera, você pode consultar http://www.explainthatstuff.com/how-roomba-works.html [conteúdo em inglês]).

De uma perspectiva histórica, algoritmos randomizados são uma inovação recente, pois o primeiro algoritmo desse tipo, o algoritmo do par mais próximo (que determina o par de pontos, entre muitos em um plano geométrico, com a menor distância entre si sem ter que comparar todos eles) foi desenvolvido por Michael Rabin em 1976. Esse primeiro algoritmo foi seguido, no próximo ano, pelo teste de primalidade aleatorizada (um algoritmo para determinar se um número é um composto ou um provável número primo), de Robert M. Solovay e Volker Strassen. Pouco depois, aplicações em criptografia e computação distribuída tornaram a randomização mais popular e assunto de intensa pesquisa, embora este campo ainda seja novo e inesgotado.

A randomização torna a descoberta de soluções mais simples, trocando tempo por complexidade. Simplificar tarefas não é a sua única vantagem: a randomização economiza recursos e opera de maneira distribuída com uma necessidade reduzida de comunicação e coordenação. Este capítulo introduz as informações necessárias para entender como enriquecer seus algoritmos com a randomização pode ajudar a solucionar problemas (o capítulo usa o termo *injeção de randomização*, como se fosse uma cura). Ainda mais aplicações esperam nos capítulos seguintes, então este capítulo também discute tópicos chave, como as bases da probabilidade, distribuições de probabilidade e o método de Monte Carlo.

Definindo Como a Randomização Funciona

A randomização conta com a capacidade do seu computador de gerar números aleatórios, o que significa criar o número sem um plano. Dessa forma, um número aleatório é imprevisível e, conforme os números aleatórios subsequentes são gerados, eles não devem ser relacionados uns aos outros.

Entretanto, a aleatoriedade é difícil de ser alcançada. Mesmo quando você lança um dado, o resultado pode não ser completamente inesperado por causa da maneira como você segura o dado, a maneira que ele é jogado e o fato de que dados não são perfeitamente moldados. Computadores também não são bons em criar números aleatórios. Eles geram a aleatoriedade usando algoritmos ou tabela pseudoaleatórias (que funcionam usando um valor *seed* como ponto de partida, um número equivalente a um índice) porque um computador não consegue criar um número realmente aleatório. Computadores são máquinas determinísticas; tudo dentro deles obedece a um padrão de resposta bem definido, o que significa que ele imita a aleatoriedade de alguma forma.

Considerando por que a randomização é necessária

Mesmo que um computador não consiga criar uma aleatorização verdadeira, fluxos de números pseudoaleatórios (números que parecem aleatórios, mas são predeterminados de alguma forma) podem ainda fazer a diferença em muitos problemas da ciência da computação. Qualquer algoritmo que emprega a aleatoriedade em sua lógica pode aparecer como um algoritmo randomizado, não importa se a aleatoriedade determina seus resultados, melhora a performance ou atenua o risco de falha fornecendo uma resposta em certos casos.

Geralmente, você encontra a aleatoriedade empregada na seleção de dados de entrada, o ponto de partida da otimização, ou no número e tipo de operações para aplicar aos dados. Quando a aleatorização é a parte central da lógica do algoritmo, e não apenas um auxílio para sua performance, o tempo de execução esperado do algoritmo, e mesmo seus resultados, pode tornar-se incerto e sujeito à aleatoriedade também; por exemplo, um algoritmo pode fornecer resultados diferentes, mas igualmente bons a cada execução. Assim, é útil distinguir entre os tipos de soluções randomizadas, cada uma nomeada a partir de locais icônicos de jogos de azar:

» **Las Vegas:** Estes algoritmos são notáveis por usar entradas ou recursos aleatórios para fornecer a resposta correta para o problema toda vez. Obter um resultado pode levar uma quantidade incerta de tempo por causa de seus procedimentos aleatórios. Um exemplo é o algoritmo Quicksort.

» **Monte Carlo:** Por causa de sua aleatoriedade, os algoritmos de Monte Carlo podem não fornecer uma resposta correta, ou nem resposta nenhuma, embora esses desfechos sejam raros. Como o resultado é incerto, um número máximo de tentativas em seu tempo de execução pode vincular os algoritmos. O caso de Monte Carlo demonstra que algoritmos não necessariamente sempre resolvem os problemas que deveriam resolver. Um exemplo é o teste de primalidade de Solovay-Strassen.

» **Atlantic City:** Estes algoritmos rodam em tempo polinomial, fornecendo uma resposta correta para o problema em pelo menos 75% do tempo. Os algoritmos de Monte Carlo são sempre rápidos, mas nem sempre corretos, e os algoritmos de Las Vegas são sempre corretos, mas nem sempre rápidos. Desse modo, as pessoas consideram os algoritmos de Atlantic City como um intermediário entre os dois, pois eles são, geralmente, tanto rápidos quanto corretos. Essa classe de algoritmos foi introduzida em 1982 por J. Finn em um manuscrito não publicado intitulado *Comparison of Probabilistic Test for Primality* ("Comparação do Teste Probabilístico para Primalidade", em tradução livre). Criada por razões teóricas para testar números primos, essa classe compreende soluções difíceis de criar, então poucos deles existem hoje.

Entendendo como a probabilidade funciona

A probabilidade dita as chances de um evento acontecer, que normalmente são expressas como um número. Neste livro, e em geral no campo dos estudos probabilísticos, a probabilidade de um evento é medida no intervalo entre 0 (nenhuma probabilidade do evento ocorrer) e 1 (certeza de que o evento ocorrerá). Valores intermediários, como 0,25 e 0,75, indicam que o evento ocorrerá com uma certa frequência sob condições que devem levar àquele evento (referidas como *tentativas*). Mesmo que um intervalo numérico de 0 a 1 não pareça intuitivo à primeira vista, trabalhar com probabilidade, com o passar do tempo, torna a razão para usar tal intervalo mais fácil de entender. Quando um evento ocorre com a probabilidade de 0,25, você sabe que, a cada 100 tentativas, o evento ocorrerá 0,25 * 100 = 25 vezes.

Por exemplo, quando a probabilidade do seu time favorito vencer for 0,75, você pode usar o número para determinar as chances de sucesso quando ele jogar contra outro time. Você pode até mesmo conseguir informações mais específicas, como a probabilidade de ganhar um certo torneio (seu time tem uma probabilidade de 0,65 de vencer uma partida nesse torneio) ou condicionado a outro evento (quando visitante, a probabilidade de vencer do seu time cai para 0,60).

Probabilidades podem dizer muita coisa sobre um evento, e são úteis para algoritmos também. Em uma abordagem algorítmica randomizada, você pode se perguntar quando parar um algoritmo porque ele já deve ter chegado a uma solução. É bom saber por quanto tempo procurar uma solução antes de desistir. A discussão do algoritmo 2-satisfiability (ou 2-SAT) no Capítulo 18 fornece um exemplo funcional do uso de probabilidades como regras de interrupção para um algoritmo.

LEMBRE-SE

É comum ouvir falar de probabilidades como porcentagens em esportes e economia, dizendo que um evento ocorre um determinado número de vezes depois de 100 tentativas. É exatamente a mesma probabilidade, não importa se ela é expressa como 0,25 ou 25%. É apenas uma questão de convenções. Em jogos de azar, ouve-se falar até mesmo de chances, que é outra maneira de expressar probabilidade, quando se compara a probabilidade de um evento ocorrer (por exemplo, um determinado cavalo ganhar a corrida) com a completa não ocorrência do evento. Nesse caso, você expressa 0,25 como 25 contra 75, ou qualquer outra maneira que resulte na mesma razão.

É possível multiplicar a probabilidade para um número de tentativas e ter um número estimado de ocorrências do evento, mas fazendo o inverso, você pode empiricamente estimar a probabilidade. Execute um determinado número de tentativas, observe cada uma delas, e conte o número de vezes que um evento ocorre. A razão entre o número de ocorrências e o número de tentativas é a estimativa de probabilidade. Por exemplo, a probabilidade de 0,25 é a probabilidade de escolher um determinado naipe quando escolher uma carta aleatoriamente de um baralho. O baralho francês (o tipo mais usado) fornece um exemplo clássico para explicar probabilidade (os italianos, alemães e suíços, por exemplo, usam baralhos com naipes diferentes). O baralho contém 52 cartas igualmente distribuídas em quatro naipes: paus e espadas, que são pretos, e copas e ouros, que são vermelhos. Se desejar determinar a probabilidade de escolher um ás, você deve considerar que, na escolha de cartas de um baralho, você terá quatro ases. Suas tentativas de escolha são 52 (o número de cartas), portanto, a resposta, em termos de probabilidade, é 4/52 = 0,077.

É possível ter uma estimativa mais confiável de uma probabilidade empírica usando um número de tentativas maior. Quando se usam poucas tentativas, você pode não conseguir uma estimativa correta da probabilidade do evento por causa da influência da sorte. Conforme o número de tentativas aumenta, observações do evento aproximam-se mais da probabilidade real do próprio evento. O princípio aí [e um processo gerador por trás dos eventos. Para entender como o processo gerador funciona, são necessárias muitas tentativas. Usar tentativas de tal maneira também é conhecido como *amostragem* da distribuição probabilística.

Entendendo distribuições

A distribuição de probabilidade é outra ideia importante para resolver algoritmos melhor. Uma *distribuição* é uma tabela de valores ou uma função matemática que liga todos os valores possíveis de entradas à probabilidade de ocorrência desses valores. Distribuições de probabilidade são geralmente (mas não somente) representadas em gráficos cujo eixo das abcissas representa possíveis valores de uma entrada, e cujo eixo das ordenadas representa a probabilidade de ocorrências. A maioria dos modelos estatísticos conta com distribuições normais, uma distribuição que é simétrica e tem um formato de sino característico. Representar uma distribuição normal em Python (como mostrado na Figura 17-1) exige algumas linhas de código (você pode encontrar este código no arquivo A4D; 17; Probability.ipynb no site da Para Leigos como parte do código para download; veja a Introdução para detalhes).

```
import numpy as np
from numpy.random import normal, uniform
import matplotlib.pyplot as plt
%matplotlib inline

normal_distribution = normal(size=10000) * 25 + 100
weights = np.ones_like(normal_distribution
                      ) / len(normal_distribution)
plt.hist(normal_distribution, bins=20, weights=weights)
plt.xlabel("Value")
```

```
plt.ylabel("Probability")
plt.show()
```

A distribuição plotada representa uma entrada de 10.000 números cuja média é aproximadamente 100. Cada barra no histograma representa a probabilidade de um determinado intervalo de valores aparecer na entrada. Se somar todas as barras, você obterá o valor de 1, que compreende todas as probabilidades expressas pela distribuição.

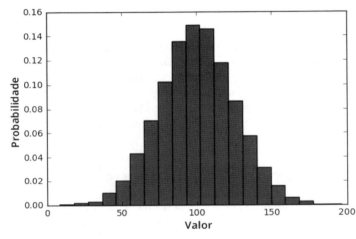

FIGURA 17-1: Um histograma de uma distribuição normal.

Em uma distribuição normal, a maioria dos valores estão em volta do valor principal. Portanto, se você escolher um número aleatório na entrada, é provável que pegue um número próximo do centro da distribuição. Porém, embora menos provável, você também pode escolher um número longe do centro. Se seu algoritmo funcionar melhor usando a média que ele faz com qualquer outro número, escolher um número ao acaso faz sentido e pode ser menos problemático que criar uma maneira mais inteligente de gerar valores para sua entrada.

Outra distribuição importante mencionada neste capítulo é a distribuição uniforme. Também é possível representá-la usando alguns códigos em Python (o resultado aparece na Figura 17-2):

```
uniform_distribution = uniform(size=10000) * 100
weights = np.ones_like(uniform_distribution
                      ) / len(uniform_distribution)
plt.hist(uniform_distribution, bins=20, weights=weights)
plt.xlabel("Value")
plt.ylabel("Probability")
plt.show()
```

A distribuição uniforme é notavelmente diferente da distribuição normal porque todo número tem a mesma probabilidade de estar na entrada. Consequentemente, as barras do histograma são praticamente no mesmo tamanho, e escolher um número em uma distribuição uniforme significa dar a todos a mesma chance de aparecer. É uma maneira de evitar sistematicamente escolher os mesmos grupos de números quando o seu algoritmo funciona melhor com entradas variadas. Por exemplo, distribuições uniformes funcionam bem quando seu algoritmo funciona bem com determinados números, mais ou menos com outros e mal com alguns outros, e você prefere escolher números aleatoriamente para evitar escolher séries de números ruins. Essa é a estratégia usada pelo Quickselect e por algoritmos randomizados Quicksort, descritos posteriormente no capítulo.

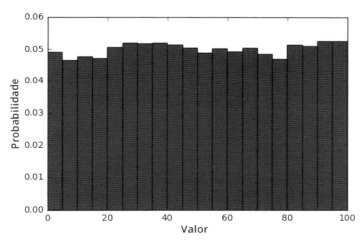

FIGURA 17-2: Um histograma de uma distribuição uniforme.

Como algoritmos precisam de entradas numéricas, conhecer sua distribuição pode ajudar a fazê-los funcionar melhor. Não é apenas a distribuição inicial que conta. Também é possível beneficiar-se de como a distribuição de dados muda conforme o algoritmo progride. Para exemplificar como uma distribuição variável pode melhorar seu algoritmo, o código a seguir mostra como adivinhar uma carta em um baralho francês por escolha aleatória:

```
numbers = ['Ace','2','3','4','5','6','7','8','9','10',
                               'Jack','Queen','King']
seeds = ['Clubs','Spades','Diamonds','Hearts']
deck = [s+'_'+n for n in numbers for s in seeds]

from random import choice
my_cards = deck.copy()
guessed = 0
```

```
for card in deck:
    if card == choice(my_cards):
        guessed += 1
print ('Guessed %i card(s)' % guessed)

Guessed 1 card(s)
```

Essa estratégia traz poucos resultados e, em média, você chuta uma única carta em todas as 52 tentativas. Na verdade, depois de cada tentativa, você tem uma probabilidade de 1/52 de adivinhar a carta correta, que sobe para 1 depois de escolher todas as cartas: (1/52) * 52 = 1. Em vez disso, é possível mudar esse algoritmo aleatório simples descartando as cartas que já foram vistas das suas escolhas possíveis:

```
from random import choice
my_cards = deck.copy()
guessed = 0
for card in deck:
    if card == choice(my_cards):
        guessed += 1
    else:
        my_cards.pop(my_cards.index(card))
print ('Guessed %i card(s)' % guessed)

Guessed 1 card(s)
```

Agora, em média, você vai chutar a carta certa com maior frequência porque à medida em que o baralho diminui, suas chances de adivinhar aumentam e é provável que adivinhe corretamente com mais frequência conforme se aproxima do fim do jogo (suas chances são 1 dividido pelo número de cartas restantes no baralho).

DICA

Contar cartas pode ser vantajoso em jogos de cartas. Uma equipe de alunos do MIT usou a contagem de cartas e estimativas de probabilidade para ganhar enormes quantias em Las Vegas, até a prática ser banida de casinos. A história até inspirou o filme *Quebrando a Banca*, de 2008, estrelado por Kevin Spacey. Você pode ler mais sobre a história em: http://www.bbc.com/news/magazine-27519748 (conteúdo em inglês).

Simulando com o uso do método de Monte Carlo

Calcular probabilidades, fora as operações discutidas anteriormente neste capítulo, está além do escopo deste livro. Entender como um algoritmo que incorpora a aleatoriedade funciona não é tarefa fácil, mesmo quando você sabe calcular probabilidades, porque esse pode ser o resultado de misturar muitas distribuições de probabilidades diferentes. No entanto, uma discussão do método de Monte Carlo esclarece os resultados da maioria dos algoritmos complexos e ajuda a entender como eles funcionam. Este método encontra uso na física e na matemática para solucionar muitos problemas. Por exemplo, cientistas como Enrico Fermi e Edward Teller usaram simulações de Monte Carlo em supercomputadores especialmente criados durante o projeto Manhattan (que desenvolveu a bomba atômica durante a Segunda Guerra Mundial) para acelerar seus experimentos. Você pode ler mais sobre esse uso em http://www.atomicheritage.org/history/computing-and-manhattan-project (conteúdo em inglês).

LEMBRE-SE

Não confunda o método de Monte Carlo com o algoritmo de Monte Carlo. O método de Monte Carlo é uma maneira de entender como a distribuição de probabilidade afeta um problema, enquanto, como discutido anteriormente, o algoritmo de Monte Carlo é randomizado e não garante que uma solução seja alcançada.

Em uma simulação de Monte Carlo, os resultados do algoritmo são repetidamente testados. Um determinado número de resultados é armazenado e a estatística é calculada, assim como a média, que são visualizados como uma distribuição. Por exemplo, se quiser entender melhor como reduzir o tamanho do baralho do qual você está deduzindo pode ajudar a atingir resultados melhores (como no script em Python anterior), você itera o algoritmo algumas vezes e registra a taxa de sucesso:

```
import numpy as np
samples = list()
for trial in range(1000):
    my_cards = deck.copy()
    guessed = 0
    for card in deck:
        if card == choice(my_cards):
            guessed += 1
        else:
            my_cards.pop(my_cards.index(card))
    samples.append(guessed)
```

Executar uma simulação de Monte Carlo pode levar alguns segundos. O tempo exigido depende da velocidade do algoritmo, do tamanho do problema e do número de tentativas. Porém, quando testando a partir das distribuições, quanto mais tentativas fizer, mais estável o resultado. Este exemplo executa 1.000 tentativas. Você pode tanto estimar quanto visualizar o resultado esperado (veja a Figura 17-3) usando o seguinte código:

```
plt.hist(samples, bins=8)
plt.xlabel("Guesses")
plt.ylabel("Frequency")
```

```
plt.show()
print ('On average you can expect %0.2f guesses each run'
       % np.mean(samples))

On average you can expect 3.15 guesses each run
```

Observando o histograma resultante, é possível determinar que você consegue um resultado de três em aproximadamente 300 execuções das 1.000 tentativas, o que dá a três a maior probabilidade de acontecer. Curiosamente, o resultado nunca foi zero, mas também é raro marcar sete ou mais acertos. Exemplos posteriores no capítulo usam simulações de Monte Carlo para entender como algoritmos randomizados mais sofisticados funcionam.

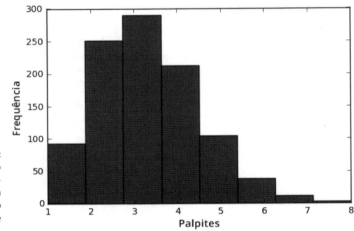

FIGURA 17-3: Mostrando os resultados de uma simulação de Monte Carlo.

Inserindo Aleatoriedade na Sua Lógica

Aqui estão algumas das várias razões para incluir a aleatoriedade na lógica do seu algoritmo:

» Faz algoritmos funcionarem melhor e fornece soluções mais inteligentes.
» Exige menos recursos, em termos de memória e cálculos.
» Cria algoritmos que têm um resultado distribuído com pouca ou nenhuma supervisão.

No próximo capítulo, que é dedicado à busca local, você vê como a randomização e a probabilidade podem ser úteis quando for difícil determinar qual direção seu algoritmo deve tomar. Os exemplos nas seções a seguir demonstram como a randomização ajuda a rapidamente encontrar valores em uma determinada posição na sua entrada de dados e como contar com a aleatoriedade pode acelerar a ordenação.

Calculando uma mediana usando Quickselect

Calcular uma medida estatística, a mediana, pode se mostrar desafiador quando se trabalha com listas de entradas não ordenadas. Na verdade, uma mediana depende da posição dos seus dados quando são ordenados:

» Se as entradas de dados tiverem um número ímpar de elementos, a mediana é exatamente o valor do meio.

» Se as entradas de dados tiverem um número par de elementos, a mediana é a média do par de números do meio na lista de entrada ordenada.

LEMBRE-SE

Uma mediana é como uma média, um valor único que pode representar uma distribuição de valores. A mediana, baseada na ordem do elemento vetor de entrada, não é muito influenciada pelos valores presentes na sua lista. É simplesmente o valor do meio. Por outro lado, os valores presentes na cabeça e na cauda da entrada podem influenciar a média quando são grandes ou pequenos demais. Essa robustez torna a mediana muito útil em muitas situações ao se usar estatística. Um exemplo simples de um cálculo de mediana usando funções em Python ajuda a entender essa medida (você encontra este código no arquivo A4D; 17; Quickselect.ipynb no site da Para Leigos como parte do código para download; veja a Introdução para detalhes).

```
from random import randint, random, choice
import numpy as np
import sys
sys.setrecursionlimit(1500)

n = 501
series = [randint(1,25) for i in range(n)]
print ('Median is %0.1f' % np.median(series))

Median is 14.0
```

O código cria uma lista de 501 elementos e obtém a mediana da lista usando a função `median` do pacote NumPy. A mediana reportada é, na verdade, o ponto do meio da lista ordenada, que é o elemento de número 251:

```
print ('251st element of the ordered series is %0.1f' %
       sorted(series)[250])

251st element of the ordered series is 14.0
```

Ordenar a lista e extrair o elemento necessário demonstra como a `median` funciona. Como a ordenação está envolvida no cálculo da mediana, você pode esperar um tempo de execução melhor, de `O(n*log(n))`. Usando a randomização fornecida pelo algoritmo Quickselect, é possível chegar a um resultado ainda melhor, um tempo de execução de `O(n)`. O Quickselect trabalha recursivamente, e é por isso que você deve configurar um limite de recursão mais alto em Python, dada uma lista e a posição do valor necessário a partir de uma lista ordenada. O índice de valor é chamado *k*, e o algoritmo também é conhecido como o maior *algoritmo do k-ésimo valor*. Ele segue os seguintes passos para obter um resultado:

1. **Determinar um número central nos dados e dividir a lista em duas partes: uma lista esquerda, cujos números são menores que o número central, e uma lista direita, cujos números são maiores.**

2. **Determinar o comprimento de cada lista. Quando o comprimento da lista esquerda for maior que a k-ésima posição, o valor da mediana estará dentro da parte esquerda. O algoritmo aplica-se recursivamente apenas àquela lista.**

3. **Calcular o número de duplicações do número central na lista (subtrai do comprimento da lista o comprimento dos lados esquerdo e direito).**

4. **Determinar se o número de duplicações é maior que k.**

   a. Quando esta condição for verdadeira, significa que o algoritmo encontrou a solução, pois a k-ésima posição está contida nas duplicações (é o número central).

   b. Quando esta condição for falsa, remova o número de duplicações de k e aplique o resultado recursivamente ao lado direito, que deve conter o valor da k-ésima posição.

Agora que você entende o processo, pode olhar para o mesmo código. O exemplo a seguir mostra como implementar um algoritmo Quickselect.

```
def quickselect(series, k):
    pivot = choice(series)
```

334   PARTE 5 **Desafiando Problemas Difíceis**

```
    left, right = list(),list()
    for item in series:
        if item < pivot:
            left.append(item)
        if item > pivot:
            right.append(item)

    length_left = len(left)
    if length_left > k:
        return quickselect(left, k)
    k -= length_left

    duplicates = len(series) - (length_left + len(right))
    if duplicates > k:
        return float(pivot)
    k -= duplicates

    return quickselect(right, k)

quickselect(series, 250)

14.0
```

O algoritmo funciona bem porque segue reduzindo o tamanho do problema. Funciona melhor quando o número central aleatório é estabelecido próximo à k^a posição (a regra de interrupção é que o número central seja o valor na k^a posição). Infelizmente, porque não é possível saber a k^a posição em uma lista não ordenada, estabelecer aleatoriamente usando uma distribuição uniforme (cada elemento na lista tem a mesma chance de ser escolhido) é a melhor solução, porque o algoritmo eventualmente encontra a solução correta. Mesmo quando a chance aleatória não funciona a favor do algoritmo, ele continua reduzindo o problema, assim tendo mais chances de encontrar a solução, como demonstrado anteriormente no capítulo, na previsão das cartas aleatoriamente escolhidas de um baralho. Conforme o baralho torna-se menor, adivinhar a resposta fica mais fácil. O código a seguir mostra como usar o Quickselect para determinar a mediana de uma lista de números:

```
def median(series):
    if len(series) % 2 != 0:
        return quickselect(series, len(series)//2)
    else:
        left  = quickselect(series, (len(series)-1) // 2)
        right = quickselect(series, (len(series)+1) // 2)
        return (left + right) / 2
```

```
median(series)

14.0
```

Fazendo simulações usando Monte Carlo

Como parte da compreensão do algoritmo Quicksort, vale a pena saber como ele funciona internamente. Configurando um contador dentro da função `quickselect`, é possível verificar o desempenho sob diferentes condições usando uma simulação de Monte Carlo:

```
def quickselect(series, k, counter=0):
    pivot = choice(series)

    left, right = list(),list()
    for item in series:
        if item < pivot:
            left.append(item)
        if item > pivot:
            right.append(item)

    counter += len(series)

    length_left = len(left)
    if length_left > k:
        return quickselect(left, k, counter)
    k -= length_left

    duplicates = series.count(pivot)
    if duplicates > k:
        return float(pivot), counter
    k -= duplicates

    return quickselect(right, k, counter)
```

O primeiro experimento tenta determinar de quantas operações o algoritmo precisa, em média, para encontrar a mediana de uma lista de entrada de 1.001 números:

```
results = list()
for run in range(1000):
    n = 1001
    series = [randint(1,25) for i in range(n)]
    median,count = quickselect(series, n//2)
    assert(median==np.median(series))
```

336   PARTE 5 **Desafiando Problemas Difíceis**

```
    results.append(count)

print ("Mean operations: %i" % np.mean(results))

Mean operations: 2764
```

Mostrar os resultados em um histograma (veja a Figura 17-4) revela que o algoritmo calcula de duas a quatro vezes o tamanho da entrada, com três vezes sendo o número de cálculos processados mais provável.

```
import matplotlib.pyplot as plt

%matplotlib inline

plt.hist(results, bins='auto')
plt.xlabel("Computations")
plt.ylabel("Frequency")
plt.show()
```

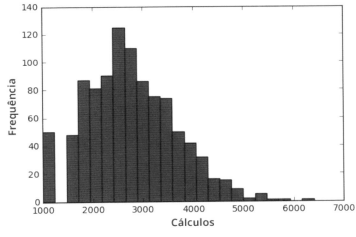

FIGURA 17-4: Mostrando os resultados de uma simulação de Monte Carlo no Quickselect.

Se levar, em média, aproximadamente três vezes o tamanho da entrada, o Quickselect está apresentando bom desempenho. No entanto, você pode se perguntar se a proporção entre entradas e cálculos se manterá quando o tamanho da entrada aumentar. Como visto na análise dos problemas NP-completos, muitos problemas surgem quando a entrada aumenta em tamanho. É possível provar essa teoria usando outra simulação de Monte Carlo em cima da anterior e plotando o resultado, como mostrado na Figura 17-5.

```
input_size = [501, 1001, 5001, 10001, 20001, 50001]
computations = list()
```

CAPÍTULO 17 **Usando Algoritmos Randomizados** 337

```
for n in input_size:
    results = list()
    for run in range(1000):
        series = [randint(1, 25) for i in range(n)]
        median,count = quickselect(series, n//2)
        assert(median==np.median(series))
        results.append(count)
    computations.append(np.mean(results))

plt.plot(input_size, computations, '-o')
plt.xlabel("Input size")
plt.ylabel("Number of computations")
plt.show()
```

Completar os cálculos desse exemplo pode levar mais de dez minutos (algumas simulações de Monte Carlo podem consumir bastante tempo), mas o resultado ajuda a visualizar o que significa trabalhar com um algoritmo que funciona em tempo linear. À medida em que a entrada aumenta (representada na abscissa), os cálculos (representados no eixo das ordenadas) aumentam proporcionalmente, tornando a curva de crescimento uma linha perfeita.

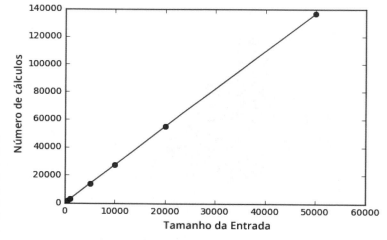

FIGURA 17-5: Mostrando simulações de Monte Carlo conforme as entradas aumentam.

Ordenando mais rápido com Quicksort

O Capítulo 7 explicou os algoritmos de ordenação, as verdadeiras fundações de todo o conhecimento algorítmico com base em computação moderna. O algoritmo Quicksort, que pode rodar em tempo logarítmico, mas, às vezes, falha e produz resultados em tempo quadrático sob entradas mal condicionadas, certamente surpreenderá você. Esta seção explora as razões pelas quais esse algoritmo pode falhar e fornece uma solução efetiva injetando aleatoriedade nele. Comece examinando o seguinte código:

```
def quicksort(series, get):

    try:
        global operations
        operations += len(series)
    except:pass

    if len(series) <= 3:
        return sorted(series)

    pivot = get(series)
    duplicates = series.count(pivot)

    left, right = list(),list()
    for item in series:
        if item < pivot:
            left.append(item)
        if item > pivot:
            right.append(item)

    return quicksort(left, get) + [pivot
            ] * duplicates + quicksort(right, get)
```

Essa é outra implementação do algoritmo do Capítulo 7. Entretanto, desta vez, o código extrai a função que decide o valor central que o algoritmo usa para recursivamente dividir a lista inicial. O algoritmo decide a divisão pegando o primeiro valor da lista. Ele também monitora quantas operações leva para completar a ordenação usando a variável global `operations`, que é definida, redefinida e acessada como um contador fora da função. O código a seguir testa o algoritmo, sob condições não usuais, exigindo que ele processe uma lista já ordenada. Observe sua performance:

```
series = list(range(25))
operations = 0
sorted_list = quicksort(series, choose_leftmost)
print ("Operations: %i" % operations)

Operations: 322
```

Nesse caso, o algoritmo leva 322 operações para ordenar uma lista de 25 elementos, que é um desempenho horrível. Usar uma lista já ordenada causa esse problema, porque o algoritmo divide a lista em duas listas: uma vazia e outra com os valores residuais. Ele precisa repetir essa divisão inútil para todos os valores únicos presentes na lista. Geralmente, o algoritmo Quicksort funciona bem porque trabalha com listas não ordenadas, e escolher o elemento mais à esquerda é equivalente a definir um número como central aleatoriamente. Para evitar este problema, é possível usar uma variação do algoritmo que fornece uma definição realmente aleatória do valor central.

```python
def choose_random(l): return choice(l)

series = [randint(1,25) for i in range(25)]
operations = 0
sorted_list = quicksort(series, choose_random)
print ("Operations: %i" % operations)

Operations: 81
```

Agora, o algoritmo executa sua tarefa usando um número de operações menor, que é exatamente o tempo de execução `n * log(n)`, isto é, `25 * log(25) = 80.5`.

NESTE CAPÍTULO

» **Determinando como executar uma busca local em um problema NP-difícil**

» **Trabalhando com heurísticas e soluções vizinhas**

» **Solucionando o problema 2-SAT com busca local e randomização**

» **Descobrindo que há muitos truques para aplicar à busca local**

Capítulo **18**

Executando uma Busca Local

Para lidar com um problema NP-difícil, um problema para o qual nenhuma solução conhecida tem uma complexidade de execução menor que exponencial (veja a discussão teórica sobre NP-completude no Capítulo 15), existem poucas alternativas que valem a pena tentar. Com base na ideia de que problemas NP-classe exigem algum comprometimento (como aceitar resultados parciais ou não ideais), as opções a seguir oferecem uma solução para este problema, de outra forma intratável:

» Identificar casos especiais sob os quais é possível solucionar o problema eficientemente em tempo polinomial usando um método exato ou um algoritmo guloso. Esta abordagem simplifica o problema e limita o número de combinações de soluções a tentar.

» Empregar técnicas de programação dinâmica (descritas no Capítulo 16) que melhorem a busca em força bruta e reduzam a complexidade do problema.

» Comprometer e esboçar um algoritmo aproximado que encontre uma solução *parcial,* próxima do ideal. Quando estiver satisfeito com uma solução parcial, diminua o tempo de execução do algoritmo. Algoritmos aproximados podem ser:

- Algoritmos gulosos (como discutido no Capítulo 15)

CAPÍTULO 18 **Executando uma Busca Local** 341

- Busca local usando randomização ou alguma outra técnica heurística (o tópico deste capítulo)
- Programação linear (o tópico do Capítulo 19)

» Escolher uma heurística ou uma *meta-heurística* (uma heurística que ajude a determinar qual heurística usar) que funcione bem para o seu problema na prática. Porém, não há garantia teórica e a tendência é ao empirismo.

Entendendo a Busca Local

A *busca local* é uma abordagem geral para solucionar problemas que compreendem uma larga gama de algoritmos, que ajudam a evitar as complexidades exponenciais de muitos problemas NP. Uma busca local começa por uma solução imperfeita de um problema e afasta-se dela, um passo de cada vez. Ela determina a viabilidade de soluções próximas, potencialmente levando a uma solução perfeita, com base em uma escolha aleatória ou uma heurística astuciosa (nenhum método exato é envolvido).

LEMBRE-SE

Uma *heurística* é um palpite abalizado sobre uma solução, como uma regra geral que aponta para a direção de um resultado desejado, mas não consegue dizer exatamente como alcançá-lo. É como estar perdido em uma cidade desconhecida e ter pessoas dizendo para seguir uma determinada direção para chegar ao seu hotel (mas sem instruções precisas) ou apenas o quão distante você está de lá. Algumas soluções de busca local usam heurísticas, então você vai encontrá-las neste capítulo. O Capítulo 20 mergulha nos detalhes completos do uso de heurísticas para executar tarefas práticas.

Não há garantia de que uma busca local chegará à solução do problema, mas suas chances aumentam a partir do ponto de partida, ao fornecer tempo suficiente para a busca fazer seus cálculos. Ela só para depois que não conseguir encontrar nenhuma outra maneira de melhorar a solução atingida.

Conhecendo a vizinhança

Algoritmos de busca local melhoram de forma iterativa a partir de uma solução inicial, movendo-se um passo de cada vez por soluções vizinhas até não conseguirem mais melhorar a solução. Como algoritmos de busca local são tão simples e intuitivos quanto os gulosos, elaborar uma abordagem de busca local para um problema algorítmico não é difícil. A chave é definir o procedimento correto:

1. Comece com uma solução existente (geralmente, uma solução aleatória ou de outro algoritmo).
2. Busque um conjunto de novas soluções possíveis dentro da vizinhança da solução atual, que constituem uma *lista de candidatos*.

3. **Determine qual solução usar no lugar da solução atual com base no resultado de uma heurística que aceite a lista de candidatos como entrada.**

4. **Continue executando os Passos 2 e 3 até que não haja mais melhora na solução, o que significa que você tem a melhor solução disponível.**

LEMBRE-SE

Embora seja fácil de elaborar, a busca local pode não encontrar uma solução em tempo razoável (é possível interromper o processo e usar a solução atual) ou produzir uma solução de qualidade mínima. Você pode empregar alguns truques da permuta para assegurar que consiga tirar o máximo dessa abordagem.

No começo da busca local, você escolhe uma solução inicial. Se decidir por uma solução aleatória, é útil envolver a busca em iterações repetidas nas quais são geradas soluções iniciais aleatórias diferentes. Às vezes, chegar a uma boa solução final depende do ponto de partida. Se começar a partir de uma solução existente a ser refinada, conectá-la a um algoritmo guloso pode mostrar-se um bom compromisso no ajuste de uma solução que não leva muito para ser produzida.

Depois de escolher um ponto de partida, defina a vizinhança e determine seu tamanho. Definir uma vizinhança exige pensar na menor mudança que você pode impor a sua solução. Se uma solução for um conjunto de elementos, todas as soluções vizinhas são os conjuntos nos quais um dos elementos muda. Por exemplo, no problema do caixeiro viajante (PCV), as soluções vizinhas podem envolver mudar as cidades finais de duas (ou mais) viagens, como mostrado na Figura 18-1.

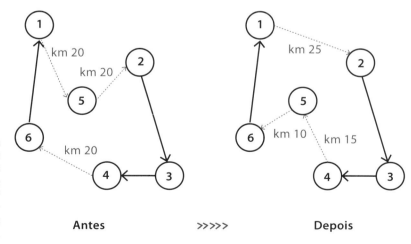

FIGURA 18-1: Mudar as viagens finais em um PCV pode trazer resultados melhores.

Com base em como a vizinhança é criada, podem haver listas de candidatos maiores ou menores. Listas maiores exigem mais tempo e cálculos, mas, ao contrário das listas menores, podem oferecer mais oportunidades para o processo terminar antes e melhor. O tamanho da lista envolve trocas que você refina

CAPÍTULO 18 **Executando uma Busca Local** 343

usando experimentações depois de cada teste para determinar se aumentar ou diminuir a lista de candidatos traz vantagens ou desvantagens em termos de tempo de conclusão e qualidade de solução.

Baseie a escolha da nova solução em uma heurística e, dado o problema, decida a melhor solução. Por exemplo, no PCV, use trocas de viagens que diminuam o comprimento total da rota ao máximo. Em determinados casos, é possível usar uma solução aleatória no lugar de uma heurística (como pode ver no problema 2-SAT neste capítulo). Mesmo quando há uma heurística clara, o algoritmo pode encontrar várias melhores soluções. Injetar alguma aleatoriedade pode tornar sua busca local mais eficiente. Quando confrontado com muitas soluções, você pode escolher uma aleatoriamente com segurança.

DICA

Idealmente, em uma busca local, você consegue os melhores resultados quando executa várias buscas, injetando aleatoriedade o máximo possível na solução inicial e ao longo do percurso conforme decidir o próximo passo do processo. Deixe a heurística decidir apenas quando conseguir perceber uma clara vantagem em fazê-lo. A busca local e a aleatoriedade são boas amigas.

Sua busca precisa parar em um certo ponto, então é necessário escolher regras de interrupção para a busca local. Quando uma heurística não consegue mais encontrar bons vizinhos ou não consegue melhorar a qualidade da solução (por exemplo, calculando o custo de uma função, como acontece no PCV, medindo a distância total da rota). Dependendo do problema, se uma regra de interrupção não for criada, sua busca pode continuar para sempre ou levar um tempo inaceitavelmente longo. Caso não seja possível definir uma interrupção, apenas limite o tempo gasto procurando soluções ou conte o número de tentativas. Contando tentativas, é possível decidir que não vale a pena continuar porque, conforme o cálculo da probabilidade de sucesso, em determinado ponto, essa probabilidade torna-se muito pequena.

Apresentando Truques de Busca Local

A busca local monitora a solução atual e passa para soluções vizinhas, uma de cada vez, até encontrar uma solução (ou não puder melhorar a solução presente). Ela apresenta algumas vantagens essenciais ao trabalhar com problemas NP-difíceis porque:

- » É simples de elaborar e executar.
- » Usa poucos recursos de memória e computacionais (mas buscas exigem tempo de execução).
- » Encontra soluções aceitáveis, ou mesmo boas, para problemas quando começa de uma solução não ideal (soluções vizinhas devem criar um caminho para a solução final).

DICA

É possível ver os problemas que a busca local pode solucionar como um grafo de soluções interconectadas. O algoritmo atravessa o grafo, movendo-se nó a nó procurando pelo nó que satisfaz as exigências da tarefa. Usando esta perspectiva, a busca local beneficia-se de algoritmos de exploração de grafos, como a busca em profundidade ou a busca em largura, ambas discutidas no Capítulo 9.

A busca local fornece uma maneira viável de encontrar soluções aceitáveis para problemas NP-difíceis. No entanto, ela pode não funcionar adequadamente sem a heurística certa. A randomização pode fazer uma boa combinação com a busca local, e ajuda usando

» **Amostragem aleatória:** Gera soluções para começar.
» **Passeio aleatório:** Escolhe uma solução aleatória na vizinhança da atual (você descobre mais sobre passeios aleatórios na seção "Solucionando 2-SAT usando randomização", posteriormente neste capítulo).

A randomização não é a única heurística disponível. Uma busca local pode contar com uma exploração mais razoável de soluções usando uma função objetiva para obter direções (como na otimização da *escalada* (*hill-climbing*) e evitar as armadilhas de soluções mais ou menos (como em *simulated annealing* e *Busca Tabu*). Uma *função objetiva* é um cálculo que possa avaliar a qualidade da sua solução resultando em um número de pontuação. Se precisar de pontuações mais altas na escalada, você tem uma maximização do problema; se estiver procurando por números de pontuação menores, tem uma minimização do problema.

Explicando a escalada com n-rainhas

É possível encontrar facilmente analogias das técnicas empregadas pela busca local pois muitos fenômenos implicam uma transição gradual de uma situação para outra. A busca local não é apenas uma técnica criada por especialistas em algoritmos, mas é, na verdade, um processo visto tanto na natureza quanto na sociedade humana. Na sociedade e na ciência, por exemplo, é possível ver a inovação como uma busca local do próximo passo entre as tecnologias atualmente disponíveis: `https://www.technologyreview.com/s/603366/mathematical-model-reveals-the-patterns-of-how-innovations-arise/` [conteúdo em inglês]. Muitas heurísticas derivam do mundo físico, inspirando-se na força da gravidade, na fusão de metais, na evolução do DNA em animais e no comportamento de colônias de formigas e enxames de abelhas e vaga-lumes (o artigo em `https://arxiv.org/pdf/1003.1464.pdf` (conteúdo em inglês) explica o algoritmo dos vaga-lumes de Lévy-Flight).

A escalada inspira-se na força da gravidade. Ela conta com a observação de que, conforme uma bola rola morro abaixo, ela pegará a descida mais íngreme, e quando sobe um morro, tende a pegar a direção ascendente mais direta para

CAPÍTULO 18 **Executando uma Busca Local** 345

alcançar o topo. Gradualmente, um passo depois do outro, não importa se subindo ou descendo, a bola chegará ao seu destino, no qual subir ou descer mais não é possível.

Na busca local, é possível mimetizar o mesmo procedimento com sucesso usando uma *função objetiva*, uma medida que avalia as soluções vizinhas e determina qual delas melhora a atual. Usando a analogia da escalada, ter uma função objetiva é como sentir a inclinação do terreno para determinar o próximo melhor movimento. Da posição atual, um alpinista avalia cada direção para determinar a inclinação do terreno. Quando o objetivo é alcançar o topo, o alpinista escolhe a direção com maior inclinação ascendente para chegar lá. Porém, esta é apenas a situação ideal; alpinistas com frequência encontram problemas durante uma escalada e devem usar outras soluções para superá-los.

Uma função objetiva é similar ao critério guloso (veja o Capítulo 5). Ela é cega em relação ao seu objetivo final, então pode determinar a direção, mas não detectar obstáculos. Pense no efeito da cegueira na escalada de uma montanha — é difícil dizer quando um alpinista chega ao topo. Um terreno plano que não tem possibilidade de movimento ascendente poderia indicar que o alpinista alcançou o topo. Infelizmente, um ponto plano também pode ser uma planície, um espaço de manobra ou mesmo um buraco no qual o alpinista pode ter caído. Não é possível ter certeza porque o alpinista não consegue ver.

O mesmo problema acontece quando se usa uma busca local guiada por uma heurística de escalada: ela persegue soluções vizinhas progressivamente melhores até não conseguir encontrar uma solução melhor checando as que existem em torno da atual. Neste ponto, o algoritmo declara que encontrou a solução. Ele também afirma que encontrou uma solução global, embora, como ilustrado na Figura 18-2, ele possa ter encontrado simplesmente um máximo local, uma solução que é a melhor por ali porque está rodeada de soluções piores. Ainda é possível encontrar uma solução melhor com mais exploração.

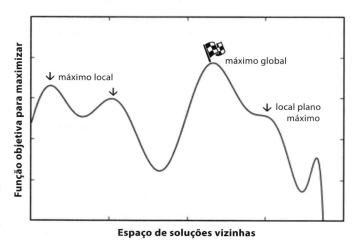

FIGURA 18-2: A busca local explora a paisagem por escalada.

Um exemplo de escalada em ação (e os riscos de ficar preso em um máximo local ou em um mínimo local quando estiver descendo, como neste exemplo) é o enigma das n-rainhas, criado primeiramente pelo expert em xadrez Max Bezzel, em 1848, como um desafio para amantes do xadrez. Neste problema, você tem um número de rainhas (o número é *n*) para posicionar em um tabuleiro de xadrez de dimensões *n* x *n*. Elas devem ser posicionadas de modo que nenhuma rainha seja ameaçada por nenhuma outra (no xadrez, uma rainha pode atacar em qualquer direção, linha, coluna ou diagonal).

DICA

Este é realmente um problema NP-difícil. Se tiver oito rainhas para posicionar em um tabuleiro de 8 x 8, há 4.426.165.368 maneiras diferentes de posicioná-las, mas apenas 92 configurações solucionam o problema. Claramente, não é possível solucionar este problema usando força bruta ou apenas sorte. A busca local chega a uma solução de uma maneira muito simples usando a escalada:

1. **Posicione as *n* rainhas aleatoriamente no tabuleiro para que cada uma esteja em uma coluna diferente (sem duas rainhas na mesma coluna).**
2. **Avalie o próximo conjunto de soluções movendo cada rainha um espaço acima ou abaixo em sua coluna. Este passo exige 2*n jogadas.**
3. **Determine quantas rainhas estão atacando as outras depois de cada jogada.**
4. **Determine qual solução tem menos rainhas atacando as outras e use-a para a próxima iteração.**
5. **Execute os Passos 4 e 5 até encontrar uma solução.**

Infelizmente, essa abordagem funciona em apenas 14% do tempo pois trava em uma configuração de tabuleiro que não permite mais nenhum progresso em 86% das vezes (o número de rainhas sob ataque não diminuirá para todas as 2*n jogadas disponíveis como próximas soluções). A única maneira de escapar de tal bloqueio é reiniciar a busca local do zero escolhendo outra configuração inicial aleatória das rainhas no tabuleiro. A Figura 18-3 mostra uma solução bem-sucedida.

Apesar desse ponto fraco, algoritmos de escalada são usados em todo lugar, especialmente na inteligência artificial e aprendizado de máquina. Redes neurais que reconhecem sons ou imagens, celulares potentes e carros autodirigíveis, em grande parte, contam com uma otimização de escalada chamada *gradiente descendente*. Inícios randomizados e injeções aleatórias no procedimento de escalada tornam possível escapar de qualquer solução local e atingir o máximo global. Tanto o simulated annealing quanto a busca tabu são maneiras inteligentes de usar decisões aleatórias na escalada.

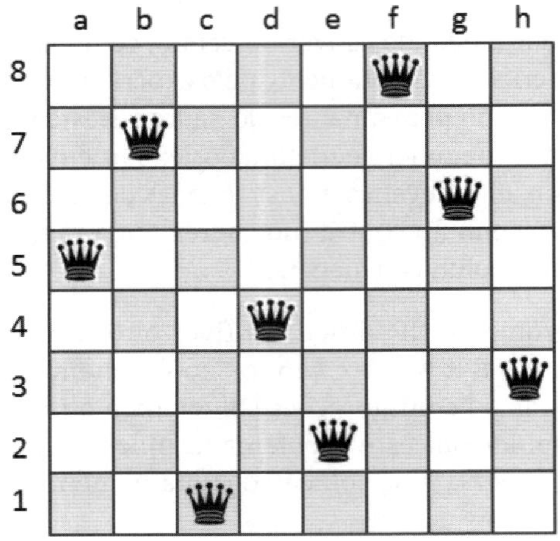

FIGURA 18-3:
Um enigma de 8 rainhas resolvido.

Descobrindo o simulated annealing

Em um determinado ponto na busca, se a sua função objetiva deixar de dar indicações corretas, é possível usar outra heurística para controlar a situação e tentar encontrar um caminho melhor para uma melhor solução para uma tarefa. É assim que tanto o simulated annealing quanto a busca tabu funcionam: fornecem uma saída de emergência quando necessário.

O simulated annealing ganhou este nome de uma técnica de metalurgia, na qual o metal é aquecido a altas temperaturas e então lentamente resfriado para suavizá-lo para o trabalho a frio e para remover defeitos cristalinos internos. A busca local replica essa ideia visualizando a busca da solução como uma estrutura atômica que muda para melhorar sua exequibilidade. A temperatura é o fator de mudança no processo de otimização. Assim como altas temperaturas fazem a estrutura de um material relaxar (sólidos derretem e líquidos evaporam), altas temperaturas no algoritmo de busca local induzem ao relaxamento da função objetiva, permitindo que ela prefira soluções piores a soluções melhores. O simulated annealing modifica o procedimento da escalada, mantendo a função objetiva para a avaliação da solução vizinha, mas permitindo que ela determine a escolha de solução de busca de uma maneira diferente:

1. Obtenha a temperatura expressa como probabilidade (a função física de Gibbs-Boltzmann é uma fórmula que converte a temperatura em probabilidade. Uma explicação dessa função está além do escopo deste livro, mas você pode explorá-la em: `http://www.iue.tuwien.ac.at/phd/binder/node87.html` (conteúdo em inglês).

2. Defina um escalonamento da temperatura. A temperatura diminui em uma determinada taxa conforme o tempo passa e a busca é executada.

348   PARTE 5 **Desafiando Problemas Difíceis**

3. **Defina uma solução inicial (usando amostragem aleatória ou outro algoritmo) e comece um loop. Conforme o loop segue, a temperatura diminui.**

4. **Pare a otimização quando a temperatura for zero.**

5. **Proponha o resultado atual como a solução.**

Neste ponto, você deve iterar a busca por soluções. Para cada passo na iteração precedente, entre os Passos 3 e 4 anteriores, faça o seguinte:

1. **Liste as soluções vizinhas e escolha uma ao acaso.**

2. **Defina a solução vizinha como a solução atual quando ela for melhor que a solução atual.**

3. **Por outro lado, escolha um número aleatório entre 0 e 1 com base em uma probabilidade limiar associada à temperatura real e determine se ela é menor que a probabilidade limiar:**

   - Se for menor, defina a solução vizinha como solução atual (mesmo se for pior que a solução atual, de acordo com a função objetiva).

   - Se for maior, mantenha a solução atual.

O simulated annealing é um jeito inteligente de aprimorar a escalada, porque evita que a busca pare em uma solução local. Quando a temperatura está alta o suficiente, a busca deve usar uma solução aleatória e encontrar outro caminho para uma melhor otimização. Como a temperatura é mais alta no início da busca, o algoritmo tem uma chance de injetar aleatorização na otimização. À medida em que a temperatura diminui para zero, existem cada vez menos chances de escolher uma solução aleatória, e a busca local continua, como em uma escalada. No PCV, por exemplo, o algoritmo atinge o simulated annealing desafiando a solução presente em altas temperaturas:

» Escolhendo um segmento da rota aleatoriamente e atravessando-o na direção oposta.

» Visitando uma cidade antes ou depois na rota, mantendo igual a ordem de visita às outras cidades.

Se os ajustes resultantes piorarem a distância da rota, o algoritmo mantém ou rejeita-os de acordo com a temperatura no processo de simulated annealing.

Evitando repetições usando a busca tabu

Tabu é uma palavra antiga do tonga polinésio que significa que determinadas coisas não podem ser tocadas pois são sagradas. A palavra *tabu* passou dos estudos antropológicos à linguagem diária para indicar que alguma coisa é proibida. Na otimização da busca local, é comum ficar preso em uma vizinhança

CAPÍTULO 18 **Executando uma Busca Local**   349

de soluções que não oferecem nenhuma melhoria; ou seja, é uma solução local que aparece como a melhor solução, mas está longe de ser a solução desejada. A busca tabu afrouxa algumas regras e reforça outras para oferecer uma saída da mínima local e ajudar a alcançar soluções melhores.

As heurísticas da busca tabu envolvem funções objetivas e funcionam em muitas soluções vizinhas. Ela intervém quando não é possível avançar porque as próximas soluções não melhoram o seu objetivo. Quando isto acontece, a busca tabu faz o seguinte:

» Permite o uso de uma solução pejorativa algumas vezes para ver se afastar-se da solução local pode ajudar a busca a encontrar um caminho melhor para uma solução melhor.

» Lembra-se das soluções que a busca tenta e proíbe-a de usá-las novamente, dessa forma assegurando que a busca não inicie um loop entre as mesmas soluções em torno da solução local sem encontrar uma rota de fuga.

» Cria uma memória a longo ou curto prazo de soluções tabu modificando o comprimento da fila usada para armazenar soluções anteriores. Quando a fila está cheia, a heurística desiste da tabu mais antiga para abrir espaço para a nova.

É possível relacionar a busca tabu a caching e memoization (veja o Capítulo 16) porque ela exige que o algoritmo monitore seus passos para economizar tempo e evite refazer soluções anteriormente usadas. No PCV, ela pode ajudar quando você tenta otimizar sua solução mudando a ordem da visita de duas ou mais cidades, evitando conjuntos de soluções repetidas.

Solucionando a Satisfatibilidade de Circuitos Booleanos

Como visão prática de como uma busca local funciona, este exemplo analisa a satisfatibilidade de um circuito, um clássico problema NP-completo. Ele usa a abordagem da randomização e o algoritmo de Monte Carlo. Como visto no Capítulo 17, um algoritmo de Monte Carlo depende de escolhas aleatórias durante seu processo de otimização e não é garantido que ele tenha êxito em sua tarefa, embora tenha altas chances de completar a tarefa com sucesso. O problema não é meramente teórico, no entanto, pois testa como circuitos eletrônicos funcionam, otimizando-os ao remover circuitos que não conseguem transportar sinais elétricos. Além disso, o algoritmo de resolução vê uso em outras aplicações: marcação automática em mapas e gráficos, tomografia discreta, agendamento com restrições, processo de clustering de dados em grupos e outros problemas para os quais você tenha que fazer escolhas conflitantes.

350   PARTE 5 **Desafiando Problemas Difíceis**

Circuitos de computador são compostos de uma série de componentes conectados, cada um abrindo ou fechando um circuito com base em suas entradas. Tais elementos são chamados *portas lógicas* (fisicamente, seu papel é feito pelos transistores) e se você construir um circuito com muitas portas lógicas, é necessário entender se a eletricidade pode passar através dele e sob que circunstâncias.

O Capítulo 14 discute a representação interna de um computador, baseada em zeros (ausência de eletricidade no circuito) ou uns (presença de eletricidade). Você pode processar essa representação 0/1 de uma perspectiva lógica, transformando sinais em condições Falso (não há eletricidade no circuito) ou Verdadeiro (há eletricidade). O Capítulo 4 examina os operadores booleanos (E, OU e NÃO), como mostrado na Figura 18-4, que trabalha condições Verdadeiro e Falso como entradas e transforma-as em um resultado diferente. Todos esses conceitos ajudam a representar um circuito elétrico físico como uma sequência de operadores booleanos que definem portas lógicas. A combinação de todas as suas condições determina se o circuito pode carregar eletricidade.

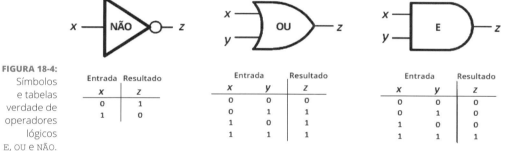

FIGURA 18-4: Símbolos e tabelas verdade de operadores lógicos E, OU e NÃO.

Essa representação lógica é um *circuito combinatório booleano,* e o teste para verificar sua funcionalidade é a *satisfatibilidade do circuito.* No cenário mais fácil, o circuito consiste apenas de condições NÃO (chamadas *inversores*), que aceitam um fio como entrada, e condições OU, que aceitam dois fios como entradas. Esse é o cenário da satisfatibilidade-dois (2-SAT) e, se o algoritmo fosse passar por ali usando uma busca exaustiva, ele faria, na pior das hipóteses, 2^k tentativas (tendo k como o número de fios de entrada) para encontrar um conjunto de condições que fazem a eletricidade passar por todo o circuito. Há versões ainda mais complexas do problema, aceitando mais entradas para cada porta lógica OU e usando portas E, mas elas estão além do escopo deste livro.

Solucionando a 2-SAT usando randomização

Não importa qual circuito eletrônico você precisa testar usando uma representação booleana, é possível representá-lo como um vetor de variáveis booleanas. Também é possível criar outro vetor para conter as *cláusulas,* o conjunto de condições que o circuito precisa satisfazer (por exemplo, que ambos os fios A e B devem ser `Verdadeiros`). Essa não é a única maneira de representar o problema; na verdade, há outras soluções envolvendo o uso de grafos. No entanto, para este exemplo, esses dois vetores são suficientes.

O problema é solucionado usando uma busca local randomizada em tempo polinomial. O professor Christos H. Papadimitriou, da Universidade da Califórnia em Berkeley, criou este algoritmo, chamado *RandomWalkSAT* (passeio aleatório SAT). Ele apresentou-o em seu artigo *On Selecting a Satisfying Truth Assignment* ("Sobre Selecionar uma Atribuição Verdadeira Satisfatória", em tradução livre), publicado em 1991 nos anais do 32º Simpósio sobre as Fundações da Ciência da Computação do IEEE. O algoritmo é competitivo quando comparado a alternativas mais razoáveis, e é exemplarmente uma abordagem de busca local porque faz apenas uma mudança por vez na solução atual. O algoritmo usa dois loops aninhados, um para testar a solução inicial várias vezes e outra para corrigir de forma aleatória a solução aleatória inicial. Repita o loop externo $\log_2(k)$ vezes (no qual k é o número de fios). O loop interno usa os seguintes passos:

1. Escolhe uma solução aleatória para o problema.

2. Repete os passos a seguir $2*k^2$ vezes:

   a. Determina se a solução atual é a correta. Quando for, livra-se de todos os loops e reporta a solução.

   b. Escolhe uma cláusula não satisfeita ao acaso. Escolhe uma das condições nela ao acaso e corrige-a.

Implementando o código em Python

Para solucionar o problema 2-SAT usando Python e o algoritmo RandomWalk-SAT, é necessário configurar algumas funções úteis. As funções `create_clauses` e `signed` ajudam a gerar um problema de circuito para resolver manuseando as portas OU e NÃO, respectivamente. Usando essas funções, você especifica o número de portas OU e fornece um número seed que garante a possibilidade de recriar o problema resultante depois (permitindo testar o problema várias vezes e em computadores diferentes).

A função `create_random_solutions` apresenta uma saída imediata fornecendo uma solução aleatória que configura as entradas. As chances de encontrar a solução correta usando sorte aleatória são pequenas (uma na potência de dois para o número de portas), mas, em média, é possível esperar que três quartos das portas estejam corretamente configurados (porque, como visto usando a tabela verdade para a função OU, três entradas de quatro possíveis são `Verdadeiras`). A função `check_solution` determina quando o circuito está satisfeito (indicando uma solução correta). Se não, ela mostra quais condições não foram satisfeitas (você pode encontrar este código no arquivo `A4D; 18; Local Search.ipynb` no

352   PARTE 5 **Desafiando Problemas Difíceis**

site da Para Leigos como parte do código para download; veja a Introdução para detalhes).

```
import numpy as np
import random
from math import log2

import matplotlib.pyplot as plt
% matplotlib inline

def signed(v):
    return v if np.random.random()<0.5 else -v

def create_clauses(i, seed=1):
    np.random.seed(seed)
    return [(signed(np.random.randint(i)), signed(
            np.random.randint(i))) for j in range(i)]

def create_random_solution(i, *kwargs):
    return {j:signed(1)==1 for j in range(i)}

def check_solution(solution, clauses):
    violations = list()
    for k,(a,b) in enumerate(clauses):
        if not (((solution[abs(a)]) == (a>0)) |
                ((solution[abs(b)]) == (b>0))):
            violations.append(k)
    return violations
```

Depois de configurar essas funções, você tem todos os componentes para uma função `sat2` para solucionar o problema. Essa solução usa duas iterações aninhadas: a primeira replica muitos inícios; a segunda escolhe condições não satisfeitas ao acaso e torna-as verdadeiras. A solução roda em tempo polinomial. Não há garantia de que a função encontre uma solução, se existir, mas a probabilidade é que ela encontre uma, quando existir. Na verdade, o loop de iteração interno faz $2*k^2$ tentativas aleatórias de solucionar o circuito, o que geralmente mostra-se suficiente para um passeio aleatório em uma linha para chegar ao seu destino.

LEMBRE-SE

Um passeio aleatório é uma série de cálculos que representa um objeto que se afasta de sua posição inicial tomando uma direção aleatória a cada passo. Você pode imaginar um passeio aleatório como o percurso de uma pessoa bêbada de um poste de luz ao outro. Passeios aleatórios são úteis para representar modelos matemáticos de muitos aspectos da realidade. São aplicados na biologia, na física, na química, na ciência da computação e na economia, especialmente na análise do mercado de ações. Se quiser saber mais sobre passeios aleatórios, veja em `http://www.mit.edu/~kardar/teaching/projects/chemotaxis(AndreaSchmidt)/random.htm` (conteúdo em inglês).

Um passeio aleatório em uma linha é o exemplo mais fácil de passeio aleatório. Em média, são necessários k^2 passos em um passeio aleatório para chegar a uma distância k do ponto de partida. Esse esforço esperado explica porque o RandomWalkSAT exige `2*k²` chances aleatórias para corrigir uma solução inicial. O número de chances apresenta uma alta probabilidade de que o algoritmo corrija as cláusulas k. Além disso, ele funciona como o jogo do palpite de carta aleatório discutido no capítulo anterior. Conforme avança, escolher a resposta correta torna-se mais fácil. As replicações externas garantem uma saída de escolhas do loop interno aleatório infelizes que podem parar o processo em uma solução local.

```python
def sat2(clauses, n, start=create_random_solution):
    for external_loop in range(round(log2(n))):
        solution = start(n, clauses)
        history = list()
        for internal_loop in range(2*n**2):
            response = check_solution(solution, clauses)
            unsatisfied = len(response)
            history.append(unsatisfied)
            if unsatisfied==0:
                print ("Solution in %i external loops," %
                        (external_loop+1), end=" ")
                print ("%i internal loops" %
                        (internal_loop+1))
                break
            else:
                r1 = random.choice(response)
                r2 = np.random.randint(2)
                clause_to_fix = clauses[r1][r2]
                solution[abs(clause_to_fix)] = (
                 clause_to_fix>0)
        else:
            continue
        break
    return history, solution
```

Agora que todas as funções estão corretamente configuradas, você pode executar o código para solucionar o problema. Aqui está o primeiro exemplo, que testa o circuito criado pelo seed 0 e usa 1.000 portas lógicas.

```python
n = 1000
# Solvable seeds with n=1000 : 0,1,2,3,4,5,6,9,10
```

```
# Unsolvable seeds with n=1000 : 8
clauses = create_clauses(n, seed=0)
history, solution = sat2(clauses, n,
        start=create_random_solution)

Found solution in 1 external loops, 1360 internal loops
```

Plotando a solução, como um gráfico representando o número de passos na abscissa (correções aleatórias da solução) e as cláusulas restantes para solucionar no eixo ordinal, é possível verificar que o algoritmo tende a encontrar a solução correta ao longo do tempo, como mostrado na Figura 18-5.

```
plt.plot(np.array(history), 'b-')
plt.xlabel("Random adjustments")
plt.ylabel("Unsatisfied clauses")
plt.grid(True)
plt.show()
```

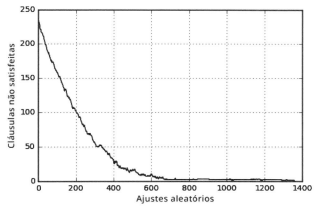

FIGURA 18-5: O número de cláusulas não satisfeitas diminui depois de ajustes aleatórios.

Se testar o circuito com 1.000 portas e seed igual a 8, notará que ele parece nunca acabar. Isto é porque o circuito não é solucionável e fazer todas as escolhas e tentativas aleatórias leva muito tempo. No final, o algoritmo não apresentará nenhuma solução.

Percebendo que um ponto de partida é importante

Embora o algoritmo RandomWalkSAT tenha uma complexidade de tempo de execução de $O(\log_2 k * k^2)$ no pior caso, com k sendo o número de entradas, é possível acelerá-lo cortando o ponto inicial. Na verdade, mesmo que começar com uma configuração aleatória signifique que um quarto das cláusulas permaneça insatisfeita no início, em média, é possível corrigir muitas delas usando uma passagem sobre os dados.

O problema com cláusulas é que muitas exigem uma entrada verdadeira e, simultaneamente, muitas outras exigem uma entrada falsa. Quando todas as cláusulas exigem que uma entrada seja verdadeira ou falsa, é possível configurá-la para a condição exigida, o que agrada um grande número de cláusulas e torna a solução das restantes mais fácil. A nova implementação RandomWalkSAT a seguir inclui uma fase inicial que imediatamente resolve as situações nas quais uma entrada exige uma configuração verdadeira ou falsa específica por todas as cláusulas com as quais elas interagem:

```python
def better_start(n, clauses):
    clause_dict = dict()
    for pair in clauses:
        for clause in pair:
            if abs(clause) in clause_dict:
                clause_dict[abs(clause)].add(clause)
            else:
                clause_dict[abs(clause)] = {clause}

    solution = create_random_solution(n)

    for clause, value in clause_dict.items():
        if len(value)==1:
            solution[clause] = value.pop() > 0
    return solution
```

O código define uma nova função para a solução imediata na qual, após gerar uma solução aleatória, ela escaneia o resultado e encontra todas as entradas associadas a um único estado (verdadeiro ou falso). Configurando-as imediatamente para o estado exigido, é possível reduzir o número de cláusulas que precisam de alterações e fazer com que a busca local trabalhe menos e complete a tarefa mais cedo.

```python
n = 1000
# Solvable seeds = 0,1,2,3,4,5,6,9,10
# Unsolvable seeds = 8
clauses = create_clauses(n, seed=0)
history, solution = sat2(clauses, n, start=better_start)

Found solution in 1 external loops, 393 internal loops
```

Estipulando esse ponto inicial novo e simplificado, depois de transformar os resultados em gráfico, é possível ver uma evolução imediatamente porque, em média, menos operações são necessárias para completar a tarefa.

356   PARTE 5 **Desafiando Problemas Difíceis**

DICA

Em uma busca local, sempre considere que o ponto de partida é importante para permitir ao algoritmo completar a tarefa antes e com maior êxito, como mostrado na Figura 18-6. Em resumo, tente fornecer o início de maior qualidade quanto possível para sua busca.

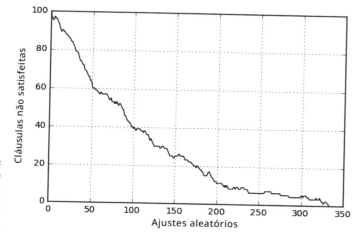

FIGURA 18-6: A execução é mais rápida pois o ponto inicial é melhor.

358   PARTE 5   **Desafiando Problemas Difíceis**

NESTE CAPÍTULO

» Descobrindo como a otimização ocorre usando programação linear

» Transformando problemas reais em problemas matemáticos e geométricos

» Aprendendo a usar Python para solucionar problemas de programação linear

Capítulo **19**

Empregando a Programação Linear

A programação linear fez sua primeira aparição durante a Segunda Guerra Mundial, quando a logística de manejar exércitos de milhões de soldados, armas e munição através de campos de batalha variados provou-se crítica. Tanques e aviões precisavam ser reabastecidos e rearmados, o que exige um enorme esforço organizacional, apesar das limitações de tempo, de recursos e das ações do inimigo.

É possível expressar a maioria desses problemas militares de forma matemática. O matemático George Bernard Dantzig, que era funcionário no Escritório de Controle Estatístico da Força Aérea dos EUA, criou uma maneira inteligente de solucionar esses problemas usando o algoritmo *simplex*, que é a ideia central que criou interesse na otimização numérica depois da guerra e deu à luz o promissor campo da programação linear. A disponibilidade dos primeiros computadores de performance da época também aumentou o interesse, tornando cálculos complexos solucionáveis de uma maneira nova e rápida. É possível enxergar a história inicial da computação nos anos 1950 e 1960 como uma busca pela otimização de problemas logísticos usando o método simplex e usando computadores velozes e linguagens de programação especializadas.

Dantzig morreu em 2005, e o campo que ele inaugurou ainda está sob constante desenvolvimento. No últimos anos, ideias novas e métodos relacionados à programação linear continuam a fazer aparições de sucesso, como as seguintes:

» **Programação com restrições:** Expressa as relações entre as variáveis em um programa de computador como restrições em programação linear.

» **Algoritmos genéticos:** Considera a ideia de que fórmulas matemáticas podem replicar e sofrer mutações da mesma maneira que o DNA faz na natureza pela evolução. Algoritmos genéticos também aparecem no Capítulo 20 por causa de sua abordagem heurística da otimização.

Este capítulo ajuda a entender a programação linear. Além disso, você descobre como aplicar programação linear a problemas reais usando Python como a ferramenta para expressar esses problemas em código.

Usando Funções Lineares como Ferramenta

Esta seção mostra como abordar um problema no qual alguém transforma o *objetivo* (a representação de custo, lucro ou alguma outra quantidade para maximizar ou minimizar sujeito a restrições) e as restrições (desigualdades lineares derivadas da aplicação, como o limite de 40 horas de trabalho semanais) daquele problema em funções lineares. O propósito da programação linear é proporcionar uma solução numérica ideal, que poderia ser um valor mínimo ou máximo, e o conjunto de condições para obtê-la.

Essa definição pode soar um pouco complicada porque tanto matemática quanto alguma abstração estão envolvidas (objetivo e restrições como funções lineares), mas as coisas tornam-se mais claras depois de considerar o que é uma função e quando podemos determinar se uma função é linear ou não. Além do jargão matemático, a programação linear é apenas um ponto de vista diferente na abordagem de problemas algorítmicos, nos quais troca-se operações e manipulações de entradas de dados por funções matemáticas e você faz cálculos usando um software chamado *otimizador*.

Não é possível usar programação linear para solucionar todos os problemas, mas muitos deles se encaixam em suas exigências, especialmente problemas que exigem otimização usando limites previamente definidos. Capítulos anteriores discutem como a programação dinâmica é a melhor abordagem quando é necessário otimizar problemas sujeitos a restrições. A programação dinâmica funciona com problemas discretos, isto é, em que os números com os quais você trabalha são números inteiros. A programação linear funciona principalmente com números decimais, embora haja algoritmos de otimização especial disponíveis que fornecem soluções como números inteiros (por exemplo, é possível solucionar o problema do caixeiro viajante usando programação linear inteira). A programação linear tem um alcance mais amplo, pois consegue lidar com quase qualquer problema em tempo polinomial.

A programação linear tem uso em necessidades como manufatura, logística, transporte (especialmente para linhas aéreas, para definir rotas, tabelas de horários e custo dos bilhetes), marketing, finanças e telecomunicações. Todas essas aplicações exigem que você obtenha um resultado tipo economia máxima e custo mínimo enquanto otimiza a alocação dos recursos disponíveis e a satisfação de todas as restrições e limitações. Além disso, é possível aplicar a programação linear a aplicações comuns, como jogos de vídeo game e visualização computacional, pois jogos exigem lidar com formatos bidimensionais e tridimensionais complexos, e é necessário determinar se alguns formatos entram em conflito, assim como assegurar que eles respeitem as regras do jogo. Esses objetivos são atingidos através do algoritmo do envelope convexo (convex hull) controlado por programação linear (veja `http://www.tcs.fudan.edu.cn/rudolf/Courses/Algorithms/Alg_ss_07w/Webprojects/Chen_hull/applications.htm` [conteúdo em inglês]). Por fim, a programação linear está presente em mecanismos de busca para problemas de recuperação de documentos; é possível transformar palavras, frases e documentos em funções e determinar como maximizar seu resultado de busca (conseguir os documentos necessários para responder sua pesquisa) quando procurar documentos com determinadas características matemáticas.

Compreendendo a matemática básica necessária

Em programação informática, funções são o meio de provisão para trechos de código que você pretende usar mais de uma vez. As funções transformam o código em uma caixa preta, uma entidade para a qual você fornece entradas e espera determinados resultados. O Capítulo 4 discute como criar funções em Python. A matemática usa funções de maneira similar à programação; elas são um conjunto de operações matemáticas que transformam alguma entrada em um resultado. A entrada pode incluir uma ou mais variáveis, resultando em um único resultado com base na entrada. Geralmente, uma função tem esta forma:

```
f (x) = x*2
```

>> **f:** Determina o nome da função. Pode ser qualquer coisa; você pode usar qualquer letra do alfabeto, ou até uma palavra.

CAPÍTULO 19 **Empregando a Programação Linear**   361

» **(x):** Especifica a entrada. Nesse exemplo, a entrada é a variável x, mas você pode usar mais entradas e de qualquer complexidade, incluindo múltiplas variáveis ou matrizes.

» **x*2:** Define o conjunto de operações que a função executa depois de receber a entrada. A resposta é o resultado da função na forma de um número.

Se inserir a entrada 2 como x nesse exemplo, você obtém:

```
f(2) = 4
```

Em termos matemáticos, chamando essa função, você associou a entrada 2 ao resultado 4.

Funções podem ser simples ou complexas, mas toda função tem um, e apenas um, resultado para cada conjunto de entradas fornecidas (mesmo quando a entrada é feita de várias variáveis).

A programação linear alavanca funções para processar os objetivos que ela tem que atingir de maneira matemática para solucionar o problema em questão. Quando objetivos são transformados em uma função matemática, o problema traduz-se em determinar a entrada para a função que associa o resultado máximo (ou o mínimo, dependendo do que deseja atingir). A função que representa a otimização almejada é a função objetivo. Além disso, a programação linear usa funções e desigualdades para expressar restrições ou limites que evitam que você incorpore qualquer entrada que desejar à função objetivo. Por exemplo, são desigualdades:

```
0 <= x <= 4
y + x < 10
```

A primeira dessas desigualdades traduz-se em limitar a entrada da função objetivo a valores entre 0 e 4. Desigualdades podem envolver mais entradas variáveis a cada vez. A segunda dessas desigualdades restringe os valores de uma entrada a outros valores porque sua soma não pode exceder 10.

Limites implicam um limite de entrada entre valores, como no primeiro exemplo. *Restrições* sempre envolvem uma expressão matemática que compreende mais de uma variável, como no segundo exemplo.

A exigência final da programação linear é que tanto a função objetivo quanto as desigualdades sejam expressões lineares. Isso significa que tanto a função objetivo quanto as desigualdades não podem conter variáveis que multipliquem umas às outras, ou conter variáveis elevadas a uma potência (quadrada ou cúbica, por exemplo).

PAPO DE ESPECIALISTA

Todas as funções em uma otimização devem ser expressões lineares, pois o procedimento representa-as como linhas em um plano cartesiano (se precisar de uma revisão sobre o conceito de plano cartesiano, você pode encontrar informações úteis em http://www.mathsisfun.com/data/cartesian-coordinates.html [conteúdo em inglês]). Como explica a seção "Usando a Programação Linear na Prática", posteriormente neste capítulo, é possível imaginar trabalhar com programação linear mais como uma solução para um problema geométrico do que matemático.

Aprendendo a simplificar quando planejar

Os problemas que o algoritmo simplex original resolvia eram todos do tipo que geralmente são vistos como problemas matemáticos em um livro didático. Em tais problemas, todos os dados, informações e limitações são definidos claramente, não há informação irrelevante ou redundante e você claramente precisa aplicar uma fórmula matemática (e, muito provavelmente, aquela que acabou de estudar) para solucionar o problema.

No mundo real, soluções para problemas nunca são tão bem insinuadas. Em vez disso, geralmente aparecem de maneira confusa, e informações necessárias não estão prontamente disponíveis para serem processadas. No entanto, é possível analisar o problema e localizar os dados necessários e outras informações, ou alguma regra ou ordem que deve ser considerada. Para solucionar o problema, você junta as informações e cria os meios para simplificá-lo.

Simplificar implica alguma perda de realismo, mas torna as coisas mais simples, o que pode enfatizar o processo que faz as coisas se moverem, assim ajudando a decidir o que acontece. Um problema mais simples permite desenvolver um modelo que representa a realidade. Um modelo pode se aproximar do que acontece na realidade, e é possível usá-lo para lidar com simulações e na programação linear.

Por exemplo, se você trabalha em uma fábrica e deve fazer o planejamento da produção, sabe que quanto mais pessoas são incluídas, mais rápida será a produção. Porém, nem sempre você terá o mesmo ganho com a mesma inclusão de pessoas. Por exemplo, as habilidades dos operadores incluídos no serviço afetam o resultado. Além disso, você pode descobrir que incluir mais pessoas no serviço reduz os resultados quando essas pessoas gastam mais tempo comunicando-se e coordenando-se entre si do que fazendo o trabalho. Entretanto, é possível tornar o modelo mais fácil fingindo que todas as pessoas incluídas na tarefa produzirão uma certa quantidade de produtos finais ou intermediários.

CAPÍTULO 19 **Empregando a Programação Linear** 363

Trabalhando com geometria usando o simplex

Exemplos clássicos de programação linear implicam na produção de bens usando recursos limitados (tempo, trabalhadores ou materiais). Como exemplo para ilustrar como a programação linear aborda tais desafios, imagine uma fábrica que monta dois ou mais produtos que devem ser entregues em um determinado tempo. Os trabalhadores da fábrica produzem dois artigos, x e y, durante um turno de oito horas. Para cada produto, há um lucro diferente (que é calculado subtraindo-se os custos da receita), diferentes taxas de produção por hora e diferentes demandas diárias do mercado:

» **Receita em dólar para cada produto:** x=15, y=25

» **Taxa de produção por hora:** x=50, y=40

» **Demanda diária por produto:** x=300, y=200

Em essência, o problema do negócio é decidir produzir mais x, que é mais fácil de montar, mas paga menos, ou y, que garante mais receitas, mas menos produção. Para solucionar o problema, primeiro determine a função objetivo. Expresse-a como a soma das quantidades dos dois produtos, multiplicada por sua receita esperada por unidade, que você sabe que precisa maximizar (apenas se o problema for com os custos é preciso minimizar a função objetiva):

```
f(x,y) = 15 * x + 25 * y
```

Esse problema tem desigualdades, que são limitadas pelos valores de x e y que precisam ser verdeiros para a obtenção de um resultado válido da otimização:

```
0 <= x <= 300
0 <= y <= 200
```

De fato, não é possível produzir um número negativo de produtos, nem faz sentido produzir mais do que o mercado demanda. Outra limitação importante é o tempo disponível, pois não é possível exceder oito horas para cada turno de trabalho. Isso significa calcular o tempo para produzir os produtos x e y e restringir o tempo total a menor ou igual a oito horas.

```
x/40 + y/50 <= 8
```

É possível representar funções em um espaço cartesiano (para relembrar como plotar funções, consulte http://www.mathplanet.com/education/pre-algebra/graphing-and-functions/linear-equations-in-the-coordinate-plane [conteúdo em inglês]). Como é possível expressar tudo usando funções nesse problema, você pode também solucionar os problemas de programação linear como problemas geométricos em um espaço euclidiano com coordenadas. Se o problema não envolver mais que duas variáveis, é possível plotar as duas funções e suas restrições como linhas em um plano e determinar como elas delimitam o formato geométrico. Você descobrirá que as linhas delimitam uma área, em formato de polígono, chamada *região viável*. Esta é a região na qual você encontra a solução, que contém todas as entradas válidas (de acordo com as restrições) para o problema.

LEMBRE-SE

Quando o problema lida com mais de duas variáveis, ainda é possível imaginá-lo usando linhas interseccionadas em um espaço, mas não é possível representar isso visualmente porque cada variável de entrada precisa de uma dimensão no grafo, e grafos estão limitados a três dimensões do mundo onde vivemos.

Nesse ponto, o algoritmo de programação linear explora a região viável delimitada de maneira inteligente e reporta a solução. Na verdade, não é preciso checar cada ponto da área delimitada para determinar a melhor solução para o problema. Pense na função objetivo como outra linha que é representada no plano (afinal, mesmo a função objetivo é uma função linear). É possível ver que a solução procurada são os pontos coordenados onde a área viável e a linha da função objetivo se tocam primeiro (veja a Figura 19-1). Quando a linha da função objetivo vem de cima (chegando de fora da área viável, onde ocorrem resultados que não podem ser aceitos por causa das restrições), em um certo ponto ela tocará a área. Este ponto de contato é, geralmente, um vértice da área, mas poderia ser um lado inteiro do polígono (no caso, todos os pontos naquele lado são soluções ideais).

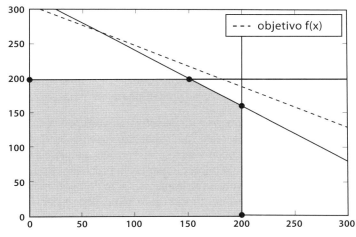

FIGURA 19-1: Procurando onde a função objetivo vai tocar a área viável.

De maneira prática, o algoritmo simplex não consegue fazer as linhas descerem visualmente, como nesse exemplo. Em vez disso, ele caminha pela borda da região viável (enumerando os vértices) e testa os valores da função objetivo resultante em cada vértice até encontrar a solução. Consequentemente, o tempo de execução efetivo depende do número de vértices, que, por sua parte, depende do número de restrições e variáveis envolvidas na solução (mais variáveis significam mais dimensões e mais vértices).

Entendendo as limitações

Conforme você ganha mais confiança com a programação linear e os problemas tornam-se mais desafiadores, são exigidas abordagens mais complexas que o algoritmo básico simplex apresentado neste capítulo. Na verdade, o simplex não é mais usado porque algoritmos mais sofisticados o substituíram — algoritmos que geometricamente cortam o interior da região viável em vez de percorrer o seu perímetro. Esses algoritmos mais novos pegam um atalho quando o algoritmo está claramente procurando a solução do lado errado da região.

Você também pode achar que trabalhar com números de ponto flutuante é limitador porque muitos problemas exigem uma resposta binária (1/0) ou inteira. Além disso, outros problemas podem exigir usar curvas, não linhas, para representar o espaço problema e a região viável corretamente. Programação linear inteira e algoritmos de programação não linear são encontrados implementados em softwares comerciais. Apenas atente-se ao fato de que a programação inteira e a não linear são problemas NP-completos e podem exigir tanto tempo quanto outros algoritmos que você conhece, se não mais.

Usando a Programação Linear na Prática

A melhor maneira de começar na programação linear é usar soluções predefinidas, em vez de criar aplicações personalizadas por si mesmo. A primeira seção a seguir ajuda a instalar uma solução predefinida usada para os exemplos seguintes.

CUIDADO

Quando trabalhar com um produto de software, você pode encontrar diferenças significativas entre softwares de código aberto (open source) e pacotes comerciais. Embora softwares open source ofereçam um amplo espectro de algoritmos, o desempenho pode ser decepcionante em problemas grandes e complexos. Muita arte ainda está envolvida na implementação de algoritmos de programação linear como parte de softwares funcionais, e não se pode esperar que um software open source rode tão rápido e sem percalços quanto ofertas comerciais.

Ainda assim, softwares open source oferecem algumas boas opções para aprender programação linear. As seções a seguir usam uma solução open source em Python chamada PuLP, que permite criar otimizações em programação linear depois de definir uma função de custo e as restrições como funções em Python.

É majoritariamente uma solução didática, indicada para ajudar a testar como a programação linear funciona em alguns problemas e ter uma percepção sobre a formulação de problemas em termos matemáticos.

PAPO DE ESPECIALISTA

O PuLP oferece uma interface para os programas solucionadores subjacentes. Python vem com um programa solucionador padrão e open source que o PuLP ajuda a acessar. O desempenho (velocidade, precisão e escalabilidade) que o PuLP oferece depende quase inteiramente do solucionador e do otimizador escolhidos pelo usuário. Os melhores solucionadores são produtos comerciais, como o CPLEX, o XPRESS e o GuRoBi, que oferecem uma grande vantagem de velocidade em comparação a solucionadores open source.

Configurando PuLP em casa

PuLP é um projeto open source criado por Jean-Sebastien Roy, e depois modificado e mantido por Stuart Antony Mitchell. O pacote PuLP ajuda a definir problemas de programação linear e resolvê-los usando um solucionador interno (que conta com o algoritmo simplex). Também é possível usar outros solucionadores disponíveis em repositórios em domínio público ou pagando por uma licença. O repositório do projeto (que contém todo o código fonte e muitos exemplos) fica em `https://github.com/coin-or/pulp` (conteúdo em inglês). A documentação completa está localizada em `https://pythonhosted.org/PuLP/` (conteúdo em inglês).

O PuLP não está imediatamente disponível como parte da distribuição Anaconda, então é necessário instalá-lo você mesmo. É preciso usar o prompt de comando do Anaconda3 (ou acima) para instalá-lo, porque versões mais antigas do prompt de comando do Anaconda não funcionarão. Abra uma linha de comando de shell, digite **pip install pulp** e aperte Enter. Se tiver acesso à internet, o comando pip vai baixar o pacote PuLP e instalá-lo no Python (a versão usada pelos exemplos neste capítulo é a PuLP 1.6.1, mas versões posteriores devem oferecer a mesma funcionalidade).

Otimizando a produção e a receita

O problema nesta seção é outra otimização relacionada à produção. Você trabalha com dois produtos (porque isso implica duas variáveis que podem ser representadas em um gráfico bidimensional), produto A e produto B, que precisam passar por uma série de transformações em três estágios. Cada estágio exige um número de operações (o valor n), que poderiam ser trabalhadores ou robôs, e cada estágio é operante, no máximo, por alguns dias no mês (representado pelo valor t). Cada estágio opera de maneira diferente para cada produto, exigindo um número diferente de dias antes da conclusão. Por exemplo, um trabalhador no primeiro estágio (chamado 'res_1') leva dois dias para finalizar o produto A, mas três dias para finalizar o produto B. Por fim, cada produto tem um lucro diferente: o produto A traz $3.000 cada e o produto B, $2.500 cada. A tabela a seguir resume o problema:

Estágio de Produção	Tempo para o Produto A por Trabalhador (Dias)	Tempo para o Produto B por Trabalhador (Dias)	Tempo Operante (Dias)	Trabalhadores
res_1	2	3	30	2
res_2	3	2	30	2
res_3	3	3	22	3

Para encontrar a função objetivo, calcule a soma da quantidade de cada produto multiplicada por seu lucro. Ele deve ser maximizado. Embora não seja indicado explicitamente pelo problema, algumas restrições existem. Primeiro, o fato de que o tempo operante limita a produtividade a cada estágio. Segundo, o número de trabalhadores. Terceiro, a produtividade relativa para o tipo de produto processado. É possível reiterar o problema como a soma do tempo usado para processar cada produto a cada estágio, o que não pode exceder o tempo operante multiplicado pelo número de trabalhadores disponíveis. O número de trabalhadores multiplicado pelo número de dias trabalhados fornece os recursos de tempo que podem ser usados. Esses recursos não podem ser menores que o tempo levado para produzir todos os produtos que você planeja entregar. Aqui estão algumas formulações resultantes com restrições para cada estágio:

```
objective = 3000 * qty_A + 2500 * qty_B
    production_rate_A * qty_A + production_rate_B * qty_B
        <= uptime_days * workers
```

É possível expressar cada restrição usando a quantidade de um produto para determinar o outro (na verdade, se você produzir A, não pode produzir B quando a produção de A não deixa tempo):

```
qty_B <= ((uptime_days * workers) -
    (production_rate_A * qty_A) ) / production_rate_B
```

É possível registrar todos os valores relativos a cada estágio para `production_rate_A`, `production_rate_B`, `uptime_days` e `workers` para acesso mais fácil em um dicionário Python. Mantenha os lucros em variáveis, no entanto (você pode encontrar este código no arquivo `A4D; 19; Linear Programming.ipynb` no site da Para Leigos como parte do código para download; veja a Introdução para detalhes).

```
import numpy as np
import matplotlib.pyplot as plt
```

```python
import pulp

%matplotlib inline

res_1 = {'A':2, 'B':3, 't':30, 'n':2}
res_2 = {'A':3, 'B':2, 't':30, 'n':2}
res_3 = {'A':3, 'B':3, 't':22, 'n':3}
res = {'res_1':res_1, 'res_2':res_2, 'res_3':res_3}
profit_A = 3000
profit_B = 2500
```

Tendo modelado o problema em uma estrutura de dados adequada, tente visualizá-lo usando as funções de plotagem de Python. Configure o produto A como a abscissa e, porque você não sabe a solução, represente a produção do produto A como um vetor de quantidades variando de 0 a 30 (quantidades não podem ser negativas). Quanto ao produto B (como visto nas formulações anteriores), derive-o da produção restante quando A estiver pronto. Formule três funções, uma para cada estágio, para que, conforme a quantidade para A é decidida, você tenha a quantidade consequente para B — considerando as restrições.

```python
a = np.linspace(0, 30, 30)
c1 = ((res['res_1']['t'] * res['res_1']['n'])-
      res['res_1']['A']*a) / res['res_1']['B']
c2 = ((res['res_2']['t'] * res['res_2']['n'])-
      res['res_2']['A']*a) / res['res_2']['B']
c3 = ((res['res_3']['t'] * res['res_3']['n'])-
      res['res_3']['A']*a) / res['res_3']['B']

plt.plot(a, c1, label='constrain #1')
plt.plot(a, c2, label='constrain #2')
plt.plot(a, c3, label='constrain #3')

axes = plt.gca()
axes.set_xlim([0,30])
axes.set_ylim([0,30])
plt.xlabel('qty model A')
plt.ylabel('qty model B')

border = np.array((c1,c2,c3)).min(axis=0)

plt.fill_between(a, border, color='yellow', alpha=0.5)
plt.scatter(*zip(*[(0,0), (20,0),
                   (0,20), (16,6), (6,16)]))
plt.legend()
plt.show()
```

As restrições transformam-se em três linhas em um gráfico, como mostrado na Figura 19-2. As linhas interseccionam-se entre si, mostrando a área viável. Essa é a área delimitada pelas três linhas cujos valores A e B são sempre inferiores ou iguais em comparação aos valores em quaisquer das linhas de restrições (as restrições representam uma fronteira; não é possível ter valores para A e B além delas).

De acordo com o método simplex, a solução ideal é um dos cinco vértices do polígono (que são (0,0), (20,0), (0,20), (16,6) e (6,16). É possível descobrir qual é a solução configurando as funções necessárias a partir do pacote PuLP. Primeiro, defina o problema e chame-o de *modelo*. Fazendo isso, você determina que ele é uma maximização do problema e tanto A quanto B devem ser positivos.

```
model = pulp.LpProblem("Max profit", pulp.LpMaximize)
A = pulp.LpVariable('A', lowBound=0)
B = pulp.LpVariable('B', lowBound=0)
```

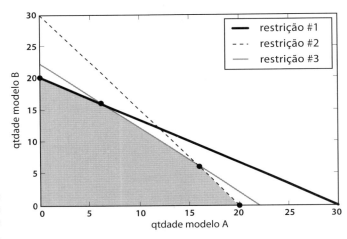

FIGURA 19-2: Imaginando qual vértice é o correto.

DICA

O solucionador PuLP também pode procurar soluções inteiras, algo que o simplex original não consegue fazer. Basta adicionar cat='Integer' como parâmetro quando definir uma variável: A = pulp.LpVariable('A', lowBound=0, cat='Integer'), e você terá apenas números inteiros como solução. Fique atento pois, em determinados problemas, resultados em números inteiros podem não ser tão ideais quanto resultados em números decimais; assim, use uma solução inteira apenas se fizer sentido para o seu problema (por exemplo, não é possível produzir uma fração de um produto).

Depois, adicione a função objetivo somando as duas variáveis definidas por pulp.LpVariable e representando as quantidades ideais de produtos A e B, multiplicadas pelo valor de lucro de cada unidade.

```
model += profit_A * A + profit_B * B
```

Por fim, adicione restrições, exatamente da mesma maneira que a função objetivo. A formulação é criada usando os valores apropriados (tirados do dicionário
de dados) e as variáveis A e B predefinidas.

```
model += res['res_1']['A'] * A + res['res_1']['B'
           ] * B <= res['res_1']['t'] * res['res_1']['n']
model += res['res_2']['A'] * A + res['res_2']['B'
           ] * B <= res['res_2']['t'] * res['res_2']['n']
model += res['res_3']['A'] * A + res['res_3']['B'
           ] * B <= res['res_3']['t'] * res['res_3']['n']
```

O modelo está pronto para ser otimizado (ele já ingeriu a função objetivo e as
restrições). Chame o método `solve` e então verifique o seu status (às vezes, uma
solução pode se mostrar impossível de encontrar ou pode não ser ideal).

```
model.solve()
print ('Completion status: %s'
       % pulp.LpStatus[model.status])

Completion status: Optimal
```

Recebendo a confirmação de que o otimizador encontrou a solução ideal, você
imprime as quantidades relacionadas de produtos A e B.

```
print ("Production of model A = %0.1f" % A.varValue)
print ("Production of model B = %0.1f" % B.varValue)

Production of model A = 16.0
Production of model B = 6.0
```

Além disso, você imprime o lucro total resultante alcançável por essa solução.

```
print ('Maximum profit achieved: %0.1f'
       % pulp.value(model.objective))

Maximum profit achieved: 63000.0
```

372   PARTE 5 **Desafiando Problemas Difíceis**

NESTE CAPÍTULO

» **Entendendo quando as heurísticas são úteis para os algoritmos**

» **Descobrindo como encontrar o caminho pode ser difícil para um robô**

» **Conseguindo um início rápido usando a busca Bestfirst**

» **Melhorando o algoritmo de Dijkstra e pegando a melhor rota heurística com A***

Capítulo **20**

Considerando Heurísticas

Como tópico conclusivo, este capítulo completa o panorama das heurísticas iniciado no Capítulo 18, que descreveu heurística como um meio eficiente de usar a busca local para explorar soluções vizinhas. O Capítulo 18 define heurísticas como palpites ponderados sobre uma solução — ou seja, são conjuntos de regras gerais que apontam para o resultado desejado, dessa forma ajudando algoritmos a seguir os passos certos em sua direção; porém, as heurísticas sozinhas não conseguem dizer exatamente como chegar à solução.

Há nuances de heurísticas, assim como podem haver nuances da verdade. As heurísticas tocam as margens do desenvolvimento de algoritmos hoje. A revolução da IA se constrói sobre os algoritmos apresentados até agora no livro, que ordenam, organizam, buscam e manipulam entradas de dados. No topo da hierarquia estão os algoritmos heurísticos, que potencializam a otimização, assim como as buscas que determinam como as máquinas aprendem com os dados e tornam-se capazes de solucionar problemas autonomamente a partir da intervenção direta.

Heurísticas não são soluções infalíveis; nenhuma solução resolve todos os problemas. Algoritmos heurísticos têm sérias desvantagens, e é necessário saber

CAPÍTULO 20 **Considerando Heurísticas** 373

quando usá-los. Além disso, as heurísticas podem levar a conclusões erradas, tanto para computadores quanto para pessoas. Para pessoas, vieses que economizam tempo na avaliação de uma pessoa ou situação podem, com frequência, se mostrar errados, e mesmo regras de conduta tiradas da experiência apenas obtêm a solução correta sob certas circunstâncias. Por exemplo, considere o hábito de bater em eletrodomésticos quando eles não funcionam. Se o problema for má conexão, bater no eletrodoméstico pode se mostrar benéfico para restabelecer a conexão elétrica, mas não se pode fazer disso uma heurística geral pois, em outros casos, essa "solução" pode ser ineficaz, ou até causar sérios danos ao aparelho.

Diferenciando Heurísticas

A palavra *heurística* vem do grego antigo *heuriskein,* que significava inventar ou descobrir. Seu significado original ressalta o fato de que empregar heurísticas é uma maneira prática de encontrar uma solução que não é bem definida, mas é encontrada através de exploração e de uma compreensão intuitiva da direção geral a ser tomada. Heurísticas contam com palpites de sorte e uma abordagem de tentativa e erro no teste de soluções diferentes. Um *algoritmo heurístico,* que é um algoritmo controlado por heurísticas, soluciona um problema mais rápido e com mais eficiência em termos de recursos computacionais, sacrificando a precisão de completude de uma solução, em contraste com a maioria dos algoritmos, que tem determinadas garantias de resultado. Quando um problema se torna complexo demais, um algoritmo heurístico pode representar a única maneira de obter uma solução.

Considerando os objetivos das heurísticas

Heurísticas podem acelerar as longas e exaustivas buscas feitas por outras soluções, especialmente para problemas NP-difíceis, que exigem um número exponencial de tentativas com base no número de suas entradas. Por exemplo, considere o problema do caixeiro viajante ou variantes do problema SAT, como o MAX-3SAT (ambos problemas aparecem no Capítulo 18). As heurísticas determinam a direção da busca usando estimativas, o que elimina um grande número de combinações que, de outra forma, seriam testadas.

Como uma heurística é uma estimativa ou um palpite, pode levar o algoritmo que conta com ela a uma conclusão errada, que poderia ser uma solução imprecisa ou apenas não ideal, que é quando uma solução funciona, mas está longe de ser a melhor possível. Por exemplo, em uma estimativa numérica, uma heurística deve responder que a solução é 41, em vez de 42. Outros problemas geralmente associados a heurísticas são a impossibilidade de encontrar todas as melhores soluções e a variabilidade de tempo e cálculos exigidos para chegar a uma solução.

Uma heurística fornece a combinação perfeita quando se trabalha com algoritmos que, de outra forma, incorreriam em maiores custos quando executados usando outras técnicas algorítmicas. Por exemplo, não é possível solucionar determinados problemas sem heurísticas por causa da baixa qualidade e do impressionante número de entradas de dados. O problema do caixeiro viajante (PCV) é um desses: se você precisar viajar por um grande número de cidades, não é possível usar nenhum método exato. O PCV e outros problemas podem excluir qualquer solução exata. Aplicações de IA caem nessa categoria porque muitos problemas de IA, como o reconhecimento de fala ou do conteúdo de uma imagem, não são solucionáveis com uma sequência exata de passos e regras.

Da genética à IA

A discussão sobre busca local no Capítulo 18 apresenta heurísticas como o simulated annealing e a busca tabu, que ajudam na otimização da escalada (a não ficar preso em soluções que não são ideais). Fora essas, a família de heurísticas compreende muitas aplicações diferentes, entre as quais estão as seguintes:

» **Inteligência de enxame:** Um conjunto de heurísticas que tem base no estudo do comportamento de enxames de insetos (como abelhas, formigas ou vaga-lumes) ou partículas. O método usa várias tentativas de encontrar uma solução usando agentes (como executar várias instâncias do mesmo algoritmo) que interagem cooperativamente entre si e a configuração do problema. O professor Marco Dorigo, um dos principais especialistas e colaboradores do estudo dos algoritmos de inteligência de enxame, dá mais informações sobre o tópico em `http://www.aco-metaheuristic.org/` (conteúdo em inglês).

» **Metaheurísticas:** São heurísticas que ajudam a determinar (ou até gerar) a heurística certa para o seu problema. Entre as metaheurísticas, as mais conhecidas são os *algoritmos genéticos,* inspirados na evolução natural. Algoritmos genéticos começam com um conjunto de possíveis soluções para o problema e então geram novas soluções usando mutação (adicionam ou removem alguma coisa na solução) e cruzamento (misturam partes de diferentes soluções quando uma solução for divisível). Por exemplo, no problema das n-rainhas (Capítulo 18), você viu que é possível dividir um tabuleiro de xadrez em partes verticalmente porque as rainhas não se movem horizontalmente, tornando isso um problema adequado para o cruzamento. Quando o conjunto for grande o suficiente, os algoritmos genéticos selecionam as soluções sobreviventes, descartando aquelas que não funcionam ou não são promissoras. O conjunto selecionado passa por outra iteração de mutação, cruzamento e seleção. Depois de tempo e

CAPÍTULO 20 **Considerando Heurísticas** 375

iterações suficientes, os algoritmos genéticos podem encontrar soluções que funcionam melhor e são completamente diferentes das iniciais.

» **Aprendizado de máquina:** Abordagens como sistema *neuro-fuzzy, support vector machines* e redes neurais, que são as fundações de como um computador aprende a estimar e classificar, a partir de exemplos de treino que são fornecidos como parte de dados de bases de dados. Similar a como uma criança aprende com a experiência, algoritmos de aprendizado de máquina determinam como entregar a resposta mais plausível sem usar regras precisas e detalhadas de conduta (veja o *Machine Learning Para Leigos,* de John Paul Mueller e Luca Massaron, para detalhes sobre como o aprendizado de máquina funciona).

» **Roteamento heurístico:** Um conjunto de heurísticas que ajudam robôs (mas também encontrados em redes de telecomunicações e transportes logísticos) a escolher o melhor caminho para evitar obstáculos quando se moverem por aí.

Robôs de Roteamento que Usam Heurísticas

Guiar um robô em um ambiente desconhecido significa evitar obstáculos e atingir um alvo em específico. É uma tarefa fundamental e desafiadora na inteligência artificial. Robôs podem contar com *laser rangefinder, lidar* (dispositivos que permitem determinar a distância até um objeto por meio de um raio laser) ou *feixes de sonares* (dispositivos que usam sons para visualizar o ambiente) para navegar seus arredores. No entanto, não importa com qual hardware sofisticado eles estão equipados, robôs ainda precisam de algoritmos adequados para:

» Encontrar o menor caminho até um destino (ou, pelo menos, um caminho razoavelmente curto).

» Evitar obstáculos pelo caminho.

» Executar comportamentos personalizados, como minimizar curvas e frenagens.

Um *algoritmo desbravador* ajuda um robô a começar em um local e atingir um objetivo usando o caminho mais curto entre os dois, antecipando e evitando obstáculos pelo caminho (não é suficiente reagir depois de bater em uma parede). O desbravamento também é útil para mover qualquer outro dispositivo em direção a um alvo em um espaço, mesmo virtual, como em videogames ou as páginas na World Wide Web.

LEMBRE-SE

Fazer rotas autonomamente é uma capacidade chave em carros autodirigíveis, veículos que podem sentir o ambiente da estrada e dirigir até o destino sem qualquer intervenção humana (ainda é necessário dizer ao carro para onde ir, ele não consegue ler mentes).

Buscando em territórios desconhecidos

Algoritmos desbravadores completam todas as tarefas anteriormente discutidas para chegar à menor rota, evitar obstáculos e outros comportamentos desejados. Os algoritmos funcionam usando mapas esquemáticos básicos de seus arredores. Esses mapas são de dois tipos:

» **Mapas topológicos:** São diagramas simplificados que removem quaisquer detalhes desnecessários. Os mapas retêm pontos de referência chave, direções corretas e algumas proporções de escalas para distâncias. Exemplos reais de mapas topológicos incluem os mapas do metrô de Tóquio e Londres.

» **Mapas de grade de ocupação:** Estes mapas dividem os arredores em quadras ou hexágonos pequenos e vazios, preenchendo-os conforme os sensores dos robôs encontram um obstáculo no ponto que eles representam. Você pode ver exemplos de um mapa assim na Universidade Técnica Tcheca, em Praga: http://cmp.felk.cvut.cz/cmp/demos/Omni/mobil/ (conteúdo em inglês). Além disso, veja os vídeos mostrando como um robô constrói e visualiza um mapa assim em https://www.youtube.com/watch?v=zjl7NmutMIc e https://www.youtube.com/watch?v=RhPlzIyTT58 (conteúdos em inglês).

É possível visualizar os dois tipos de mapas como diagramas gráficos. Porém, eles são melhor entendidos pelos algoritmos quando transformados em uma estrutura de dados apropriada. A melhor estrutura de dados para este propósito é o grafo, pois os vértices podem facilmente representar quadrados, hexágonos, pontos de referência e pontos de passagem. Arestas podem conectar vértices da mesma maneira que estradas, passagens e caminhos fazem.

LEMBRE-SE

Seu dispositivo de navegação GPS opera usando grafos. Sob o mapa contínuo, detalhado e colorido que o dispositivo mostra na tela, mapas rodoviários são elaborados por trás das cenas como conjuntos de vértices e arestas atravessados por algoritmos, ajudando você a encontrar o caminho enquanto evita engarrafamentos.

Representar o território do robô como um grafo reintroduz os problemas discutidos no Capítulo 9, que examina como viajar de um vértice ao outro usando o caminho mais curto. O caminho mais curto pode ser aquele que toca o menor número de vértices ou aquele que custa menos (dadas as somas do custo dos pesos das arestas atravessadas, que podem representar o comprimento da aresta, ou algum outro custo). É como quando dirige o seu carro, você decide o caminho não apenas com base na distância dirigida para chegar ao destino, mas também considera trânsito (estradas cheias ou bloqueadas por engarrafamentos), condições da estrada e limites de velocidade que podem influenciar na qualidade da sua viagem.

Quando procurar o caminho mais curto até um destino em um grafo, os algoritmos mais simples e básicos na teoria dos grafos são a busca em profundidade e o algoritmo de Dijkstra (descrito no Capítulo 9). A busca em profundidade explora o grafo indo o mais longe possível a partir do início, e então refazendo seus passos para explorar outros caminhos até encontrar o destino. O algoritmo de Dijkstra explora o grafo de maneira inteligente e gulosa, considerando apenas os caminhos mais curtos. Apesar de sua simplicidade, ambos algoritmos são extremamente eficientes na avaliação de um grafo simples, como na visão de um pássaro, com completo conhecimento das direções que devem ser seguidas para chegar ao destino e baixo custo de avaliação dos vários caminhos possíveis.

A situação com um robô é ligeiramente diferente, pois ele não consegue perceber todos os caminhos de uma vez, sendo limitado em visibilidade e alcance de visão (obstáculos podem esconder o caminho ou o alvo pode estar muito longe). Um robô descobre seu ambiente conforme move-se e, no melhor dos casos, pode avaliar a distância e a direção de seu destino final. É como resolver um labirinto, embora não como em um jogo de labirinto, mas mais semelhante a uma imersão em um labirinto verde (de sebe), no qual é possível perceber a direção que está tomando ou identificar o destino à distância.

DICA

Cercas vivas são encontradas em todos os lugares do mundo. Algumas das mais famosas foram construídas de meados do século XVI ao século XVII. Em um labirinto verde, não é possível ver onde se vai porque as paredes são muito altas. Mas é possível perceber a direção (se der para ver o sol) e até identificar o alvo (veja `https://www.venetoinside.com/hidden-treasures/post/maze-of-villa-pisani-in-stra-venice/` [conteúdo em inglês] como exemplo). Também há labirintos verdes famosos em filmes como *O Iluminado*, de Stanley Kubrick e em *Harry Potter e o Cálice Fogo*.

Usando medidas de distância como heurísticas

Quando não for possível solucionar problemas reais de maneira algorítmica precisa porque seus dados estão confusos, faltando ou instáveis, usar heurísticas pode ajudar. Quando buscar caminhos usando coordenadas em um plano cartesiano (mapas planos que contam com um conjunto de coordenadas horizontais e verticais), duas medidas simples podem fornecer as distâncias entre dois pontos naquele plano: a distância euclidiana e a distância de Manhattan.

As pessoas comumente usam a distância euclidiana porque ela deriva do teorema de Pitágoras sobre triângulos. Se quiser saber a distância em uma linha de visão entre dois pontos em um plano, digamos, A e B, e você conhece suas coordenadas, é possível fingir que são extremos em uma hipotenusa (o lado mais longo em um triângulo). Como ilustrado na Figura 20-1, a distância é calculada com base no comprimento dos dois outros lados criando um terceiro ponto, C, cuja coordenada horizontal é derivada de B e cuja coordenada vertical vem de A.

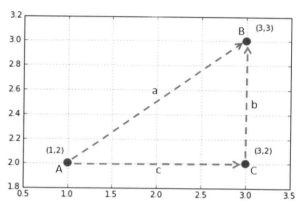

FIGURA 20-1: A e B são pontos nas coordenadas de um mapa.

Esse processo traduz-se em pegar a diferença entre as coordenadas horizontal e vertical dos dois pontos, elevando ambas as diferenças ao quadrado (para que elas se tornem positivas), somá-las e, finalmente, pegar a raiz quadrada do resultado. Nesse exemplo, ir de A a B usa as coordenadas (1,2) e (3,3):

```
sqrt((1-3)² + (2-3)²) = sqrt(2²+1²) = sqrt(5) = 2.236
```

A distância de Manhattan funciona de outra forma. Você começa somando as distâncias dos lados B e C, que é igual a somar o valor absoluto das diferenças entre as coordenadas horizontal e vertical dos pontos A e B.

```
|(1-3)| + |(2-3)| = 2 + 1 = 3
```

A distância euclidiana marca a rota mais curta, e a distância de Manhattan fornece a rota mais longa, porém mais plausível se obstáculos forem esperados ao tomar uma rota direta. Na verdade, o movimento representa a trajetória de um táxi em Manhattan (daí o nome), movendo-se ao longo de um bloco da cidade para chegar ao seu destino (pegar a rota curta através dos prédios nunca funcionaria). Outros nomes para esta abordagem são distância L1 ou distância do táxi. Consequentemente, se você precisar ir de A a B, mas não sabe se encontrará obstáculos no caminho, pegar um desvio pelo ponto C é uma boa heurística, pois é a distância esperada no pior caso.

CAPÍTULO 20 **Considerando Heurísticas** 379

Explicando Algoritmos Desbravadores

Esta última parte do capítulo concentra-se em explicar dois algoritmos, a busca best-first e A* (lê-se "A estrela"), ambos com base em heurísticas. As seções a seguir demonstram que os dois algoritmos fornecem uma solução rápida para um problema de labirinto apresentado como um mapa topológico ou de grade de ocupação, que é representado como um grafo. Ambos algoritmos são largamente usados em robótica e vídeo games.

Criando um labirinto

Um mapa topológico ou de grade de ocupação lembra um labirinto verde, como dito anteriormente, especialmente se existem obstáculos entre o começo e o fim da rota. São algoritmos especializados na criação e processamento de labirintos, principalmente o seguidor de parede (conhecido desde a antiguidade: você põe a mão em uma parede e não a tira até sair do labirinto) ou o algoritmo de Pledge (leia mais sobre as sete classificações de labirintos em `http://www.astrolog.org/labyrnth/algrithm.htm` [conteúdo em inglês]). Porém, o algoritmo desbravador é fundamentalmente diferente do resolvedor de labirintos pois no desbravamento você sabe onde o alvo deve estar, enquanto algoritmos de resolução de labirintos tentam solucionar o problema na completa ignorância sobre onde a saída está.

Consequentemente, o procedimento para simular um labirinto com obstáculos que um robô precisa navegar tem uma abordagem diferente e mais simples. Em vez de criar um enigma de obstáculos, você cria um grafo de vértices organizados em uma grade (lembrando um mapa) e aleatoriamente remove conexões para simular a presença de obstáculos. O grafo é não direcionado (é possível atravessar cada aresta nas duas direções) e ponderado, porque leva tempo para ir de um vértice para o outro. Em particular, ele leva mais tempo para mover-se diagonalmente do que para cima/para baixo ou para esquerda/direita.

O primeiro passo é importar os pacotes Python necessários. O código define as funções de distância euclidiana e de Manhattan em seguida (você pode encontrar este código no arquivo `A4D; 20; Heuristic Algorithms.ipynb` no site da Para Leigos como parte do código para download; veja a Introdução para detalhes).

```
import numpy as np
import string
import networkx as nx
import matplotlib.pyplot as plt
%matplotlib inline

def euclidean_dist(a, b, coord):
```

380 PARTE 5 **Desafiando Problemas Difíceis**

```
    (x1, y1) = coord[a]
    (x2, y2) = coord[b]
    return np.sqrt((x1-x2)**2+(y1-y2)**2)

def manhattan_dist(a, b, coord):
    (x1, y1) = coord[a]
    (x2, y2) = coord[b]
    return abs(x1 - x2) + abs(y1 - y2)

def non_informative(a,b):
    return 0
```

O próximo passo cria uma função para gerar labirintos aleatórios. Ela é baseada em um seed de número inteiro de sua escolha que permite recriar o mesmo labirinto toda vez que o mesmo número for fornecido. De outra forma, a geração de labirinto é completamente aleatória.

```
def create_maze(seed=2, drawing=True):
    np.random.seed(seed)
    letters = [l for l in string.ascii_uppercase[:25]]
    checkboard = np.array(letters[:25]).reshape((5,5))
    Graph = nx.Graph()
    for j, node in enumerate(letters):
        Graph.add_nodes_from(node)
        x, y = j // 5, j % 5
        x_min = max(0, x-1)
        x_max = min(4, x+1)+1
        y_min = max(0, y-1)
        y_max = min(4, y+1)+1
        adjacent_nodes = np.ravel(
            checkboard[x_min:x_max,y_min:y_max])
        exits = np.random.choice(adjacent_nodes,
            size=np.random.randint(1,4), replace=False)
        for exit in exits:
            if exit not in Graph.edge[node]:
                Graph.add_edge(node, exit)
    spacing = np.arange(0.0, 1.0, 0.2)
    coordinates = [[x,y] for x in spacing \
                    for y in spacing]
    position  = {l:c for l,c in zip(letters, coordinates)}

    for node in Graph.edge:
        for exit in Graph.edge[node]:
            length = int(round(
                    euclidean_dist(
```

```
                        node, exit, position)*10,0))
            Graph.add_edge(node,exit,weight=length)

    if drawing:
        nx.draw(Graph, position, with_labels=True)
        labels = nx.get_edge_attributes(Graph,'weight')
        nx.draw_networkx_edge_labels(Graph, position,
                                    edge_labels=labels)
        plt.show()

    return Graph, position
```

As funções retornam um grafo NetworkX (Grafo), uma estrutura de dados preferida para representar grafos, que contém 25 vértices (ou nós, se preferir) e o mapa cartesiano de pontos (posição). Os vértices estão posicionados em uma grade 5 x 5, como mostrado na Figura 20-2. O resultado também aplica funções de distância e calcula a posição de vértices.

```
graph, coordinates = create_maze(seed=3)
```

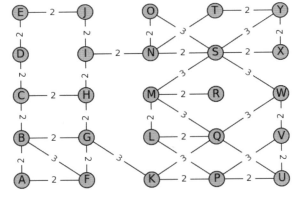

FIGURA 20-2: Um labirinto representando um mapa topológico com obstáculos.

DICA

No labirinto gerado pelo valor seed 2, todos os vértices conectam-se a outros. Como o processo de geração é aleatório, alguns mapas podem conter vértices desconectados, o que impossibilita passar por eles. Para ver como isso funciona, tente um valor seed 13. Na verdade, isso acontece na realidade; por exemplo, às vezes, um robô não consegue chegar a um destino em particular.

Procurando uma rota best-first rápida

O algoritmo de busca best-first explora o grafo movendo-se vértice a vértice e adicionando direções a uma estrutura de dados em pilha. Quando é hora de andar, o algoritmo move-se na primeira direção encontrada na pilha. É como mover-se em um labirinto de salas pegando a primeira saída que você vê. Provavelmente, você chega a um lugar sem saída, que não é o seu destino. Então, refaz seus passos até as salas visitadas anteriormente para ver se encontra outra saída, mas isso leva muito tempo quando o alvo está longe.

As heurísticas podem ajudar muito com a repetição criada por uma estratégia de busca best-first. Elas podem dizer se você está chegando mais perto ou mais longe do seu alvo. Essa combinação é chamada algoritmo de *busca best-first* ("melhor primeiro", BFS). Nesse caso, o *best* (melhor) no nome insinua o fato de que, conforme o grafo é explorado, você não pega a primeira aresta à vista, mas avalia qual aresta pegar e escolhe aquela que, com base na heurística, deve levar para mais perto do resultado desejado. Esse comportamento lembra a otimização gulosa (o melhor primeiro), e algumas pessoas também chamam este algoritmo de *busca best-first gulosa*. O BFS provavelmente errará o alvo de primeira, mas, por causa das heurísticas, ele não errará por muito e vai refazer os passos menos vezes que refaria usando apenas a busca em profundidade.

LEMBRE-SE

O algoritmo BFS é usado principalmente em rastreadores web que buscam determinadas informações na web. Na verdade, o BFS permite que um software agente se mova em um grafo majoritariamente desconhecido, usando heurísticas para detectar o quão próximo o conteúdo da próxima página está do conteúdo da página inicial (para procurar por um conteúdo melhor). O algoritmo também é largamente usado em jogos de videogame, ajudando personagens controlados pelo computador a moverem-se em busca de inimigos e recompensas, assim lembrando um comportamento guloso e orientado ao alvo.

Demonstrar o BFS em Python usando o labirinto construído anteriormente ilustra como um robô pode mover-se em um espaço vendo-o como um grafo. O código a seguir mostra algumas funções gerais, que também são usadas para o próximo algoritmo nesta seção. Essas duas funções fornecem as direções a tomar a partir de um vértice (`node_neighbors`) e determinam o custo de ir de vértice a outro (`graph_weight`). O peso representa a distância ou o tempo.

```
def graph_weight(graph, a, b):
    return graph.edge[a][b]['weight']

def node_neighbors(graph, node):
    return graph.edge[node]
```

O algoritmo planejador de rotas simula o movimento do robô em um grafo. Quando ele encontra uma solução, o plano traduz-se em movimento. Dessa forma, algoritmos planejadores de rotas fornecem um resultado que diz qual o melhor movimento de um vértice a outro, mas uma função ainda é necessária para traduzir a informação, determinar qual rota tomar e calcular a distância da viagem. As funções `reconstruct_path` e `compute_path` fornecem o plano, em termos de passos e custo esperado, quando recebem o resultado do algoritmo planejador de rotas.

CAPÍTULO 20 **Considerando Heurísticas** 383

```
def reconstruct_path(connections, start, goal):
    if goal in connections:
        current = goal
        path = [current]
        while current != start:
            current = connections[current]
            path.append(current)
        return path[::-1]

def compute_path_dist(path, graph):
    if path:
        run = 0
        for step in range(len(path)-1):
            A = path[step]
            B = path[step+1]
            run += graph_weight(graph, A, B)
        return run
    else:
        return 0
```

Tendo preparado todas as funções básicas, o exemplo cria um labirinto usando um valor seed 30. Este labirinto apresenta duas rotas principais do vértice A ao vértice Y, porque existem alguns obstáculos no meio do mapa (como mostrado na Figura 20-3). Também existem alguns becos sem saída no caminho (como os vértices E e O).

```
graph, coordinates = create_maze(seed=30)
start = 'A'
goal  = 'Y'
scoring=manhattan_dist
```

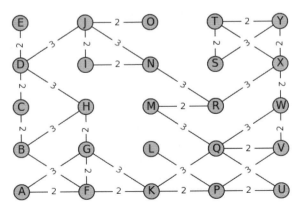

FIGURA 20-3: Um labirinto complexo a ser resolvido pelas heurísticas.

A implementação do BFS é um pouco mais complexa que o código da busca em profundidade encontrado no Capítulo 9. Ela usa duas listas: uma para manter os vértices não visitados (chamada `open_list`) e outra com os vértices visitados (`closed_list`). A lista `open_list` atua como uma fila de prioridade, na qual a prioridade determina o primeiro elemento a ser extraído. Nesse caso, a heurística fornece a prioridade, portanto, a fila de prioridade oferece uma direção que está mais próxima do alvo. A heurística da distância de Manhattan funciona melhor por causa dos obstáculos obstruindo o caminho até o destino:

```python
# Best-first search
path = {}
open_list = set(graph.nodes())
closed_list = {start: manhattan_dist(start, goal,
                                    coordinates)}

while open_list:

    candidates = open_list&closed_list.keys()
    if len(candidates)==0:
        print ("Cannot find a way to the goal %s" % goal)
        break
    frontier = [(closed_list[node],
                node) for node in candidates]
    score, min_node =sorted(frontier)[0]

    if min_node==goal:
        print ("Arrived at final vertex %s" % goal)
        print ('Unvisited vertices: %i' % (len(
                open_list)-1))
        break
    else:
        print("Processing vertex %s, " % min_node, end="")

    open_list = open_list.difference(min_node)
    neighbors = node_neighbors(graph, min_node)
    to_be_visited = list(neighbors-closed_list.keys())

    if len(to_be_visited) == 0:
        print ("found no exit, retracing to %s"
                % path[min_node])
    else:
        print ("discovered %s" % str(to_be_visited))

    for node in neighbors:
        if node not in closed_list:
            closed_list[node] = scoring(node, goal,
```

```
                                        coordinates)
            path[node] = min_node

print ('\nBest path is:', reconstruct_path(
    path, start, goal))
print ('Length of path: %i' % compute_path_dist(
    reconstruct_path(path, start, goal), graph))

Processing vertex A, discovered ['F', 'G']
Processing vertex G, discovered ['K', 'H']
Processing vertex H, discovered ['B', 'D']
Processing vertex D, discovered ['E', 'J', 'C']
Processing vertex J, discovered ['O', 'I', 'N']
Processing vertex O, found no exit, retracing to J
Processing vertex N, discovered ['R']
Processing vertex R, discovered ['M', 'X']
Processing vertex X, discovered ['T', 'W', 'Y']
Arrived at final vertex Y
Unvisited vertices: 15

Best path is: ['A', 'G', 'H', 'D', 'J', 'N', 'R', 'X',
'Y']
Length of path: 22
```

O resultado prolixo do exemplo diz como o algoritmo funciona. O BFS continua movendo-se até que acabem os vértices a explorar. Quando ele esgota os vértices sem chegar ao alvo, o código diz que não é possível chegar ao alvo e o robô não vai se mexer. Quando o código encontra o destino, ele para de processar vértices, mesmo se eles ainda existirem na open_list, o que economiza tempo.

Encontrar um ponto sem saída, como acabar no vértice O, significa procurar uma rota não usada anteriormente. A melhor alternativa imediatamente salta graças à fila de prioridade, e o algoritmo escolhe-a. Nesse exemplo, o BFS eficientemente ignora 15 vértices e pega a rota subindo o mapa, completando sua jornada de A a Y em 22 passos.

DICA

É possível testar outros labirintos configurando um número seed diferente e comparando os resultados do BFS com o algoritmo A* discutido na próxima seção. Você descobrirá que o BFS às vezes é rápido e preciso para encontrar o melhor caminho e, às vezes, não. Se precisar de um robô que faça a busca rapidamente, o BFS é a melhor escolha.

Percorrendo o A* heuristicamente

O algoritmo A* rapidamente produz os melhores caminhos mais curtos em um grafo combinando a busca gulosa de Dijkstra, discutida do Capítulo 9, com uma parada antecipada (o algoritmo para quando chega ao seu vértice de destino) e uma estimativa heurística (geralmente, baseada na distância de Manhattan) que sugere a área do grafo a ser explorada primeiro. O A* foi desenvolvido no *Artificial Intelligence Center* do *Stanford Research Institute* (agora chamado SRI International) em 1968 como parte do projeto do robô Shakey, que foi o primeiro robô móvel a decidir autonomamente como ir a algum lugar (embora fosse limitado a vaguear por algumas salas dos laboratórios). Para tornar Shakey totalmente autônomo, seus desenvolvedores criaram o algoritmo A*, a transformação Hough (uma transformação de processamento de imagem para detectar as arestas de um objeto) e o método do grafo de visibilidade (uma maneira de representar um caminho como um grafo). O artigo em `http://www.ai.sri.com/shakey/` (conteúdo em inglês) descreve Shakey em mais detalhes e até mostra-o em ação. Ainda é surpreendente ver o que ele era capaz de fazer; vá em `https://www.youtube.com/watch?v=qXdn6ynwpiI` (conteúdo em inglês) para dar uma olhada. O algoritmo A* é atualmente o melhor algoritmo disponível para quando se procura a rota mais curta em um grafo e você deve lidar com informações parciais e expectativas (como capturadas pela função heurística guiando a busca). O A* é capaz de:

» **Encontrar a solução do caminho mais curto sempre:** O algoritmo pode fazer isso se tal caminho existir e se o A* for apropriadamente informado pela estimativa heurística. O A* é controlado pelo algoritmo de Dijkstra, que garante sempre encontrar a melhor solução.

» **Encontrar a solução mais rápido que qualquer outro algoritmo:** O A* pode fazer isso se tiver acesso a uma heurística razoável — uma que forneça as direções corretas para alcançar a proximidade do alvo de maneira similar, embora ainda mais inteligente, ao BFS.

» **Calcular pesos enquanto atravessa arestas:** Pesos entram na conta de mover-se em uma determinada direção. Por exemplo, virar pode levar mais tempo que ir reto, como no caso do robô Shakey.

LEMBRE-SE

Uma heurística apropriada, razoável e *admissível* fornece informações úteis para o A* sobre a distância do alvo, nunca superestimando o custo de atingi-lo. Além disso, o A* faz um uso melhor de sua heurística que o BFS; assim, a heurística deve fazer os cálculos rapidamente ou o tempo total de processamento será muito longo.

A implementação Python neste exemplo usa o mesmo código e estrutura de dados usados com o BFS, mas há diferenças entre eles. As principais diferenças são que, conforme o algoritmo avança, ele atualiza o custo de atingir, do vértice inicial, cada um dos vértices explorados. Além disso, quando decide uma rota, o A* considera o caminho mais curto do início ao alvo, passando pelo vértice atual, porque soma a estimativa da heurística com o custo do caminho calculado até o vértice atual. Esse processo permite ao algoritmo executar mais

CAPÍTULO 20 **Considerando Heurísticas** 387

cálculos que o BFS quando a heurística é uma estimativa apropriada e determinar o melhor caminho possível.

DICA

Encontrar o caminho mais curto possível, em termos de custo, é o ponto central da função do algoritmo de Dijkstra. O A* é simplesmente um algoritmo de Dijkstra no qual o custo de atingir um vértice é aprimorado pela heurística da distância esperada até o alvo. O Capítulo 9 descreveu o algoritmo de Dijkstra em detalhe. Revisitar a discussão ajudará a entender melhor como o A* opera para alavancar heurísticas.

```
# A*
open_list = set(graph.nodes())
closed_list = {start: manhattan_dist(
        start, goal, coordinates)}
visited = {start: 0}
path = {}

while open_list:

    candidates = open_list&closed_list.keys()
    if len(candidates)==0:
        print ("Cannot find a way to the goal %s" % goal)
        break
    frontier = [(closed_list[node],
                node) for node in candidates]
    score, min_node =sorted(frontier)[0]

    if min_node==goal:
        print ("Arrived at final vertex %s" % goal)
        print ('Unvisited vertices: %i' % (len(
                open_list)-1))
        break
    else:
        print("Processing vertex %s, " % min_node, end="")

    open_list = open_list.difference(min_node)
    current_weight = visited[min_node]
    neighbors = node_neighbors(graph, min_node)
    to_be_visited = list(neighbors-visited.keys())

    for node in neighbors:
        new_weight = current_weight + graph_weight(
                graph, min_node, node)
        if node not in visited or \
        new_weight < visited[node]:
            visited[node] = new_weight
```

```
            closed_list[node] = manhattan_dist(node, goal,
                        coordinates) + new_weight
            path[node] = min_node

    if to_be_visited:
        print ("discovered %s" % to_be_visited)
    else:
        print ("getting back to open list")

print ('\nBest path is:', reconstruct_path(
        path, start, goal))
print ('Length of path: %i' % compute_path_dist(
        reconstruct_path(path, start, goal), graph))

Processing vertex A, discovered ['F', 'G']
Processing vertex F, discovered ['B', 'K']
Processing vertex G, discovered  ['H']
Processing vertex K, discovered  ['Q', 'P']
Processing vertex H, discovered  ['D']
Processing vertex B, discovered  ['C']
Processing vertex P, discovered  ['L', 'U', 'V']
Processing vertex Q, discovered  ['M', 'W']
Processing vertex C, getting back to open list
Processing vertex U, getting back to open list
Processing vertex D, discovered  ['E', 'J']
Processing vertex V, getting back to open list
Processing vertex L, getting back to open list
Processing vertex W, discovered  ['X']
Processing vertex E, getting back to open list
Processing vertex M, discovered  ['R']
Processing vertex J, discovered  ['O', 'I', 'N']
Processing vertex X, discovered  ['T', 'Y']
Processing vertex R, getting back to open list
Processing vertex O, getting back to open list
Processing vertex I, getting back to open list
Arrived at final vertex Y
Unvisited vertices: 3

Best path is: ['A', 'F', 'K', 'Q', 'W', 'X', 'Y']
Length of path: 14
```

Quando A* completa a análise do labirinto, ele apresenta um melhor caminho que é muito mais curto do que a solução do BFS. Essa solução vem com um custo: o A* explora quase todos os vértices presentes, deixando apenas três de fora. Como com o Dijkstra, seu pior tempo de execução é $O(v^2)$, no qual v é o número de vértices no grafo; ou O(e + v*log(v)), onde e é o número de arestas, quando usando filas de prioridade mínima, uma estrutura de dados eficiente quando é necessário obter o valor mínimo para uma lista longa. O algoritmo A* não tem um tempo de execução pior em comparação ao Dijkstra, embora, em média, seu desempenho seja melhor em grafos grandes porque ele encontra primeiro o vértice alvo quando corretamente guiado pela medida heurística (no caso de um robô de roteamento, a distância de Manhattan).

A Parte dos Dez

NESTA PARTE...

Considere como os algoritmos estão mudando o mundo.

Descubra o futuro dos algoritmos.

Defina problemas que os algoritmos não solucionaram.

Aprenda como jogos ajudam a resolver algoritmos.

> **NESTE CAPÍTULO**
>
> » Rotinas de ordenação e busca
>
> » Usando números aleatórios
>
> » Diminuindo dados
>
> » Assegurando que os dados permaneçam secretos, e mais...

Capítulo **21**

Dez Algoritmos que Estão Mudando o Mundo

É difícil imaginar um algoritmo fazendo qualquer coisa, muito menos mudando o mundo. Entretanto, os algoritmos hoje aparecem em todo lugar, e você pode nem perceber o quanto eles afetam a sua vida.

A maioria das pessoas reconhece que lojas online e outros espaços de venda contam com algoritmos para determinar quais produtos sugerir com base em compras anteriores. No entanto, a maioria das pessoas não tem consciência dos usos dos algoritmos na medicina, muitos dos quais ajudam o médico a decidir qual o diagnóstico.

Algoritmos aparecem nos lugares mais estranhos. Os temporizadores de semáforos frequentemente dependem dos cálculos de algoritmos. Algoritmos ajudarão o seu smartphone a falar com você hoje, e é possível vê-los trabalhando para fazer sua televisão fazer mais do que qualquer televisão já fez no passado.

Como consequência, não é totalmente impossível acreditar que algoritmos estão prontos para mudar o mundo. Este capítulo destaca dez deles.

LEMBRE-SE

Para os puristas, é possível dizer que os algoritmos têm mudado o mundo ao longo dos séculos, então nada realmente mudou por milhares de anos. Os babilônios usavam algoritmos para fazer fatoração e encontrar raízes quadradas já em 1600 a.C. Al-Khawarizmi descreveu algoritmos para solucionar equações lineares e quadráticas por volta de 820. Este capítulo foca em algoritmos que têm base em computadores, mas eles estão por aí há muito tempo.

Usando Rotinas de Ordenação

Sem dados ordenados, a maior parte do mundo entraria em pane. Para usar dados, você deve ser capaz de encontrá-los. É possível encontrar centenas de algoritmos de ordenação explicados em sites como `https://betterexplained.com/articles/sorting-algorithms/` (conteúdo em inglês), e como parte deste livro (veja o Capítulo 7).

Entretanto, as três rotinas de ordenação mais comuns são Mergesort, Quicksort e Heapsort por causa da velocidade superior que oferecem (veja comparações de tempo em `http://www.cprogramming.com/tutorial/computersciencetheory/sortcomp.html` [conteúdo em inglês]). A rotina de ordenação que funciona melhor para a sua aplicação depende do seguinte:

» O que você espera que a aplicação faça.
» O tipo de dados com os quais trabalha.
» Os recursos computacionais disponíveis.

O ponto é que a capacidade de ordenar dados de qualquer forma que uma aplicação precise para completar uma tarefa faz o mundo girar, e essa capacidade está mudando como o mundo funciona.

Algumas empresas hoje prosperam como resultado de algoritmos de ordenação. Por exemplo, considere o fato de que o Google existe porque ajuda as pessoas a encontrar coisas, e essa habilidade reside substancialmente na capacidade de ordenar dados para torná-los prontamente acessíveis. Considere apenas o quão difícil seria encontrar um item no Submarino sem uma rotina de ordenação. Mesmo aquela aplicação de receitas no seu computador em casa depende fortemente de rotinas de ordenação para manter os dados que contém em ordem. Na verdade, provavelmente não seria exagero dizer que qualquer aplicação substancial depende fortemente de rotinas de ordenação.

394   PARTE 6 A Parte dos Dez

Procurando Coisas com Rotinas de Busca

Assim como com rotinas de ordenação, rotinas de busca aparecem em quase todas as aplicações de qualquer tamanho hoje em dia. Aplicações aparecem em todo lugar, mesmo em lugares que você não imagina muito, como no seu carro. Encontrar informações rapidamente é uma parte essencial da vida cotidiana. Por exemplo, imagine estar atrasado para um compromisso e de repente descobrir que o seu GPS não consegue achar o endereço que precisa. Assim como as rotinas de ordenação, as rotinas de busca vêm em todos os formatos e tamanhos, e é possível encontrá-las descritas em sites como `https://tekmarathon.com/2012/10/05/best-searching-algorithm-2/` e `http://research.cs.queensu.ca/home/cisc121/2006s/webnotes/search.html` (conteúdos em inglês). Na verdade, pelo contrário, há mais rotinas de busca do que de ordenação porque exigências de buscas são, com frequência, mais extenuantes e complexas. Você também encontra muitas rotinas de busca discutidas neste livro (veja o Capítulo 7).

Sacudindo as Coisas com Números Aleatórios

As coisas seriam muito menos divertidas sem a aleatoriedade. Por exemplo, imagine começar um jogo de Paciência e ver exatamente o mesmo jogo toda vez que começa. Ninguém gostaria de um jogo assim. Consequentemente, a geração de números aleatórios é uma parte essencial da experiência de jogo. Na verdade, como mostrado em vários capítulos neste livro, alguns algoritmos realmente exigem algum nível de aleatoriedade para funcionar adequadamente (veja a seção "Organizando dados em cache" do Capítulo 15 como exemplo). Você também descobre que testes funcionam melhor quando usam valores aleatórios em alguns casos (veja a seção "Escolhendo um tipo particular de compressão" do Capítulo 14 como exemplo).

LEMBRE-SE

Os números obtidos a partir de um algoritmo são, na verdade, pseudoaleatórios, o que significa que é possível potencialmente prever o próximo número em uma série conhecendo o algoritmo e o valor seed usados para gerá-lo. É por isso que essa informação é tão rigorosamente guardada.

PAPO DE ESPECIALISTA

Nem todas as aplicações e nem todos os computadores contam com números pseudoaleatórios gerados por algoritmos (entretanto, a maioria conta). Métodos de computadores com base em hardwares para a criação de números aleatórios existem, como depender do ruído atmosférico ou mudanças de temperatura (veja http://engineering.mit.edu/ask/can-computer-generate-truly-random-number [conteúdo em inglês] para detalhes). Na verdade, você pode conseguir uma solução de números aleatórios baseada em hardware, como a ChaosKey (http://altusmetrum.org/ChaosKey/ [conteúdo em inglês]) e conectá-la à sua entrada USB para gerar o que provavelmente são números verdadeiramente aleatórios. O interessante sobre o site da ChaosKey é que ele fornece um esquema para mostrar como coleta ruídos aleatórios e transforma-os em um número aleatório.

Executando a Compressão de Dados

O Capítulo 14 discute técnicas de compressão de dados e usa o tipo de compressão normalmente encontrado sendo usado em arquivos. Porém, a compressão de dados afeta todos os aspectos da computação hoje. Por exemplo, a maioria dos arquivos de gráficos, vídeos e som depende da compressão de dados. Sem ela, talvez não fosse possível obter o nível exigido de transmissão para fazer tarefas, como o streaming de filmes, funcionarem.

No entanto, a compressão de dados encontra ainda mais usos do que você pode esperar. Quase todo Sistema de Gerenciamento de Banco de Dados (SGBD) conta com a compressão de dados para fazer os dados caberem em uma quantidade razoável de espaço em disco. A computação em nuvem não funcionaria sem a compressão de dados, pois baixar itens da nuvem para máquinas locais levaria muito tempo. Mesmo páginas web geralmente contam com a compressão de dados para levar informações de um lugar para outro.

Mantendo Dados Secretos

O conceito de manter dados secretos não é novo. Aliás, é uma das razões mais antigas para usar algum tipo de algoritmo. A palavra criptografia, na verdade, vem de duas palavras gregas: *kryptós* (escondido ou secreto) e *graphein* (escrever). De fato, os gregos foram provavelmente os primeiros usuários da criptografia, e textos antigos relatam que Júlio César usava cartas criptografadas para se comunicar com seus generais. O ponto é, manter os dados em segredo é uma das batalhas em execução mais longas na história. No momento que uma parte encontra um jeito de manter um segredo, alguma outra encontra um jeito de tornar o segredo público quebrando a criptografia. Usos gerais para a criptografia orientada para computadores hoje incluem:

» **Confidencialidade:** Assegurar que ninguém possa ver as informações trocadas entre duas partes.

» **Integridade dos Dados:** Reduzir a probabilidade de alguém ou algo poder mudar o conteúdo dos dados passados entre duas partes.

> **Autenticação:** Determinar a identidade de uma ou mais partes.
> **Não repúdio:** Reduzir a habilidade de uma parte dizer que ele ou ela não cometeu um ato em particular.

Sobre manter um segredo quando usar computadores, a história de algoritmos criptográficos com base em computadores é longa e interessante. Você pode encontrar uma lista de algoritmos comumente usados (tanto agora quanto historicamente) em `http://www.cryptographyworld.com/algo.htm` e `https://www.dwheeler.com/secure-programs/Secure-Programs-HOWTO/crypto.html`. O guia em `https://www.owasp.org/index.php/Guide_to_Cryptography` (conteúdos em inglês) fornece detalhes adicionais sobre como a criptografia funciona.

Mudando o Domínio de Dados

A Transformada de Fourier e a Transformada Rápida de Fourier (FFT) fazem uma enorme diferença em como as aplicações percebem os dados. Esses dois algoritmos transformam os dados do domínio da frequência (quão rápido um sinal oscila) para o domínio de tempo (o tempo diferencial entre mudanças no sinal). Na verdade, é impossível ter qualquer nível de hardware de computador sem ter gasto tempo trabalhando com esses dois algoritmos extensivamente. Timing é tudo.

Sabendo com que frequência algo muda, é possível descobrir o intervalo de tempo entre as mudanças e daí saber por quanto tempo é necessário executar uma tarefa antes que a mudança de estado exija que você faça outra coisa. Esses algoritmos comumente têm uso em filtros de todos os tipos. Sem os efeitos de filtragem desses algoritmos, reproduzir vídeo e áudio fielmente em uma conexão de streaming seria impossível. Todas essas aplicações soam bastante avançadas, e elas são, mas alguns tutoriais dão uma ideia melhor sobre como esses algoritmos funcionam (veja o tutorial em `http://w.astro.berkeley.edu/~jrg/ngst/fft/fft.html` para um exemplo). O tutorial em `https://betterexplained.com/articles/an-interactive-guide-to-the-fourier-transform/` é possivelmente o mais interessante, e especialmente divertido se você gosta de batidas (sites com conteúdo em inglês).

Analisando Links

A capacidade de analisar relações é algo que tornou a computação moderna única. Na verdade, a capacidade de criar primeiro uma representação dessas relações e então analisá-las é o assunto da Parte III deste livro. Toda a ideia da web, na verdade, é criar conexões, e conectividade era uma consideração no início do que se tornou um fenômeno mundial. Sem a capacidade de analisar e utilizar links, aplicações como bases de dados e e-mails não funcionariam. Você não conseguiria se comunicar direito com seus amigos no Facebook.

Conforme a web amadureceu e as pessoas se tornaram mais antenadas com dispositivos que tornam a conectividade mais simples e onipresente, aplicativos como o Facebook e sites de vendas como o Submarino fizeram maior uso da análise de links para fazer coisas como vender mais produtos para você. É claro, uma parte dessa conectividade tem um resultado negativo (veja `http://www.pcmag.com/commentary/351623/facebook-a-tool-for-evil` [conteúdo em inglês] como exemplo), mas, na maior parte, a análise de links torna possível para as pessoas manterem-se melhor informadas e em melhor contato com o mundo ao seu redor.

É claro, a análise de links faz mais que informar de maneira conectada. Considere o uso da análise de links para fornecer instruções de direção ou encontrar ligações casuais entre a atividade humana e doenças. A análise de links permite ver a conexão entre coisas que você normalmente não consideraria, mas que têm efeito na sua vida cotidiana. Por causa da análise de links, você pode viver mais porque um médico pode lhe aconselhar sobre quais hábitos mudar para corrigir questões que poderiam tornar-se problemas depois. O ponto é que conexões existem em todo lugar, e a análise de links oferece um método para determinar onde essas conexões existem e se elas são realmente importantes.

Encontrando Padrões de Dados

Dados não existem em um vácuo. Todos os tipos de fatores afetam os dados, incluindo vieses que colorem como os humanos percebem os dados. O Capítulo 10 começou uma discussão sobre como os dados tendem a se agrupar em determinados ambientes e como a análise desses grupos pode dizer várias coisas sobre os dados.

DICA

A análise de padrões está na vanguarda de alguns dos mais incríveis usos de computadores hoje. Por exemplo, o método de detecção de objetos Viola-Jones torna possível o reconhecimento facial em tempo real. Este algoritmo poderia permitir a criação de mais segurança em lugares como aeroportos, onde indivíduos nefastos atualmente fazem o seu jogo. Algoritmos similares poderiam ajudar o seu médico a detectar cânceres de vários tipos muito antes de serem realmente visíveis ao olho humano. A detecção precoce aumenta a probabilidade de cura total. O mesmo ocorre para todos os tipos de outros problemas médicos (como encontrar fraturas ósseas que atualmente são muito pequenas, mas causam dor mesmo assim).

O reconhecimento de padrões também é usado para propósitos mais banais. Por exemplo, a análise de padrões permite detectar potenciais problemas de tráfego antes que ocorram. Também é possível usá-la para ajudar agricultores a produzir mais com menos custo, aplicando água e fertilizantes apenas quando necessário. O uso de reconhecimento de padrões também pode ajudar a mover drones por volta de campos para que o agricultor se torne mais eficiente com o tempo e possa trabalhar mais terras a um custo menor. Sem os algoritmos, esses tipos de padrões, que têm um impacto enorme no cotidiano, não poderiam ser reconhecidos.

Lidando com Automação e Respostas Automáticas

O algoritmo de controle PID (proporcional integral e derivativo) é bem difícil de pronunciar. Tente falar seu nome rápido três vezes! No entanto, é um dos algoritmos secretos mais importantes que você nunca ouviu falar, embora use todos os dias. Esse algoritmo em particular conta com um mecanismo de retorno de ciclo de controle para minimizar os erros entre o sinal de resultado desejado e o sinal de resultado real. Ele é usado em todos os lugares para controlar a automação e respostas automáticas. Por exemplo, quando o seu carro derrapa porque você freou rápido demais, esse algoritmo assegura que o *Automatic Breaking System* (ABS) realmente funcione como o planejado. De outra forma, o sistema ABS poderia supercompensar e tornar as coisas piores.

Quase qualquer forma de maquinário hoje usa o algoritmo proporcional integral e derivativo. Na verdade, a robótica não seria possível sem ele. Imagine o que aconteceria em uma fábrica se todos os robôs constantemente supercompensassem cada atividade na qual estivessem engajados. O caos resultante poderia rapidamente convencer os donos a parar de usar máquinas para absolutamente qualquer propósito.

Criando Identificadores Únicos

Parece que nós somos todos apenas um número. Na verdade, não apenas um número — muitos e muitos números. Cada um dos nossos cartões de crédito têm um número, assim como nossa carteira de habilitação, identidade civil e todos as identidades de empresas e organizações. As pessoas realmente precisam manter listas de todos porque são simplesmente números demais para acompanhar. Ainda assim, cada um desses números deve identificar a pessoa unicamente para uma parte. Por trás de toda essa unicidade estão vários tipos de algoritmos.

O Capítulo 7 discute hashes, que são uma maneira de assegurar essa unicidade. Por baixo de hashes e da criptografia está a fatoração inteira, um tipo

CAPÍTULO 21 **Dez Algoritmos que Estão Mudando o Mundo** 399 de algoritmo que divide números muito grandes em números primos. Na verdade, a fatoração inteira é um dos tipos mais difíceis de problemas para resolver usando algoritmos, mas pessoas estão trabalhando no problema o tempo todo. Uma parcela tão grande da sociedade hoje depende de sua habilidade de identificar-se unicamente que os segredos ocultos da criação desses identificadores são parte essencial de um mundo moderno.

NESTE CAPÍTULO

» Fazendo buscas em textos facilmente

» Detectando diferenças em palavras individuais

» Considerando a viabilidade de hipercomputadores

» Empregando funções unidirecionais e mais...

Capítulo **22**

Dez Problemas Envolvendo Algorítmicos Ainda por Resolver

lgoritmos, de fato, existem há séculos, e você deve pensar que os cientistas já descobriram e resolveram todos algoritmos a essa altura. Infelizmente, isso não é verdade. Solucionar um algoritmo em particular frequentemente traz algumas outras questões que ele não resolve e que não estavam claras até que alguém aparecesse com uma solução. Além disso, mudanças nas tecnologias e nos estilos de vida muitas vezes apresentam novos desafios que pedem ainda mais algoritmos. Por exemplo, a natureza conectada da sociedade e o uso de robôs aumentaram a necessidade de novos algoritmos.

Como apresentado no Capítulo 1, algoritmos são uma série de passos usados para solucionar um problema, e não devem ser confundidos com outras entidades, como equações. Um algoritmo nunca é uma solução em busca de um problema. Ninguém criaria uma série de passos para solucionar um problema que não existe ainda (ou talvez nunca exista). Além disso, muitos problemas são interessantes, mas não têm necessidade urgente de solução. Consequentemente, embora todo mundo conheça o problema e entenda que alguém pode querer uma solução para ele, ninguém está com pressa para criar uma solução.

Este capítulo é sobre problemas algorítmicos que atenderiam a um propósito se alguém encontrasse uma solução para eles. Em resumo, a razão pela qual deveria se importar com este capítulo é que você pode encontrar um problema que realmente gostaria de solucionar, e até mesmo decidir fazer parte da equipe que pode solucioná-lo.

Lidando com Buscas de Texto

Muitas buscas de texto envolvem o uso de expressões regulares — um tipo de estenografia que diz ao computador o que procurar. A gramática usada por expressões regulares depende da língua ou da aplicação, mas elas são encontradas em vários lugares, incluindo processadores de texto, aplicações de e-mail, diálogos de busca e em todos os outros lugares nos quais seja necessário fornecer termos de busca precisos para uma gama de itens de texto. Você pode ler mais sobre expressões regulares em https://tableless.com.br/o-basico-sobre-expressoes-regulares/.

Um dos problemas atuais com expressões regulares é que parece que todos os ambientes de aplicações têm um conjunto de regras similar, mas com diferenças suficientes para dificultar a criação de um termo de busca. O *generalized star-height problem* (problema generalizado da altura da estrela) busca descobrir se uma sintaxe generalizada de expressões regulares existe. Caso sim, o algoritmo resultante possibilitaria aprender apenas um método de criação de expressões regulares para fazer buscas. Você pode ler mais sobre esse problema em https://www.irif.fr/~jep/Problemes/starheight.html (conteúdo em inglês).

Diferenciando Palavras

Ao trabalhar com caracteres, um computador vê números, e não letras. Os números são, na verdade, apenas uma série de zeros e uns para o computador e não têm realmente nenhum significado. Combinar caracteres em strings apenas torna mais longa a série de zeros e uns. Consequentemente, comparar duas strings, algo que uma pessoa pode fazer em um piscar de olhos, pode levar tempo no computador, e é provável que haja confusão entre os conjugados. Por exemplo, a menos que você seja cuidadoso na construção do algoritmo, um computador poderia confundir *navio* e *noiva*. Mais importante, ele precisaria de tempo para discernir as diferenças entre as duas palavras. O problema da separação de palavras busca encontrar o menor (e mais rápido) algoritmo possível (um autômato finito determinístico, AFD, nesse caso) para executar a separação de palavras. O objetivo é aceitar uma palavra e rejeitar a outra, dadas duas palavras de um comprimento particular.

Determinando Se uma Aplicação Vai Terminar

Um dos problemas propostos por Alan Turing, em 1936, foi a questão de se um algoritmo, dada a descrição de um programa e uma entrada, poderia determinar se o programa eventualmente pararia (o *problema da parada*). Quando se trabalha com uma aplicação simples, é fácil determinar, em muitos casos, se o programa vai parar ou vai continuar rodando em um ciclo sem fim. Porém, conforme a complexidade do programa aumenta, determinar o resultado da execução do programa com qualquer entrada dada é mais difícil. Uma máquina de Turing não consegue fazer essa determinação; o resultado é um código cheio de falhas e ciclos sem fim. Nem todos os testes do mundo que usam tecnologia atual podem solucionar essa questão.

Um *hipercomputador* é um modelo de computação que vai além da máquina de Turing para solucionar problemas como o da parada. No entanto, tais máquinas não são possíveis com a tecnologia atual. Se fossem possíveis, você seria capaz de perguntar a elas todos os tipos de imponderáveis que computadores não conseguem responder atualmente. O artigo em `https://www.newscientist.com/article/mg22329781-500-what-will-hypercomputers-let-us-do-good-question/` (conteúdo em inglês) dá uma boa ideia do que aconteceria se alguém pudesse solucionar esse problema.

Criando e Usando Funções Unidirecionais

Uma função unidirecional é fácil de usar para obter uma resposta em uma direção, mas quase impossível com o inverso daquela resposta. Em outras palavras, você usa uma função unidirecional para criar algo como um hash, que apareceria como parte de uma solução para criptografia, identificação pessoal, autenticação ou outras necessidades de segurança de dados.

A existência de uma função unidirecional é menos mistério e mais uma questão de prova. Muitos sistemas de telecomunicação, e-commerce e internet banking atualmente contam com funções que são supostamente unidirecionais, mas ninguém sabe se elas realmente o são. A existência de uma função unidirecional é atualmente uma hipótese, não uma teoria. Se alguém pudesse provar que uma função unidirecional existe, questões com segurança de dados seriam mais fáceis de resolver, da perspectiva da programação.

Multiplicando Números Realmente Grandes

Números realmente muito grandes estão em muitos lugares. Por exemplo, considere fazer cálculos envolvendo distâncias até Marte, ou talvez até Plutão. Atualmente, existem métodos para fazer a multiplicação de números realmente grandes, mas elas tendem a ser lentas porque exigem várias operações para serem completadas. O problema ocorre quando os números são muito grandes para se encaixar nos registros do processador. Neste ponto, a multiplicação deve ocorrer em mais de um passo, o que torna as coisas consideravelmente mais lentas. As soluções atuais incluem:

» O algoritmo da multiplicação complexa de Gauss.
» A multiplicação de Karatsuba.
» A multiplicação de Toom-Cook.
» Os métodos de transformação de Fourier.

Embora muitos dos métodos atualmente disponíveis produzam resultados aceitáveis, eles levam tempo, e quando se tem muitos cálculos para executar, o problema de tempo pode ser crítico. Consequentemente, a multiplicação de números grandes é um desses problemas que exigem uma solução melhor do que as disponíveis hoje em dia.

Dividindo um Recurso Igualmente

Dividir recursos igualmente pode não parecer difícil, mas humanos, sendo invejosos, podem ver o recurso como sendo desigualmente dividido, a menos que se encontre uma maneira de assegurar a todos que a divisão é mesmo justa. Esse é o problema da divisão justa do bolo. É claro, quando se corta um bolo, não importa o quão justo você tente ser, sempre há a percepção de que a divisão é injusta. Criar uma divisão justa dos recursos é importante no cotidiano para minimizar conflitos entre partes interessadas em qualquer organização, tornando todo mundo mais eficiente.

DICA

Duas soluções já existem para o problema da divisão justa do bolo com um número específico de pessoas, mas não existe solução geral. Quando duas pessoas estão envolvidas, a primeira corta o bolo e a segunda escolhe o primeiro pedaço. Dessa forma, ambas as partes se asseguram da divisão igual. O problema torna-se mais difícil com três pessoas, mas é possível encontrar a solução de Selfridge-Conway para o problema. No entanto, quando se chega a quatro pessoas, nenhuma solução existe.

Reduzindo o Tempo de Cálculo da Distância de Edição

A *distância de edição* entre duas strings é o número de operações exigidas para transformar uma string em outra. O cálculo da distância gira em torno das operações da distância de Levenshtein, que são remoção, inserção ou substituição de um caractere na string. Essa técnica em particular é usada em interfaces de linguagem natural, quantificação de sequências de DNA e em todo tipo de lugar onde você possa ter duas strings similares que exijam o mesmo tipo de comparação ou modificação.

Várias soluções para esse problema existem atualmente, todas elas bem lentas. Na verdade, a maioria delas são em tempo exponencial, então o tempo exigido para executar uma transformação rapidamente sobe a ponto de ser possível ver as pausas no processamento das entradas. Pausas não são tão ruins quando se usa um processador de texto que faz checagem automática das palavras e muda uma palavra escrita incorretamente para sua forma correta. Porém, quando se usa interfaces de voz, as pausas podem tornar-se bem perceptíveis e fazer com que o operador humano cometa erros. O objetivo atual é permitir o cálculo da distância de edição em tempo subquadrático: $O(n^{2-\epsilon})$.

Solucionando Problemas Rapidamente

Conforme o aprendizado de máquina alça voo e nós contamos cada vez mais com computadores para solucionar problemas, a questão de quão rapidamente um computador pode solucionar um problema torna-se crítica. O problema P versus NP simplesmente pergunta se um computador consegue solucionar um problema de modo rápido quando consegue verificar a solução para o problema rapidamente. Em outras palavras, se o computador conseguir determinar, mais ou menos, que a resposta de um humano para um problema está correta em tempo polinomial ou menor, ele também é capaz de solucionar o problema por si só em tempo polinomial ou menor?

Essa questão foi originalmente discutida nos anos 1950 por John Nash em carta para a Agência de Segurança Nacional americana (NSA) e novamente em carta entre Kurt Gödel e John von Neumann. Além do aprendizado de máquina (e I em geral), esse problema em particular é uma preocupação em muitas outra áreas, incluindo matemática, criptografia, pesquisa de algoritmos, teoria d jogo, processamento multimídia, filosofia e economia.

O Jogo da Paridade

Inicialmente, solucionar um jogo pode não parecer tão útil na vida real. Sin jogos são divertidos e interessantes, mas não oferecem exatamente um pano d fundo para fazer alguma coisa útil — pelo menos, essa é a teoria geral. Porén a teoria no jogo entra em cena em vários cenários da vida real, muitos dos qua envolvem processos complexos que podem ser melhor entendidos como jogo do que como processos efetivos. Nesse caso, o jogo ajuda a entender a verifica ção automatizada e a síntese do controlador, entre outras coisas. Você pode l mais sobre o jogo da paridade em `http://www.sciencedirect.com/science article/pii/S0890540115000723` (conteúdo em inglês).

Entendendo Questões Espaciais

Para contextualizar esse problema em particular, pense em mover caixas p um armazém ou em outras situações nas quais seja necessário considerar espaço no qual coisas são movidas. Obviamente, se tiver muitas caixas em u grande armazém e todas necessitam de uma empilhadeira para serem leva tadas, você não vai querer tentar descobrir como armazená-las de forma ide reorganizando-as fisicamente. É aí que você precisa trabalhar o problen visualizando uma solução.

No entanto, a questão é se todos esses problemas espaciais têm uma soluçã Nesse caso, pense em um daqueles quebra-cabeças infantis nos quais vo forma uma imagem deslizando as pecinhas. Parece que uma solução deve exi tir em todos os casos, mas, em algumas situações, um ponto inicial ruim po resultar em uma situação que não tem solução.

DICA

Matemáticos como Sam Loyd frequentemente usam quebra-cabeças pa demonstrar problemas complexos, alguns dos quais não têm solução até ho Visitar sites sobre o assunto é divertido porque você não somente tem entr tenimento gratuito, mas também ganha algo em que pensar. As questões c esses quebra-cabeças levantam têm aplicações práticas, mas que estão repi sentadas de maneira divertida.

Índice

SÍMBOLOS

-SAT, 344–358

-Zip, 272–282

4-bit, 71–92

peg, 271–282

NET (linguagem), 49

ng, 271–282

A

bordagem gulosa, 186, 189, 277

braham Lempel, 278–282

bscissa, 42–44, 355–358

da Lovelace, 38–44

dam Smith, 288–300

grupamento, 166–172

an Turing (matemático), 403

eatorização, 286–300

GOL, 47–68

    Linguagem Algorítmica, 47–68

goritmo 2-satisfiability (2-SAT), 326

goritmo Bellman-Held-Karp, 316–322

goritmo da força bruta, 316

goritmo da multiplicação omplexa de Gauss, 404

goritmo de amostragem de eservatório, 238

goritmo de Bellman-Ford, 193

goritmo de Borůvka, 186–196

oritmo de Dijkstra, 187–196, 87, 290, 386, 388

goritmo de exclusão reversa, 86–196

oritmo de Flajolet-Martin (ou goritmo LogLog), 248

oritmo de Floyd-Warshall, 193

oritmo de Held-Karp, 316–322

oritmo de janelamento, 238

oritmo de Kruskal, 183, 186, 89, 287

oritmo de Mobile Update, 221

oritmo de Monte Carlo, 331–40, 350

oritmo de percolação de iques, 202

oritmo de Pledge, 380–390

algoritmo de Prim, 183, 186, 188, 287

algoritmo de programação linear, 365

algoritmo desbravador, 376–390

algoritmo de substituição clarividente, 293

algoritmo de Sugestão de Conexão, 199–206

algoritmo genético, 375

algoritmo guloso, 297, 343

algoritmo hash md5, 245

algoritmo hash sha1, 245

algoritmo heurístico, 374

algoritmo LZ78, 278

algoritmo LZW, 274, 278

algoritmo MapReduce, 257

Algoritmo MID5, 151–152

algoritmo PageRank, 207, 210, 234

algoritmo planejador de rotas, 383

algoritmo RandomWalkSAT, 352

Algoritmo RSA's MD5, 151–152

algoritmo run-length encoding (RLE), 275

algoritmos de Atlantic City, 325–340

algoritmos de compressão, 268, 273

algoritmos de Las Vegas, 325–340

algoritmos de ordenação, 138–152

algoritmos de resolução, 380–390

algoritmo simplex, 359, 363, 370

Algoritmos Secure Hash, 151–152

    SHA, 151–152

algoritmo ZIP, 273

allclose, 102–114

Ambiente de Desenvolvimento Integrado, 52–68

    IDE, 52–68

    Integrated Development Environment, 52–68

American Standard Code for Information Interchange (ASCII), 269

amostragem aleatória, 345

amostragem de reservatório, 238–250

    reservoir sampling, 238–250

análise de algoritmos, 38

análise de grafos, 33–44

Análise de Redes Sociais, 198–206

    ARS, 198–206

Analytics Anaconda, 46–68, 51

anotação, 309–322

aprendizado de máquina, 60, 223, 260, 347, 405

aranhas, 209–224

arcos, 155–172

arestas, 155–172

argumentos posicionais, 81

ARMAC, 193–196

armazenamento de dados (nós), 128

array, 100–114

árvore balanceada, 130, 143

árvore binária, 128

Árvore de busca, 142

árvore de extensão, 183–196

árvore de Huffman, 277

árvore não balanceada, 130, 297

Ascendente, 304–322

ASCII, 110–114

Assembly, 45–68

Automatic Breaking System, 399–400

    ABS, 399–400

autômato finito determinístico (AFD), 403

B

backlinks, 212–224

base de dados, 19–24

Bellman-Ford, 193–196

Bernoulli, 212

big data, 227, 231, 237–238, 260

Big O, 41–44

binaryTree, 129–132

bintrees, 145–152

bits, 268

Black Hat (Black Hat SEO), 209

bool, 71–92

Índice   407

bubble sort, 43–44, 136–152
   ordenação por flutuação, 43–44
bug, 55–68
Burton H. Bloom, 242–250
Busca best-first (BFS), 380, 383
busca best-first gulosa, 383
Busca bidirecional, 37–44
busca em largura, 176–196
   BFS, 176–196
busca em profundidade, 177–196, 378
   DFS, 177–196
Busca heurística pura, 37–44
busca local, 286–300, 342–358
busca tabu, 345, 347–358

C

cache, 292–300, 302
caching otimizado, 287–300
Cálculo de matriz, 213–224
Canopy Express, 52–68
censo, 237–250
changelt, 101–114
ChaosKey, 396–400
Charles Babbage, 38–44
Charles Erwin Wilson, 303–322
chave-valor, 127–132
check_solution, 352–358
Chris Anderson, 234–250
Christos H. Papadimitriou, 352–358
ciência da computação, 13–24, 43–44
ciência de dados, 13–24
circuito combinatório booleano, 351–358
circuitos integrados, 228–250
Classificação Decimal de Dewey, 31–44
Claude Shannon, 276–282
cláusulas, 351–358
C (linguagem), 48–49, 156
Cloaking, 211–224
cluster, 255–266
clustering de dados, 350
codificação ASCII, 297
codificação de Huffman, 274, 277–282, 287, 296
codificação Unicode, 269
código de máquina, 47–68
Código livre de prefixo, 297
colisão (tabela hash), 148–149
collections, 177–196

comando if-then-else, 281
COM (linguagem), 49
Comparison of Probabilistic Test for Primality (Finn), 325
complexidade constante O(1), 42
complexidade cúbica O(n3), 43
complexidade do espaço, 36–44
complexidade exponencial O(2n), 43
complexidade fatorial O(n!), 43
complexidade linearítmica O(n log n), 43
complexidade linear O(n), 43
complexidade logarítmica O(log n), 43
complexidade quadrática O(n2), 43
compressão com perdas, 271–282
compressão de dados, 33–44
Compressão de Huffman, 277–282
compressão MP3, 270–282
compressão sem perdas, 270
compressão Unix, 278
computação distribuída, 252–266
computação em cluster, 18
computação paralela, 253
computador fonte, 258–266
computador host, 258–266
comutadores, 255–266
   switches, 255–266
concatenação, 90
conexão direita, 129–132
conexão esquerda, 128–132
conexões de vértices, 203
conjunto de algoritmos, 276–282
Control Data Corporation, 253–266
   CDC, 253–266
Count-Min Sketch, 151–152, 249–250
CPLEX, 367–372
CPU, 16, 230–250, 252
Cramming More Components Onto Integrated Circuits (Moore), 228
CRUD (create, read, update and delete), 133, 143

D

dados abertos, 234
Dados brutos, 117
data e hora, 78–92
DataFrame, 121–132

data science, 60, 87
David A. Huffman, 276–282
decorator, 308–322
def, 80–92
Denso, 182
deque, 177–196
descoberto (vértice), 175
Desdobramento, 150–152
desenvolvedores C, 48–68
Detecção de fraudes, 222–224
dicionário, 126, 147–152
Dijkstra, 378, 386
dimensão, 97–114
dinâmicos, 19–24
disco rígido, 257–266
displayKeyValue, 146–152
dist, 196
distância de edição, 405–406
distância de Levenshtein, 319–322, 405
   distância de edição, 319–322
distância de Manhattan, 378, 38?, 384, 385
distância euclidiana, 378–390
distribuição normal, 328
distribuição probabilística, 327–340
distribuição uniforme, 329
dividir e conquistar, 31–44, 110
DjVu, 271–282
Donald Knuth, 38–45
dot, 100–114
dpi, 271–282
draw, 163–172
duplicação, 229–250

E

Edsger W. SDijkstra (cientista da computação), 193
Edward Teller, 331–340
eixo ordinal, 355–358
Elastic MapReduce, 257–266
   EMR, 257–266
elif, 84–92
else, 84–92
Encadeamento, 150–152
end, 132
Endereçamento aberto, 150–15?
enigma das n-rainhas, 347
Enrico Fermi, 331–340
Enthought Canopy Express, 52–68
Entra Primeiro/Sai Primeiro (FIFO), 125, 177

408   **Algoritmos Para Leigos**

envelope convexo, 361–372
    convex hull, 361–372
escalada, 345–358
    hill-climbing, 345–358
Esparso, 182
estratégia algorítmica, 287–300
Exclusão (distância de Levehshtein), 319
exponencial, 313–322
expressão if, 83–92
expressões regulares, 402
extensão .raw, 271–282

F

Facebook, 235, 252
Fairchild Semiconductor, 228–250
False, 71–92
fator de amortecimento, 220–224
fator de ocupação, 148–152
fator de ramificação, 36–44
fatorial, 107–114
Fibonacci, 43–44, 305–322
FIFO, 89–92, 125–132
Fila dupla, 89
filtro de Bloom, 151–152, 242
Floyd-Warshall, 193–196
fluxo de dados, 239
fluxos contínuos de dados, 236–250
fluxos de bits, 270–282
for, 85–92
força bruta, 31–44
FORTRAN, 47–68
    Tradução de Fórmula, 47–68
frozenset, 318–322
Fruchterman-Reingold, 200–206
função física de Gibbs-Boltzmann, 348
função hash, 148–152, 241–242, 245
função objetivo, 365–372
função recursiva, 307
função unidirecional, 403–406
funcionalidade do grafo, 165–172
funções lineares, 360
functools, 308–322

G

Gartner, 233–250
generalized star-height problem, 402–406
George Bernard Dantzig, 359–372
George Boole (matemático), 71
GIF, 278–282

GNU General Public License, 53–68
Google, 207–224, 235
Gordon Moore, 228–250
Gottfried Wilhelm Leibniz (matemático alemão), 212
GPS
    Sistema de Posicionamento Global, 173–196
GPU, 17, 52
grafo, 36–44, 173, 203
Grafo Cíclico Dirigido, 181
grafo da amizade aberto, 199
grafo da amizade fechado, 199
grafo da amizade não conectado, 199
grafo da amizade par conectado, 199
grafo de amostra do Zachary's Karate Club, 199
grafo de gravata borboleta, 208
grafo de vértices rotulados, 158–172
grafo dirigido, 157, 204
grafo misto, 157–172
grafo não direcionado, 380
grafo não dirigido, 157, 198
Grafo Não Ponderado, 182
grafo ponderado, 157–172, 198, 380
Grafos Acíclicos Dirigidos, 181–196
    DAGs, 181–196
Grande Colisor de Hádrons, 231, 235–250
grau (grafo), 166
Guido van Rossum, 48–68
GuRoBi, 367–372

H

Hashes, 242
hashing, 134–152, 236
hashlib, 151–152
heap binário, 142–152
heap Fibonacci, 192–196
heappush, 147–152
heapq, 146–152
Heapsort, 43, 394
heurística, 37–44, 342, 374
heurísticas ambiciosas, 286–300
hiperlink, 210
HITS, 211–224
    Hypertext-Induced Topic Search, 211–224
Hough, 387–390

Housekeeping, 254–266
hubs, 212–224
Huffman, 297
HyperLogLog, 151–152, 247–250
Hyper Search, 211–224

I

IBM, 233–250
if, 83–92
indexação, 134–152, 209–224, 305
initialize_PageRank, 217–224
Inserção (distância de Levehshtein), 319
insertion sort, 43–44, 137–152
    ordenação por inserção, 43–44
instância do problema, 36–44
integração, 228–250
Intel, 228–250
inteligência artificial, 13–24, 347, 376–390
Inteligência de enxame, 375–390
intermediação (centralidade), 168
internet, 207–224
Internet das Coisas, 233–250
    Internet of Things, 233–250
    IoT, 233–250
inversão matricial, 102–114
inversores, 351–358
IPython, 76, 80
Isaac Newton (físico), 29, 212, 229
iteração, 43

J

Jacob Ziv, 278–282
janela deslizante, 239–250
Java (linguagem), 49
Jean-Sebastien Roy, 367–372
J. Finn, 325–340
jogo da paridade, 406
John von Neumann, 406
Jon Kleinberg, 212–224
Jupyter Notebook, 60, 62, 162, 76
Jupyter QT Console, 76

K

key, 112–114
Kurt Gödel, 406

L

Larry Page, 210–224
László Bélády, 293–300
left, 129–132

Índice   409

Lei de Amdahl, 254–266
Lei de Moore, 229–250
Leonardo Pisano, 305–322
Lévy-Flight, 345–358
LHA, 272–282
LIFO, 89–92, 123–132
linalg.inv, 102–114
linguagem ABC, 48
linguagem Assembly, 45
linguagem de script, 49
linguagem R, 45
linguagens de programação funcionais, 258–266
LinkedIn, 252
Linux, 46–68, 262
lista de adjacência, 218
Locality-sensitive Hashing (LSH), 151–152
log, 103–114
loop for, 86–92
LZ78, 278–282
LZW, 274–282

M

MacOS X, 262
Manipulação de dados, 93–114
MapReduce, 257–266
Máquinas abstratas, 39–44
Marco Dorigo, 375–390
Massimo Marchiori (matemático italiano), 211
Material Requirements Planning, 292–300
    MRP, 292–300
mat (função), 99
MATLAB, 45–68
matplotlib, 162–172, 200–206
matriz de transição, 217–224
matriz esparsa, 171–172, 213–224
matriz identidade, 102–114
matriz singular, 102–114
    matriz degenerada, 102–114
matriz subestocástica, 218
matroides, 289–300
MAX-3SAT, 374–390
Max Bezzel, 347–358
max heap binário (heap binário), 144
max heaps, 130–132
max_item, 146–152
maxsize, 308–322
md5, 152
mean, 122–132

mecanismos de busca, 216–224
memoization, 302–322, 350
    memoização, 305–322
Mergesort, 43, 138–152, 288, 394
Metaheurísticas, 375–390
Método de Burrows-Wheeler, 275–282
método de Monte Carlo, 324–340, 331–340
MEX (linguagem), 49
Michael J. SFischer, 320–322
Michael Rabin, 324–340
microprocessadores, 252–266
Mídias sociais, 160
min heaps, 130–132
miniaturização, 228–250
Miniconda, 51–68
MPEG, 271–282
MrJob, 257–266
multicore, 52–68
multiplicação de Karatsuba, 404
multiplicação de Toom-Cook, 404
multiplicação matricial, 99
multiplicação vetorial, 97
multiply, 99–114
multiprocessamento, 261
multithreading, 254–266

N

Não conectado, 199–206
não números, 122–132
    NAN, 122–132
Nate Silver, 237–250
navegação de grafos, 203
negociação algorítmica, 234–250
NetworkX, 162–172, 167, 169, 175, 199, 202, 214, 221
networkx DiGraph, 204–206
neuro-fuzzy, 376–390
Nigel Martin, 247–250
nível de confiabilidade (PageRank), 213
nó, 128–132
Noah Webster, 46–68
nó conectado (grafos), 131
nodeData, 129–132
nó desconectado (grafos), 131
nó folha, 127
nó mestre, 256–266
nó raiz, 127
nós filhos, 277–282
nós galhos, 277–282
NoSQL, 19–24
notação Big-O, 191, 195

NP, 291–300
    nondeterministic polynomial, 291–300
    polinomial não determinístico, 291–300
NP-classe, 341
NP-completude, 291
NP-difícil, 341–358
n-rainhas, 347–358
número inteiro, 70–92
número real, 71–92
números binários, 268
números complexos, 71–92
números primos, 29–44
números pseudoaleatórios, 325
NumPy, 95–114, 123, 170, 334
numpy array, 95–114

O

operação aritmética, 72
operações lógicas, 96
operações matriciais, 100
operadores bitwise, 73
operadores booleanos, 96, 351
operadores de atribuição, 71
operadores de identidade, 77
operadores lógicos, 75
operadores membros, 77
operadores relacionais, 74
operadores unários, 73
operando direito, 72–92
operando esquerdo, 72–92
ordenação topológica, 182–196
Otakar Borůvka (matemático), 183
otimização da escalada, 345
otimização de problemas, 286–300
Otimização de sites Black Hat, 209–224
    Black Hat SEO, 209–224
Overhead, 254–266

P

PageRank, 207–224
página de entrada (PageRank), 212
página de saída (PageRank), 212
paradigmas, 285
Par conectado, 199–206
partição, 141–152
passeio aleatório, 345, 353
pdf, 210–224
permutação, 103–114

Peter Norvig, 303–322

Philippe Flajolet (cientista da computação), 247

PID, 27–44, 399–400

Pinterest, 252

pixel, 270–282

plano cartesiano, 363

plotagem, 161–172

polinomial, 311–322

ponteiros de memória, 125–132

ponto flutuante, 71, 366

porção decimal, 71–92

portas lógicas, 351–358

precedência do operador, 75

probabilidade, 326–340

problema 2-SAT, 344

problema da divisão justa do bolo, 404

problema da mochila, 287, 310–322

problema da parada, 403–406

problema de passar troco, 287

problema do caixeiro viajante, 287, 314–322, 374–375

    PCV, 314–322

problema NP-completo, 350

problema NP-difícil, 314

Processador de propósito geral, 16

processador especializado, 18

processado (vértice), 175

produto escalar, 97–114

Programação com restrições, 360–372

programação de trabalhos, 294

programação dinâmica, 302–303, 360

programação dinâmica ascendente, 320

programação linear, 303–322, 359–372

Project Gutenberg, 261

Projeto Genoma, 274

projeto Manhattan, 331

projeto skunkworks, 48–68

prompt, 77–92

propriedade de escolha gulosa, 288–300

proximidade (centralidade), 168

Pseudocódigo, 22

pseudo-polinomial, 311–322

PuLP, 366–372

Python, 45–68

Python Enhancement Proposals (PEPs), 48–68

Python Software Foundation (PSF), 48

Q

quatro Vs (big data), 233

queue, 126–132

Quickselect, 329, 333

Quicksort, 43, 140–152, 288, 325, 329, 336, 338, 394

R

racks, 255

racunho, 237

raiz, 277–282

rajadas de dados, 236–250

RAND Corporation, 303–322

Random-Access Machine (RAM), 39–44

randomização, 323–340

    aleatoriedade, 323–340

random.shuffle, 105–114

RandomWalkSAT, 352–358

    passeio aleatório SAT, 352–358

RankBrain, 223–224

RAR, 272–282

recursão, 129–132, 305–322

recursão de cauda, 108–114

redes neurais, 376–390

redes sociais, 199–206

reduce, 258–266

região viável, 365–372

Rehashing, 150–152

representações esparsas, 156–172

represent_tree, 189–196

reshape, 100–114

Resultados assíncronos, 254–266

return, 81–92

reverse_path, 196

Richard Ernest Bellman, 301–322

right, 129–132

Robert A. SWagner, 320–322

Robert M. Fano (cientista da computação), 276

Robert M. Solovay, 324–340

Roteamento heurístico, 376–390

RSA, 151–152

run-length encoding, 275–282

    RLE, 275–282

S

Sam Loyd, 406

sample_size, 241–250

satisfatibilidade-dois (2-SAT), 351

scikit-learn, 67–68

SciPy, 171

scraping, 244–250

script, 48–68

Search Engine Optimization (SEO), 221

seed, 206

selection sort, 43–44, 136–152

    ordenação por seleção, 43–44

Selfridge-Conway, 405–406

semicondutores, 229–250

SEO, 209–224

sequência de Fibonacci, 43, 305

Sergey Brin (co-fundador Google), 210

Seymour Cray (engenheiro eletrônico), 253

sha1, 152

short, 95–114

Shuffle, 259–266

    Embaralhar, 259–266

signed, 352–358

simplex, 359–372

simulação de Monte Carlo, 336–340

simulação (PageRank), 213

simulated annealing, 323–340, 345, 347–348

    recozimento simulado, 323–340

sistema binário, 268

sistema de alimentação, 257–266

Sistema de Arquivos Distribuídos, 255–266

    SAD, 255–266

sistema de coordenadas cartesiano, 41

Sistema de Posicionamento Gobal (GPS), 130

Sistema distribuído, 19

small data, 228–250

sociograma (grafo), 198

softwares de código aberto, 366–372

    open source, 366–372

soluções ingênuas, 313

soluções vizinhas, 342

Sort, 259–266

    Ordenar, 259–266

Space/Time Trade-offs in Hash Coding with Allowable Errors (Bloom), 242

spam, 211–224

Índice   411

Spammers web, 209–224
spider trap, 216–224
streaming, 397–400
string, 76, 240
Structured Query Language, 50–68
    SQL, 50–68
Stuart Antony Mitchell, 367–372
Stuart Russel, 303–322
subestocástica, 218–224
subgrafo, 160, 201–206
Substituição (distância de Levehshtein), 319
supercomputadores de Cray, 253–266
support vector machines, 376–390

T

tabela ASCII, 110, 269, 278
tabela de dispersão, 126, 126–132
    hash, 126–132
tabela hash, 148–152, 242
Takakazu Seki (matemático japonês), 212
tempo de estabilização, 27–44
tempo exponencial, 292–300, 313, 405
tempo linear, 177, 286–300, 291
tempo logarítmico, 338
tempo log-linear, 299–300
tempo polinomial, 43, 291, 313, 405
tempo pseudo-polinomial, 311
tempo quadrático, 338
tempo subquadrático, 405

teoria da NP-completude, 291–300
Terry Welch, 278–282
thread, 254
timeit, 308–322
time step, 39–44
    unidade de tempo, 39–44
Tobias Dantzig (matemático), 310
Tony Hoare (cientista da computação), 140
trampolim (recursividade), 109
Transformada de Fourier, 397–400
    Transformada Rápida de Fourier, 397–400
    FFT, 397–400
transmissão de dados, 236–250, 278
transpose, 101–114
transposição, 101–114
transposição matricial, 101
tríade (grafo da amizade), 199
True, 71–92
Tupla, 88, 90
Turing, 403–406
Twitter, 235, 252

U

unários, 76–92
Unicode, 269–282
Unicode Transformation Format 8 (UTF-8), 269
unidades de processamento multicore, 253–266
Unix, 278–282
URL, 210–224

V

Valores ausentes, 121
valores booleanos, 71, 98
Valores parciais, 149–152
valor exponencial, 72–92
Valor padrão, 82
valor seed, 324
VarArgs, 86–92
variável, 71
variedade (big data), 233
velocidade (big data), 233
veracidade (big data), 233
vértices, 155–172
Vetor, 94–114
vetor de bits, 243–250
Vladimir Levenshtein (cientista da computação), 319
Volker Strassen, 324–340
volume (big data), 233

W

WAV, 270–282
Wayne W. Zachary (sociólogo), 199
while, 86–92
White Hat SEO, 209–224
Windows, 46–68, 262
WinPython, 53–68

X

XPRESS, 367–372

Z

Zip, 272–282